青少年
网络成瘾
风险因素与作用机制研究

Internet Addiction in Adolescents:
Risk Factors and Formation Mechanism

李董平◎著

中国社会出版社

国家一级出版社·全国百佳图书出版单位

图书在版编目（CIP）数据

青少年网络成瘾：风险因素与作用机制研究 / 李董
平著.—北京：中国社会出版社，2020.01

　　ISBN 978-7-5087-6272-2

　　Ⅰ.①青… Ⅱ.①李… Ⅲ.①青少年—互联网络—病
态心理学—研究 Ⅳ.①C913.5 ②B846

　　中国版本图书馆 CIP 数据核字（2020）第 000888 号

书　　　名：青少年网络成瘾——风险因素与作用机制研究
著　　　者：李董平

出 版 人：浦善新
终 审 人：尤永弘
责任编辑：陈贵红

出版发行：中国社会出版社　　　　邮政编码：100032
通联方式：北京市西城区二龙路甲 33 号
电　　话：编辑部：（010）58124828
　　　　　邮购部：（010）58124848
　　　　　销售部：（010）58124845
　　　　　传　真：（010）58124856
网　　址：www.shcbs.com.cm
　　　　　shcbs.mca.gov.cn
经　　销：各地新华书店

中国社会出版社天猫旗舰店

印刷装订：河北盛世彩捷印刷有限公司
开　　本：170mm×240mm　　　1/16
印　　张：28.5
字　　数：420 千字
版　　次：2020 年 2 月第 1 版
印　　次：2020 年 2 月第 1 次印刷
定　　价：89.00 元

中国社会出版社微信公众号

序

互联网是继蒸汽机和电力之后人类最伟大的发明。互联网已成为人类生活不可或缺的重要组成部分，在教育、娱乐、交流和信息分享等方面发挥着重要作用。然而，随着互联网在世界范围内迅速普及、网民数量逐年攀升、上网途径和机会不断增加，过度使用互联网所带来的负面影响日益显现，表现为学业、工作、家庭生活、社会关系、身体健康和心理幸福感等多方面功能的受损。其中，青少年网络成瘾问题尤其受到学界关注。有关青少年网络成瘾的研究在过去20年间迅速增长，已成为心理学、精神病学、公共卫生、神经科学、社会学、教育学、医学、体育学、图书馆学、法律学等诸多学科共同探讨的问题。有关青少年网络成瘾的研究广泛发表于《计算机与人类行为》《成瘾行为》《行为成瘾杂志》《网络心理学、行为与社交网络》等学术期刊上。

遗憾的是，尽管"网络成瘾"概念提出已有20余年，但青少年网络成瘾比例仍居高不下，持续威胁着个体当前和未来的身心健康与学业适应。与青少年自杀、暴力、欺负等问题行为相比，目前基于证据的综合性、系统性网络成瘾预防干预方案仍十分缺乏。部分原因在于，学界对个体、家庭、学校、同伴等主要发展背景中诸多风险因素对网络成瘾的相对贡献及作用机制仍知之甚少。在公共卫生领域，为了防止疾病的发生，首先需要辨明引发疾病的风险因素，也就是因其存在而增加个体患病概率的因素，这样才能从减少或消除这些风险因素入手进行预防干预。另外，也需要辨明阻止疾病发生的保护因素，也就是因其存在而降低个体患病概率的因素，才能从增加或提升这些保护因素入手进行预防干预。本书借鉴了公共卫生领域的理念，试图识别青少年网络成瘾的风险和保护因素及其作用机制。

生物生态学理论和发展系统理论强调，人类发展是个体自身和多个生态系统（如家庭、学校、同伴）共同作用的结果。本书创造性地将这一思想转化为两大研究理念：一是不同系统可能相互联系，一种风险因素会增加个体暴露于其他风险因素的可能性，进而增加网络成瘾（中介机制）。另外，一种风险因素对网络成瘾的作用可能因其他风险或保护因素的存在而有所不同（调节机制）。二是不同领域风险因素往往协同发生，对单一或少数风险因素的研究不符合个体生活实际，也不利于系统性预防干预方案的提出。

为了使这两大理念更好地融入青少年网络成瘾的科学研究、更好地服务于青少年网络成瘾的预防和干预，本书进行了四方面的工作。首先，本书简要介绍了青少年网络成瘾的概念、测量、流行率、危害以及不同国家对此问题的关注情况。其次，在理论篇中，本书基于对最近20年来青少年网络成瘾领域文献的扎实编码，通过4章内容全景式地系统总结了主要个体因素、家庭因素、学校因素、同伴因素与青少年网络成瘾的关系，澄清了现有研究中模棱两可、似是而非的变量关系，并指出了现有研究的不足，提出了未来研究的方向。这种相当翔实的文献回顾在青少年网络成瘾领域是不多见的，能够为本领域的学术研究者、政策制定者、家长和教师、心理服务提供者、社会工作者等了解当前青少年网络成瘾的影响因素提供非常宝贵的证据信息。再次，在实证篇中，本书通过14章内容展示了在上述两大理念指导下开展的多项实证研究的成果。这些研究分别涉及重要个体因素（气质特征、大五人格）、家庭因素（亲子关系、父母监控、父母冲突、家庭功能）、学校因素（师生关系、学校分离、校园氛围）、同伴因素（友谊质量、同伴侵害）、多重风险因素（累积生态风险、负性生活事件、多重风险剖面）影响青少年网络成瘾的心理机制。最后，本书简要总结了理论篇和实证篇的主要发现，并在此基础上提出了具有针对性的青少年网络成瘾预防干预思路。总之，本书的内容有助于阐明"青少年网络成瘾的现状是什么""哪些因素与青少年网络成瘾有关""这些因素怎样和何时影响青少年网络成瘾""怎样才能有效预防和干预青少年网络成瘾"等多个关键问题。

李董平

目　录

绪言　青少年网络成瘾：概念、测量、流行和危害

为了让读者总体上了解青少年网络成瘾的现状，本章将简要介绍青少年网络成瘾的定义和分类、主流的网络成瘾测量工具及其受到的批评、青少年网络成瘾的流行情况、青少年网络成瘾的危害以及不同国家对此问题的关注情况。

1.　网络成瘾的概念

1.1　网络成瘾的定义

"网络成瘾"（Internet addiction）是指在无成瘾物质作用下对互联网使用冲动的失控行为，表现为过度使用互联网后导致明显的学业、职业和社会功能损伤。目前学界也使用其他术语来描述网络成瘾现象，如"问题性网络使用"（problematic Internet use）、"病理性网络使用"（pathological Internet use）、"冲动性网络使用"（compulsive Internet use）、"网络依赖"（Internet dependence/dependency）、"过度网络使用"（excessive Internet use）。这些术语的提出都有着不同的考量，所强调的核心特征往往也有所不同。不同术语的使用体现出网络成瘾领域"百家争鸣、百花齐放"的研究状况，有其进步意义，但不同术语的使用也在一定程度上限制了学术共识的凝聚，阻碍了不同研究者之间的交流。考虑到不同术语的抽象定义虽有所不同但操作定义却大同小异，本书将使用"网络成瘾"这一被多数研究者所使用的术语来描述有关现象，以确保行文的简洁性和一致性。

网络成瘾概念自提出以来就争议不断。例如，Griffiths[1]认为，互联网只是其他常见成瘾行为赖以发生的媒介（addiction on the Internet），个体并不是对

互联网本身成瘾（addiction to the Internet），因此网络成瘾并不能作为独立的诊断实体而存在。再如，Kardefelt-Winther[2]认为，网络成瘾只是个体应对生活问题的策略，而不应当看作是心理障碍。此外，也有研究者提出，网络成瘾目前并没有专门的诊断标准，目前多是借鉴病理性赌博的标准来进行诊断，但实际上这两种障碍可能并不完全相同。

1.2　青少年网络成瘾的分类

根据上网内容的不同，可将网络成瘾划分为网络游戏成瘾、网络关系成瘾、网络色情成瘾、网络信息成瘾、网络赌博成瘾、网络交易成瘾等不同亚型。近年来，研究者在继续关注一般性网络成瘾的同时，也开始探讨不同亚型网络成瘾的独特特征[3]。其中，网络游戏成瘾和网络社交成瘾在青少年群体中备受关注，成了新的研究增长点。2013年，美国精神病协会出版的《精神疾病诊断与统计手册（第五版）》（DSM-5）将网络游戏成瘾纳入附录部分，呼吁对其开展更多的临床研究和实践检验。2018年，世界卫生组织发布的《国际疾病分类》（ICD-11）也将网络游戏障碍列入精神疾病范畴。此外，根据上网媒介/载体的不同，还可将网络成瘾划分为计算机成瘾和智能手机成瘾。

一般性网络成瘾和特殊性网络成瘾是不同的概念实体。对二者进行研究均具有重要的意义，各自回答了对方所无法回答的重要问题。换句话说，不同研究取向应当是相互补充而不是相互排斥的[4]。一方面，这些亚型的区分表明网络成瘾现象具有异质性，有必要识别不同亚型网络成瘾的独特影响因素和消极后果，并进行有针对性的预防干预[5-8]；另一方面，不同亚型间的区分边界并不像最初以为的那样清晰[9]，不同亚型都共享着网络成瘾的关键特征[10]。只关注特定网络成瘾亚型与个体的在线经验并不相符，同时忽视了造成过度使用的在线行为的多样性[11,12]。

2.　青少年网络成瘾的测量

科学诊断网络成瘾并非易事，因为目前尚缺乏清晰的网络成瘾诊断指标。

Koronczai等人[13]提出，好的网络成瘾测量工具应满足6大基本要求：①具有全面性，能考察网络成瘾的多个甚至所有方面；②尽可能短小精悍，这样才能评估冲动性的个体（通常难以长时间保持专注）并适用于时间有限的调查研究；③在不同数据收集方法中（如网络调查和纸笔测验）都具有良好的信度和效度；④在不同年龄群体中都适用；⑤在不同文化背景中都适用；⑥以临床数据为基础来确定网络成瘾的诊断标准。过去20年间，研究者开发了数十种工具来评估网络成瘾[14]，但满足所有6大要求的工具并不多见。

根据最近的文献回顾[15]，Young[16]所编制的"网络成瘾诊断问卷"和"网络成瘾测验"是目前该领域使用最广的工具。它们是在参考病理性赌博诊断标准的基础上编制而成，测评项目和划界标准与DSM-5中有关网络游戏成瘾的项目和划界标准非常接近。具体而言，Young的"网络成瘾诊断问卷"通过8个项目（渴求症状、戒断症状、耐受性、难以停止上网、上网时间比预计的长、功能损伤、向他人撒谎上网的时间和费用、用上网来回避现实或缓解负性情绪）中至少出现5种表现来定义网络成瘾。另外，"网络成瘾测验"包含20个有关网络使用的项目，得分在80或以上则表明出现了临床上较为突出的网络成瘾症状。这些工具具有可接受的内部一致性信度、重测信度和聚合效度。然而，也有批评者指出，这些工具所包含的关键成分或维度并不被所有研究者认可，划界标准缺乏实证或临床依据，目前缺乏敏感性和特异性的数据资料，自陈问卷依赖被试诚实作答才能获得准确信息，使用筛查性工具而非诊断性工具来估计不常见行为障碍时容易出现假阳性错误，未能提供个体沉迷于何种类型网络活动的信息，部分题目涉及上网时长但上网时长本身与个人习惯、工作性质或文化特征等因素有关[17-19]。为了更好地推动网络成瘾领域的研究进展，不少研究者呼吁，目前不仅应适度停止开发新的工具，而且要花更多工夫来考察现有工具在不同文化背景和不同年龄群体中的适用性，从而使该领域出现统一的标准化测评工具[14]。

目前大多数工具都属于自陈问卷，较少有适合父母、教师、同伴等其他信息源使用的工具。例外的是，Wartberg等人[20]开发了适合父母使用的青少年网络成瘾诊断测验，在这方面迈出了重要的一步。值得注意的是，某些家庭互动过程可能扭曲父母的反应，应对此保持警惕。此外，父母也可能对某些比较隐蔽的行为（如是否隐瞒上网时间）或比较内在的情绪和想法不大好评定。最后，随年龄增长，青少年逐渐远离父母，父母有可能对孩子网络成瘾知晓得不多，使得他们难以评定或不容易准确评定。

3. 青少年网络成瘾的流行情况

准确识别青少年网络成瘾总体发生率和亚群体发生率对确定人群中有多少人网络成瘾以及哪些群体更需要预防和干预是至关重要的。此外，探究网络成瘾人口学亚群体差异有助于识别哪些人口学变量对青少年网络成瘾有显著的作用，从而有利于未来研究将这些人口学因素作为协变量进行统计控制，有利于在考察其他因素对青少年网络成瘾的影响时将这些人口学因素作为调节变量进行分析以检验同一模型对不同亚群体的适用性，还有利于深入探讨不同人口学亚群体网络成瘾存在差异背后的原因。遗憾的是，估计网络成瘾发生率的研究往往存在重要的方法学局限，如网络成瘾测评工具千差万别、网络成瘾诊断标准随意和不够统一（即使不同研究者使用同一工具时也是如此）、非随机抽样导致样本代表性不足，在一定程度上限制了不同研究结果的可比性。以下将基于截至2016年底的600多篇文献的编码工作，对主要的人口学因素与青少年网络成瘾的关系分别进行回顾。需要说明的是，虽然Lai和Kwan[21]对部分人口学变量（社会经济地位）与青少年网络成瘾的关系进行了理论阐述和文献回顾，但所回顾的文献范围十分有限。

3.1 国别差异

由于互联网普及率和文化因素等方面的差异，不同国家间青少年网络成瘾发生率也存在很大差异。总体而言，亚洲国家和地区（如中国、韩国、土耳其）的网络成瘾发生率相对较高[22]。例如，Pontes等人[23]回顾了12项在不同国家/文化背景下开展的具有全国代表性的大样本研究，结果发现，网络成瘾发生率在德国最低（1%），在中国台湾高达18.7%。Samli[22]的文献综述表明，中国是目前网络成瘾研究开展最多的国家。张志华和孙业桓[24]对2012—2016年发表的关于中国中学生网络成瘾的中英文文献进行元分析，结果发现，在采用不同严苛程度的诊断标准时，中学生网络成瘾率介于6.92%（严苛标准）—10.78%（宽松标准）。

3.2　性别差异

青少年网络成瘾领域存在"性别相似性"和"性别差异性"两大假设之争。有学者认为，青少年男生比女生更可能沉迷网络。可能的原因是，与女生相比，男生具有更高的探索性、冒险性、逆反性，更低的自控能力和时间管理倾向，更少获得他人的社会支持和情感表达的机会，更少将时间和精力投入学习活动中，更多使用容易导致成瘾的网络功能，且父母对男生的监管程度相对较低。但是，也有学者认为，青少年女生与男生的差异会不断缩小甚至反转。背后的原因是，随着网络的普及，女生上网率日益提高，且不断丰富的网络功能越来越满足了女生的兴趣，这使得网络成瘾的性别差异有所减小[25]。在实证研究方面，截至2016年，482项研究比较了男生与女生网络成瘾水平的差异。其中，80%的研究发现男生网络成瘾水平显著高于女生，17%的研究发现二者无显著差异，3%的研究发现女生网络成瘾水平显著高于男生。张志华和孙业桓[24]的元分析总体上也支持男生网络成瘾水平显著高于女生的观点，尽管该元分析纳入的文献数量相对有限。因此，就目前来看，与女生相比，男生更可能沉迷网络。

3.3　学段差异

随着学段增长，青少年网络成瘾如何发展变化？一些观点认为，高中生比初中生更可能沉迷网络。可能的原因是，与初中生相比，高中生体验到更多升学压力，更可能通过网络世界寻求放松；高中生拥有更多独立空间，更少受到来自家长和教师的管理与约束；认知能力的增长使得高中生能更熟练和多样地使用网络并从中获得乐趣。另一些观点则认为，高中生比初中生更不可能沉迷网络。可能的原因是，与初中生相比，高中生面临着更高的升学压力，更多将时间、精力投入学习活动中而无暇上网；高中生具有更高的自控能力，更不容易沉迷网络；经过中考的选拔，部分网络成瘾初中生未能进入高中阶段的学习。此外，还有部分观点认为，初中生和高中生的网络成瘾水平没有显著差异。背后的原因是，初中生和高中生都处于青少年时期，心理特征较为相似；计算机的普及使得网络成瘾低龄化，初中生沉迷网络的人数日益增多，与高中生差异不再显著。在实证研究方面，截至2016年，147项研究比较了不同学段青少年的网络成瘾水平。其中，40%的研究发现高中生比初中生更可能沉迷网络，13%的研究发现初中生比高中生更可能沉迷网络，47%的研究发现高中生与初中生的网络成瘾水平没有显著差异。张志华和孙业桓[24]的元分析发现，初中生和高中生的网络成瘾水平没有显著差异。

3.4 城乡差异

生活在城市和农村的青少年网络成瘾水平是否存在差异？一些观点认为，城市青少年比农村青少年更可能沉迷网络。可能的原因是，城市上网条件优于农村，使得个体有更多机会接触网络，从而更易沉迷网络。另一些观点则认为，农村青少年比城市青少年更容易网络成瘾。可能的原因是，农村青少年享有的资源比较匮乏、娱乐活动较为单调，因而更可能通过网络来满足各种心理需要。在实证研究方面，截至2016年，44项研究探讨了居住地与青少年网络成瘾的关系。其中，39%的研究发现城市青少年比农村青少年更容易网络成瘾，11%的研究发现农村青少年比城市青少年更可能网络成瘾，50%的研究发现两者没有显著差异。综合而言，城乡青少年网络成瘾水平只存在较小差异，城市青少年略高于农村青少年。

3.5 父母受教育水平差异

父母受教育水平是否与青少年网络成瘾有关？一些观点认为，父母受教育水平越高的青少年更容易沉迷网络。可能的原因是，父母受教育水平越高，家庭的电脑和网络普及率也越高，为上网提供了便利条件。另一些观点则认为，父母受教育水平越低的青少年更容易沉迷网络。可能的原因是，父母受教育水平越低，越难以合理有效地引导孩子上网，从而增加了孩子网络成瘾的风险。在实证研究方面，截至2016年，72项研究探讨了父母受教育水平与青少年网络成瘾的关系。其中，绝大部分研究（63%）发现父母受教育水平与青少年网络成瘾并无显著的联系，18%的研究发现父母受教育水平越高的青少年更容易沉迷网络，19%的研究发现父母受教育水平越低的青少年更可能沉迷网络。综合而言，父母受教育水平并不是影响网络成瘾的主要因素。这与Lai和Kwan[21]综述论文所得结论一致，即社会经济地位与青少年网络成瘾的关系较为混乱。

3.6 父母职业差异

父母职业状况是否与青少年网络成瘾有关？理论上讲，父母职业可能会影响青少年网络成瘾，原因在于从事某些职业的父母忙于生计而弱化对孩子的管教和引导、给孩子陪伴和情感交流的机会偏少、因职业声望不高而降低孩子的自豪感和积极情绪体验、因工作性质的原因更多示范网络使用和提供接触网络的机会。在实证研究方面，现有研究总体上数量偏少且结果分歧较大。在这些研究中，半数以上发现父母职业与青少年网络成瘾并无显著联系，少量研究发现父母职业为工人、农民、自由职业的青少年更容易沉迷网络，也有少量研究发现父母职业为教师和医生的青少年更容易沉迷网络。从目前的状况来看，父母职业并不是影响青少年网络成瘾的关键因素。当然，对此结论需持谨慎态度，因为现有文献对父母职业的设定和编码缺乏统一标准，降低了不同研究结果的可比性。未来仍需对此做更多探索。

3.7 家庭经济状况差异

不同家庭经济状况的青少年网络成瘾水平是否存在差异？一些观点认为，家庭经济状况越好的青少年更可能网络成瘾。可能的原因是，家庭经济状况越好，青少年更可能拥有较多零花钱、拥有更好的上网设备和条件，从而更容易沉迷网络。另一些观点则认为，家庭经济状况越差的青少年更容易网络成瘾。可能的原因是，家庭经济状况不好的家庭，青少年更加自卑或拥有较低的自控能力，父母的经济压力、婚姻冲突、负性情绪和消极教养都更多，更难提供合理有效的上网引导，这些因素都可增加青少年沉迷网络的风险。在实证研究方面，截至2016年，55项研究探讨了家庭经济状况与青少年网络成瘾的关系。其中，绝大多数（65%）研究表明家庭经济状况与青少年网络成瘾并无显著的联系，20%的研究发现低收入家庭的青少年更容易网络成瘾，15%的研究发现高收入家庭的青少年更容易网络成瘾。综合而言，家庭经济状况并不是影响青少年网络成瘾的主要因素。这也与Lai和Kwan[21]综述论文所得结论一致，即社会经济地位与青少年网络成瘾的关系比较混乱。

3.8 是否独生子女差异

独生子女与非独生子女的网络成瘾水平是否存在差异？一些观点认为，独生子女比非独生子女更可能网络成瘾。可能的原因是，独生子女所处家庭经济状况较好，拥有更为便利的上网条件，从而更容易沉迷网络。另一些观点则认为，非独生子女比独生子女更可能网络成瘾。可能的原因是，非独生子女相对更难获得父母的支持和关爱以及对上网的合理有效引导，从而更容易沉迷网络。在实证研究方面，截至2016年，49项研究比较了独生子女与非独生子女网络成瘾水平的差异。其中，绝大多数（65%）研究表明独生子女与非独生子女网络成瘾水平没有显著差异，20%的研究发现独生子女比非独生子女更容易网络成瘾，14%的研究表明非独生子女比独生子女更可能网络成瘾。综合而言，是否独生子女并不是影响青少年网络成瘾的主要因素。

3.9 家庭结构差异

来自完整家庭（孩子与亲生父母共同生活）与非完整家庭（孩子未能与亲生父母共同生活）的青少年网络成瘾水平是否有差异？理论上讲，非完整家庭的青少年缺少来自家庭的关爱和支持，容易出现心理危机并体验负性情绪，因而增加了网络成瘾的风险。在实证研究方面，截至2016年，61项研究比较了来自完整家庭与非完整家庭青少年网络成瘾水平的差异。其中，56%的研究表明非完整家庭的青少年比完整家庭的青少年更容易沉迷网络，44%的研究发现不同家庭结构的青少年网络成瘾水平并无显著的差异。综合而言，非完整家庭是青少年网络成瘾的风险因素，尽管这种效应相对较小。当然，在解释该结果时需要保持谨慎，因为部分研究在测评家庭结构时所用指标和方法以及所选样本可能不利于识别出家庭结构对青少年网络成瘾的显著效应。当然，也可能是非完整家庭成长的青少年获得部分外界援助或借助自身心理调适，逐渐摆脱非完整家庭的阴影。

3.10　是否住校差异

住校生与走读生网络成瘾是否存在差异？一些观点认为，住校生比走读生更容易网络成瘾，因为他们远离父母监管，更可能进出网吧。另一些观点则认为，走读生比住校生更容易网络成瘾，可能是由于家长管理不如学校住宿管理那么严格（如封闭式校园管理），增加了学生接触网络的机会。在实证研究方面，截至2016年，20项研究比较了住校生与走读生网络成瘾水平的差异。其中，25%的研究表明住校生更容易沉迷网络，15%的研究支持走读生更容易沉迷网络，60%的研究表明两者网络成瘾水平并无显著差异。综合而言，是否住校并不是影响青少年网络成瘾的主要因素。

3.11　是否留守差异

留守青少年是否比非留守青少年更容易沉迷网络？理论观点认为，留守青少年比非留守青少年更容易网络成瘾，因为他们往往面临亲子沟通不足、社会支持偏低、负性情绪较高、父母监控弱化以及零花钱较多等不利因素。实证研究方面，只有少量研究比较了留守与非留守青少年的网络成瘾水平。这些研究基本上表明，留守青少年比非留守青少年更容易沉迷网络。

4.　青少年网络成瘾的危害

尽管网络成瘾概念存在较多争议，但网络成瘾的负面影响却少有争议。以往研究表明，与非网络成瘾青少年相比，网络成瘾青少年拥有更多的身体健康、学业、情绪、人际、行为问题以及更低的幸福感。例如，Carli等人[26]的系统性综述表明，在探讨了网络成瘾与心理病理问题之间关系的研究中，75%报告了网络成瘾与抑郁的显著联系，57%报告了网络成瘾与焦虑的显著联系，100%报告了网络成瘾与注意缺陷多动障碍的显著联系，60%报告了网络成瘾与强迫症状的显著联系，66%报告了与敌意/攻击的显著联系，尽管没有研究发现网络成瘾与社交恐惧的显著联系。夏莹等人[27]以及Cheng等人[28]的元分析发现，网络成瘾是自杀意念、自杀计划、自杀企图的风险因素。Lam[29]和Alimoradi等人[30]的元分析发现，网络成瘾与主观失眠感、睡眠时长短、较低的睡眠质量等睡眠问题有关。Park和Lee[31]发现，网络成瘾对口腔卫生有不利影响。

需要注意的是，早期的研究多属于横断研究，尚不能明确网络成瘾与身心功能之间因果关系的方向。但是，随着近年来前瞻性纵向研究的增加，网络成瘾的不利影响则变得更加明晰。例如，Zhang等人[32]对中国中学生的纵向研究表明，网络成瘾可导致个体学业投入的下降，进而导致学业成就的降低。Salmela-Aro等人[33]对芬兰中学生的纵向研究发现，过度网络使用会导致随后的学习倦怠，进而导致个体抑郁症状的增加。Gámez-Guadix[34]、Lam和Peng[35]以及Lau等人[36]的纵向研究均发现，基线阶段的网络成瘾可以预测后来抑郁症状的增加。Ciarrochi等人[37]和Donald等人[38]的纵向研究表明，网络成瘾可以预测后来心理健康问题的增加以及自尊和希望的下降。Pan和Yeh[39]对中国台湾高中生的纵向研究发现，基线阶段的网络成瘾可以预测一年后的自伤/自杀行为。Yu和Shek[40]对中国香港高中生的纵向研究发现，网络成瘾可以预测日后生活满意度的下降和无望感的增加。Lee和Lee[41]的纵向研究发现，青少年期的网络成瘾可显著预测成年早期的重度饮酒和吸烟。Chen和Gau[42]以及Klar等人[43]的纵向研究均发现，基线阶段的网络成瘾能导致日后睡眠问题的增加。

5. 世界各国对青少年网络成瘾的关注情况

截至目前，不同国家对青少年网络成瘾的关注程度不同，所采取的预防和干预措施也有所不同[44]。总体而言，亚洲国家多由政府主导进行青少年网络成瘾的预防和干预，而欧美各国政府较少直接参与其中，而更多由非政府组织和社会专业机构参与其中[45]。

韩国是较早开展全国范围内青少年网络成瘾预防和治疗的国家。韩国政府先后颁布了多项法律法规，限制青少年接触暴力和色情等有害网络信息，实施网络游戏防疲劳系统和凌晨强行断网制度。韩国注重从总体上规划中小学生网络成瘾的防治工作，形成了从前期预防到中期筛查、咨询与治疗再到后期回访的全程网络成瘾防治模式[45]。所采取的措施包括在全国范围内筛查网络成瘾青少年、在学校开展早期预防计划、开设住院治疗中心。

日本政府也较为重视青少年网络成瘾的防治工作。通过较高的税收限制网吧数量、对网络内容进行严格的审查分级和过滤屏蔽、注重提升青少年的网络素养（特别是网络风险意识）以及家长对孩子上网的监管和引导能力[46,47]。

美国政府也先后颁布了儿童保护的多部法案，如《儿童在线保护法案》《儿童在线隐私保护法案》《儿童互联网保护法案》等，禁止网站向儿童提供有害内容，禁止非法收集儿童隐私信息，强调通过技术手段过滤不健康信息。另外，美国也涌现出不少营利性和非营利性社会组织，共同致力于青少年网络成瘾的防治工作。总体而言，美国社会对青少年网络成瘾问题的重视程度仍有所欠缺，少有学校将学生网络成瘾问题作为中心工作来抓[48]。

在我国，政府部门先后出台多部法律法规预防青少年网络成瘾。2002年，国务院颁布《互联网上网服务营业场所管理条例》，中小学校园200米范围内不得设立网吧，不得接纳未成年人进入营业性网吧。2007年，教育部等八部门联合发布《关于保护未成年人身心健康实施网络游戏防沉迷系统的通知》，开发网络游戏防沉迷系统并做好实名认证，通过技术手段限制青少年上网玩游戏时间，预防青少年网络成瘾。2013年实行的《中华人民共和国未成年人保护法》规定，监护人应预防和制止未成年人沉迷网络；鼓励中小学开设适合未成年人使用的网吧；鼓励开发有利于未成年人身心健康的网络产品；限制未成年人接触不适宜的网络产品和信息，预防青少年沉迷网络；禁止未成年人进入网吧上网。2018年，教育部下发《关于做好预防中小学生沉迷网络教育引导工作的紧急通知》并致信全国中小学生家长，对做好预防中小学生沉迷网络教育引导工作提出了5项具体要求：①增强预防中小学生网络成瘾问题的责任感紧迫感；②迅速开展全面的排查，掌握中小学生网络使用基本情况；③集中组织和开展形式多样的专题教育活动，引导学生合理使用网络；④严格规范学校日常管理，建设绿色校园网络，在每个管理环节落实预防工作；⑤推动家长履行监护职责，父母要善于引导、重视监督孩子网络使用，要以身作则、重视自身的示范作用，要经常陪伴孩子、增进亲情，要疏导孩子心理问题促进心理健康，要与学校积极沟通配合了解孩子上网情况。

6. 结论

尽管过去20年来青少年网民数量迅速增长，但有关青少年网络成瘾的研究仍处于起步阶段。现有研究表明，网络成瘾的概念仍存在争议，目前尚缺乏广泛认可的网络成瘾评估与诊断标准，青少年网络成瘾的流行率存在人口学亚群体差异，网络成瘾可能导致个体身心功能诸多方面受损。青少年网络成瘾已受到多个国家政府部门的广泛关注，但目前青少年网络成瘾仍是比较突出的社会、教育和公共卫生问题。为了科学预防和干预青少年网络成瘾，有必要对青少年网络成瘾的风险因素和作用机制开展更加深入的研究。

参考文献

[1] Griffiths, M. Internet addiction-time to be taken seriously?[J]. Addiction Research, 2000, 8: 413-418.

[2] Kardefelt-Winther D. A conceptual and methodological critique of Internet addiction research: towards a model of compensatory Internet use[J]. Computers in Human Behavior, 2014, 31: 351-354.

[3] Lopez-Fernandez O. How has Internet addiction research evolved since the advent of Internet Gaming Disorder? An overview of cyberaddictions from a psychological perspective[J]. Current Addiction Reports, 2015, 2: 263-271.

[4] Davis R A. A cognitive-behavioral model of pathological Internet use[J]. Computers in Human Behavior, 2001, 17: 187-195.

[5] Király O, Griffiths M D, Urbán R, et al. Problematic Internet use and problematic online

gaming are not the same: findings from a large nationally representative adolescent sample［J］. Cyberpsychology, Behavior, and Social Networking, 2014, 17: 749–754.

［6］ Pontes H M, Griffiths M D. Internet addiction disorder and Internet gaming disorder are not the same［J］. Journal of Addiction Research & Therapy, 2014, 5(4): e124.

［7］ Rehbein F, Möble T. Video game and Internet addiction: is there a need for differentiation?［J］. SUCHT, 2013, 59(3): 129–142.

［8］ Starcevic V. Is Internet addiction a useful concept?［J］. Australian & New Zealand Journal of Psychiatry, 2013, 47: 16–19.

［9］ Throuvala M A, Griffiths M D, Rennoldson M, et al. School-based prevention for adolescent Internet addiction: prevention is the key. A systematic literature review［J］. Current Neuropharmacology, 2019, 17: 507–525.

［10］ Block J J. Issues for DSM-V: Internet addiction［J］. American Journal of Psychiatry, 2008, 165: 306–307.

［11］ Kuss D J, Lopez-Fernandez O. Internet addiction and problematic Internet use: a systematic review of clinical research［J］. World Journal of Psychiatry, 2016, 6: 143–176.

［12］ Montag C, Bey K, Sha P, et al. Is it meaningful to distinguish between generalized and specific Internet addiction? Evidence from a cross-cultural study from Germany, Sweden, Taiwan and China［J］. Asia-Pacific Psychiatry, 2015, 7: 20–26.

［13］ Koronczai B, Urbán R, Kökönyei G, et al. Confirmation of the three-factor model of problematic Internet use on off-line adolescent and adult samples［J］. Cyberpsychology, Behavior, and Social Networking, 2011, 14: 657–664.

［14］ Laconi S, Rodgers R F, Chabrol H. The measurement of Internet addiction: a critical review of existing scales and their psychometric properties［J］. Computers in Human Behavior, 2014, 41: 190–202.

［15］ Moon S J, Hwang J S, Kim J Y, et al. Psychometric properties of the Internet addiction test: a systematic review and meta-analysis［J］. Cyberpsychology, Behavior, and Social Networking, 2018, 21: 473–484.

［16］ Young K S. Internet addiction: the emergence of a new clinical disorder［J］. CyberPsychology and Behavior, 1998, 1: 237–244.

［17］ Maráz A, Király O, Demetrovics Z. The diagnostic pitfalls of surveys: if you score positive on a test of addiction, you still have a good chance not to be addicted. A response to Billieux et al. 2015［J］. Journal of Behavioral Addictions, 2015, 4: 151–154.

［18］ Smyth S J, Curran K, Kelvey N M. Internet addiction: a modern societal problem［M］//Bozoglan B. Psychological, social, and cultural aspects of Internet addiction.

Hershey, PA: Information Science Reference, 2018: 20–43.

［19］Wartberg L, Brunner R, Kriston L, et al. Psychopathological factors associated with problematic alcohol and problematic Internet use in a sample of adolescents in Germany［J］. Psychiatry Research, 2016, 240, 272–277.

［20］Wartberg L, Kriston L, Kegel K, et al. Adaptation and psychometric evaluation of the Young Diagnostic Questionnaire (YDQ) for parental assessment of adolescent problematic Internet use［J］. Journal of Behavioral Addictions, 2016, 5: 311–317.

［21］Lai F T T, Kwan J L Y. Socioeconomic determinants of Internet addiction in adolescents: a scoping review［M］//Bozoglan B. Psychological, social, and cultural aspects of Internet addiction. Hershey, PA: Information Science Reference, 2018: 127–220.

［22］Samli R. A review of Internet addiction on the basis of different countries (2007–2017)［M］//Bozoglan B. Psychological, social, and cultural aspects of Internet addiction. Hershey, PA: Information Science Reference, 2018: 200–220.

［23］Pontes H M, Kuss D J, Griffiths M D. Clinical psychology of Internet addiction: a review of its conceptualization, prevalence, neuronal processes, and implications for treatment［J］. Neuroscience & Neuroeconomics, 2015, 4: 11–23.

［24］张志华，孙业桓. 中国中学生网络成瘾现况及流行特征的Meta分析［J］. 中国学校卫生, 2018, 39（10）: 1481–1485.

［25］Öztürk E, Özmen S K. The relationship of self–perception, personality and high school type with the level of problematic Internet use in adolescents［J］. Computers in Human Behavior, 2016, 65: 501–507.

［26］Carli V, Durkee T, Wasserman D, et al. The association between pathological Internet use and comorbid psychopathology: a systematic review［J］. Psychopathology, 2013, 46: 1–13.

［27］夏莹，杨子云，戢汉斌. 影响中国中学生自杀意念危险因素Meta分析［J］. 中国健康心理学杂志, 2017, 25（2）: 178–181.

［28］Cheng Y S, Tseng P T, Lin P Y, et al. Internet addiction and its relationship with suicidal behaviors: a meta–analysis of multinational observational studies［J］. Journal of Clinical Psychiatry, 2018.

［29］Lam L T. Internet gaming addiction, problematic use of the Internet, and sleep problems: a systematic review［J］. Current Psychiatry Reports, 2014, 16: article 444.

［30］Alimoradi Z, Lin C Y, Broström A, et al. Internet addiction and sleep problems: a systematic review and meta–analysis［J］. Sleep Medicine Reviews, 2019, 47: 51–61.

［31］Park S, Lee J H. Associations of Internet use with oral hygiene based on national youth risk behavior survey［J］. Journal of the Korean Academy of Child and Adolescent

Psychiatry, 2018, 29: 26–30.

［32］Zhang Y, Qin X, Ren P. Adolescents' academic engagement mediates the association between Internet addiction and academic achievement: the moderating effect of classroom achievement norm［J］. Computers in Human Behavior, 2018, 89: 299–307.

［33］Salmela-Aro K, Upadyaya K, Hakkarainen K, et al. The dark side of Internet use: two longitudinal studies of excessive Internet use, depressive symptoms, school burnout and engagement among Finnish early and late adolescents［J］. Journal of Youth and Adolescence, 2017, 46: 343–357.

［34］Gámez-Guadix M. Depressive symptoms and problematic Internet use among adolescents: analysis of the longitudinal relationships from the cognitive-behavioral model［J］. Cyberpsychology, Behavior, and Social Networking, 2014, 17: 714–719.

［35］Lam L T, Peng Z W. Effect of pathological use of the Internet on adolescent mental health: a prospective study［J］. Archives of Pediatrics & Adolescent Medicine, 2010, 164: 901–906.

［36］Lau J T, Walden D L, Wu A M, et al. Bidirectional predictions between Internet addiction and probable depression among Chinese adolescents［J］. Journal of Behavioral Addictions, 2018, 7: 633–643.

［37］Ciarrochi J, Parker P, Sahdra B, et al. The development of compulsive Internet use and mental health: a four-year study of adolescence［J］. Developmental Psychology, 2016, 52: 272–283.

［38］Donald J N, Ciarrochi J, Parker P D, et al. Compulsive Internet use and the development of self-esteem and hope: a four-year longitudinal study［J］. Journal of Personality, 2018.

［39］Pan P Y, Yeh C B. Internet addiction among adolescents may predict self-harm/suicidal behavior: a prospective study［J］. Journal of Pediatrics, 2018, 197: 262–267.

［40］Yu L, Shek D T L. Testing longitudinal relationships between Internet addiction and well-being in Hong Kong adolescents: cross-lagged analyses based on three waves of data［J］. Child Indicators Research, 2018, 11: 1545–1562.

［41］Lee B H, Lee H K. Longitudinal study shows that addictive Internet use during adolescence was associated with heavy drinking and smoking cigarettes in early adulthood［J］. Acta Paediatrica, 2017, 106, 497–502.

［42］Chen Y L, Gau S S F. Sleep problems and Internet addiction among children and adolescents: a longitudinal study［J］. Journal of Sleep Research, 2016, 25: 458–465.

［43］Klar J, Parzer P, Koenig J, et al. Relationship between (pathological) Internet use and sleep problems in a longitudinal study［J］. Praxis der Kinderpsychologie und

Kinderpsychiatrie, 2019, 68: 146–160.

［44］King D L, Delfabbro P H, Doh Y Y, et al. Policy and prevention approaches for disordered and hazardous gaming and Internet use: an international perspective［J］. Prevention Science, 2018, 19: 233–249.

［45］程斯辉. 借鉴国际经验构建多层面中小学生沉迷网络防治体系［J］. 云南教育, 2018（5）: 28–29.

［46］何建东. 基于国外青少年网瘾问题及防治策略的经验启示［J］. 黑河学院学报, 2017, 8（11）: 18–19.

［47］徐涵. 日本发起"春之安心网络·新学期共同行动"活动［J］. 世界教育信息, 2016（7）: 76–77.

［48］张瑞瑞. 美国青少年网瘾问题研究现状及防治对策［J］. 中小学德育, 2015（12）: 12–15.

理论篇

青少年网络成瘾风险因素的文献回顾

根据生态学理论，网络成瘾是由个体、家庭、学校、同伴等生态子系统中诸多因素联合作用的结果。虽然目前有部分文献对青少年网络成瘾的风险因素进行回顾，但以往文献综述存在的主要问题是：①不少文献回顾只涉及数量有限的青少年网络成瘾风险因素；②即便按照这些综述论文所列文献纳入和排除标准来看，也遗漏了该领域的大量文献；③所回顾的文献大多是数年前发表的，未纳入最近几年的新文献。因此，我们对青少年网络成瘾风险因素的认识仍不够全面和系统。本书认为，扎实地进行全面和系统的文献回顾很有必要，有助于揭示现有实证研究的全貌，澄清哪些风险因素与青少年网络成瘾存在稳健的关系，哪些风险因素并不如读者所预期的那样与青少年网络成瘾存在密切关系，这些基础信息对于政策制定、科学研究以及青少年网络成瘾的预防干预至关重要。

　　为了尽可能全面和系统地检索到现有文献，确立合适的检索策略就至关重要。本书借助PsycInfo, EBSCO, Science Direct, Springer, Wiley, Sage, Taylor & Francis等英文数据库和中国期刊网全文数据库、维普中文期刊服务平台、万方中国学术期刊数据库等中文数据库进行文献检索。具体而言，在检索英文数据库时，要求高级检索的标题/摘要/关键词字段中含有"Internet addiction" "pathological Internet use" "problematic Internet use" "compulsive Internet use" "Internet dependence" "Internet dependency" "Internet use disorder" "Internet abuse" "excessive Internet use" "heavy Internet use"等任意词语，且在标题/摘要/关键词字段中含有"adolescen*" "teen*" "youth*" "juvenil*" "young person*" "young people*" "middle school*" "high school*" "secondary school*" "junior school*" "senior school*"等任意词语。在检索中文数据库时，要求高级检索的标题/摘要/关键词字段含有"网络成瘾" "网瘾" "互联网成瘾" "病理性网络使用" "病理性互联网使用" "病理网络使用" "病理互联网使用" "病理性使用网络" "病理性使用互联网" "问题性网络使用" "问题性互联网使用" "问题网络使用" "问题互联网使用" "过度使用网络" "过度使用互联网" "网络过度使用" "互联网过度使用" "网络依赖" "互联网依赖" "网络使用不当" "互联网使用不当" "网络沉迷" "互联网沉迷" "沉迷网络" "沉迷互联网" "网络迷恋" "互联网迷恋" "迷恋网络" "迷恋互联网" "网络沉溺" "互联网沉溺" "网络有害使用" "互联网有害使用"等任意词语，且在标题/摘要/关键词字段中含有"青少年" "中学生" "初中生""高中生"等任意词语。对采用上述方式检索的文献去重后，再根据以下纳入和排除标准进行文献筛选。

（1）同行评审的期刊论文。本次文献回顾只纳入经同行评审过的学术期刊论文，排除会议论文、学位论文、报纸文章、书稿章节等。

（2）一般性网络成瘾。一般性网络成瘾与特殊性网络成瘾分属于不同概念实体，两者可以独立发生，且二者在心理社会功能损伤方面存在一定的差异。本次文献回顾只纳入一般性网络成瘾，排除只探讨网络成瘾特定亚型（如网络游戏成瘾、手机使用成瘾）的论文。个别研究虽然研究的抽象概念是网络游戏成瘾，但实际测量工具却是"Young的网络成瘾诊断问卷"，本质上仍然属于一般性网络成瘾，因此仍应将其纳入。另外，排除泛泛的网络使用（如单纯关注是否上网或网络使用时长）而非网络成瘾的研究。

（3）以青少年（中学生）为样本。不同年龄段的个体网络成瘾原因有所不同。本次文献回顾只关注中学生（年龄多介于11—19岁）的网络成瘾，排除单纯以小学生或大学生为对象的研究，因为小学生通常被认为是童年期的个体，高职生、本科生、研究生等通常被认为是成年人。如果某篇论文有将中学生与小学生或大学生分开进行分析（即能单独分离出中学生的研究结果），这类文献仍应纳入。若为跨越多个年龄段的追踪研究，则网络成瘾变量必须在初中或高中阶段进行测量。若通过追踪研究探讨影响因素与网络成瘾的关系，网络成瘾在中学阶段测量则应纳入，在大学或以后阶段测量则不纳入。

（4）发表语言为中文或英文。本次文献回顾仅纳入发表语言为中文或英文的论文，排除其他语言写作的论文。

（5）文献类型为实证研究。本次文献回顾仅纳入实证研究，排除理论文章、综述论文、书评论文，排除数据分析方法有误、未提供关键数据的论文。

（6）没有重复报告数据。对于可以确切判定为基于相同数据进行分析的论文，只编码一次。

（7）探讨了特定个体、家庭、学校、同伴因素与网络成瘾的关系。本次文献回顾仅纳入至少包含一种上述因素与青少年网络成瘾之间关系的研究。需要说明的是，部分重要且证据充分的风险因素（如压力性生活事件）和保护因素（如社会支持）因为不能被简单归入上述特定领域而未被纳入。

第1章　个体因素与青少年网络成瘾：
近20年文献回顾

近20年来，研究者探讨了数十种个体因素对青少年网络成瘾的影响。相较于环境因素，个体因素对青少年网络成瘾具有更重要的影响。虽然已有多篇文献回顾个体因素与青少年网络成瘾的关系，但目前尚缺乏较为全面和系统的文献综述对这些庞杂的个体因素与青少年网络成瘾的关系进行梳理与汇总。本章将主要涉及以下两方面内容：回顾个体因素影响青少年网络成瘾的实证研究，即现有研究探讨了哪些个体因素与青少年网络成瘾的关系，个体因素通过怎样的中介路径影响青少年网络成瘾，是否有调节因素影响个体因素与青少年网络成瘾的关系强度和方向；讨论现有研究的局限和未来研究的展望。

1.　个体因素与青少年网络成瘾的实证研究

虽然本章试图对数十种个体因素进行类别划分，但这种归类过程并非严格意义上的类型学归类，有时为了论述的方便不得不作出必要的取舍。

1.1　人格因素

1.1.1　一般性人格（气质）因素

不少研究考察了一般性人格特征与青少年网络成瘾的关系[1]。一般性人格特征通常采用"艾森克个性问卷"（EPQ）、"大五人格调查表"（BFI）、"卡特尔16种人格因素测验"（16PF）、"三维人格问卷"（TPQ）、"中国人个性测量表"（CPAI）等工具进行测量。下面将针对这些人格测验与青少年网络成瘾的关系进行回顾。

1.1.1.1　艾森克个性问卷

目前有30多项研究采用"艾森克个性问卷"测量青少年人格，并考察其与网络成瘾的关系。该问卷包含外向性、神经质、精神质、掩饰性四个人格维度。

外向性。有关外向性与青少年网络成瘾的关系存在明显的分歧。绝大部分研究发现，外向性与网络成瘾并不存在显著的联系[2-23]。也有少部分研究发现，外向性与网络成瘾存在显著的负向联系，即越外向的个体越不容易沉迷网络[4,11,22,24-31]。可能的原因在于，高外向性的个体往往通过身处热闹喧嚣的环境或聚会来提高脑内唤醒水平，而且通常在现实生活中拥有更多社会关系和朋友，因此他们更偏好面对面而非线上交流[17]；相比之下，性格内向、不善交际、人际关系困难的个体在现实生活中容易受到挫折和失败，更容易体验负性情绪，而网络世界的虚拟性和互动性有助于满足其心理需求，因而增加了个体沉迷网络的风险[25]。最后，还有少量研究发现，外向性与网络成瘾存在显著的正向联系，即越外向的个体越容易沉迷网络[28,32-34]。这可能是由于，高外向性的个体具有好交际、渴望刺激和冒险、情感易于冲动等特征，使得他们更热衷于上网聊天交友、玩游戏[32,34]。外向性作为网络成瘾的风险因素，提示我们不应忽视外向性个体的网络成瘾问题。针对这些分歧，未来研究有必要：比较在控制和不控制其他人格维度情况下，外向性对网络成瘾的预测作用是否有所不同；探索外向性对网络成瘾的作用是否在不同人口学亚群体（如性别、学段）中有所差异；引入恰当的中介变量从而检验外向性对网络成瘾的"不一致中介效应"，从而体现其对网络成瘾有利有弊的"两面性"作用。

神经质。神经质高的个体表现为情绪不稳定、焦虑、易怒、情绪激动，常郁郁不乐、忧心忡忡。除了少量研究发现神经质与青少年网络成瘾相关不显著外[4,5,8,22,24]，绝大多数研究都支持神经质与网络成瘾存在显著的正向联系，即情绪越不稳定的青少年越容易沉迷网络[2,3,6,7,9-21,23,25-34]。

精神质。精神质高的个体喜欢寻衅搅扰、与别人不友好、孤僻、难以适应环境，有时出现不够理智的行为，喜欢干冒险的事情。除少量研究得到阴性结果外[4,5,7,22,24,25,29,32,34]，绝大多数研究都支持精神质是青少年网络成瘾的风险因素[2,3,6,8-21,23,26-28,30,33,35]。

掩饰性。掩饰性与青少年网络成瘾的关系比较混乱。部分研究发现，掩饰性高的个体不容易网络成瘾[2,3,7,9-17,19-21,23,27,30]。这是因为，对青少年而言，掩饰标志着一定程度上的成熟，有益于社会适应行为的发展，因而减少了个体沉迷网络的可能性[3]。相反，掩饰性低的青少年不善于掩饰自己，相对更尊重客观事实，做事比较实际、古板、倔强，可能是网络成瘾的风险因素[7]。此外，部分研究发现，掩饰性与青少年网络成瘾之间没有显著的联系[5,24,29,32,34]。最后，还有部分研究发现，掩饰性高的个体更容易沉迷网络[4,6,18,22,25,26,28,35]。研究者认为，很多青少年对父母、老师、同学隐瞒上网行为，因此网络成瘾青少年多具有掩饰说谎倾向[4,25]。未来研究需要改进研究设计，进一步澄清掩饰性在青少年网络成瘾中的作用。

1.1.1.2 大五人格调查表

目前有10余项研究采用不同版本的"大五人格调查表"测量青少年人格，并考察其与网络成瘾的关系。该问卷包含外向性、神经质、谨慎性、开放性、宜人性5个人格维度。

外向性。与"艾森克个性问卷"所得结果相似，外向性与青少年网络成瘾的结果分歧较大。部分研究发现，外向性与青少年网络成瘾存在显著的负向联系[36-41]。也有部分研究发现，外向性与青少年网络成瘾不存在显著的联系[42-47]。还有部分研究发现，外向性与青少年网络成瘾存在显著的正向联系[45,48]。

神经质。除极个别研究得出阴性结果外[48]，绝大多数研究发现，神经质与青少年网络成瘾存在显著的正向联系，即情绪越不稳定的青少年越容易沉迷网络[36-39,41-46,49]。

责任心。除极个别研究得到阴性结果外[48]，绝大多数研究都发现，责任心与青少年网络成瘾存在显著的负向联系[36-39,41-47,50,51]。

开放性。经验开放性与青少年网络成瘾的联系分歧较为明显。部分研究发现，开放性与青少年网络成瘾存在显著的正向联系[38,44,48]。也有部分研究发现，开放性与青少年网络成瘾的联系不显著[36,37,41,43,45-47]。还有部分研究发现，开放性与青少年网络成瘾存在显著的负向联系[39,42,45]。

宜人性。宜人性与青少年网络成瘾的关系较为混乱。部分研究发现，宜人性与青少年网络成瘾存在显著的负向联系[38-40,42-44,47]。也有部分研究发现，宜人性与青少年网络成瘾之间并不存在显著的联系[37,41,45,46,48]。此外，还有个别研究发现，宜人性与青少年网络成瘾存在显著的正向联系[36]。

针对上述结果分歧，未来研究需要关注人格维度的独特效应（在控制其他人格维度的情况下考察特定人格维度与青少年网络成瘾的关系）与非独特效应（在不控制其他人格维度的情况下考察某一人格维度与青少年网络成瘾的关系）问题。该问题之所以重要，因为有研究表明[48]，在非独特效应情况下（如采用t检验比较网络成瘾组和非网络成瘾组在各人格维度上的差异），两组被试的外向性存在显著的差异；但是，在独特效应情况下（如采用logistic回归分析同时纳入多个人格维度作为预测变量，考察其对网络成瘾的预测作用），外向性并不能显著预测个体是否网络成瘾。

除了考察大五人格与青少年网络成瘾的直接联系，近年来有部分研究开始探讨大五人格是否通过影响个体的网络使用偏好[47]、家庭功能[43]对网络成瘾产生间接作用，还有部分研究探讨大五人格是否与个体的网络使用偏好[40,49,51]、上网频率[38]、每天上网时长[39]、性别[45]、班级敌意性[50]等变量交互作用影响网络成瘾。

1.1.1.3　其他人格测验

目前也有一些研究采用"卡特尔16种人格因素问卷"[11,52-55]"明尼苏达多项人格测验"[56,57]"米隆青少年临床调查表"[58]"中国人个性测量表"[59]"三维人格问卷"[60,61]"贝尔格莱德青少年人格调查表"[62]"气质与品格调查表"[63,64]或其他工具[65-71]测量青少年人格和气质，并考察其与网络成瘾的关系，获得了有意义的发现。由于篇幅所限，此处不再具体展开。

1.1.2　自尊（自我概念、自信心、自我评价、自我知觉）

自尊（self-esteem）是个体对自我价值和自我能力的整体评价。目前有50多项研究探讨了自尊（自我概念、自我评价、自信心）与青少年网络成瘾的关系。这些研究总体上表明，自尊与青少年网络成瘾存在显著的负向联系，即良好的自我价值感是青少年网络成瘾的抑制因素[25,29,34,61,72-105]，尽管个别研究得到了阴性结果[106,107]。另外，也有几项研究探讨了自我概念[17,67,108-114]、自信心[115-117]等相似概念与青少年网络成瘾的关系。这些研究也表明，良好的自我概念和自信心是青少年网络成瘾的保护因素，尽管不同方面自我概念的作用可能存在差异。例如，Öztürk和Özmen[17]发现，身体状况（physical appeal）和行为表现（behavioral conduct）方面良好的自我概念确实是青少年网络成瘾的抑制因素，但魅力（romantic appeal）方面良好的自我概念却是青少年网络成瘾的风险因素。此外，与大多数研究相反，目前有个别研究表明，高自尊是青少年网络成瘾的风险因素[27]。

近年来，也有部分研究开始考察自尊在青少年网络成瘾形成过程中的中介机制。例如，Zhang[103]发现，社会支持在自尊与青少年网络成瘾之间具有中介作用。Zeng等人[105]发现，孤独感在自尊与青少年网络成瘾之间具有中介作用。梅松丽等人[90]发现，自我控制在自尊与青少年网络成瘾之间具有中介作用。此外，还有不少研究探讨自尊在父母问题性饮酒[78,79]、家庭功能[94]、同伴关系[92]、主观幸福感[90]、心理问题和情绪调节不良[73]等变量与青少年网络成瘾之间的中介作用。

另外，也有部分研究开始探讨自尊与其他因素的交互作用对青少年网络成瘾的影响。例如，张国华等人[102]对初一学生为期一年半的6次追踪调查表明，自尊能够显著负向预测青少年网络成瘾，但良好的同学关系会削弱自尊对网络成瘾的保护作用，调节效应符合"美不胜收"的模式。又如，金盛华等人[108]对4500名中小学生的研究表明，自尊与青少年网络成瘾的关系受到网络消极体验（主观认为受到网络使用的负面影响）和学校类型（是否为重点中学）的调节。与重点中学相比，在非重点中学中，网络消极体验尤其能增强自尊对青少年网络成瘾的保护作用。Kahraman和Demirci[80]发现，自尊与网络成瘾的负向联系在ADHD组和控制组青少年中均显著。这些发现提示我们，在考察自尊这一个体因素的作用时，离不开对相关情境因素和个体因素的考察。

1.1.3　自我效能

自我效能（self-efficacy）是个体对自己能否完成某件事情的主观判断。自我效能高的个体更能有效应对压力源，更少体验负性情绪，因而也较少通过网络使用来应对压力和缓解负性情绪，从而不大可能沉迷网络。目前有几项研究探讨了一般自我效能和特定领域的自我效能感与青少年网络成瘾的关系，结果表明，一般自我效能和领域特异自我效能（如学业自我效能、网络使用拒绝自我效能）均与青少年网络成瘾存在显著的负向联系[87,118-122]。在中介效应方面，职晓燕等人[121]发现，社会适应不良对自我效能具有显著的负向预测作用，进而增加青少年网络成瘾的风险。

1.1.4　自我和谐

自我和谐（self-consistency and congruence）是指自我与经验的一致性和协调性。当个体体验到自我与经验的不协调时，就会出现焦虑和恐惧等负性情绪，从而构成网络成瘾的风险因素。目前有几项研究探讨了自我和谐的不同方面（自我与经验的不和谐、自我的灵活性、自我的刻板性）与青少年网络成瘾的关系。结果表明，自我与经验的不和谐与青少年网络成瘾存在显著的正向联系[123-125]。自我的灵活性与青少年网络成瘾的关系并不一致：一些研究发现二者间并不存在显著的联系[123,124]，但也有研究表明二者间存在显著的负向联系[125]。自我的刻板性与青少年网络成瘾并不存在显著的联系[123-125]。

1.1.5　强化敏感性

强化敏感性（reinforcement sensitivity）是指个体对奖赏和惩罚的感受性方面的个体差异。它包括行为激活系统（behavior activation system, BAS）和行为抑制系统（behavior inhibition system, BIS）两个方面。行为激活系统，又称行为趋近系统，是指个体对奖赏呈现或惩罚撤除表现出趋近行为的倾向。行为抑制系统是指个体对惩罚呈现或奖赏撤除表现出抑制行为并体验负性情绪的倾向。目前，有几项研究探讨了行为激活系统的具体方面（奖赏反应性、驱力、愉悦追求）与青少年网络成瘾的关系。就奖赏反应性而言，部分研究发现其与青少年网络成瘾存在显著的正向联系[126,127]，其他研究则表明，其与青少年网络成瘾的联系不显著[82,128-130]。就驱力而言，研究结果分歧较为明显，虽然有几项研究发现其与青少年网络成瘾存在显著的正向联系[82,126,127,130]，但也有研究发现，二者间并不存在显著的联系[129]，甚至存在显著的负向联系[128]。就愉悦追求而言，现有研究一致表明，高愉悦追求是青少年网络成瘾的风险因素[82,126-130]。目前也有研究探讨了行为抑制系统与青少年网络成瘾的关系，但结果较为混乱：部分研究发现二者间存在显著的正向联系[58,126,128]，但其他研究则发现两者间并不存在显著的联系[82,127,129,130]。

近年来，研究者开始探讨强化敏感性影响青少年网络成瘾的中介机制和调节机制。在中介效应方面，Park等人[129]发现，行为激活系统的愉悦追求可通过增加冲动和焦虑进而对青少年网络成瘾产生间接的促进作用，行为抑制系统可通过增加焦虑和抑郁进而对青少年网络成瘾产生间接的促进作用。Fontana等人[58]发现，拒绝焦虑可通过增加抑郁人格模式进而增加青少年网络成瘾，而拒绝愤怒可通过增加边缘性倾向进而增加青少年网络成瘾。在调节效应方面，Park等人[129]发现，行为抑制系统对青少年网络成瘾的促进作用在高行为激活特征的个体中要比在低行为激活特征的个体中更显著。在有调节的中介效应方面，Nam等人[126]发现，在青少年男生中，行为激活系统的奖赏反应性、驱力、愉悦追求以及行为抑制系统均能通过抑郁、焦虑、愤怒对网络成瘾产生间接影响，行为激活系统的愉悦追求还能通过冲动性对网络成瘾产生间接影响，间接路径均不受心理韧性的调节。相比之下，在青少年女生中，行为激活系统的奖赏反应性、驱力、愉悦追求和行为抑制系统均能通过焦虑和愤怒对网络成瘾产生间接影响，行为激活系统的奖赏反应性和愉悦追求还能通过抑郁和冲动性对网络成瘾产生间接影响，行为抑制系统还能通过抑郁对网络成瘾产生间接影响。更重要的是，在青少年女生中，行为激活系统的奖赏反应性、驱力、愉悦追求以及行为抑制系统通过焦虑增加网络成瘾的中介路径后半段在低心理韧性个体中显著，在高心理韧性个体中不显著；行为激活系统的奖赏反应性和愉悦追求通过冲动性增加网络成瘾的中介路径后半段在低心理韧性个体中显著，在高心理韧性个体中不显著。

1.1.6 感觉寻求

感觉寻求（sensation seeking）高的个体偏好变化、新异、强烈、复杂的感觉和体验，而技术和信息不断更新的互联网正好为他们提供了平台，因而他们更可能沉迷互联网而不能自拔。目前有10余项研究探讨了感觉寻求总分或具体维度与青少年网络成瘾的关系。在感觉寻求总分方面，绝大多数研究表明，感觉寻求与青少年网络成瘾存在显著的正向联系[67,131-139]，尽管个别研究发现二者并不存在显著的联系[140]或者存在显著的负向联系[141]。对于显著负向联系这一异常结果，Bitton和Medina[141]认为，这可能是由于所测感觉寻求偏重于对身体活动而非屏幕活动的感觉寻求，或者与网络成瘾时个体偏好的网站类型有关。在感觉寻求具体维度方面，有关研究数量偏少。石庆馨等人[140]发现，不甘寂寞是青少年网络成瘾的风险因素，而兴奋与冒险寻求、体验寻求与青少年网络成瘾的关系不显著。Lin和Tsai[136]发现，去抑制是青少年网络成瘾的风险因素，而兴奋与冒险寻求、生活体验寻求和青少年网络成瘾的关系不显著。此外，有研究发现，无聊也是青少年网络成瘾的风险因素[142,143]。

目前有少量研究探讨了感觉寻求影响青少年网络成瘾的作用机制。在调节机制方面，叶宝娟等人[139]发现，感觉寻求对网络成瘾的促进作用在高意志控制、高权威教养、低纵容教养的情况下要比在低意志控制、低权威教养、高纵容教养的情况下更弱。在有中介的调节效应方面，叶宝娟等人[138]发现，感觉寻求对工读生网络成瘾具有显著的促进作用，这种促进作用受到压力性生活事件的调节，且这种调节作用以非适应性认知为中介。

1.1.7　自我调节（自制力、冲动性）

根据自我控制的双系统模型，自我控制包括冲动系统（面对诱惑时自动激起冲动行为）和反思系统（面对诱惑时进行深思熟虑的评价和抑制）两个方面。下面将分别针对冲动性和自制力与青少年网络成瘾的关系进行回顾。

1.1.7.1　冲动性

除个别研究得到相反结果外[99]，绝大多数研究发现，冲动性是青少年网络成瘾的风险因素[67,87,93,95,126,129,144-151]。在中介效应方面，Lim等人[148]发现，冲动性可以通过增加焦虑、抑郁、问题行为（品行问题、认知问题和多动问题的合成分数）进而间接增加青少年网络成瘾。Park等人[129]发现，冲动性在反应趋近系统与青少年网络成瘾之间具有中介作用。在调节效应方面，曹枫林和苏林雁[144]分别在男生和女生、初中生和高中生中考察了冲动性与青少年网络成瘾的关系。结果表明，冲动性与网络成瘾的关系在男生中显著，在女生中不显著；在初中生和高中生中均显著。邓林园等人[146]探讨了冲动性具体维度与亲子沟通具体维度之间的交互作用。结果发现，行动冲动性与母子沟通对青少年网络成瘾具有显著的交互效应。母子沟通对青少年网络成瘾的抑制作用在低行动冲动性个体中显著，但在高行动冲动性个体中不显著。Wu等人[150]探讨了冲动性与亲子关系对青少年网络成瘾的交互作用。结果表明，在低冲动性个体中，良好的亲子关系对青少年网络成瘾具有抑制作用；在高冲动性个体中，良好的亲子关系对青少年网络成瘾则具有一定的促进作用。

1.1.7.2　自制力

截至目前，20多项研究探讨了自制力与青少年网络成瘾的关系。尽管个别研究得出了阴性结果[152]，但大多数研究表明，自制力是青少年网络成瘾的抑制因素[66,90,91,116,135,139,153-168]。在中介效应方面，研究发现，自制力在父母行为和心理控制与青少年网络成瘾之间[160]、父母积极支持和消极控制与青少年网络成瘾之间[156]、母亲消极控制与青少年网络成瘾之间[166]、主观幸福感和自尊与青少年网络成瘾之间[90]具有中介作用。在调节效应方面，Li等人[157]发现，学校联结通过越轨同伴交往对青少年网络成瘾的间接作用在低自我控制的个体中要比在高自我控制的个体中更加显著。叶宝娟等人[139]发现，意志控制与感觉寻求交互作用于青少年网络成瘾：意志控制对网络成瘾的抑制作用在高感觉寻求者中要比在低感觉寻求者中更强。Pace等人[66]发现，情感卷入（家庭功能的一个方面）可以缓冲缺乏控制对青少年网络成瘾的促进作用，尽管家庭功能其他方面的缓冲作用不显著。

另外，孙莹等人[169]探讨了同伴影响抵抗能力（自制力的一种表现）与青少年网络成瘾的关系。结果表明，同伴影响抵抗能力差是随访网络成瘾和新发网络成瘾的风险因素，同伴影响抵抗能力强是网络成瘾中止的有利因素，且同伴影响抵抗能力在风险决策与青少年网络成瘾之间具有中介作用。

1.1.8　情绪智力（情绪调节能力、情绪调节策略、述情障碍）

情绪智力（emotional intelligence）是个体识别和表达情绪、理解情绪、将情绪同化为思想以及调节自己与他人情绪的能力。情绪智力高的个体能较好地识别、表达和调控自身的情绪，也能较好地理解他人的情感、与他人建立较为积极的人际关系。因此，当他们面对压力时，能够相对较好地调控自身情绪，较少陷入各种情绪困扰中，并能从周围人际支持系统中寻求和获得帮助，因而相对较少地沉迷网络[170]。目前有少量实证研究探讨情绪智力与青少年网络成瘾的关系。这些研究一致表明，情绪智力是青少年网络成瘾的抑制因素[170-172]。此外，也有研究发现，情绪调节困难[73,173]和述情障碍[87,147,174-178]则是青少年网络成瘾的风险因素。最后，还有少量研究探讨了情绪调节策略与青少年网络成瘾的关系。这些研究基本上发现，表达抑制是青少年网络成瘾的风险因素，而认知重评则是青少年网络成瘾的抑制因素[155,179-181]，尽管个别研究发现认知重评也是青少年网络成瘾的风险因素[182]。此外，网络成瘾青少年比非网络成瘾青少年更少使用接受、重新关注计划、理性分析的情绪调节策略，更多使用责难他人的情绪调节策略[183]。自我指向的情绪调节策略能显著预测青少年网络使用困扰，而他人指向的情绪调节策略则能显著预测冲动性网络使用[184]。

在中介效应方面，Chun[73]发现，情绪智力调节不良可通过降低自尊进而促进青少年网络成瘾。Mo等人[175]发现，情绪调节不良可通过增加网络使用进而促进青少年网络成瘾。Cimino和Cerniglia[184]发现，自我指向的情绪调节策略可通过增加内化问题进而增加网络使用困扰，而他人指向的情绪调节策略可通过增加外化问题进而增加冲动性网络使用。另外，Yu等人[173]发现，消极教养行为可通过增加情绪调节不良进而促进青少年网络成瘾。赖雪芬等人[180]发现，行为控制可通过增加认知重评进而减少青少年网络成瘾，而心理控制可通过增加表达抑制进而促进青少年网络成瘾。邓林园等人[171]发现，父母婚姻冲突可通过增加青少年的消极冲突评价进而降低其情绪管理能力，最终促进青少年网络成瘾。Schimmenti等人[176]发现，创伤经历可通过增加述情障碍进而促进青少年网络成瘾。在调节作用方面，叶宝娟等人[181]发现，情绪调节策略可以调节压力性生活事件与工读生网络成瘾的关系。具体而言，表达抑制会增强压力性生活事件与网络成瘾之间的正向联系，而认知重评则能缓冲压力性生活事件与网络成瘾之间的正向联系。赖雪芬[155]发现，表达抑制与青少年网络成瘾的正向联系在高意志控制的个体中要比在低意志控制的个体中显著更弱。

Schimmenti等人[176]发现，述情障碍与网络成瘾的正向联系在青少年女生中显著，但在青少年男生中不显著。Mo等人[175]发现，情绪调节不良与网络成瘾之间的直接和间接（通过网络使用）关系在青少年男生和女生中均显著。Wang和Qi[177]发现，情绪调节不良与青少年网络成瘾的关系不受宽恕的调节。

1.1.9　社交能力（社交问题）

拥有良好社交能力的个体能够在现实生活中与他人建立良好的人际关系，较少通过虚拟网络使用来满足在现实生活中未被满足的心理需要。相比之下，拥有较多社交问题的个体更可能通过虚拟网络世界来满足其在现实生活中未被满足的心理需要。目前有不少研究考察了社交能力与青少年网络成瘾的关系。这些研究总体上表明，良好的社交能力与青少年网络成瘾存在显著的负向联系[67,77,93,185-187]，尽管个别研究得到了阴性结果[188]。此外，目前也有不少研究考察了社交问题与青少年网络成瘾的关系。这些研究表明，社交问题[95]及其具体方面如社交焦虑[96,170,188-196]、社交恐惧[101,115,116,195,197-199]、社会回避与苦恼[200]、对他人怀疑[101,116]、缺乏主见[131]等均与青少年网络成瘾存在显著的正向联系，尽管个别研究得到了阴性结果[123,152]。

在中介效应方面，研究者发现，社交焦虑在情绪智力与网络成瘾之间[170]、孤独感和羞怯与青少年网络成瘾之间[190]、人际关系与青少年网络成瘾之间[192]具有中介作用。社交焦虑也可以通过非适应性认知的中介作用对青少年网络成瘾产生间接影响[193]。在调节效应方面，研究发现，社交技能缺陷与青少年网络成瘾的正向联系在母亲职业声望较低时显著，而在母亲职业声望较高时不显著[186]。社交焦虑与青少年网络成瘾的正向联系在不同国家[191,201]和性别[197,201]之间存在一定的差异。

1.1.10　时间管理倾向

时间管理倾向是个体在运用时间方面所表现出的心理和行为特征，反映个体时间管理能力的高低[202]。青少年对时间的态度和管理可能会影响他们对上网时间的计划和监控，从而与网络成瘾有关[203,204]。多项实证研究一致支持了该观点，即时间管理能力低下是青少年网络成瘾的风险因素[2,3,9,19,203-206]。

1.1.11　时间透视（未来时间观）

时间透视（time perspective）是个体对过去、现在和未来时间的意识和相对注意倾向。高现在定向的个体对当前情境因素更加敏感，通常具有不关注时间、不喜欢计划性等特征。高未来定向者注重计划与监控自己的行为以便获得未来预期结果，通常具有延迟满足、计划性、遵守时间等特征。目前有几项研究探讨了时间透视与青少年网络成瘾的关系。结果表明，现在定向与青少年网络成瘾存在显著的正向联系[207-209]，而未来定向与青少年网络成瘾存在显著的负向联系[208-210]，尽管个别研究发现未来定向与青少年网络成瘾的关系不显著[207]。在中介效应方面，雷雳和李宏利[208]发现，现在定向可以通过降低同伴卷入（同伴关系）进而增加网络成瘾，未来定向可以通过促进父母卷入（亲子关系）和同伴卷入进而降低网络成瘾。李宏利和雷雳[209]发现，现在定向和未来定向可通过问题解决、发泄、幻想对网络成瘾产生间接作用。在调节效应方面，Díaz-Aguado等人[210]发现，非适应性未来时间观与青少年网络成瘾的正向联系受到教师敌意性对待的增强性调节，但不受关于社会情绪网络使用的非适应性认知、学生间的对抗以及学校感激水平的调节。

1.1.12　心理韧性（挫折承受力）

心理韧性（ego-resilience）是近年来积极心理学领域的重要概念，是指个体积极调动心理资源灵活处理逆境的动态过程，有利于个体从逆境中恢复过来并避免消极的发展结果。类似地，挫折承受力是指个体面对挫折时能摆脱其困扰而不出现适应不良的能力。目前有少量研究探讨了心理韧性（挫折承受力）与青少年网络成瘾的关系。这些研究一致表明，心理韧性（挫折承受力）与青少年网络成瘾存在显著的负向联系[126,211-216]。在中介效应方面，研究者发现，心理韧性在生活事件与网络成瘾之间[213]、教养方式与网络成瘾之间[212]具有中介作用。在调节效应方面，Ko等人[211]发现，低挫折耐受力与网络成瘾的正向联系在青少年男生中要比在女生中更显著。

1.1.13　羞怯

个体需要在社会生活中同他人建立和维持良好的关系。羞怯的青少年往往难以在现实生活中同他人建立良好的关系，但他们或可借助互联网更好地与他人交流思想和感受。这容易促使他们频繁甚至过度使用网络。目前有少量研究探讨了羞怯与青少年网络成瘾的关系，结果表明，羞怯与青少年网络成瘾存在显著的正向联系[27,98,190,217,218]。在中介效应方面，羞怯可通过增加社交焦虑进而促进青少年网络成瘾[190]，也可通过增加孤独感进而促进青少年网络成瘾[218]。

1.1.14　安全感

缺乏安全感的个体可能通过网络使用来逃避现实生活中的不安全体验，或者通过线上交往来满足其安全需要。目前有少量研究探讨了心理安全感与青少年网络成瘾的关系，结果表明，心理不安全感与青少年网络成瘾存在显著的正向联系[117,219]。

1.1.15　应对方式

应对方式（coping style）是个体面对压力时为减轻其负面影响而作出的认知、情绪和行为的努力过程。研究者使用了多种不同的工具来测量应对方式，并考察其与青少年网络成瘾之间的联系。这些工具对应对方式的界定存在差别。下面将基于不同工具来回顾有关文献。总体而言，正如Lei等人[220]的元分析指出的那样，积极应对与青少年网络成瘾存在负向联系，而消极应对与网络成瘾存在正向的联系。

1.1.15.1　简易应对方式问卷和特质应对方式问卷

"简易应对方式问卷"和"特质应对方式问卷"都将应对方式划分为积极应对和消极应对两大维度。其中，积极应对与青少年网络成瘾的关系比较微弱，且存在较大分歧。部分研究发现，积极应对与青少年网络成瘾存在显著的负向联系[221,222]。部分研究发现，积极应对与青少年网络成瘾的关系并不显著[20,123,196,223]。还有研究发现，积极应对与青少年网络成瘾存在显著的正向联系[189]。相比之下，消极应对与青少年网络成瘾则存在较为一致的正向联系：个体的消极应对越多，网络成瘾水平则越高[20,189,196,221-224]，尽管有个别研究得到了阴性结果[123]。考虑到有研究表明，积极应对和消极应对存在一定的正相关[189]，因此应在两种应对方式相互控制的情况下，探讨各自的独特效应。

1.1.15.2　中学生应对方式量表

该量表包括指向问题的应对和指向情绪的应对两个分量表，其中指向问题的应对包括问题解决、寻求社会支持、积极合理化解释等因子，指向情绪的应对包括忍耐、逃避、发泄情绪、幻想否认等因子。就问题解决而言，除少量研究得出了阴性结果外[225,226]，大多数研究发现，问题解决与青少年网络成瘾存在显著的负向联系[23,209,227-229]。就寻求社会支持而言，尽管个别研究发现其与青少年网络成瘾存在负向联系[228]，但大多数研究发现，其与青少年网络成瘾并不存在显著的联系[23,209,225-229]。就积极的合理化解释而言，有关研究数量较少，部分研究发现了阴性结果[225,226]，但也有部分研究发现其与青少年网络成瘾存在显著的负向联系[23,228]。就忍耐而言，尽管个别研究发现了阴性结果[209,227]，但大多数研究表明，其与青少年网络成瘾存在显著的正向联系[23,225,226,228,229]。就逃避而言，其结果与忍耐相似，尽管个别研究发现了阴性结果[209,227]，但绝大多数研究表明，其与青少年网络成瘾存在显著的正向联系[23,225,226,228,229]。就发泄情绪而言，尽管个别研究发现了阴性结果[228]，但绝大多数研究表明，其与青少年网络成瘾存在显著的正向联系[23,209,225-227,229]。就幻想否认而言，现有研究一致表明，其与青少年网络成瘾存在显著的正向联系[23,209,225-229]。目前只有少量研究探讨了两种高阶应对维度与网络成瘾的关系，结果表明，指向问题的应对与青少年网络成瘾负相关，而指向情绪的应对与青少年网络成瘾正相关[228]。

1.1.15.3　应对方式问卷

"应对方式问卷"包含解决问题、自责、求助、幻想、退避、合理化6个应对维度。就解决问题而言，尽管部分研究得出了阴性结果[230-232]，但也有部分研究发现，其与青少年网络成瘾之间存在显著的负向联系[31,233-235]。就自责而言，现有研究一致表明，其与青少年网络成瘾存在显著的正向联系[31,230-235]。就求助而言，虽然少量研究得到了阴性结果[231,232]，但大多数研究表明，其与青少年网络成瘾存在显著的负向联系[31,230,233-235]。这与"中学生应对方式量表"中寻求社会支持的结果略有不同。就幻想而言，现有研究一致表明，其与青少年网络成瘾存在显著的正向联系[31,230-235]。就退避而言，除个别研究得到阴性结果外[233]，绝大多数研究表明，其与青少年网络成瘾存在显著的正向联系[31,230-232,234,235]。就合理化而言，现有结果比较混乱，部分研究发现，其与青少年网络成瘾存在显著的正向联系[230,234,235]。部分研究发现，其与青少年网络成瘾并不存在显著的联系[31,232,233]。还有部分研究发现，其与青少年网络成瘾存在显著的负向联系[231]。

1.1.15.4 其他工具

除上述主流工具外，部分研究还采用了不太常见的工具来测量应对方式，并考察其与青少年网络成瘾的关系。例如，Milani等人[236]发现，回避应对、主动应对均与青少年网络成瘾存在显著的正向联系。Ataşalar和Michou[237]发现，回避应对与青少年网络成瘾存在显著的正向联系，而主动应对与青少年网络成瘾的关系不显著。Thorsteinsson和Davey[238]发现，自我照顾与青少年网络成瘾存在显著的正向联系，而分心、发泄、反刍、求助等与青少年网络成瘾没有显著的联系。

近年来，研究者考察了应对方式在其他因素与青少年网络成瘾之间的中介作用。例如，李宏利和雷雳[209]发现，应对方式在时间透视与青少年网络成瘾之间具有中介作用。其中，现在定向占优者比未来定向占优者更多通过发泄与幻想这两种指向情绪的应对方式间接影响网络成瘾，而未来定向占优者比现在定向占优者更多通过问题解决间接影响网络成瘾。吴文丽和黄建榕[229]发现，消极情绪可通过增加个体的幻想和发泄应对，进而增加网络成瘾。Tang等人[223]发现，人际和学校压力源可通过增加个体的消极应对，进而增加网络成瘾。此外，也有研究探讨应对方式与青少年网络成瘾之间的中介机制。例如，Ataşalar和Michou[237]发现，回避应对可通过减少网络使用期间的正念进而增加青少年网络成瘾。在调节效应方面，有研究探讨了应对方式对其他因素与青少年网络成瘾之间关系的调节作用。例如，钟云辉等人[239]发现，应对方式对关系受欺负与网络成瘾的关系具有调节作用，积极应对能削弱关系受欺负对网络成瘾的不利影响。

1.1.16 非适应性认知

非适应性认知（maladaptive cognition）又称对网络的积极态度、对网络的积极结果预期、对网络吸引因素的认识、网络偏好性认知、感知到的网络有用性、感知到的互联网的影响，是指个体对网络使用的不恰当观念和预期，如在网络世界里可以获得比现实生活中更好的对待。认知–行为模型指出，非适应性认知是网络成瘾这类异常行为的充分促进因素[240]。目前有20余项研究探讨了非适应性认知与青少年网络成瘾的关系。这些研究一致表明，非适应性认知是青少年网络成瘾的风险因素[43,84,87,98,101,115,135,138,168,193,210,241–251]。

近年来，一些研究探讨了非适应性认知在其他因素与青少年网络成瘾之间的中介作用[135,138,193,243,249,251]。例如，易娟等人[249]发现，压力性生活事件可通过降低个体的基本心理需要满足、增加其非适应性认知，进而促进青少年网络成瘾。李丹黎等人[243]发现，母亲心理控制可通过增加个体的非适应性认知进而促进青少年网络成瘾，且该中介链条在男生和女生中不存在显著差异。最近，研究者也开始探讨非适应性认知影响青少年网络成瘾的中介机制和调节机制。张琴等人[250]发现，非适应性认知可通过增加个体的危险动机进而增加青少年网络成瘾，且中介链条的后半段在女生中要比在男生中更显著，残余直接效应仅在男生中显著。Zhang等人[168]发现，非适应性认知可通过增加个体的上网动机进而增加青少年网络成瘾，且中介链条前半段在高意志控制个体中要比在低意志控制个体中更微弱。Díaz–Aguado等人[210]发现，关于社会情绪网络使用的非适应性认知与青少年网络成瘾的正向联系并不受非适应性未来时间观、教师敌意性对待、学生间的对抗或学校感激水平的调节。

1.1.17 归因方式（心理控制源）

归因是指个体对行为成功或失败原因的分析。个体通常会从能力、努力、工作难度、运气、身心状况、他人影响等多个方面来分析原因。目前有少量研究探讨了不同归因方式与青少年网络成瘾的关系，但研究结果存在一定的分歧。具体而言，部分研究发现，外部归因是青少年网络成瘾的风险因素[252,253]，但也有研究发现，只有有势力的他人归因才是青少年网络成瘾的风险因素，内控和机遇归因的作用不显著[123]。

1.1.18 自我同一性

自我同一性（self-identity）是青少年时期心理社会发展的重要任务，包括同一性完成和同一性扩散两种不同状态。低自我同一性的个体尚未形成稳定的自我以及对未来明确的目标，更可能在虚拟网络世界中进行角色扮演和探索，因而更可能沉迷网络[254]。目前有几项研究探讨了自我同一性与青少年网络成瘾的关系，结果均表明，自我同一性完成是青少年网络成瘾的保护因素[254-258]。部分研究还探讨了自我同一性在青少年网络成瘾形成过程中的中介作用和调节作用。例如，张馨月和邓林园[258]发现，父母冲突会通过阻碍自我同一性进而促进青少年网络成瘾。雷雳和马利艳[254]发现，自我同一性完成能缓冲即时通信使用对青少年网络成瘾的不利影响。

1.2　心理健康

1.2.1　心理健康问题

目前有30余项研究探讨心理健康问题与青少年网络成瘾的关系。这些研究采用了不同的工具对青少年心理健康状况进行评估。下面将根据所用工具对有关文献进行回顾。

1.2.1.1　症状自评量表（SCL-90）

不少研究采用"症状自评量表"评估青少年心理健康问题，并考察其与青少年网络成瘾的关系。这些研究一致表明，心理健康问题总分与青少年网络成瘾存在显著的正向联系[15,20,113,161,225,259-265]。在躯体化维度方面，虽然极个别研究得到了阴性结果[266,267]，但大多数研究表明，躯体化是青少年网络成瘾的风险因素[15,20,26,113,161,179,225,259-261,263-265,268]。在强迫维度上，尽管个别研究得到了阴性结果[26,260,266]，但大多数研究表明，强迫是青少年网络成瘾的风险因素[15,20,64,113,161,225,259,261,263-265,267-269]。在人际关系敏感维度上，现有研究表明，人际关系敏感是青少年网络成瘾的风险因素[15,20,26,113,161,225,259-261,263-268]。在抑郁维度上，现有研究一致表明，它是青少年网络成瘾的风险因素[15,20,26,113,161,225,259-261,263-265,267]。在焦虑维度上，现有研究表明，焦虑是青少年网络成瘾的风险因素[15,20,26,113,161,225,259-261,263-267,270]。在敌对维度上，现有研究表明，敌对是青少年网络成瘾的风险因素[15,20,26,113,161,225,259-261,263-268]。在恐怖维度上，现有研究结果存在一定的分歧，部分研究发现恐怖是青少年网络成瘾的风险因素[15,20,26,161,225,261,263-265,268]，但也有部分研究发现其与青少年网络成瘾的关系不显著[259,260,267,113]。在偏执维度上，尽管极个别研究得到了阴性结果[259]，但绝大多数研究表明，偏执是青少年网络成瘾的风险因素[15,20,26,113,161,225,260,261,263-268]。在精神病性维度上，尽管部分研究得到了阴性结果[259,260]，但大多数研究表明，其是青少年网络成瘾的风险因素[15,20,26,113,161,225,261,263-265,268]。最后，少量研究探讨了心理健康其他症状与青少年网络成瘾的关系，发现它也是青少年网络成瘾的风险因素[20,113,263-265]。

1.2.1.2　心理健康诊断测验（MHT）

少量研究采用"心理健康诊断测验"对青少年心理健康问题进行测评。这些研究表明，心理健康问题越多，青少年的网络成瘾水平也越高[71,271]，尽管极个别研究在某些具体维度上得到了阴性结果[54]。

1.2.1.3　中学生心理健康量表（MSSMHS）

部分研究采用"中学生心理健康量表"对青少年心理健康问题进行测评。这些研究表明，心理健康问题越多，青少年的网络成瘾水平也越高[272-276]，尽管个别研究在个别维度上得到了阴性结果[272]。

1.2.1.4　其他工具

有研究采用"一般健康问卷"（GHQ）对心理健康进行测评，但结果较为混乱：部分研究发现，心理健康问题与青少年网络成瘾存在显著的正向联系[277-279]，但也有研究发现二者间的关系不显著[280]。此外，有研究采用"简明症状调查表"（BSI）对心理健康进行测评，并发现心理健康症状的总分或某些维度与青少年网络成瘾存在显著的正向联系[61,73,281]。Evren等人[131]发现，自评心理健康差/很差和寻求专业心理援助所反映出的心理健康问题也是青少年网络成瘾的风险因素。Müller等人[45]采用"适应障碍新模块简版"对心理健康进行测评，结果发现，适应障碍对轻度和重度网络成瘾均具有显著的正向预测作用。还有研究基于抑郁和生活满意度构建心理困扰潜变量，结果发现，心理困扰能显著增加青少年网络成瘾[282]。

近年来，研究者开始探讨心理健康影响青少年网络成瘾的中介机制和调节机制。在中介机制方面，Chun[73]发现，心理健康问题可以显著降低个体的自尊水平，进而促进网络成瘾。Ohno[282]发现，心理困扰会显著增加个体使用网络逃避现实生活的目的，进而增加网络成瘾的可能性。在调节机制方面，Ciarrochi等人[280]发现，心理健康问题对网络成瘾的前瞻性预测作用在青少年男生和女生中均未达到统计显著水平。Müller等人[45]发现，心理健康问题对轻度和重度网络成瘾的正向预测作用在高神经质个体中要比在低神经质个体中更强、在高责任心个体中要比在低责任心个体中更弱。Stavropoulos等人[269]发现，班级开放性可以增强强迫症状与随后青少年网络成瘾之间的正向联系。Stavropoulos等人[270]发现，班级外向性可以缓冲焦虑与青少年网络成瘾之间的正向联系，且该调节作用不受时间因素的调节。

1.2.2　情绪和行为问题

1.2.2.1　长处和困难问卷（SDQ）

"长处和困难问卷"包括情绪症状、品行问题、多动注意缺陷、同伴交往问题、亲社会行为5个维度。其中，前4个维度可以合成得到困难总分，第5个维度则反映个体的长处。就情绪症状而言，虽然个别研究发现其与青少年网络成瘾的关系不显著[201,283]，但绝大多数研究表明，情绪症状与青少年网络成瘾存在显著的正向联系[2-4,14,19,22,29,284-288]。就品行问题而言，除极个别研究得到阴性结果外[14,286]，绝大多数研究表明，品行问题与青少年网络成瘾存在显著的正向联系[2-4,19,22,29,201,283-289]。就多动注意缺陷而言，除极个别研究得到阴性结果外[283,286]，绝大多数研究表明，其与青少年网络成瘾存在显著的正向联系[2,3,4,14,19,29,22,201,284-288]。就同伴交往问题而言，绝大多数研究发现其与青少年网络成瘾存在显著的正向联系[4,14,22,29,201,284,285,287,290,291]，但也有部分研究得到了阴性结果[2,3,19,201,283,286]，甚至还有个别研究发现同伴交往问题与青少年网络成瘾存在显著的负向联系[288]。就前4个方面综合得到的困难总分而言，现有研究一致表明，其与青少年网络成瘾存在显著的正向联系[2-4,14,19,29,22,284,285,292]。最后，就亲社会行为而言，不少研究发现，其与青少年网络成瘾存在显著的负向联系[2-4,19,22,29,283,285,287]，但也有研究得出了阴性结果[14,201,284,286,288]。

1.2.2.2　Achenbach儿童行为量表（CBCL）/青少年自评量表（YSR）

"Achenbach儿童行为量表"和"青少年自评量表"均包含社交能力、内化问题和外化问题多个分量表，每个分量表下又包含随年龄和性别而有所不同的具体维度。目前有少量研究采用这两大工具测评青少年的情绪和行为问题，并考察其与青少年网络成瘾的关系[35,95,184,293-295]。这些研究总体上表明，情绪和行为问题是青少年网络成瘾的风险因素，但在不少维度上也存在阴性结果。在目前研究数量十分有限的情况下，尚不能得出较为确切的结论。

1.2.2.3　其他工具

有研究发现，临床访谈[296]或单一项目[297]测得的情绪问题也是青少年网络成瘾的风险因素。另外，其他问卷[8,80,298-303]测量的行为问题也是青少年网络成瘾的风险因素。

近年来，研究者开始探讨情绪和行为问题影响青少年网络成瘾的中介机制和调节机制。在中介机制方面，吴贤华等人[287]发现，情绪和行为问题可以通过降低生活质量对青少年网络成瘾产生间接影响。Jun和Choi[294]发现，消极情绪在学业压力与青少年网络成瘾之间具有中介作用。在调节机制方面，吴贤华和吴汉荣[289]发现，品行问题与亲子关系和同伴关系交互作用于青少年网络成瘾。具体而言，当亲子关系较差时（此时个体网络成瘾总体偏高），品行问题对网络成瘾的促进作用不大明显；当亲子关系较好时，品行问题对网络成瘾的促进作用则较为明显。当同伴关系较差时，品行问题对网络成瘾的促进作用不太明显；当同伴关系较好时，品行问题对网络成瘾的促进作用则较为显著。

1.2.3　焦虑

截至目前，将近50项研究探讨了焦虑与青少年网络成瘾之间的关系。这些研究采用了各种不同的工具来测量青少年焦虑。下面将根据所用工具来进行文献回顾。

1.2.3.1　儿童焦虑性情绪障碍筛查表（SCARED）

"儿童焦虑性情绪障碍筛查表"包括躯体化/惊恐、广泛性焦虑、分离性焦虑、社交恐怖、学校恐怖四个维度和焦虑总分。就躯体化/惊恐而言，除个别研究得到阴性结果外[6]，大多数研究发现，其与青少年网络成瘾存在显著的正向联系[3,19,22,304]。就广泛性焦虑而言，现有研究一致表明，其与青少年网络成瘾存在显著的正向联系[3,6,19,22,304]。就分离性焦虑而言，除个别研究得到阴性结果外[6]，大多数研究发现，其与青少年网络成瘾存在显著的正向联系[3,19,22,304]。就社交恐怖而言，有研究得到了阴性结果[6,22]，但也有研究发现，其与青少年网络成瘾存在显著的正向联系[3,19,304]。就学校恐怖而言，除个别研究得到阴性结果外[6]，大多数研究发现，其与青少年网络成瘾存在显著的正向联系[3,19,22,304]。就焦虑总分而言，现有研究一致表明，其与青少年网络成瘾存在显著的正向联系[3,6,19,22,29,80,304,305]。

1.2.3.2　焦虑自评量表（Z-SAS）

采用"焦虑自评量表"的研究一致发现，焦虑与青少年网络成瘾存在显著的正向联系[7,12,18,201,223,228,264,268,286,287,306–311]。

1.2.3.3　状态–特质焦虑量表（STAI）

"状态–特质焦虑量表"包含状态焦虑和特质焦虑两个方面。就状态焦虑而言，有研究发现其与青少年网络成瘾的关系不显著[312]，但也有研究发现其与青少年网络成瘾存在显著的正向联系[52]。就特质焦虑而言，现有研究表明，其与青少年网络成瘾存在显著的正向联系[52,312]。

1.2.3.4　贝克焦虑量表（BAI）

采用"贝克焦虑量表"的研究一致发现，焦虑是青少年网络成瘾的风险因素[126,129,148,303]。

1.2.3.5　其他量表

此外，也有研究采用"儿童焦虑抑郁量表修订版（RCADS）"[188]"简明儿童少年国际神经精神访谈（MINI KID）"[198]"抑郁、焦虑与压力量表（DASS–21）"焦虑分量表[106,313,314]、"青少年心理筛查测验"（PSTA）焦虑分量表[131]、单题项测量工具[315]或其他测量工具[84,101,115,116,292,316]对焦虑进行测量。这些研究均发现，焦虑与青少年网络成瘾存在显著的正向联系。最后，还有研究发现，焦虑抑郁合成分数也与青少年网络成瘾存在显著的正向联系[78,79,188,317]。

近年来，研究者开始探讨焦虑在青少年网络成瘾形成过程中的中介机制和调节机制。在中介机制方面，有研究发现，焦虑在行为抑制与青少年网络成瘾之间具有中介作用[129]。另外，焦虑可以通过生活质量的中介作用对青少年网络成瘾产生间接影响[287]。在调节机制方面，Tang等人[223]探讨了焦虑对压力性生活事件与青少年网络成瘾之间关系的调节作用，结果表明调节作用不显著。Kahraman和Demirci[80]发现，焦虑与网络成瘾的正向联系在ADHD组和控制组青少年中均显著。

1.2.4　抑郁

截至目前，近百项研究探讨了抑郁与青少年网络成瘾之间的关系。高抑郁的青少年往往通过网络使用（如玩网络游戏）来缓解不良情绪、获得心理上的满足和兴奋，久而久之容易引发网络成瘾。现有研究采用了各种不同工具来评估抑郁并考察其与青少年网络成瘾的关系。下面将根据抑郁测评工具的不同来回顾有关文献。

1.2.4.1　抑郁自评量表（SDS）

采用"抑郁自评量表"的20多项研究一致表明，抑郁是青少年网络成瘾的风险因素[7,12,18,26,183,189,196,228,262,264,268,287,305,307-311,318-320]。

1.2.4.2　流调中心用抑郁量表（CES-D）

采用"流调中心用抑郁量表"的研究基本上表明，抑郁是青少年网络成瘾的风险因素[27,64,72,75,81,83,84,98,99,191,195,197,292,321-327]，尽管个别研究得到了阴性结果[223]。

1.2.4.3　贝克抑郁量表（BDI）

采用"贝克抑郁量表"的10余项研究一致表明，抑郁是青少年网络成瘾的风险因素[88,126,129,148,201,283,286,328-332]。

1.2.4.4　儿童抑郁调查表（CDI）

采用"儿童抑郁调查表"的研究基本上表明，抑郁是青少年网络成瘾的风险因素[106,179,303,312,333-336]，尽管少量研究在重度抑郁组[337]和女生组[335]中得到了阴性结果。

1.2.4.5　单题项测量

不少研究采用单个题目测评抑郁，结果一致表明，抑郁是青少年网络成瘾的风险因素[219,316,338-355]。

1.2.4.6　其他工具

此外，还有研究采用"初中生忧郁筛检量表"[356]"儿童焦虑抑郁量表修订版"[188]"青少年抑郁评定量表"[252]"抑郁心境列表"[96,357]"抑郁、焦虑和压力量表"抑郁分量表[313,314]、"DEPS抑郁量表"[358]"简明症状调查表"（BSI）抑郁分量表[111,359]、"青少年心理筛查测验"（PSTA）抑郁分量表[131]、"儿童创伤症状检核表"抑郁分量表[302]、"简明儿童少年国际神经精神访谈（MINI KID）"[198]或者其他工具[87,101,97,115,116,296,360,361]对青少年抑郁进行评估。这些研究基本上表明，抑郁是青少年网络成瘾的风险因素。

近年来，研究者开始探讨抑郁在青少年网络成瘾形成过程中的中介作用和调节作用。在中介效应方面，研究表明，抑郁在童年期反复虐待与网络成瘾[318]、行为抑制系统与网络成瘾[129]、网络功能使用与网络成瘾[328]以及攻击行为、冲动、愤怒表达与网络成瘾之间[148]具有中介作用。另外，吴贤华等人[287]发现，抑郁可通过生活质量的中介作用对青少年网络成瘾产生间接影响。

在调节效应方面，Ko等人[197]分别在男生和女生中检验了抑郁与网络成瘾的关系，结果表明，抑郁只是青少年女生而非男生网络成瘾的风险因素。Yoo等人[351]分别在男生和女生中检验了抑郁与网络成瘾的关系，结果表明，抑郁与网络成瘾的关系在不同性别中均达到统计显著水平。Park和Lee[347]分别在男生和女生中检验了抑郁与网络成瘾的关系，结果表明，抑郁与网络成瘾的关系在不同性别中均达到统计显著水平。Kaess等人[201]考察了抑郁与性别和国别的交互作用对青少年网络成瘾的影响，结果表明，抑郁与网络成瘾的关系在青少年男孩中要比在女孩中更强，在爱尔兰青少年中要比在意大利青少年中更强。Liang等人[335]采用交叉滞后设计发现，抑郁是青少年男生网络成瘾的风险因素，但对青少年女生网络成瘾的预测作用并不显著。熊静梅等人[350]分别在留守和非留守中学生中检验了抑郁/心情不愉快与网络成瘾的关系，结果发现，抑郁/心情不愉快与网络成瘾的正向联系在两组中学生中均达到统计显著水平。此外，Tang等人[223]探讨了抑郁对压力性生活事件与青少年网络成瘾之间关系的调节作用，结果表明调节作用不显著。Kahraman和Demirci[80]发现，抑郁与网络成瘾的正向联系在ADHD组和控制组青少年中均显著。

1.2.5 孤独

截至目前，40余项研究探讨了孤独与青少年网络成瘾的关系。孤独感高的青少年更可能利用网络满足人际交往方面的需求，从而更容易沉迷网络。现有研究采用了不同工具来评估孤独并考察其与青少年网络成瘾的关系。下面将根据孤独测评工具的不同来回顾有关文献。

1.2.5.1 UCLA孤独量表

不少研究采用"UCLA孤独量表"来评估孤独。虽然个别研究得出了阴性结果[331]，但大多数研究表明，孤独是青少年网络成瘾的风险因素[72,77,84,96,105,112,188,190,218,252,334,357,362-366]。

1.2.5.2 单题项测量

有不少研究采用单个项目测评孤独，结果表明，孤独是青少年网络成瘾的风险因素[219,315,316,340,343,344,348,350,352,355,367-371]。

1.2.5.3 其他工具

此外，还有部分研究采用"情绪–社交孤独问卷（ESLI）"[52]"儿童孤独感量表"[94,372-374]"孤独感问卷"[375]"孤独量表"[27]、未具体说明的测量工具[101,115,116,360,361]来测评孤独。这些研究一致表明，孤独是青少年网络成瘾的风险因素。

近年来，研究者开始探讨孤独在青少年网络成瘾形成过程中的中介作用和调节作用。在中介效应方面，研究表明，孤独感在家庭功能与青少年网络成瘾[94]、父母支持与青少年网络成瘾[375]、亲子关系与青少年网络成瘾[374]、同伴关系与青少年网络成瘾[373]、羞怯与青少年网络成瘾[218]、外显自尊与青少年网络成瘾[105]之间具有中介作用。另外，也有研究发现，孤独感通过社交焦虑的中介作用对青少年网络成瘾产生间接影响[190]。

在调节效应方面，Ang等人[362]发现，孤独感对青少年网络成瘾的促进作用受到父母对青少年上网活动知晓程度的调节。在低父母知情条件下，青少年网络成瘾已达到相对较高的水平，孤独感的促进作用相对不那么明显；在高父母知情条件下，孤独感对网络成瘾的促进作用则较为明显。郝泽生等人[372]发现，孤独感与网络成瘾的关系在青少年男生和女生样本中均显著。熊静梅等人[350]发现，孤独与网络成瘾的正向联系在留守和非留守中学生中均显著。

1.2.6　自杀和自伤

截至目前，20余项研究探讨了自杀（自杀意念、自杀企图）与青少年网络成瘾之间的关系。就自杀意念而言，研究发现，自杀意念是青少年网络成瘾的风险因素[104,201,219,297,332,339,342,348,351,371,376-378]，尽管个别研究得出了不显著的结果[337]。就自杀企图而言，目前研究数量较少且分歧较大：一些研究发现自杀企图是青少年网络成瘾的风险因素[201]，但另一些研究则发现二者并不存在显著的联系[337,351]。就自杀意念和自杀企图构成的自杀风险合成分数而言，研究发现，自杀风险是青少年网络成瘾的风险因素[131,286,379]。尽管该领域大多数研究为横断研究，但为数不多的纵向研究确实支持自杀风险是日后网络成瘾的促进因素[286]。当然，这种作用背后的机制还有待后续研究深入探讨。

自我伤害（self-injury）是不以自杀为目的的自我损毁行为。高自我伤害的个体更可能通过网络使用来逃避现实、缓解不良情绪，因而更容易沉迷网络。目前有数项研究探讨自我伤害与青少年网络成瘾的关系。这些研究一致表明，自我伤害与青少年网络成瘾存在显著的正向联系[131,201,219,340,368,380]。在调节效应方面，Kaess等人[201]检验了性别和国别对自我伤害与网络成瘾之间关系的调节作用。结果表明，性别的调节作用不显著，但国别的调节作用显著。相对于斯洛文尼亚，自我伤害对网络成瘾的促进作用在爱尔兰中要更强。

1.2.7　攻击（愤怒、敌意）

高攻击（愤怒、敌意）的个体通常拥有不良的现实人际关系、更容易在现实生活中受挫，更可能通过网络使用来减轻现实生活中的痛苦，因此更可能沉迷网络。目前有不少研究考察了攻击行为与青少年网络成瘾的关系。这些研究一致表明，攻击与青少年网络成瘾存在显著的正向联系[67,78,79,95,123,148,333]。此外，有不少研究考察了攻击行为的具体维度或特定方面与青少年网络成瘾的关系。结果表明，身体攻击[123]、愤怒[126,148,315]、敌意[67,123,195,197,381]、打架[340,345,348,349,368,369]、携带武器[345]等与青少年网络成瘾也存在显著的正向联系，尽管个别研究得到了阴性结果[123]。目前也有部分研究考察了攻击行为的中介[78,79,148]和调节机制[78,197,345,381]。

1.2.8　幸福感

幸福感是个体根据自己设定的标准对生活质量所作的总体评价。幸福感高的个体不大可能通过网络使用来逃避现实生活中的痛苦、缓解不良情绪，或到网络世界寻求心理需要的满足，因而更不可能沉迷网络。目前有10余项研究探讨幸福感与青少年网络成瘾的关系。虽然个别研究得出了阴性结果[283]，但绝大多数研究表明，幸福感（或生活满意度）与青少年网络成瘾存在显著的负向联系[52,82,87,90,91,96,123,338,382-385]。此外，有研究探讨幸福感的正性情感和负性情感维度与青少年网络成瘾的关系。结果表明，负性情感与青少年网络成瘾存在显著的正向联系[229,386-388]，而正性情感与青少年网络成瘾存在显著的负向联系[84,387]或关系不显著[229]。

近年来，研究者开始探讨幸福感在青少年网络成瘾形成过程中的中介作用和调节作用。在中介效应方面，梅松丽等人[90]发现，中学生的主观幸福感可以显著促进其自尊，进而减少其低自我控制，最终降低个体沉迷网络的风险。在调节效应方面，Ha和Hwang[338]分别在青少年男生和女生中考察了不幸福感与网络成瘾的关系。结果表明，不幸福感与网络成瘾的关系在男生和女生中均显著，但在女生中更强。周芳等人[388]考察了幸福倾向（包含意义倾向、快乐倾向两个维度）对负性情感与青少年网络成瘾之间关系的调节作用。结果发现，意义倾向对二者间的关系不起调节作用，快乐倾向对二者间的关系具有正向增强作用。

1.3　学业成就（学习兴趣）

学习成绩好的青少年多将生活重心放在学习上，对上网时间有所节制。相反，在学业上受挫、缺乏自信心、难以赢得同学尊重的青少年往往通过网络使用来满足心理需求（如获得成就感），从而更容易沉迷网络。当然，网络使用也可能分散个体的时间和精力，导致学习成绩的下降。目前有80余项研究探讨学业成就或相关变量与青少年网络成瘾的关系。其中，绝大多数研究采用青少年自评学业成绩等级对学业成就进行测评。这些研究基本上发现，高学业成就是青少年网络成瘾的保护因素[34,69,71,75,95,116,131,132,147,187,199,119,276,285,296,297,315,316,339,341,343,344,346-348,350-353,355,361,367-369,376,377,379,384,389-409]，尽管少量研究得到了阴性结果[106,136,261,292,345,349,350]。此外，有几项研究采用教师评定学业成绩或考试成绩作为学业成就的指标。这些研究也表明，高学业成就是青少年网络成瘾的保护因素[333,358,382,410-414]。最后，一些研究发现，厌学[306]、因学习问题感到不愉快[340,346]、学校倦怠[215,358]、旷课[379]等均是青少年网络成瘾的风险因素。特别地，Salmela-Aro等人[358]的交叉滞后纵向研究表明，学校倦怠与青少年网络成瘾存在双向作用：先前的学校倦怠能预测后来的网络成瘾，而先前的网络成瘾也能预测后来的学校倦怠。

近年来，研究者开始探讨学业成就在青少年网络成瘾形成过程中的中介作用和调节作用。在中介效应方面，胡文勇等人[132]发现，学业成绩可以通过促进自主需要，进而减少青少年网络成瘾。在调节效应方面，研究者发现，学业成绩与网络成瘾的负向联系在非留守中学生中显著，在留守中学生中不显著[350]；二者间的关系在男生和女生中均显著[347]。

1.4 物质使用（吸烟、饮酒、药物使用）

不少研究探讨了物质使用与青少年网络成瘾的关系。就吸烟而言，虽然个别研究得出了阴性结果[100,301,319]或发现了显著的负向联系[339,415]，但绝大多数研究表明，吸烟与青少年网络成瘾存在显著的正向联系[93,131,219,279,299,303,322,340-342,345,348,349,360,369,376,377,379,384,386,401,416-419]。就饮酒而言，虽然个别研究得出了阴性结果[339,342,345]或发现了显著的负向联系[361,415]，但大多数研究表明，饮酒与青少年网络成瘾存在显著的正向联系[82,93,131,219,299,319,322,340,341,348,349,360,368,369,371,379,384,386,401,416-421]。就药物使用而言，研究表明，吸毒[93,299,342]、吸大麻[93,345,386,401]、使用其他药物[93,345,384,386,401]均与青少年网络成瘾存在显著的正向联系，尽管使用咖啡因与青少年网络成瘾的关系不显著[345]。最后，就物质使用（合成分数）而言，现有研究基本上表明，物质使用是青少年网络成瘾的风险因素[60,302,339,342,351,417]，尽管个别研究得到了阴性结果[64]。

近年来，研究者开始探讨物质使用影响青少年网络成瘾的调节机制。具体而言，Heo等人[339]在不同性别中探讨了物质使用与青少年网络成瘾的关系，结果表明，酒精使用与男生网络成瘾关系不显著，与女生网络成瘾则存在显著的正向联系；吸烟与男生网络成瘾存在显著的负向联系，与女生网络成瘾则存在显著的正向联系；曾经物质使用与男生网络成瘾关系不显著，与女生网络成瘾则存在显著的正向联系；当前物质使用与男生和女生网络成瘾均存在显著的正向联系。Liu等人[345]也在不同性别中探讨了物质使用与青少年网络成瘾的关系，结果表明，从出生到现在吸烟、吸大麻、使用其他药物均能显著正向预测男生的网络成瘾，但不能显著预测女生的网络成瘾；从出生到现在饮酒、当前饮酒、使用咖啡因均不能显著预测男生或女生的网络成瘾。Sung等人[384]也探讨了各种物质使用与青少年网络成瘾的关系，结果表明，从出生到现在的吸烟、饮酒、药物滥用以及早期和当前的吸烟与饮酒均能显著正向预测男生和女生的网络成瘾，没有表现出显著的性别差异。最后，Yoo等人[351]发现，物质使用与网络成瘾的正向联系在青少年男生和女生中均显著。可见，目前探讨物质使用与青少年网络成瘾之间关系性别差异的研究仍较少，且所得结果分歧较大，需要后续更多研究对此深入探讨。Zygo等人[421]发现，饮酒与网络成瘾的正向联系在城市和农村青少年中均显著。

1.5　睡眠质量

夜间难以入睡或维持睡眠的个体更容易体验到消极情绪，更可能通过上网来消磨时光或缓解不良情绪，因而更容易沉迷网络。目前，20余项研究探讨了睡眠与青少年网络成瘾的关系。虽然有研究得出了阴性结果[350]，但绝大多数研究表明，失眠[219,315,340,341,343,346,348,352,355,360,368,369,377,422]、睡眠障碍[420,423]、睡觉时间不规则[394]均是青少年网络成瘾的风险因素，而较高的睡眠质量[397]、睡眠满意度[339,347]和充足的睡眠时长[319]则是青少年网络成瘾的保护因素。最近，研究者开始探讨睡眠质量影响青少年网络成瘾的调节机制。例如，Park和Lee[347]发现，睡眠满意度与网络成瘾的负向联系在青少年男生和女生中均显著。

需要注意的是，由于该领域的研究大多采用横断设计，因此变量间的关系很可能存在替代性解释（如夜间上网导致个体睡眠时间延迟或减少，从而损伤睡眠质量）。事实上，Chen和Gau[423]的纵向研究表明，睡眠障碍会增加网络成瘾的风险，而网络成瘾又会破坏个体的生理节律。该发现在一定程度上支持了双向作用的观点。

1.6 注意缺陷多动障碍

不少研究考察了注意缺陷多动障碍（ADHD）与青少年网络成瘾的共病关系。大多数研究表明，ADHD总分与青少年网络成瘾存在显著的正向联系[19,80,131,195,197,198,416,424]，尽管个别研究得出了阴性结果[296,425]。在ADHD的具体方面，研究发现，注意缺陷[19,128,186,303,424,426]和多动冲动[19,301,303,424]与青少年网络成瘾也存在显著的正向联系，尽管个别研究在某一方面也得出了阴性结果[128,186,301,303]。此外，有研究发现，ADHD类型与青少年网络成瘾的关系不显著[186]。在调节机制方面，Ko等人[197]在不同性别中考察了ADHD与青少年网络成瘾的关系，结果表明，二者间的正向联系在男生和女生中均显著。

1.7 身体锻炼

身体锻炼带来的积极体验有利于分散青少年对网络的注意力，在客观上形成时间挤占效应。此外，身体锻炼有利于身心健康水平的提高，从而减少因身心问题而沉迷网络的可能。目前近20项研究探讨了身体锻炼与青少年网络成瘾的关系。虽然个别研究得出了阴性结果[219,348,349]，但大多数研究表明，身体锻炼与青少年网络成瘾存在显著的负向联系[199,273,277,297,319,339,347,367,376,386,427–429]。最近，研究者开始探讨身体锻炼影响青少年网络成瘾的调节机制。例如，Heo等人[339]在不同性别中分别探讨了身体锻炼与青少年网络成瘾的关系。结果表明，剧烈运动和举重训练与网络成瘾的负向联系在青少年男生和女生中均显著，中等强度运动与网络成瘾的正向联系在青少年男生中显著，但在女生中不显著。Park和Lee[347]发现，身体锻炼与网络成瘾的负向关系在青少年男生和女生中均显著。

1.8 心理需要满足

根据自我决定理论，个体拥有关系需要、能力需要、自主需要三种根本性的心理需要。这些需要未得到满足是个体行为的重要动因。因此，现实生活中未被满足的心理需要很可能推动个体到网络世界中寻求满足。目前有几项实证研究探讨了现实心理需要满足与青少年网络成瘾的关系，结果表明，现实生活中关系需要[430,431]、能力需要[431]、自主需要[132,431]以及总体需要满足程度[237,249,432]与青少年网络成瘾均存在显著的负向联系。

最近，研究者开始探讨心理需要满足在青少年网络成瘾形成过程中的中介作用和调节作用。在中介效应方面，三种心理需要满足在感恩与青少年网络成瘾之间具有中介作用[431]。另外，心理需要满足可通过减少回避应对、增加网络使用期间的正念对青少年网络成瘾产生间接影响[237]。在调节效应方面，关系需要与青少年网络成瘾的关系在母子依恋较好的个体中要比在母子依恋较差的个体中更显著[430]。

1.9　生物学因素

理论上讲，网络成瘾能够激活大脑中的"奖赏中心"或"快乐通路"，使其分泌多巴胺或其他神经化合物。也就是说，生物学因素可能在青少年网络成瘾中具有重要作用。近年来，随着心理学研究对心理和行为现象背后生物学基础的重视，不少研究开始关注生物学因素在青少年网络成瘾中的作用。首先，部分研究借助事件相关电位[433,434]和功能性磁共振成像[435-438]等技术手段探讨网络成瘾青少年与正常青少年在神经机制方面的差异。另外，也有研究比较网络成瘾青少年与正常青少年在去甲肾上腺素等内分泌过程方面的差异[305]。最后，还有研究借助双生子研究探讨遗传因素在解释青少年网络成瘾变异中的作用[159,439]，或者借助分子遗传学技术探讨5HTTLPR多态性等基因特征在青少年网络成瘾中的作用[330]。

2.　研究局限和未来展望

过去20年来，有关个体因素与青少年网络成瘾的关系的研究已取得了长足进展，但仍然有诸多问题有待解决，以便深化我们对青少年网络成瘾成因的认识。

2.1 应增强个体因素选择的典型性、代表性和系统性

应努力增强个体因素选择的典型性、代表性、系统性。虽然目前已有不少多因素研究，但不少研究在个体因素的选择方面仍比较随意，未来研究在选择个体因素时应重视背后的学理依据和实证依据，使个体因素的选取体现出一定的"章法"。有些个体因素非常重要，但现有研究却较少涉及，譬如神经生理方面的因素。

2.2 应重视改进个体因素的测量方式

目前有不少研究采用单一项目来测量孤独和抑郁等个体因素。单题项测量有其优势，有利于同时收集多种个体因素，但信效度可能打折扣。未来研究应采用信效度良好的工具来测量个体因素。另外，现有研究几乎全部采用青少年自我报告，容易导致社会称许性问题和共同方法偏差。未来研究应重视结合其他信息源和数据收集方法来开展研究。譬如，学习成绩的测量可以综合个体自我报告、期中期末成绩或其他标准化成就测验的成绩。

2.3 应拓展和深化研究内容，避免低水平重复

未来研究应在以往研究的基础上，进一步拓展和深化研究内容，避免低水平重复。有些变量关系已被数十项横断研究证实且非常稳健，在此情况下，未来应当考虑如何更加深入地进行研究。例如，不少研究采用"青少年健康危险行为监测"的相关工具考察网络成瘾的风险因素，这种做法的积极意义在于研究工具相对标准化、不同研究之间的可比性较高、促进了研究证据的不断累积，但弊端在于简单重复性质的研究居多，后续研究的创新性略显不足（换一个地区的样本即发表一篇论文），研究结果能否推广到其他数据采集范式尚不得而知，而且对研究变量的固化在一定程度上限制了对其他更有价值的变量的探讨。

2.4 应重视探讨个体因素与网络成瘾的因果关系

现有研究基本上是横断研究，主要揭示了变量间的共变关系，不利于回答究竟是个体风险因素导致网络成瘾，还是网络成瘾导致个体风险因素的增加。

当然，对于某些人格类个体因素而言，虽然它们可能受到网络成瘾的影响，但它们确实是更早形成的且更为本源的、比较稳定的特征，它们与网络成瘾之间有"时间上的先后、经验上的相邻以及恒常的关联"，应当具有因果关系[440]。不管怎样，未来应当采用交叉滞后纵向设计，探讨个体因素与青少年网络成瘾之间的单向和双向关系。这在网络成瘾与学业成就、睡眠质量、心理健康等变量的关系的研究中显得尤为迫切。或许更重要的是，未来应采用随机对照干预实验来操纵个体因素，从而探讨其与青少年网络成瘾之间的因果关系。

2.5　应重视探讨个体因素的独特效应

在选好个体因素后，应重视不同因素独特效应的探讨，从而回答"哪些个体因素的相对贡献更大"的关键问题。不同个体因素之间往往存在一定的联系，因此有必要在控制一种个体因素后考察其他个体因素的独特作用，否则该个体因素与青少年网络成瘾的联系可能被其他个体因素所混淆。此外，独特效应的信息也有利于更有针对性地预防和干预青少年网络成瘾。除了探讨个体因素间的独特贡献，还可探讨个体因素与家庭因素、学校因素、同伴因素相比较时的独特效应。

2.6　应重视探讨个体因素起作用的中介机制

中介机制可以阐明个体因素"怎样"或"为什么"影响青少年网络成瘾的关键问题，也有利于青少年网络成瘾预防和干预工作的开展。例如，若人格因素通过应对方式影响青少年网络成瘾，则在人格因素较难被干预时，可以从改善应对方式入手来"阻断"人格风险因素对青少年网络成瘾的不利影响。现有研究相对较少探究个体因素起作用的中介过程，未来研究应着力探讨其他个体和（或）环境因素在其中的中介作用。

2.7　应重视探讨个体因素起作用的调节机制

并非所有存在个体风险因素的青少年都会网络成瘾。调节机制有利于阐明这种关系背后的异质性，即个体风险因素"何时""对谁"或"在什么条件下"起作用的关键问题，特别有利于"精准心理卫生"所倡导的有针对性预防和干预工作的开展。例如，若特定个体因素与青少年网络成瘾的关系存在人口学亚群体差异，则在不同人口学亚群体中所采取的预防和干预措施就应该有所不同。现有研究也相对较少探究个体因素起作用的调节过程，未来研究应致力于探讨人口学因素、其他个体因素或环境因素对个体因素与青少年网络成瘾之间关系的调节作用。

2.8　应重视探讨不同个体因素的联合作用

目前大多数研究只关注了单一的个体因素与青少年网络成瘾的关系。实际上，探讨多种个体因素与青少年网络成瘾的联系更符合个体的生活实际，更能提高对网络成瘾的变异解释力，也更有利于全面和系统干预措施的提出。这种联合作用可以通过"变量中心的方法"（如累积个体风险因素）或"个人中心的方法"（如对个体因素进行潜在剖面分析）来实现。

2.9　应重视从个体因素入手进行干预研究

近年来，已有不少从个体因素入手进行青少年网络成瘾的干预。例如，认知–行为疗法旨在改善青少年对网络使用的不合理认知，从而减少青少年网络成瘾。再如，体育锻炼干预旨在改善青少年的身体锻炼习惯，从而减少网络成瘾。这类研究有利于检验个体因素与青少年网络成瘾之间的因果关系，也有利于将基础研究的成果转化为现实生产力，促进青少年健康成长。未来应更多进行这类干预研究。

2.10　需要额外留意的几个问题

不同研究者由于理论取向不同，选择的做法也有所不同。有些问题是值得认真思考的。第一，是否排除共病因素回答的是不同的研究问题。如果某些心理病理学问题是网络成瘾所带来的结果，那么排除这些共病因素后就导致研究者关注的现象在真实生活中并不存在，这在统计上称为"控制过多"（over-control）。第二，是否排除没有上网经验的被试所回答的是不同的问题。部分研究的网络成瘾组和非网络成瘾组均要求被试有过上网经验才会纳入进来，这种做法容易低估网络成瘾组和非网络成瘾组的差异。可以类比一下，在物质成瘾的研究中，吸烟组和非吸烟组的选定就很少限定在先前有过吸烟经验的人群中。

参考文献

［1］李静娴，唐文清，武慧多，等. 青少年网络成瘾与人格特征关系的Meta分析［J］. 岭南师范学院学报，2016，37（3）：151-157.

［2］Cao F, Su L. Internet addiction among Chinese adolescents: Prevalence and psychological features［J］. Child: Care, Health & Development, 2007, 33: 275-281.

［3］曹枫林，苏林雁，高雪屏，等. 中学生互联网过度使用的影响因素［J］. 中华精神科杂志，2006，39（3）：141-144.

［4］范娟，杜亚松，王立伟，等. 上海市中学生网络过度使用者心理特征的调查［J］. 上海精神医学，2007，19（2）：71-74.

［5］葛缨，邓林园，纪灵超. 网络成瘾城市留守儿童人格特质、网络效能感及生命意义感的关系［J］. 中国特殊教育，2018（2）：89-96.

［6］耿耀国，李飞，苏林雁，等. 初一网络成瘾学生情绪与人格特征研究［J］. 中国临床心理学杂志，2006，14（2）：153-155.

［7］郭莹，武丽杰. 哈尔滨市中学生网络成瘾及其因素研究［J］. 中国校医，2009，23（2）：137-140.

［8］Jiang Q, Huang X, Tao R. Examining factors influencing Internet addiction and adolescent risk behaviors among excessive Internet users［J］. Health Communication, 2018, 33: 1434-1444.

［9］金宇，苏林雁，曹枫林，等. 网络过度使用倾向中学生的人格特征［J］. 中国心理卫生杂志，2007，21（12）：832-836.

［10］康延海，盛莉，彭晓兰，等. 海口市中学生网络成瘾与人格因素分析［J］. 中国学校卫生，2012，33（1）：99-101.

［11］康延海，盛莉，叶兰仙，等. 兰州市中学生网络成瘾与人格因素分析［J］. 中国学校卫生，2008，29（9）：805-806.

［12］郎艳，贾福军，李恒芬，等. 初中生网络成瘾状况调查及相关因素分析［J］. 中国临床心理学杂志，2008，16（4）：417-419.

［13］郎艳，李恒芬，贾福军. 网络成瘾初中生的父母教养方式及人格特征的相关性［J］. 中国神经精神疾病杂志，2007，33（11）：660-660.

［14］李莎莎，邓冰. 贵州中学生网络成瘾状况及其人格特质分析［J］. 中国学校卫生，2013，34（1）：43-45.

［15］刘蔚，刘英. 高中生网络成瘾状况调查及人格特征分析［J］. 菏泽医学专科学校学报，2010，22（3）：50-51.

［16］马玉红，牛力华，杨建华. 青少年父母教养方式及人格特征对网络成瘾行为的影响分析［J］. 中国健康心理学杂志，2010，18（4）：463-465.

［17］Öztürk E, Özmen S K. The relationship of self-perception, personality and high school type with the level of problematic Internet use in adolescents［J］. Computers in Human Behavior, 2016, 65: 501-507.

［18］汪玲华，范海虹，静进，等. 网络成瘾青少年心理健康状况及个性特征的研究［J］. 中山大学学报（医学科学版），2007，28（4）：476-477.

［19］Xiao G. Psychological mechanism of adolescent Internet addiction and brain functional imaging［J］. NeuroQuantology, 2018, 16: 915-920.

［20］谢守付，李爽，姜季妍，等. 青少年网络成瘾心理社会因素研究［J］. 中国健康心理学杂志，2009，17（1）：55-57.

［21］杨琪，张天成，张福兰. 湘西州农村中学生健康危险行为与人格特质的关系研究［J］. 中国预防医学杂志，2018，19（6）：412-416.

［22］曾俊，旷兴萍，王运富，等. 万州中学生网络成瘾现状的调查［J］. 临床精神医学杂志，2008，18（4）：244-246.

［23］章荣华，陈卫平，祝一虹，等. 浙江省高中生网络成瘾的心理社会因素研究［J］. 中国学校卫生，2007，28（7）：616-618.

［24］李成云，刘西俊. 中学生网络成瘾者个性和心理健康状况调查［J］. 职业与健康，2005，21（2）：272-273.

［25］李德敏，冷晓赟，刘德荣，等. 中学生网络成瘾的流行病学调查［J］. 中国健康心理学杂志，2008，16（7）：766-768.

［26］潘淑均，戴秀英. 高中生网络成瘾者心理特征分析［J］. 宁夏医学院学报，2008，30（3）：344-346.

［27］王建国，张国富，祁富生，等. 青少年网络成瘾的影响因素分析［J］. 中国健康心理学杂志，2009，17（2）：187-188.

［28］王克，王东明. 初中生网络成瘾的心理特征［J］. 齐鲁医学杂志，2007，22（5）：443-444.

［29］肖汉仕，苏林雁，高雪屏，等. 中学生互联网过度使用倾向的影响因素分析［J］. 中国临床心理学杂志，2007，15（2）：149-151.

［30］张国富，张云彪，吕振雷，等. 社会心理因素对青少年网络成瘾患者的影响［J］. 中国健康心理学杂志，2011，19（9）：1080-1082.

［31］周春枝，刘炬，童成枝，等. 48例网络成瘾青少年人格特征和应付方式的对照研究［J］. 当代护士，2011（7）：36-38.

［32］戴伟华，周春英，许滋宁，等. 江苏省南通市青少年网络成瘾现状调查分析

　　　　　[J]. 中国社会医学杂志，2011，28（3）：185-187.

[33] 张海芹，陈录生. 城乡未成年人网络成瘾及其归因研究［J］. 心理科学，2009，32（3）：748-750.

[34] 周春英，李林中，戴伟华，等. 南通市青少年网络成瘾现状调查及相关因素分析［J］. 临床精神医学杂志，2011，21（5）：305-307.

[35] 付慧鹏，霍军，于俊丽，等. 父母教养方式与儿童网络成瘾行为的关系［J］. 临床精神医学杂志，2004，14（5）：278-279.

[36] 陈超然. 青少年上网成瘾与人格特质的相关分析［J］. 山西农业大学学报（社会科学版），2009，8（6）：669-672.

[37] Host' ovecký M, Prokop P. The relationship between Internet addiction and personality traits in Slovak secondary schools students［J］. Journal of Applied Mathematics, Statistics and Informatics, 2018, 14: 83-101.

[38] Kuss D J, Van Rooij A J, Shorter G W, et al. Internet addiction in adolescents: Prevalence and risk factors［J］. Computers in Human Behavior, 2013, 29: 1987-1996.

[39] Van der Aa N, Overbeek G, Engels R C, et al. Daily and compulsive Internet use and well-being in adolescence: A diathesis-stress model based on big five personality traits［J］. Journal of Youth and Adolescence, 2009, 38: 765-776.

[40] 杨洋，雷雳. 青少年外向/宜人性人格、互联网服务偏好与"网络成瘾"的关系［J］. 心理发展与教育，2007，23（2）：42-48.

[41] Zamani B E, Abedini Y, Kheradmand A. Internet addiction based on personality characteristics of high school students in Kerman, Iran［J］. Addiction & Health, 2011, 3: 85-91.

[42] Alonso C, Romero E. Study of the domains and facets of the five-factor model of personality in problematic Internet use in adolescents［J］. International Journal of Mental Health and Addiction, 2018.

[43] 侯娟，樊宁，秦欢，等. 青少年大五人格对网络成瘾的影响：家庭功能的中介作用［J］. 心理学探新，2018，38（3）：279-288.

[44] Kuss D J, Shorter G W, van Rooij A J, et al. The Internet addiction components model and personality: Establishing construct validity via a nomological network［J］. Computers in Human Behavior, 2014, 39: 312-321.

[45] Müller K W, Wölfling K, Beutel M E, et al. Insights into aspects behind Internet-related disorders in adolescents: The interplay of personality and symptoms of adjustment disorders［J］. Journal of Adolescent Health, 2018, 62: 234-240.

[46] Wang C W, Ho R T, Chan C L, et al. Exploring personality characteristics of Chinese adolescents with Internet-related addictive behaviors: Trait differences for gaming

addiction and social networking addiction [J] . Addictive Behaviors, 2015, 42: 32–35.

[47] 魏兰蕴, 刘濛, 李松, 等. 青少年人格特征与网络成瘾的关系：网络使用偏好的中介效应 [J]. 贵州师范大学学报 (自然科学版), 2016, 34 (2): 101–106.

[48] Öztürk C, Bekta, M, Ayar D, et al. Association of personality traits and risk of Internet addiction in adolescents [J]. Asian Nursing Research, 2015, 9: 120–124.

[49] 雷雳, 杨洋, 柳铭心. 青少年神经质人格、互联网服务偏好与网络成瘾的关系 [J]. 心理学报, 2006, 38 (3): 375–381.

[50] Stavropoulos V, Kuss D, Griffiths M, et al. A longitudinal study of adolescent Internet addiction: The role of conscientiousness and classroom hostility [J]. Journal of Adolescent Research, 2016, 31: 442–473.

[51] 杨洋, 雷雳, 柳铭心. 青少年责任心人格、互联网服务偏好与"网络成瘾"的关系 [J]. 心理科学, 2006, 29 (4): 947–950.

[52] 黄恩, 吕望强, 陈建民, 等. 高中生网络成瘾倾向及影响因素分析 [J]. 中华行为医学与脑科学杂志, 2006, 15 (8): 734–736.

[53] 刘彩谊, 张惠敏, 方晓义, 等. 男性网络成瘾患者人格特点及其与家庭因素的关系 [J]. 中国药物依赖性杂志, 2011, 20 (4): 288–291.

[54] 庞海波, 吴一智, 曾永锋, 等. 青少年网络成瘾人格特征研究 [J]. 心理科学, 2010, 33 (1): 210–212.

[55] Yang C K, Choe B M, Baity M, et al. SCL–90–R and 16PF profiles of senior high school students with excessive Internet use [J]. Canadian Journal of Psychiatry, 2005, 50: 407–414.

[56] Guglielmucci F, Saroldi M, Zullo G, et al. Personality profiles and problematic Internet use in a sample of Italian adolescents [J]. Clinical Neuropsychiatry, 2017, 14: 94–103.

[57] Munno D, Cappellin F, Saroldi M, et al. Internet addiction disorder: Personality characteristics and risk of pathological overuse in adolescents [J]. Psychiatry Research, 2017, 248: 1–5.

[58] Fontana A, Callea A, Casini E, et al. Rejection sensitivity and Internet addiction in adolescence: Exploring the mediating role of emerging personality disorders [J]. Clinical Neuropsychiatry, 2018, 15: 206–214.

[59] 曹慧, 张建新, 关梅林, 等. 少年暴力犯、网络成瘾少年的人际关系性人格维度分析 [J]. 中国临床心理学杂志, 2007, 15 (6): 637–639.

[60] Ko C H, Yen J Y, Chen C C, et al. Tridimensional personality of adolescents with Internet addiction and substance use experience [J]. Canadian Journal of Psychiatry, 2006, 51: 887–894.

［61］Ko C H, Yen J Y, Yen C F, et al. Factors predictive for incidence and remission of Internet addiction in young adolescents: A prospective study［J］. CyberPsychology & Behavior, 2007, 10: 545-551.

［62］Dukanac V, Džamonja-Ignjatović T, Milanović M, et al. Differences in temperament and character dimensions in adolescents with various conduct disorders［J］. Vojnosanitetski Pregled, 2016, 73: 353-359.

［63］Cho S C, Kim J W, Kim B N, et al. Biogenetic temperament and character profiles and attention deficit hyperactivity disorder symptoms in Korean adolescents with problematic Internet use［J］. CyberPsychology & Behavior, 2008, 11: 735-737.

［64］Ha J H, Kim S Y, Bae S C, et al. Depression and Internet addiction in adolescents［J］. Psychopathology, 2007, 40: 424-430.

［65］梁传山，田新华，侯宗银，等. 枣庄市中学生网络使用及网络依赖调查分析［J］. 精神医学杂志，2015，28（2）：130-134.

［66］Pace U, Zappulla C, Guzzo G, et al. Internet addiction, temperament, and the moderator role of family emotional involvement［J］. International Journal of Mental Health and Addiction, 2014, 12: 52-63.

［67］Sideli L, La Cascia C, Sartorio C, et al. Internet out of control: The role of self-esteem and personality traits in pathological Internet use［J］. Clinical Neuropsychiatry, 2017, 14: 88-93.

［68］王晔明. 鞍山市城区高中生网络成瘾状况分析［J］. 华南预防医学，2008，24（3）：57-58.

［69］徐耿，王路晗，韩阿珠，等. 青少年网络成瘾与童年期虐待忽视的相关性研究［J］. 中国儿童保健杂志，2017，25（7）：671-674.

［70］张新乔，黄悦勤，罗晓敏，等. 北京市高中生网络成瘾现况调查［J］. 中国心理卫生杂志，2009，23（10）：748-751.

［71］赵玉霞，章涵. 河南某乡农村初中生网络成瘾与心理健康状况的调查［J］. 中国儿童保健杂志，2016，24（3）：299-301.

［72］Cheung J C, Chan K H, Lui Y, et al. Psychological well-being and adolescents' Internet addiction: A school-based cross-sectional study in Hong Kong［J］. Child and Adolescent Social Work Journal, 2018, 35: 477-487.

［73］Chun J. Effects of psychological problems, emotional dysregulation, and self-esteem on problematic Internet use among Korean adolescents［J］. Children and Youth Services Review, 2016, 68: 187-192.

［74］戴伟华，施佳佳，周春英，等. 南通市中小学网络成瘾现状及性格因素相关性研究［J］. 临床心身疾病杂志，2014，20（2）：56-58.

［75］Demetrovics Z, Király O, Koronczai B, et al. Psychometric properties of the

Problematic Internet Use Questionnaire Short-Form (PIUQ-SF-6) in a nationally representative sample of adolescents [J]. PLOS ONE, 2016, 11: e0159409.

[76] 邓伟, 王耀宗. 高中生网络成瘾与自尊关系的研究 [J]. 中国校医, 2017, 31 (12): 886-887, 889.

[77] Ghassemzadeh L, Shahraray M, Moradi A. Prevalence of Internet addiction and comparison of Internet addicts and non-addicts in Iranian high schools [J]. CyberPsychology & Behavior, 2008, 11: 731-733.

[78] Jang M H, Ji E S. Gender differences in associations between parental problem drinking and early adolescents' Internet addiction [J]. Journal for Specialists in Pediatric Nursing, 2012, 17: 288-300.

[79] Jang M H, Kim M J, Choi H. Influences of parental problem drinking on Internet addiction among early adolescents: A multiple-mediation analysis [J]. Journal of Addictions Nursing, 2012, 23: 258-270.

[80] Kahraman Ö, Demirci E Ö. Internet addiction and atten-tion-deficit-hyperactivity disorder: Effects of anxiety, depression and self-esteem [J]. Pediatrics International, 2018, 60: 529-534.

[81] Király O, Griffiths M D, Urbán R, et al. Problematic Internet use and problematic online gaming are not the same: Findings from a large nationally representative adolescent sample [J]. Cyberpsychology, Behavior, and Social Networking, 2014, 17: 749-754.

[82] Ko C H, Yen J Y, Yen C F, et al. The association between Internet addiction and problematic alcohol use in adolescents: The problem behavior model [J]. CyberPsychology & Behavior, 2008, 11: 571-576.

[83] Ko C H, Yen J Y, Liu S C, et al. The associations between aggressive behaviors and Internet addiction and online activities in adolescents [J]. Journal of Adolescent Health, 2009, 44: 598-605.

[84] Lau J T, Wu A M, Gross D L, et al. Is Internet addiction transitory or persistent? Incidence and prospective predictors of remission of Internet addiction among Chinese secondary school students [J]. Addictive Behaviors, 2017, 74: 55-62.

[85] 李卉, 王福兴. 中学生网络依赖和自尊的纵向比较 [J]. 心理研究, 2008, 1 (3): 29-33.

[86] Lin M, Wu J Y, You J, et al. Association between online and offline social support and Internet addiction in a representative sample of senior high school students in Taiwan: The mediating role of self-esteem [J]. Computers in Human Behavior, 2018, 84: 1-7.

[87] Lin M, Wu J Y, You J, et al. Prevalence of Internet addiction and its risk and protective factors in a representative sample of senior high school students in Taiwan [J].

Journal of Adolescence, 2018, 62: 38-46.

［88］刘兴来. 青少年网络成瘾者心理特征研究［J］. 科技创新导报，2010（8）：208-209.

［89］罗淑文，晏碧华，王梦馨. 亲子关系与网络成瘾的关系［J］. 现代交际，2018（12）：67-68.

［90］梅松丽，柴晶鑫，郭金花. 青少年主观幸福感与网络成瘾：自尊及自我控制的中介作用［J］. 心理发展与教育，2015，31（5）：603-609.

［91］Mei S, Yau Y H, Chai J, et al. Problematic Internet use, well-being, self-esteem and self-control: Data from a high-school survey in China［J］. Addictive Behaviors, 2016, 61: 74-79.

［92］Park S, Kang M, Kim E. Social relationship on problematic Internet use (PIU) among adolescents in South Korea: A moderated mediation model of self-esteem and self-control［J］. Computers in Human Behavior, 2014, 38: 349-357.

［93］Rial A, Golpe S, Isorna M, et al. Minors and problematic Internet use: Evidence for better prevention［J］. Computers in Human Behavior, 2018, 87: 140-145.

［94］Shi X, Wang J, Zou H. Family functioning and Internet addiction among Chinese adolescents: The mediating roles of self-esteem and loneliness［J］. Computers in Human Behavior, 2017, 76: 201-210.

［95］苏林雁，高雪屏，肖茜，等. 初中生网络成瘾现状及其影响因素分析［J］. 中国学校卫生，2011，32（10）：1188-1190.

［96］van Rooij A J, Ferguson C J, van de Mheen D, et al. Time to abandon Internet addiction? Predicting problematic Internet, game, and social media use from psychosocial well-being and application use［J］. Clinical Neuropsychiatry, 2017, 14: 113-121.

［97］王玉花，赵阿勐. 青少年网络成瘾者心理问题研究［J］. 现代远距离教育，2010（4）：19-21.

［98］Yang S C, Tung C J. Comparison of Internet addicts and non-addicts in Taiwanese high school［J］. Computers in Human Behavior, 2007, 23: 79-96.

［99］Yen C F, Chou W J, Liu T L, et al. The association of Internet addiction symptoms with anxiety, depression and self-esteem among adolescents with attention-deficit/hyperactivity disorder［J］. Comprehensive Psychiatry, 2014, 55: 1601-1608.

［100］Yildirim M S, Sevincer G M, Kandeger A, et al. Investigation of the relationship between risk of Internet addiction, food addiction, and self-esteem in high school students［J］. Dusunen Adam: Journal of Psychiatry & Neurological Sciences, 2018, 31: 187-194.

［101］张国富，周二强，刘栋，等. 青少年网络成瘾的影响因素［J］. 新乡医学院学

报，2006，23（1）：50-52.

[102] 张国华，戴必兵，雷雳. 初中生病理性互联网使用的发展及其与自尊的关系：同学关系的调节效应［J］. 心理学报，2013，45（12）：1345-1354.

[103] Zhang R. Internet dependence in Chinese high school students: Relationship with sex, self-esteem, and social support［J］. Psychological Reports, 2015, 117: 8-25.

[104] 张志华，黄芬，杨林胜，等. 合肥市中学生网络成瘾现况及其相关因素分析［J］. 中国学校卫生，2009，30（5）：426-428.

[105] Zeng W, Ye K, Hu Y, et al. Explicit self-esteem, loneliness, and pathological Internet use among Chinese adolescents［J］. Social Behavior and Personality, 2016, 44: 965-972.

[106] Abdul Aziz M, Wan Ismail W S, Bahar N, et al. Internet addiction among secondary school students in Klang Valley, Malaysia: What is the association with depressive symptoms, anxiety symptoms, and self-esteem?［J］. International Medical Journal Malaysia, 2018, 17(2): 17-25.

[107] Park S, Lee Y, Jun J Y. Differences in the relationship between traumatic experiences, self-esteem, negative cognition, and Internet addiction symptoms among North Korean adolescent defectors and South Korean adolescents: A preliminary study［J］. Psychiatry Research, 2017, 257: 381-385.

[108] 金盛华，吴嵩，郭亚飞，等. 青少年自我概念与网络成瘾的关系：网络消极体验和学校类型的调节效应［J］. 心理科学，2015，38（5）：1103-1108.

[109] 李玲，于全磊，张林，等. 青少年网络成瘾的性别差异：学校社会处境分化的中介作用. 中国临床心理学杂志，2015，23（6）：1044-1048.

[110] Perrella R, Caviglia G. Internet addiction, self-esteem, and relational patterns in adolescents［J］. Clinical Neuropsychiatry, 2017, 14: 82-87.

[111] Şaşmaz T, Öner S, Kurt A Ö, et al. Prevalence and risk factors of Internet addiction in high school students［J］. European Journal of Public Health, 2013, 24: 15-20.

[112] 徐运，陶然. 网络成瘾青少年网络行为特点及心理风险因素探析［J］. 齐齐哈尔医学院学报，2015，36（27）：4091-4092.

[113] 尹霞云，苏林雁，黎志华. 自我概念、心理健康与中学生互联网过度使用倾向的关系研究［J］. 中国临床心理学杂志，2010，18（6）：763-764.

[114] 袁梦，彭剑. 初中生自我评价与网络成瘾的相关研究［J］. 企业导报，2012（23）：184-185.

[115] 刘锐，余志中. 青少年网络成瘾的原因分析［J］. 中国药物滥用防治杂志，2006，12（3）：141-144.

[116] 孙建平，卢国良，江燕，等. 上海市长宁区中学生网络成瘾影响因素分析［J］. 中国健康教育，2009，25（1）：14-16.

［117］周小燕，白莉莉，庞宝华，等. 延安市中学生网络成瘾状况及心理健康分析［J］. 延安大学学报：医学科学版，2012，10（2）：13-15.

［118］郭向飞，赵雅宁，姜学洁. 青少年网络成瘾倾向现状及影响因素分析［J］. 华北理工大学学报（医学版），2017，19（2）：144-148.

［119］叶宝娟，符皓皓，杨强，等. 教师关怀行为对青少年网络成瘾的影响：领悟社会支持与学业自我效能感的链式中介效应［J］. 中国临床心理学杂志，2017，25（6）：1168-1170，1174.

［120］叶艳晖，李秋琼. 同伴关系自我效能感与青少年网络成瘾的关系［J］. 中国学校卫生，2015，36（3）：384-386.

［121］职晓燕，王传升，张瑞岭，等. 青少年自我效能、适应不良与网络成瘾相关性研究［J］. 重庆医学，2013，42（10）：1134-1135.

［122］周佳，马迎华，赵海，等. 高中生个性及群性发展自我效能与健康危险行为关系［J］. 中国公共卫生，2014，30（7）：864-867.

［123］崔丽娟，赵鑫，吴明证，等. 网络成瘾对青少年的社会性发展影响研究［J］. 心理科学，2006，29（1）：34-36.

［124］李志鸿，王凤兰. 茂名市316名高中生网络使用、自我和谐与网络成瘾关系调查［J］. 华南预防医学，2007，33（6）：59-60.

［125］卢业武. 23例网络成瘾青少年自我和谐与家庭功能的相关性研究［J］. 中国民康医学，2011，23（11）：1364-1367.

［126］Nam C R, Lee D H, Lee J Y, et al. The role of resilience in Internet addiction among adolescents between sexes: A moderated mediation model［J］. Journal of Clinical Medicine, 2018, 7: article 222.

［127］张利燕，侯小花. 初中生强化敏感性、互联网服务偏好与病理性互联网使用的关系［J］. 中国临床心理学杂志，2008，16（2）：164-166.

［128］Chou W J, Liu T L, Yang P, et al. Multi-dimensional correlates of Internet addiction symptoms in adolescents with attention-deficit/hyperactivity disorder［J］. Psychiatry Research, 2015, 225: 122-128.

［129］Park S M, Park Y A, Lee H W, et al. The effects of behavioral inhibition/approach system as predictors of Internet addiction in adolescents［J］. Personality and Individual Differences, 2013, 54: 7-11.

［130］Yen J Y, Yen C F, Chen C S, et al. The bidirectional interactions between addiction, behaviour approach and behaviour inhibition systems among adolescents in a prospective study［J］. Psychiatry Research, 2012, 200: 588-592.

［131］Evren C, Dalbudak E, Evren B, et al. High risk of Internet addiction and its relationship with lifetime substance use, psychological and behavioral problems among 10th grade adolescents［J］. Psychiatria Danubina, 2014, 26: 330-339.

［132］胡文勇，李慧玲，喻承甫，等. 越南青少年网络成瘾的现状及其影响因素［J］. 华南师范大学学报（社会科学版），2012（5）：61-67.

［133］姜侠，赵宏，于素维. 营口市中学生网络成瘾现状及其影响因素分析［J］. 中国学校卫生，2012，33（2）：225-226.

［134］柯丹露，谢威士. 中学生网络成瘾与其感觉寻求的关系研究［J］. 沈阳大学学报（自然科学版），2011，23（2）：44-46.

［135］Li D, Zhang W, Li X, et al. Stressful life events and problematic Internet use by adolescent females and males: A mediated moderation model［J］. Computers in Human Behavior, 2010, 26: 1199-1207.

［136］Lin S S J, Tsai C C. Sensation seeking and Internet dependence of Taiwanese high school adolescents［J］. Computers in Human Behavior, 2002, 18: 411-426.

［137］谢威士. 中学生网络成瘾与社会支持和感觉寻求的关系［J］. 石家庄学院学报，2010，12（6）：121-124.

［138］叶宝娟，刘建平，杨强. 感觉寻求对工读生病理性网络使用的影响机制［J］. 心理发展与教育，2014，30（1）：96-104.

［139］叶宝娟，温忠麟，杨强，等. 气质特征和教养方式对青少年问题性网络使用的影响：独特效应和交互效应检验［J］. 心理科学，2013，36（5）：1066-1072.

［140］石庆馨，周荣刚，葛燕，等. 中学生网络成瘾和感觉寻求的关系［J］. 中国心理卫生杂志，2005，19（7）：453-456.

［141］Bitton M S, Medina H C. Problematic Internet use and sensation seeking: Differences between teens who live at home and in residential care［J］. Children & Youth Services Review, 2015, 58: 35-40.

［142］Biolcati R, Mancini G, Trombini E. Proneness to boredom and risk behaviors during adolescents' free time［J］. Psychological Reports, 2018, 121: 303-323.

［143］Lin C H, Lin S L, Wu C P. The effects of parental monitoring and leisure boredom on adolescents' Internet addiction［J］. Adolescence, 2009, 44: 993-1004.

［144］曹枫林，苏林雁. 中学生互联网过度使用与冲动的关系［J］. 中国心理卫生杂志，2007，21（4）：252-253.

［145］Cao F, Su L, Liu T, et al. The relationship between impulsivity and Internet addiction in a sample of Chinese adolescents［J］. European Psychiatry, 2007, 22: 466-471.

［146］邓林园，武永新，孔荣，等. 冲动性人格、亲子沟通对青少年网络成瘾的交互作用分析［J］. 心理发展与教育，2014，30（2）：169-176.

［147］Di Nicola M, Ferri V R, Moccia L, et al. Gender differences and psychopathological features associated with addictive behaviors in adolescents［J］. Frontiers in Psychiatry, 2017, 8: article 256.

［148］Lim J A, Gwak A R, Park S M, et al. Are adolescents with Internet addiction prone to aggressive behavior? The mediating effect of clinical comorbidities on the predictability of aggression in adolescents with Internet addiction［J］. Cyberpsychology, Behavior, and Social Networking, 2015, 18: 260–267.

［149］聂佳，郑丽娜，张微. 冒险情境与奖惩信息对网络成瘾者决策行为的影响［J］. 中国临床心理学杂志，2016，24（4）：601–604.

［150］Wu X, Chen X, Han J, et al. Prevalence and factors of addictive Internet use among adolescents in Wuhan, China: Interactions of parental relationship with age and hyperactivity–impulsivity［J］. PLOS ONE, 2013, 8: e61782.

［151］Zhou N, Cao H, Li X, et al. Internet addiction, problematic Internet use, nonproblematic Internet use among Chinese adolescents: Individual, parental, peer, and sociodemographic correlates［J］. Psychology of Addictive Behaviors, 2018, 32: 365–372.

［152］Durak H Y. Modeling of variables related to problematic Internet usage and problematic social media usage in adolescents［J］. Current Psychology, 2018.

［153］Blinka L, Škařupová K, Ševčíková A, et al. Excessive Internet use in European adolescents: What determines differences in severity?［J］. International Journal of Public Health, 2015, 60: 249–256.

［154］Gámez–Guadix M, Calvete E, Orue I, et al. Problematic Internet use and problematic alcohol use from the cognitive–behavioral model: A longitudinal study among adolescents［J］. Addictive Behaviors, 2015, 40: 109–114.

［155］赖雪芬. 广东省梅州市青少年网络成瘾现状及其影响因素［J］. 医学与社会，2016，29（12）：80–83.

［156］Li C, Dang J, Zhang X, et al. Internet addiction among Chinese adolescents: The effect of parental behavior and self–control［J］. Computers in Human Behavior, 2014, 41: 1–7.

［157］Li D, Li X, Wang Y, et al. School connectedness and problematic Internet use in adolescents: A moderated mediation model of deviant peer affiliation and self–control ［J］. Journal of Abnormal Child Psychology, 2013, 41: 1231–1242.

［158］Li D, Zhou Y, Li X, et al. Perceived school climate and adolescent Internet addiction: The mediating role of deviant peer affiliation and the moderating role of effortful control ［J］. Computers in Human Behavior, 2016, 60: 54–61.

［159］Li M, Chen J, Li N, et al. A twin study of problematic Internet use: Its heritability and genetic association with effortful control［J］. Twin Research and Human Genetics, 2014, 17: 279–287.

［160］Li X, Li D, Newman J. Parental behavioral and psychological control and problematic Internet use among Chinese adolescents: The mediating role of self–control［J］.

Cyberpsychology, Behavior, and Social Networking, 2013, 16: 442–447.

[161] 李英存，刘炳伦，李仁军，等. 济南某校初中生网络成瘾现状及其相关因素分析 [J]. 中国学校卫生，2012，33（2）：199–201.

[162] 罗金晶，董洪宁，丁晴雯，等. 累积生态风险对青少年网络成瘾的影响：意志控制的调节作用 [J]. 中国临床心理学杂志，2017，25（5）：893–896.

[163] 梅松丽，郭金花，柴晶鑫，等. 长春市青少年网络成瘾影响因素调查 [J]. 医学与社会，2014，27（7）：8–9.

[164] Nie J, Zhang W, Chen J, et al. Impaired inhibition and working memory in response to Internet–related words among adolescents with Internet addiction: A comparison with attention–deficit/hyperactivity disorder [J]. Psychiatry Research, 2016, 236: 28–34.

[165] 陶宇. 自我控制对青少年网络成瘾的影响分析 [J]. 新西部（理论版），2016（30）：125–126.

[166] 陶宇，李彩娜. 自我控制对网络成瘾与父母教养方式的中介作用研究 [J]. 中国健康心理学杂志，2009，17（12）：1444–1447.

[167] Yun I, Kim S G, Kwon S. Low self–control among South Korean adolescents: A test of Gottfredson and Hirschi's generality hypothesis [J]. International Journal of Offender Therapy and Comparative Criminology, 2016, 60: 1185–1208.

[168] Zhang Q, Wang Y, Luo Y, et al. Relationship between maladaptive cognition and Internet addiction in Chinese adolescents: Moderated mediation analysis of online motivation and effortful control [J]. International Journal of Mental Health and Addiction, 2018.

[169] 孙莹，刘阳，安静，等. 风险决策同伴影响抵抗对青少年问题网络使用预测效应的随访研究 [J]. 中国学校卫生，2014，35（9）：1334–1337.

[170] 李永占. 河南高中生社交焦虑情绪智力与网络成瘾的关联 [J]. 中国学校卫生，2015，36（11）：1732–1733.

[171] 邓林园，张锦涛，方晓义，等. 父母冲突与青少年网络成瘾的关系：冲突评价和情绪管理的中介作用 [J]. 心理发展与教育，2012，28（5）：541–544.

[172] Parker J D, Summerfeldt L J, Taylor R N, et al. Problem gambling, gaming and Internet use in adolescents: Relationships with emotional intelligence in clinical and special needs samples [J]. Personality and Individual Differences, 2013, 55: 288–293.

[173] Yu J J, Kim H, Hay I. Understanding adolescents' problematic Internet use from a social/cognitive and addiction research framework [J]. Computers in Human Behavior, 2013, 29: 2682–2689.

[174] Bolat N, Yavuz M, Eliaçik K, et al. The relationships between problematic Internet

use, alexithymia levels and attachment characteristics in a sample of adolescents in a high school, Turkey[J]. Psychology, Health & Medicine, 2018, 23: 604-611.

[175] Mo P K H, Chan V W Y, Chan S W, et al. The role of social support on emotion dysregulation and Internet addiction among Chinese adolescents: A structural equation model[J]. Addictive Behaviors, 2018, 82: 86-93.

[176] Schimmenti A, Passanisi A, Caretti V, et al. Traumatic experiences, alexithymia, and Internet addiction symptoms among late adolescents: A moderated mediation analysis [J]. Addictive Behaviors, 2017, 64: 314-320.

[177] Wang M, Qi W. Harsh parenting and problematic Internet use in Chinese adolescents: Child emotional dysregulation as mediator and child forgiveness as moderator[J]. Computers in Human Behavior, 2017, 77: 211-219.

[178] Yıldız M A. Emotion regulation strategies as predictors of Internet addiction and smartphone addiction in adolescents[J]. Journal of Educational Sciences & Psychology, 2017, 7: 66-78.

[179] Cerruti R, Spensieri V, Presaghi F, et al. An exploratory study on Internet addiction, somatic symptoms and emotional and behavioral functioning in school-aged adolescents[J]. Clinical Neuropsychiatry, 2017, 14: 374-383.

[180] 赖雪芬, 王艳辉, 王媛媛, 等. 父母控制与青少年网络成瘾: 情绪调节的中介作用[J]. 中国临床心理学杂志, 2014, 22 (3): 437-441.

[181] 叶宝娟, 郑清, 蔡蓓. 情绪调节策略对压力性生活事件与工读生病理性网络使用关系的调节作用[J]. 中国临床心理学杂志, 2015, 23 (1): 80-83.

[182] Trumello C, Babore A, Candelori C, et al. Relationship with parents, emotion regulation, and callous-unemotional traits in adolescents' Internet addiction[J]. BioMed Research International, 2018: article 7914261.

[183] 张旭, 张冉冉, 严万森. 共患抑郁障碍对网络成瘾者情绪调节策略的影响[J]. 贵州医科大学学报, 2017, 42 (12): 1402-1406.

[184] Cimino S, Cerniglia L. A longitudinal study for the empirical validation of an etiopathogenetic model of Internet addiction in adolescence based on early emotion regulation[J]. BioMed Research International, 2018: article 4038541.

[185] Chong W H, Chye S, Huan V S, et al. Generalized problematic Internet use and regulation of social emotional competence: The mediating role of maladaptive cognitions arising from academic expectation stress on adolescents[J]. Computers in Human Behavior, 2014, 38: 151-158.

[186] Chou W J, Huang M F, Chang Y P, et al. Social skills deficits and their association with Internet addiction and activities in adolescents with attention-deficit/hyperactivity disorder[J]. Journal of Behavioral Addictions, 2017, 6: 42-50.

［187］Kilic M, Avci D, Uzuncakmak T. Internet addiction in high school students in Turkey and multivariate analyses of the underlying factors［J］. Journal of Addictions Nursing, 2016, 27: 39–46.

［188］King D L, Delfabbro P H, Zwaans T, et al. Clinical features and axis I comorbidity of Australian adolescent pathological Internet and video game users［J］. Australian & New Zealand Journal of Psychiatry, 2013, 47: 1058–1067.

［189］曹建琴, 才运江. 大庆市初中生网络成瘾状况及其影响因素分析［J］. 中国学校卫生, 2010, 31（12）: 1461–1462.

［190］Huan V S, Ang R P, Chye S. Loneliness and shyness in adolescent problematic Internet users: The role of social anxiety［J］. Child & Youth Care Forum, 2014, 43: 539–551.

［191］Lai C M, Mak K K, Watanabe H, et al. The mediating role of Internet addiction in depression, social anxiety, and psychosocial well-being among adolescents in six Asian countries: A structural equation modelling approach［J］. Public Health, 2015, 129: 1224–1236.

［192］Liu C Y, Kuo F Y. A study of Internet addiction through the lens of the interpersonal theory［J］. CyberPsychology & Behavior, 2007, 10: 799–804.

［193］Mai Y, Hu J, Yan Z, et al. Structure and function of maladaptive cognitions in pathological Internet use among Chinese adolescents［J］. Computers in Human Behavior, 2012, 28: 2376–2386.

［194］Van Zalk N. Social anxiety moderates the links between excessive chatting and compulsive Internet use［J］. Cyberpsychology, 2016, 10: article 3.

［195］Yen J Y, Ko C H, Yen C F, et al. The comorbid psychiatric symptoms of Internet addiction: Attention deficit and hyperactivity disorder (ADHD), depression, social phobia, and hostility［J］. Journal of Adolescent Health, 2007, 41: 93–98.

［196］周郁秋, 曹建琴, 杨金伟, 等. 大庆市高中生网络成瘾预测因素的优势分析［J］. 中国全科医学, 2010, 13（11A）: 3530–3532.

［197］Ko C H, Yen J Y, Chen C S, et al. Predictive values of psychiatric symptoms for Internet addiction in adolescents: A 2-year prospective study［J］. Archives of Pediatrics & Adolescent Medicine, 2009, 163: 937–943.

［198］Reda M, Rabie M, Mohsen N, et al. Problematic Internet users and psychiatric morbidity in a sample of Egyptian adolescents［J］. Psychology, 2012, 3: 626–631.

［199］Yayan E H, Arikan D, Saban F, et al. Examination of the correlation between Internet addiction and social phobia in adolescents［J］. Western Journal of Nursing Research, 2017, 39: 1240–1254.

［200］张瑞平, 李庆安. 广东省高中生网络成瘾影响因素研究［J］. 中国健康心理学

杂志，2011，19（6）：714-716.

［201］Kaess M, Durkee T, Brunner R, et al. Pathological Internet use among European adolescents: Psychopathology and self-destructive behaviours［J］. European Child & Adolescent Psychiatry, 2014, 23: 1093-1102.

［202］黄希庭，张志杰. 青少年时间管理倾向量表的编制［J］. 心理学报，2001，33（4）：338-343.

［203］曹枫林，苏林雁，高雪屏，等. 中学生互联网过度使用与时间管理倾向的关系［J］. 中国心理卫生杂志，2006，20（7）：441-443.

［204］江文庆，杜亚松. 上海中学生网络过度使用与时间管理倾向的相关研究［J］. 上海精神医学，2006，18（3）：129-133.

［205］邓小平，李露，江利琛. 高中生学业压力与网络成瘾的关系：时间管理倾向的调节作用［J］. 长江丛刊，2017（22）：283-284.

［206］施忠英，杜亚松，江文庆，等. 中学生网络成瘾与时间管理倾向的关系研究［J］. 中国健康心理学杂志，2010，18（6）：722-725.

［207］戴雅玲，张运红，郑安云，等. 网络成瘾青少年时间透视、生活事件与病理性互联网使用的相关研究［J］. 中国心理卫生杂志，2009，23（3）：200-203.

［208］雷雳，李宏利. 青少年的时间透视、人际卷入与互联网使用的关系［J］. 心理学报，2004，36（3）：335-339.

［209］李宏利，雷雳. 青少年的时间透视、应对方式与互联网使用的关系［J］. 心理发展与教育，2004，20（2）：29-33.

［210］Díaz-Aguado M J, Martín-Babarro J, Falcón L. Problematic Internet use, maladaptive future time perspective and school context［J］. Psicothema, 2018, 30: 195-200.

［211］Ko C H, Yen J Y, Yen C F, et al. The association between Internet addiction and belief of frustration intolerance: The gender difference［J］. Cyberpsychology & Behavior, 2008, 11: 273-278.

［212］刘丹霓，李董平. 父母教养方式与青少年网络成瘾：自我弹性的中介和调节作用检验［J］. 心理科学，2017，40（6）：1385-1391.

［213］孙荣山，马先明. 中学生生活事件与网络成瘾的关系：心理韧性的中介作用［J］. 黑龙江教育学院学报，2013，32（8）：123-125.

［214］王玲凤. 中学生网络成瘾及其与挫折耐受力的关系［J］. 中国学校卫生，2011，32（5）：581-583.

［215］王鹏军. 初中生学习倦怠、心理韧性与网络成瘾的关系［J］. 青少年学刊，2011（5）：35-36.

［216］臧楠楠. 青少年网络成瘾与耐挫力关系研究［J］. 才智，2014（35）：60.

［217］Ayas T. The relationship between Internet and computer game addiction level and shyness among high school students［J］. Educational Sciences Theory & Practice, 2012, 12: 632–636.

［218］Huan V S, Ang R P, Chong W H, et al. The impact of shyness on problematic Internet use: The role of loneliness［J］. Journal of Psychology, 2014, 148: 699–715.

［219］林恒娜, 康晓平. 北京市门头沟区中学生网络成瘾现状及其影响因素研究［J］. 慢性病学杂志, 2014, 15（2）: 84–87.

［220］Lei H, Cheong C M, Li S, et al. The relationship between coping style and Internet addiction among mainland Chinese students: A meta–analysis［J］. Psychiatry Research, 2018, 270: 831–841.

［221］谢永标, 周平, 徐莉萍, 等. 广州市中学生网络成瘾及其相关因素研究［J］. 南方医科大学学报, 2010, 30（8）: 1801–1804.

［222］徐松泉, 王东波, 林美琴, 等. 中学生网络成瘾的家庭关怀和应对方式研究［J］. 浙江预防医学, 2010, 22（8）: 4–5.

［223］Tang J, Yu Y, Du Y, et al. Prevalence of Internet addiction and its association with stressful life events and psychological symptoms among adolescent Internet users［J］. Addictive Behaviors, 2014, 39: 744–747.

［224］易海燕, 陈锦, 杜晓新. 中学生网络依赖程度、内容偏好及社会性发展的研究［J］. 中国特殊教育, 2006（11）: 69–73.

［225］董晓莲, 郑英杰, 王法弟, 等. 高中生网络成瘾及影响因素分析［J］. 中国公共卫生, 2010, 26（12）: 1577–1579.

［226］董晓莲, 郑英杰, 王法弟, 等. 高中生网络成瘾与应对方式关系调查. 卫生研究, 2011, 40（4）: 449–450.

［227］李宏利, 雷雳. 中学生的互联网使用与其应对方式的关系［J］. 心理学报, 2005, 37（1）: 87–91.

［228］刘玉媛. 长沙市初中生网络成瘾的心理社会因素调查［J］. 中国临床心理学杂志, 2007, 15（4）: 422–423.

［229］吴文丽, 黄建榕. 青少年网络成瘾倾向的关系模型构建［J］. 中国学校卫生, 2013, 34（2）: 169–171.

［230］郭穗君, 李海双, 张雪琴. 网瘾倾向青少年自身及其父母的应对方式研究［J］. 中国药物滥用防治杂志, 2013, 19（3）: 128–131.

［231］李赓, 戴秀英, 王国宁, 等. 自我图式、自动思维及应对方式与青少年网络成瘾的相关研究［J］. 宁夏医学院学报, 2009, 31（1）: 65–67.

［232］秦秋霞, 于海涛. 高中生应对方式与网络成瘾的关系研究［J］. 西昌学院学报（社会科学版）, 2006, 18（1）: 81–83.

［233］江文庆, 杜亚松, 辛秦, 等. 上海市网络成瘾中学生的应对方式与社会支持［J］. 上海精神医学, 2011, 23（2）: 87–91.

［234］职晓燕，王传升，王长虹，等．网络成瘾青少年应对方式社会支持与父母教养方式分析［J］．中国学校卫生，2013，34（4）：426-429．

［235］周丽华．青少年网络成瘾与应对方式及生活事件关系［J］．中国公共卫生，2009，25（11）：1372-1373．

［236］Milani L, Osualdella D, Di Blasio P. Interpersonal relationships, coping strategies and problematic Internet use in adolescence: An Italian study［J］. Annual Review of Cybertherapy and Telemedicine, 2009, 7: 69-71.

［237］Ataşalar J, Michou A. Coping and mindfulness: Mediators between need satisfaction and generalized problematic Internet use［J］. Journal of Media Psychology, 2017, 31: 110-115.

［238］Thorsteinsson E B, Davey L. Adolescents' compulsive Internet use and depression: A longitudinal study［J］. Open Journal of Depression, 2014, 3: 13-17.

［239］钟云辉，赖水秀，唐宏．青少年受欺负与病理性互联网使用的关系：应对方式的调节作用［J］．中国健康心理学杂志，2015，23（4）：520-524．

［240］Davis R A. A cognitive-behavioral model of pathological Internet use［J］. Computers in Human Behavior, 2001, 17: 187-195.

［241］Lau J T F, Gross D L, Wu A M S, et al. Incidence and predictive factors of Internet addiction among Chinese secondary school students in Hong Kong: A longitudinal study［J］. Social Psychiatry and Psychiatric Epidemiology, 2017, 52: 657-667.

［242］Lee Y H, Ko C H, Chou C. Re-visiting Internet addiction among Taiwanese students: A cross-sectional comparison of students' expectations, online gaming, and online social interaction［J］. Journal of Abnormal Child Psychology, 2015, 43: 589-599.

［243］李丹黎，张卫，王艳辉，等．母亲心理控制与青少年问题性网络使用：非适应性认知的中介作用［J］．心理科学，2013，36（2）：411-416．

［244］Lin M, Wu J Y, Chen C, et al. Positive outcome expectancy mediates the relationship between social influence and Internet addiction among senior high-school students［J］. Journal of Behavioral Addictions, 2018, 7: 292-300.

［245］Tsai C C, Lin S S. Analysis of attitudes toward computer networks and Internet addiction of Taiwanese adolescents［J］. CyberPsychology & Behavior, 2001, 4: 373-376.

［246］王慧君．富裕家庭子女网络使用、成瘾倾向及相关因素分析［J］．四川教育学院学报，2006，22（12）：69-72．

［247］Wang Y, Wu A M, Lau J T. The health belief model and number of peers with Internet addiction as inter-related factors of Internet addiction among secondary school students in Hong Kong［J］. BMC Public Health, 2016, 16: article 272.

［248］吴文丽，郑希付．青少年病理性互联网使用者网络信息的认知加工特点［J］.

中国临床心理学杂志，2011，19（4）：489-491.

［249］易娟，杨强，叶宝娟. 压力对青少年问题性网络使用的影响：基本心理需要和非适应性认知的链式中介作用［J］. 中国临床心理学杂志，2016，24（4）：644-647.

［250］张琴，雷怡，罗玉晗，等. 非适应性认知对青少年网络成瘾间接效应的性别特异性研究［J］. 中国临床心理学杂志，2017，25（5）：882-887.

［251］周爱保，茹学萍，刘锦涛. 青少年网络成瘾与人格特征之关系研究［J］. 电化教育研究，2006（6）：37-41.

［252］Andreou E, Svoli H. The association between Internet user characteristics and dimensions of Internet addiction among Greek adolescents［J］. International Journal of Mental Health and Addiction, 2013, 11: 139-148.

［253］章建明. 初中生网络成瘾及其与心理控制源的关系［J］. 教育学术月刊，2012（4）：37-39.

［254］雷雳，马利艳. 初中生自我认同对即时通讯与互联网使用关系的调节作用［J］. 中国临床心理学杂志，2008，16（2）：161-163.

［255］张国华，雷雳. 青少年的同伴依恋自我认同与网络成瘾的关系［J］. 中国学校卫生，2008，29（5）：454-455.

［256］张国华，雷雳，邹泓. 青少年的自我认同与"网络成瘾"的关系［J］. 中国临床心理学杂志，2008，16（1）：37-39.

［257］张国华，伍亚娜，雷雳. 青少年的同伴依恋、网络游戏偏好与"网络成瘾"的关系［J］. 中国临床心理学杂志，2009，17（3）：354-356.

［258］张馨月，邓林园. 青少年感知的父母冲突、自我同一性对其网络成瘾的影响［J］. 中国临床心理学杂志，2015，23（5）：906-910.

［259］陈健. 中学生网络成瘾者的症状自评与心理治疗干预［J］. 中国误诊学杂志，2008，8（8）：1800-1801.

［260］褚梅林，廖颖辉，佘兰，等. 衡阳市中学生网络成瘾现状分析［J］. 健康必读（下旬刊），2013（8）：486，359.

［261］Jang K S, Hwang S Y, Choi J Y. Internet addiction and psychiatric symptoms among Korean adolescents［J］. Journal of School Health, 2008, 78: 165-171.

［262］牛锋，杜鹏，甘景梨，等. 中学生网络成瘾现状及相关影响因素分析［J］. 临床心身疾病杂志，2007，13（4）：339-341.

［263］任彩霞. 河南留守中学生网络成瘾与社会支持心理健康的关系［J］. 中国学校卫生，2014，35（7）：1079-1081.

［264］Tang J, Zhang Y, Li Y, et al. Clinical characteristics and diagnostic confirmation of Internet addiction in secondary school students in Wuhan, China［J］. Psychiatry and Clinical Neurosciences, 2014, 68: 471-478.

［265］杨海英，陈清，杨树前. 中学生网络成瘾与心理水平关系的调查. 临床精神医学杂志，2014，24（2）：114–114.

［266］陈志恩，宋清海. 农村户籍中学生网络成瘾的心理因素分析及行为干预［J］. 中国农村卫生事业管理，2017，37（4）：450–451.

［267］苏梅蕾，洪军，薛湘，等. 青少年网络成瘾行为的心理特点和父母教养方式的分析［J］. 现代预防医学，2008，35（14）：2702–2703.

［268］周小燕，常剑波，庞宝华，等. 延安市高中生网络成瘾的心理状况分析［J］. 环境与职业医学，2012，29（8）：481–484.

［269］Stavropoulos V, Gentile D, Motti-Stefanidi F. A multilevel longitudinal study of adolescent Internet addiction: The role of obsessive-compulsive symptoms and classroom openness to experience［J］. European Journal of Developmental Psychology, 2016, 13: 99–114.

［270］Stavropoulos V, Gomez R, Steen E, et al. The longitudinal association between anxiety and Internet addiction in adolescence: The moderating effect of classroom extraversion［J］. Journal of Behavioral Addictions, 2017, 6: 237–247.

［271］冯如，王希华. 福建省中学生网络成瘾与心理健康关系研究［J］. 南昌高专学报，2011，26（1）：88–89.

［272］代美霞，孙继华. 青少年学生网络成瘾与心理健康的关系［J］. 潍坊学院学报，2008，8（3）：134–136.

［273］胡耿丹，张军. 人类本能视角下运动矫治青少年网络成瘾的作用及机制研究［J］. 中国体育科技，2016，52（1）：68–77.

［274］王鹏军，任菲菲. 济南市某中学学生心理健康与网瘾关系调查［J］. 科技创新导报，2011（20）：235–235.

［275］伍颖华，梁侨任，曲亚斌，等. 台山市中学生心理健康状况调查分析［J］. 华南预防医学，2018，44（1）：87–90.

［276］杨翠萍. 青少年网络使用调查与成瘾分析［J］. 河南财政税务高等专科学校学报，2010，24（1）：50–55.

［277］Ahmadi K, Saghafi A. Psychosocial profile of Iranian adolescents' Internet addiction［J］. Cyberpsychology, Behavior, & Social Networking, 2013, 16: 543–548.

［278］Kawabe K, Horiuchi F, Ochi M, et al. Internet addiction: Prevalence and relation with mental states in adolescents［J］. Psychiatry and Clinical Neurosciences, 2016, 70: 405–412.

［279］Morioka H, Itani O, Osaki Y, et al. Association between smoking and problematic Internet use among Japanese adolescents: Large-scale nationwide epidemiological study［J］. Cyberpsychology, Behavior, and Social Networking, 2016, 19: 557–561.

［280］Ciarrochi J, Parker P, Sahdra B, et al. The development of compulsive Internet use and mental health: A four-year study of adolescence [J]. Developmental Psychology, 2016, 52: 272-283.

[281] Yen J Y, Ko C H, Yen C F, et al. Psychiatric symptoms in adolescents with Internet addiction: Comparison with substance use [J]. Psychiatry and Clinical Neurosciences, 2008, 62: 9-16.

[282] Ohno S. Internet escapism and addiction among Japanese senior high school students [J]. International Journal of Culture and Mental Health, 2016, 9: 399-406.

[283] Wartberg L, Brunner R, Kriston L, et al. Psychopathological factors associated with problematic alcohol and problematic Internet use in a sample of adolescents in Germany [J]. Psychiatry Research, 2016, 240: 272-277.

[284] Critselis E, Janikian M, Paleomilitou N, et al. Predictive factors and psychosocial effects of Internet addictive behaviors in Cypriot adolescents [J]. International Journal of Adolescent Medicine and Health, 2014, 26: 369-375.

[285] 范方，苏林雁，曹枫林，等. 中学生互联网过度使用倾向与学业成绩、心理困扰及家庭功能 [J]. 中国心理卫生杂志，2006，20（10）：635-638.

[286] Strittmatter E, Parzer P, Brunner R, et al. A 2-year longitudinal study of prospective predictors of pathological Internet use in adolescents [J]. European Child & Adolescent Psychiatry, 2016, 25: 725-734.

[287] 吴贤华，蒙衡，吴汉荣. 武汉市中学生网络成瘾影响因素的路径分析 [J]. 医学与社会，2011，24（12）：72-74.

[288] 吴贤华，蒙衡，吴汉荣. 班级背景对中学生网络成瘾影响的多层线性分析 [J]. 中国学校卫生，2012，33（12）：1452-1453.

[289] 吴贤华，吴汉荣. 人际关系与品行问题对青少年网络成瘾的交互效应 [J]. 中国学校卫生，2014，35（4）：481-483.

[290] Strittmatter E, Kaess M, Parzer P, et al. Pathological Internet use among adolescents: Comparing gamers and non-gamers [J]. Psychiatry Research, 2015, 228: 128-135.

[291] 余一旻，杜亚松. 上海中学生网络成瘾心理健康状况的调查 [J]. 上海精神医学，2007，19（1）：1-3.

[292] Lee J, Kim S, Bae K, et al. Prevalence and risk factors for problematic Internet use among rural adolescents in Korea [J]. Asia-Pacific Psychiatry, 2018, 10: e12310.

[293] Cho S M, Sung M J, Shin K M, et al. Does psychopathology in childhood predict Internet addiction in male adolescents? [J]. Child Psychiatry & Human Development, 2013, 44: 549-555.

[294] Jun S, Choi E. Academic stress and Internet addiction from general strain theory framework [J]. Computers in Human Behavior, 2015, 49: 282-287.

［295］Sung M, Shin Y M, Cho S M. Factor structure of the Internet Addiction Scale and its associations with psychiatric symptoms for Korean adolescents［J］. Community Mental Health Journal, 2014, 50: 612–618.

［296］Tsitsika A, Critselis E, Louizou A, et al. Determinants of Internet addiction among adolescents: A case–control study［J］. Scientific World Journal, 2011, 11: 866–874.

［297］高荷蕊，史平，王丹. 北京市石景山区中学生网络成瘾行为及影响因素分析［J］. 中国公共卫生，2012，28（4）：537–539.

［298］阿力米拉·哈依西巴依，吴传安，薛志强，等. 深圳市龙华新区青少年网络成瘾倾向影响因素［J］. 中国神经精神疾病杂志，2016，42（1）：34–39.

［299］Castro-Calvo J, Ballester-Arnal R, Gil-Llario M D, et al. Common etiological pathways between toxic substance use, Internet and cybersex addiction: The role of expectancies and antisocial deviance proneness［J］. Computers in Human Behavior, 2016, 63: 383–391.

［300］耿丽丽，金志成. 犯罪青少年与在校青少年网络成瘾的对比研究［J］. 中国健康心理学杂志，2011，19（9）：1082–1084.

［301］Gunes H, Tanidir C, Adaletli H, et al. Oppositional defiant disorder/conduct disorder co-occurrence increases the risk of Internet addiction in adolescents with attention-deficit hyperactivity disorder［J］. Journal of Behavioral Addictions, 2018, 7: 284–291.

［302］Mitchell K J, Jones L M, Wells M. Testing the index of problematic online experiences (I–POE) with a national sample of adolescents［J］. Journal of Adolescence, 2013, 36: 1153–1163.

［303］Seyrek S, Cop E, Sinir H, et al. Factors associated with Internet addiction: Cross-sectional study of Turkish adolescents［J］. Pediatrics International, 2017, 59: 218–222.

［304］朱玉华，杜亚松，江文庆. 上海中学生网络成瘾与情绪状态的相关研究［J］. 上海精神医学，2006，18（2）：69–71.

［305］Zhang H X, Jiang W Q, Lin Z G, et al. Comparison of psychological symptoms and serum levels of neurotransmitters in Shanghai adolescents with and without Internet addiction disorder: A case–control study［J］. PLOS ONE, 2013, 8: e63089.

［306］邓艳霞，胡明，胡国清，等. 湖南省中学生网络成瘾症现况调查［J］. 中华流行病学杂志，2007，28（5）：445–448.

［307］黄少南，胡武昌，周先华，等. 九江市城区中学生网络成瘾状况调查［J］. 山东精神医学，2005，18（1）：35–37.

［308］潘苗，张三强，张秀丽，等. 新乡市在校中学生网络成瘾的相关因素［J］. 实用儿科临床杂志，2010，25（24）：1881–1883.

[309] 沈理笑，张劲松，金星明，等. 网络成瘾青少年情绪和认知功能影响的研究 [J]. 教育生物学杂志，2013，1（2）：140-143.

[310] 孙彩虹，费学萍，夏薇，等. 哈尔滨市中学生网络成瘾现状及其影响因素分析 [J]. 中国学校卫生，2007，28（4）：331-332.

[311] 郑薇薇，夏蒨，代银，等. 2014年上海市杨浦区中学生网络成瘾现况调查 [J]. 职业与健康，2016，32（4）：540-542，547.

[312] Lee J Y, Park E J, Kwon M, et al. The difference in comorbidities and behavioral aspects between Internet abuse and Internet dependence in Korean male adolescents [J]. Psychiatry Investigation, 2014, 11: 387-393.

[313] Gao T, Meng X, Qin Z, et al. Association between parental marital conflict and Internet addiction: A moderated mediation analysis [J]. Journal of Affective Disorders, 2018, 240: 27-32.

[314] Yadav P, Banwari G, Parmar C, et al. Internet addiction and its correlates among high school students: A preliminary study from Ahmedabad, India [J]. Asian Journal of Psychiatry, 2013, 6: 500-505.

[315] 苟晓英，黄小梅，王玮，等. 攀枝花市彝族汉族初中生网络成瘾现状及影响因素分析 [J]. 华南预防医学，2015，41（1）：6-10.

[316] 李凤娟，孙经，何健，等. 河南省中学生网络成瘾现况及其影响因素分析 [J]. 中国学校卫生，2017，38（9）：1342-1344.

[317] 刘杰，罗彬，杨超，等. 某市中学生网络成瘾情况及其影响因素分析 [J]. 医学理论与实践，2011，24（21）：2551-2552.

[318] 胡塔静，余婷婷，葛星，等. 抑郁症状在童年期反复虐待与初中生网络成瘾的中介作用 [J]. 中国学校卫生，2012，33（11）：1376-1378.

[319] Lam L T, Peng Z W, Mai J C, et al. Factors associated with Internet addiction among adolescents [J]. Cyberpsychology & Behavior, 2009, 12: 551-555.

[320] 刘军，黄广文，张燕，等. 网络过度使用青少年的网络相关心理行为特点分析 [J]. 中国临床心理学杂志，2009，17（4）：479-480.

[321] Banjanin N, Banjanin N, Dimitrijevic I, et al. Relationship between Internet use and depression: Focus on physiological mood oscillations, social networking and online addictive behavior [J]. Computers in Human Behavior, 2015, 43: 308-312.

[322] Chang F C, Chiu C H, Lee C M, et al. Predictors of the initiation and persistence of Internet addiction among adolescents in Taiwan [J]. Addictive Behaviors, 2014, 39: 1434-1440.

[323] Lau J T F, Walden D L, Wu A M S, et al. Bidirectional predictions between Internet addiction and probable depression among Chinese adolescents [J]. Journal of Behavioral Addictions, 2018, 7: 633-643.

［324］Lu L, Xu D D, Liu H Z, et al. Internet addiction in Tibetan and Han Chinese middle school students: Prevalence, demographics and quality of life［J］. Psychiatry Research, 2018, 268: 131-136.

［325］荀寿温，黄峥，郭菲，等. 青少年网络成瘾与抑郁之间的双向关系［J］. 中国临床心理学杂志，2013，21（4）：613-615.

［326］Yen C F, Ko C H, Yen J Y, et al. Multi-dimensional discriminative factors for Internet addiction among adolescents regarding gender and age［J］. Psychiatry and Clinical Neurosciences, 2009, 63: 357-364.

［327］张林，张志华，金岳龙，等. 中学生网络成瘾与抑郁的相关性研究［J］. 中国学校卫生，2009，30（5）：394-395.

［328］Bozoglan B, Demirer V, Sahin I. Problematic Internet use: Functions of use, cognitive absorption, and depression［J］. Computers in Human Behavior, 2014, 37: 117-123.

［329］Canan F, Ataoglu A, Nichols L A, et al. Evaluation of psychometric properties of the Internet Addiction Scale in a sample of Turkish high school students［J］. Cyberpsychology, Behavior, and Social Networking, 2010, 13: 317-320.

［330］Lee Y S, Han D H, Yang K C, et al. Depression like characteristics of 5HTTLPR polymorphism and temperament in excessive Internet users［J］. Journal of Affective Disorders, 2008, 109: 165-169.

［331］Öner K, Arslantaş H. Depression, Internet addiction and loneliness relations in adolescents of high school students［J］. Jurnal Medical Brasovean, 2016, (2): 45-51.

［332］Park S, Hong K E M, Park E J, et al. The association between problematic Internet use and depression, suicidal ideation and bipolar disorder symptoms in Korean adolescents［J］. Australian & New Zealand Journal of Psychiatry, 2013, 47: 153-159.

［333］Bayraktar F, Gün Z. Incidence and correlates of Internet usage among adolescents in North Cyprus［J］. CyberPsychology & Behavior, 2007, 10: 191-197.

［334］Kostak M A, Dindar İ, Dinçkol R Z. Loneliness, depression, social support levels, and other factors involving the Internet use of high school students in Turkey［J］. International Journal of Mental Health and Addiction, 2018.

［335］Liang L, Zhou D, Yuan C, et al. Gender differences in the relationship between Internet addiction and depression: A cross-lagged study in Chinese adolescents［J］. Computers in Human Behavior, 2016, 63: 463-470.

［336］Park M H, Park S, Jung K I, et al. Moderating effects of depressive symptoms on the relationship between problematic use of the Internet and sleep problems in Korean adolescents［J］. BMC Psychiatry, 2018, 18: article 280.

［337］Alpaslan A H, Soylu N, Kocak U, et al. Problematic Internet use was more common in Turkish adolescents with major depressive disorders than controls［J］. Acta

Paediatrica, 2016, 105: 695–700.

[338] Ha Y M, Hwang W J. Gender differences in Internet addiction associated with psychological health indicators among adolescents using a national web–based survey[J]. International Journal of Mental Health and Addiction, 2014, 12: 660–669.

[339] Heo J, Oh J, Subramanian S V, et al. Addictive Internet use among Korean adolescents: A national survey[J]. PLOS ONE, 2014, 9: e87819.

[340] 黄泽鹏, 吴宇, 罗青山, 等. 深圳市青少年学生网络成瘾情况及影响因素分析[J]. 中国学校卫生, 2016, 37（7）: 1028–1030.

[341] 蒋立新, 李玥, 陈网旋, 等. 深圳市福田区1156名中学生网络成瘾现状及其影响因素[J]. 职业与健康, 2015, 31（17）: 2393–2395.

[342] Lee Y S, Han D H, Kim S M, et al. Substance abuse precedes Internet addiction[J]. Addictive Behaviors, 2013, 38: 2022–2025.

[343] 李馥程, 孙继东, 赵艳华, 等. 北京市怀柔区中学生成瘾行为现况及其相关因素[J]. 职业与健康, 2009, 25（1）: 70–72.

[344] 刘睿聪, 程炼, 张丽, 等. 四川省城市青少年网络成瘾倾向及其影响因素分析[J]. 预防医学情报杂志, 2010, 26（12）: 957–960.

[345] Liu T C, Desai R A, Krishnan–Sarin S, et al. Problematic Internet use and health in adolescents: Data from a high school survey in Connecticut[J]. Journal of Clinical Psychiatry, 2011, 72: 836–845.

[346] 刘伟, 刘伟佳, 郭重山. PRR在广州市青少年网络成瘾影响因素研究中的应用[J]. 数理医药学杂志, 2015, 28（9）: 1329–1331.

[347] Park S, Lee Y. Associations of body weight perception and weight control behaviors with problematic Internet use among Korean adolescents[J]. Psychiatry Research, 2017, 251: 275–280.

[348] 苏玲, 居文, 陈丽萍. 高中学生网络成瘾现状及其影响因素分析[J]. 实用预防医学, 2009, 16（6）: 1750–1752.

[349] 吴岩, 石荣兴, 芦然, 等. 2014年北京市丰台区高中生健康危险行为现况及其相关性[J]. 职业与健康, 2016, 32（18）: 2558–2561, 2564.

[350] 熊静梅, 张亮, 张福兰, 等. 湘西州留守与非留守中学生精神成瘾行为及影响因素分析[J]. 中国学校卫生, 2017, 38（10）: 1513–1516.

[351] Yoo Y S, Cho O H, Cha K S. Associations between overuse of the Internet and mental health in adolescents[J]. Nursing and Health Sciences, 2014, 16: 193–200.

[352] 张福兰, 张天成, 陆盛华, 等. 武陵山区土家族与苗族青少年健康危险行为影响因素分析[J]. 中国学校卫生, 2015, 36（3）: 352–356.

［353］张福兰，张天成，熊静梅，等. 武陵山区土家族、苗族青少年成瘾行为及影响因素［J］. 中国公共卫生，2015，31（11）：1381-1385.

［354］张福兰，杨琪，张天成，等. 湘西州土家族与苗族青少年健康危险行为及其影响因素［J］. 卫生研究，2015，44（12）：257-263.

［355］赵建超. 北京市通州区中学生网络成瘾影响因素分析［J］. 首都公共卫生，2014，8（4）：173-175.

［356］刘汉政，张高宾. 台湾中南部地区初中生忧郁情绪与网络成瘾之研究［J］. 青年探索，2011（6）：26-32.

［357］Van Den Eijnden R J, Meerkerk G J, Vermulst A A, et al. Online communication, compulsive Internet use, and psychosocial well-being among adolescents: A longitudinal study［J］. Developmental Psychology, 2008, 44: 655-665.

［358］Salmela-Aro K, Upadyaya K, Hakkarainen K, et al. The dark side of Internet use: Two longitudinal studies of excessive Internet use, depressive symptoms, school burnout and engagement among Finnish early and late adolescents［J］. Journal of Youth and Adolescence, 2017, 46: 343-357.

［359］Gámez-Guadix M. Depressive symptoms and problematic Internet use among adolescents: Analysis of the longitudinal relationships from the cognitive-behavioral model［J］. Cyberpsychology, Behavior, and Social Networking, 2014, 17: 714-719.

［360］杨梅，王永刚，蒋立新，等. 深圳市中学生网络成瘾发生情况及影响因素［J］. 职业与健康，2009，25（19）：2085-2086.

［361］杨梅，王永刚，蒋立新，等. 深圳市福田区中学生网络使用情况及影响因素分析［J］. 海峡预防医学杂志，2008，14（6）：40-41.

［362］Ang R P, Chong W H, Chye S, et al. Loneliness and generalized problematic Internet use: Parents' perceived knowledge of adolescents' online activities as a moderator［J］. Computers in Human Behavior, 2012, 28: 1342-1347.

［363］Delonga K, Torres H L, Kamen C, et al. Loneliness, internalized homophobia, and compulsive Internet use: Factors associated with sexual risk behavior among a sample of adolescent males seeking services at a community LGBT center［J］. Sexual Addiction & Compulsivity, 2011, 18(2): 61-74.

［364］邓伟，马叶. 高中生网络成瘾与孤独感关系的研究［J］. 中国民康医学，2017，29（16）：98-99，105.

［365］Lawal A M, Idemudia E S. Gender difference, class level and the role of Internet addiction and loneliness on sexual compulsivity among secondary school students［J］. International Journal of Adolescence and Youth, 2018, 23: 422-430.

［366］Nalwa K, Anand A P. Internet addiction in students: A cause of concern［J］. CyberPsychology & Behavior, 2004, 6: 653-656.

[367] 韩耕愚,雷园婷,吕若然,等. 北京市高中生网络成瘾行为现状及其影响因素分析 [J]. 中国儿童保健杂志, 2018, 26 (10): 1115–1119.

[368] 何志凡,李明川,李晓辉,等. 成都市中学生网络成瘾影响因素分析 [J]. 预防医学情报杂志, 2010, 26 (4): 267–271.

[369] 来时明,甘志娟,叶正茂,等. 衢州市中学生网络成瘾行为及其影响因素分析 [J]. 中国学校卫生, 2014, 35 (8): 1182–1185.

[370] Vigna–Taglianti F, Brambilla R, Priotto B, et al. Problematic Internet use among high school students: Prevalence, associated factors and gender differences [J]. Psychiatry Research, 2017, 257: 163–171.

[371] 张天成,张福兰,熊静梅. 2016年武陵山区侗族与白族农村青少年健康危险行为及影响因素 [J]. 卫生研究, 2018, 47 (5): 782–788.

[372] 郝泽生,张海滨,牛玉柏. 初中生同伴接纳、友谊支持、孤独感与网络成瘾的关系 [J]. 人类工效学, 2017, 23 (6): 26–31, 41.

[373] 刘宇,闫志英. 中学生同伴关系对网络成瘾的影响——基于孤独感的中介作用分析 [J]. 集美大学学报 (教育科学版), 2016, 17 (3): 37–40.

[374] 张锦涛,刘勤学,邓林园,等. 青少年亲子关系与网络成瘾:孤独感的中介作用 [J]. 心理发展与教育, 2011, 27 (6): 641–647.

[375] 孙红,于洋,王春燕,等. 青少年父母支持和病理性互联网使用的关系:孤独感的中介作用 [J]. 潍坊工程职业学院学报, 2013, 26 (4): 66–70.

[376] 李振英,郭向晖. 朝阳区中学生网络成瘾及其影响因素分析 [J]. 中国学校卫生, 2012, 33 (6): 724–725.

[377] 张天成,张福兰,熊静梅,等. 武陵民族地区中学生健康危险行为现状及影响因素分析 [J]. 中国学校卫生, 2018, 39 (1): 45–49.

[378] 张勇,杨琪,张天成,等. 武陵山区农村中学生健康危险行为及其影响因素分析 [J]. 中国学校卫生, 2017, 38 (4): 530–533, 537.

[379] 王浩,俞敏,胡如英,等. 浙江省青少年网络成瘾及相关因素分析 [J]. 中国学校卫生, 2014, 35 (4): 591–592.

[380] Oktan V. An investigation of problematic Internet use among adolescents in terms of self–injurious and risk–taking behavior [J]. Children and Youth Services Review, 2015, 52: 63–67.

[381] Stavropoulos V, Kuss D J, Griffiths M D, et al. MMORPG gaming and hostility predict Internet addiction symptoms in adolescents: An empirical multilevel longitudinal study [J]. Addictive Behaviors, 2017, 64: 294–300.

[382] Dhir A, Chen S, Nieminen M. Psychometric validation of the Compulsive Internet Use Scale: Relationships with adolescents' demographics, ICT accessibility, and problematic ICT use [J]. Social Science Computer Review, 2016, 34: 197–214.

［383］Lam L T, Wong E M. Stress moderates the relationship between problematic Internet use by parents and problematic Internet use by adolescents［J］. Journal of Adolescent Health, 2015, 56: 300–306.

［384］Sung J, Lee J, Noh H M, et al. Associations between the risk of Internet addiction and problem behaviors among Korean adolescents［J］. Korean Journal of Family Medicine, 2013, 34: 115–122.

［385］Wartberg L, Kriston L, Kammerl R, et al. Prevalence of pathological Internet use in a representative German sample of adolescents: Results of a latent profile analysis［J］. Psychopathology, 2015, 48: 25–30.

［386］Piguet C, Berchtold A, Akre C, et al. What keeps female problematic Internet users busy online?［J］. European Journal of Pediatrics, 2015, 174: 1053–1059.

［387］Savcı M, Aysan F. The role of attachment styles, peer relations, and affections in predicting Internet addiction［J］. Addicta: The Turkish Journal on Addictions, 2016, 3: 416–432.

［388］周芳, 刘儒德, 郭明佳, 等. 青少年消极情绪对网络成瘾的影响：幸福倾向的调节作用［J］. 中国临床心理学杂志, 2017, 25（2）: 208–212.

［389］Chang F C, Chiu C H, Miao N F, et al. The relationship between parental mediation and Internet addiction among adolescents, and the association with cyberbullying and depression［J］. Comprehensive Psychiatry, 2015, 57: 21–28.

［390］高和平. 中职生网络成瘾调查及相关因素分析［J］. 中国健康心理学杂志, 2006, 14（5）: 581–582.

［391］Gencer S L, Koc M. Internet abuse among teenagers and its relations to Internet usage patterns and demographics［J］. Journal of Educational Technology & Society, 2012, 15(2): 25–36.

［392］Gür K, Yurt S, Bulduk S, et al. Internet addiction and physical and psychosocial behavior problems among rural secondary school students［J］. Nursing & Health Sciences, 2015, 17: 331–338.

［393］Işık I, Ergün G. Determining the relation between Turkish middle-school students' Internet addiction and perceived social support from family［J］. Addicta: The Turkish Journal on Addictions, 2018, 5: 527–542.

［394］Kamal N N, Mosallem F A E H. Determinants of problematic Internet use among El-Minia high school students, Egypt［J］. International Journal of Preventive Medicine, 2013, 4: 1429–1437.

［395］梁振山, 何健, 杨汴生, 等. 河南省城市中学生网络使用情况流行病学分析［J］. 中国学校卫生, 2008, 29（8）: 699–700.

［396］梁振山, 何健, 杨汴生, 等. 河南省农村中学生网络使用行为状况调查［J］.

中国学校卫生，2008，29（12）：1113-1115.

［397］刘绍英，职心乐，方俊超，等. 天津市中学生网络成瘾现状及其影响因素分析
［J］. 中国慢性病预防与控制，2017，25（3）：176-179.

［398］刘玉红，崔永强，黄艳丽，等. 北京昌平区中学生网络成瘾现状及其影响因素
分析［J］. 中国学校卫生，2011，32（7）：847-848.

［399］彭文波，徐陶，高亚兵，等. 中学生网络卷入类型及影响因素分析［J］. 宁波
大学学报（教育科学版），2013，35（4）：8-12.

［400］乔洪洁. 中学生互联网过度使用倾向及因素分析［J］. 中国社区医师（综合
版），2007，9（24）：254.

［401］Rücker J, Akre C, Berchtold A, et al. Problematic Internet use is associated with
substance use in young adolescents［J］. Acta Paediatrica, 2015, 104: 504-507.

［402］邵昭明，郝元涛，张珊珊，等. 佛山市城区中学生健康危险行为及其相关因素
分析［J］. 中国校医，2009，23（4）：412-413.

［403］Shek D T, Yu L. Internet addiction in Hong Kong adolescents: Profiles and
psychosocial correlates［J］. International Journal on Disability and Human
Development, 2012, 11: 133-142.

［404］沈理笑，徐健，吴增强，等. 不同类型学校高中生网络使用情况的调查研究
［J］. 上海交通大学学报（医学版），2008，28（10）：1326-1329.

［405］王俊丽，卢立新，张岚. 北京市西城区部分中学生网络成瘾行为调查［J］. 中
国健康教育，2012，28（3）：163-166.

［406］魏颖，潘勇平，高爱钰，等. 2008年北京市东城区中学生网络成瘾现况调查
［J］. 中国校医，2012，26（4）：249-250.

［407］Xu J, Shen L X, Yan C H, et al. Personal characteristics related to the risk of
adolescent Internet addiction: A survey in Shanghai, China［J］. BMC Public Health,
2012, 12: article 1106.

［408］赵继娟，张仁忠. 射阳县中学生网络成瘾现状［J］. 中国学校卫生，2014，35
（12）：1890-1891.

［409］中国青少年研究中心课题组. 关于未成年人网络成瘾状况及对策的调查研究
［J］. 中国青年研究，2010（6）：5-29.

［410］Demirer V, Bozoglan B. Purposes of Internet use and problematic Internet use among
Turkish high school students［J］. Asia-Pacific Psychiatry, 2016, 8: 269-277.

［411］Dhir A, Chen S, Nieminen M. Predicting adolescent Internet addiction: The roles of
demographics, technology accessibility, unwillingness to communicate and sought
Internet gratifications［J］. Computers in Human Behavior, 2015, 51: 24-33.

［412］Dhir A, Chen S, Nieminen M. Psychometric validation of the Chinese Compulsive
Internet Use Scale (CIUS) with Taiwanese high school adolescents［J］. Psychiatric

Quarterly, 2015, 86: 581–596.

［413］Dhir A, Chen S, Nieminen M. The effects of demographics, technology accessibility, and unwillingness to communicate in predicting Internet gratifications and heavy Internet use among adolescents［J］. Social Science Computer Review, 2016, 34: 278–297.

［414］Stavropoulos V, Alexandraki K, Motti–Stefanidi F. Recognizing Internet addiction: Prevalence and relationship to academic achievement in adolescents enrolled in urban and rural Greek high schools［J］. Journal of Adolescence, 2013, 36: 565–576.

［415］顾怀婷，徐金玲，李晶，等．2016年济宁市部分中学生成瘾行为调查［J］．预防医学论坛，2017，23（6）：414–416.

［416］Metin O, Saracli O, Atasoy N, et al. Association of Internet addiction in high school students with ADHD and tobacco/alcohol use［J］. Dusunen Adam, 2015, 28: 204–212.

［417］Park S, Lee J H. Associations of Internet use with oral hygiene based on national youth risk behavior survey［J］. Journal of the Korean Academy of Child and Adolescent Psychiatry, 2018, 29: 26–30.

［418］Wang H, Zhou X, Lu C, et al. Problematic Internet use in high school students in Guangdong Province, China［J］. PLOS ONE, 2011, 6: e19660.

［419］姚冉，陈卫贤，刘茂玲，等．广东省四会市中学生成瘾行为现状及相关性分析［J］．健康教育与健康促进，2014，9（4）：256–259.

［420］Choi K, Son H, Park M, et al. Internet overuse and excessive daytime sleepiness in adolescents［J］. Psychiatry & Clinical Neurosciences, 2009, 63: 455–462.

［421］Zygo M, Potembska E, Zygo K, et al. Alcohol consumption and the risk of Internet addiction in teenagers aged 13–17 years living in the urban and rural areas［J］. Current Problems of Psychiatry, 2017, 18: 110–119.

［422］Cheung L M, Wong W S. The effects of insomnia and Internet addiction on depression in Hong Kong Chinese adolescents: An exploratory cross–sectional analysis［J］. Journal of Sleep Research, 2011, 20: 311–317.

［423］Chen Y, Gau S S. Sleep problems and Internet addiction among children and adolescents: A longitudinal study［J］. Journal of Sleep Research, 2016, 25: 458–465.

［424］曹枫林，苏林雁，王洪，等．中学生互联网过度使用与注意缺陷多动障碍［J］．中国实用儿科杂志，2007，22（4）：257–260.

［425］So R, Makino K, Fujiwara M, et al. The prevalence of Internet addiction among a Japanese adolescent psychiatric clinic sample with autism spectrum disorder and/or attention–deficit hyperactivity disorder: A cross–sectional study［J］. Journal of Autism and Developmental Disorders, 2017, 47: 2217–2224.

［426］Yılmaz S, Hergüner S, Bilgiç A, et al. Internet addiction is related to attention deficit but not hyperactivity in a sample of high school students〔J〕. International Journal of Psychiatry in Clinical Practice, 2015, 19: 18–23.

〔427〕Ahmadi K. Internet addiction among Iranian adolescents: A nationwide study〔J〕. Acta Medica Iranica, 2014, 52: 467–472.

〔428〕曹洪青. 课外体育锻炼对初中生网络成瘾的影响研究〔J〕. 运动, 2017（19）: 57–58.

〔429〕刘芳梅. 广东省中学生体育锻炼与网络成瘾的相关性研究〔J〕. 体育科技文献通报, 2018, 26（2）: 14–17.

〔430〕陈云祥, 李若璇, 张鹏, 等. 同伴依恋对青少年网络成瘾的影响: 有调节的中介效应〔J〕. 中国临床心理学杂志, 2018, 26（6）: 1091–1095.

〔431〕喻承甫, 张卫, 曾毅茵, 等. 青少年感恩、基本心理需要与病理性网络使用的关系〔J〕. 心理发展与教育, 2012, 28（1）: 83–90.

〔432〕Liu Q X, Fang X Y, Wan J J, et al. Need satisfaction and adolescent pathological Internet use: Comparison of satisfaction perceived online and offline〔J〕. Computers in Human Behavior, 2016, 55: 695–700.

〔433〕金璞, 傅先明, 钱若兵, 等. 青少年网络成瘾的事件相关电位N400研究〔J〕. 立体定向和功能性神经外科杂志, 2008, 21（6）: 333–335, 347.

〔434〕Yau Y H, Potenza M N, Mayes L C, et al. Blunted feedback processing during risk-taking in adolescents with features of problematic Internet use〔J〕. Addictive Behaviors, 2015, 45: 156–163.

〔435〕Hong S B, Kim J W, Choi E J, et al. Reduced orbitofrontal cortical thickness in male adolescents with Internet addiction〔J〕. Behavioral and Brain Functions, 2013, 9: article 11.

〔436〕Hong S B, Zalesky A, Cocchi L, et al. Decreased functional brain connectivity in adolescents with Internet addiction〔J〕. PLOS ONE, 2013, 8: e57831.

〔437〕Kim Y R, Son J W, Lee S I, et al. Abnormal brain activation of adolescent Internet addict in a ball–throwing animation task: Possible neural correlates of disembodiment revealed by fMRI〔J〕. Progress in Neuro–Psychopharmacology and Biological Psychiatry, 2012, 39: 88–95.

〔438〕Wang L, Shen H, Lei Y, et al. Altered default mode, fronto–parietal and salience networks in adolescents with Internet addiction〔J〕. Addictive Behaviors, 2017, 70: 1–6.

〔439〕Vink J M, Van Beijsterveldt T C, Huppertz C, et al. Heritability of compulsive Internet use in adolescents〔J〕. Addiction Biology, 2016, 21: 460–468.

〔440〕范方, 苏林雁, 曹枫林, 等. 青少年网络成瘾预测问卷初步编制及信效度检验〔J〕. 中国临床心理学杂志, 2008, 16（1）: 1–4.

第2章　家庭因素与青少年网络成瘾：
近20年文献回顾

　　家庭是社会的细胞，是影响青少年发展最直接、最近端的生态子系统之一。在影响青少年网络成瘾的各种生态因素中，研究者对家庭因素的关注程度远高于学校因素、同伴因素和其他因素。主要原因可能在于：①尽管随年龄增长，学校和同伴因素的作用日益凸显，但家庭因素对个体发展仍具有不可替代的重要作用；②相当一部分青少年的网络使用发生在家庭背景中，家庭因素理应在其中具有重要作用；③许多家长高度关注青少年网络成瘾问题，希望能从自身角度进行预防和干预，这也要求对家庭因素进行研究；④家庭因素大多具有可塑性，因此，可以通过改善家庭环境来减少青少年网络成瘾。

　　虽然Li等人[1]回顾了针对中国青少年网络成瘾的家庭风险因素，但所涵盖的文献范围和数量仍然比较有限，因此迫切需要针对更广被试群体、更广时间跨度的文献进行梳理。本章书稿将主要涉及以下两方面内容：回顾家庭因素影响青少年网络成瘾的实证研究，即现有研究探讨了哪些家庭因素与青少年网络成瘾的关系，家庭因素通过怎样的中介路径影响青少年网络成瘾，是否有调节因素影响家庭因素与青少年网络成瘾的关系强度或方向；分析现有研究的局限并对未来研究的方向进行展望。

1.　家庭因素与青少年网络成瘾的实证研究

　　本章书稿将家庭因素划分为不同层次：家庭水平特征、两两水平特征、家庭成员特征。该划分方式在家庭因素研究中被广泛使用。例如，Schleider和

Weisz[2]在家庭因素与青少年内化问题的综述论文中提出"家庭过程三元模型"（triadic model of family process）并以此组织和整合各种庞杂的家庭因素。在本章文献综述中，家庭水平特征（family-level characteristics）是指整个家庭单元的功能特征，如家庭和谐、家庭氛围、家庭功能、家庭关系等。两两水平特征（dyad-level characteristics）是指位于父母关系、亲子关系、兄弟姐妹关系层面的家庭过程因素，如父母婚姻冲突、父母教养方式、兄弟姐妹关系等。家庭成员特征（family members' characteristics）是指除目标儿童外各个家庭成员所表现出来的心理和行为特征，如父母身心健康、父母人格特征、父母网络使用、兄弟姐妹成瘾行为等。需要说明的是，这种划分只是为了论述时更好地组织庞杂的家庭因素，并不意味着开展研究时只能关注特定层次的家庭因素。另外，本章文献综述并不会穷尽所有影响青少年网络成瘾的家庭因素，而是主要纳入本领域研究者关注较多的家庭因素。

1.1 家庭水平特征

1.1.1 家庭功能

家庭功能是指整个家庭生活的总体质量。理论上讲，家庭功能不良可能阻碍青少年情感关爱和尊重鼓励等心理需要的满足，使其转向虚拟世界寻求补偿或宣泄不良情绪；也可能弱化父母对青少年的管教约束和社会控制，为沉迷网络制造机会；还可能不利于良好心理品质（如自我控制）的形成，最终沉迷于网络不能自拔[3]。截至目前，70余项研究探讨了整体家庭功能与青少年网络成瘾的关系。虽然个别研究发现家庭功能与青少年网络成瘾并不存在显著的联系[4-7]，但绝大多数研究表明，良好的家庭功能与青少年网络成瘾存在显著的负向联系[3,8-77]（也可参见刘静等人[78]的综述论文）。

最近，研究者开始探讨家庭功能影响青少年网络成瘾的中介机制和调节机制。在中介机制方面，研究者发现，良好的家庭功能可通过降低母子疏离和提高父子信任[14]、增强自尊和降低孤独感[50]、促进积极青年发展[70]等中介变量对网络成瘾产生间接影响。在调节机制方面，高代林和杨曦[17]考察了家庭功能与初中生网络成瘾的关系是否因为性别不同而有所不同。结果表明，问题解决、沟通、角色、情感介入、行为控制、总体功能不良是男生网络成瘾的风险因素，而家庭沟通、角色、情感反应、情感介入、总体功能不良是女生网络成瘾的风险因素。不过，该研究只对男生和女生分开进行分析，没有正式检验性别的调节作用。Wartberg等人[55]发现，家庭功能与网络成瘾的关系在不同性别和年龄的青少年中比较相似。

1.1.2　家庭上网条件

一些研究探讨了是否有独住房间、家中有无电脑、电脑是否在青少年房间、能否在家上网等因素与青少年网络成瘾的关系[79-81]。结果表明，这些因素为青少年上网提供了便利条件，是青少年网络成瘾的风险因素，尽管在控制其他因素的多因素分析中可能变得不再显著。另外，部分研究探讨了青少年的零花钱数量与网络成瘾的关系[35,81]，但现有研究结果分歧明显。这种结果分歧可能是因为不同研究对零花钱区间划定不一所致。

1.2　两两水平特征

1.2.1　父母关系

在父母关系子系统中，不少研究考察了父母婚姻关系的积极特征和消极特征（如父母婚姻满意度、父母婚姻冲突）对青少年网络成瘾的影响。父母关系不和会影响青少年人格的健全与发展，造成子女心理障碍，促使他们在虚拟网络世界寻找缺失的温暖和理解，从而引发网络成瘾[82]。截至目前，近20项研究探讨了父母婚姻质量与青少年网络成瘾的关系。虽然少量研究得到了阴性结果[47,83]，但绝大多数研究表明，良好的父母关系是青少年网络成瘾的抑制因素，而破坏性父母冲突（即频繁和强烈且没有得到妥善解决的婚姻冲突）则是青少年网络成瘾的风险因素[19,31,46,65,80-82,84-91]。

最近，研究者开始探讨父母婚姻冲突影响青少年网络成瘾的中介机制和调节机制。在中介机制方面，研究者发现，父母冲突可通过影响冲突评价和情绪管理[86]、冲突评价和自我同一性[90]、父子关系和母子关系[14]影响青少年网络成瘾。在有调节的中介机制方面，研究者发现，良好的同伴依恋可缓冲父母冲突通过抑郁焦虑增加青少年网络成瘾的间接过程[87]。

1.2.2　亲子关系

良好的亲子关系具有情感温暖和社会控制的功能，对青少年网络成瘾具有抑制作用。截至目前，40余项研究探讨了亲子关系及其子维度对青少年网络成瘾的影响。虽然极个别研究得到了阴性结果[92]，但绝大多数研究表明，良好的亲子关系与青少年网络成瘾存在显著的负向联系[14,31,40,54,56,65,80,81,88,89,93-123]。

最近，研究者开始探讨亲子关系影响青少年网络成瘾的中介机制和调节机制。在中介机制方面，研究者发现，良好的亲子关系有利于改善同伴关系[102]、增强积极自我概念[110]、减少同伴侵害[96]、降低孤独感[121]、减少娱乐色情和逃避性上网动机[113]、减少错失恐惧[93]，进而减少青少年网络成瘾。在调节机制方面，研究者发现，良好的亲子关系与青少年网络成瘾的负向联系主要体现在低龄而非大龄青少年中[124]、较低而非较高心理病理风险的青少年中[96]、较低而非较高多动/冲动的青少年中[101,124]、较少而非较多品行问题的青少年中[116]。在有调节的中介机制方面，研究者发现，意志控制可以削弱亲子关系通过不良同伴交往影响青少年网络成瘾的间接过程[99]，自我控制可以削弱亲子关系通过自尊影响青少年网络成瘾的间接过程[111]，性别可以调节亲子关系通过消极社会适应影响青少年网络成瘾的间接过程[122]。

1.2.3　教养方式

在两两水平家庭因素中，教养方式对青少年网络成瘾的影响备受关注。教养方式是父母在对子女进行抚养和教育的日常活动中传达的态度以及由父母行为所创造的情感氛围的集合体。教养方式可以从类型和维度两种视角进行研究。目前，只有相对较少的研究采用类型视角考察教养方式对青少年网络成瘾的影响[3,35,123,125-128]。例如，中国青少年研究中心课题组[123]对5325个家庭调查发现，与民主型家庭相比，"粗暴型""溺爱型""放任型"家庭的青少年更可能沉迷网络。类似地，范方等人[3]对2620名青少年研究发现，"溺爱型"（百依百顺、放任自流、过分照顾）、"粗暴严厉型"（粗暴打骂、严厉约束）、"帮助开导型"家庭青少年过度使用网络的倾向分别为20.9%、16.6%和13.3%，各组间检出率的差异达到统计显著水平。

相比之下，大多数研究都采用维度视角考察教养方式对青少年网络成瘾的影响。在这类研究中，近40项采用"父母养育方式评定量表"测查父母教养方式的不同维度[129,130]：父亲分问卷包含情感温暖、理解，惩罚、严厉，过分干涉，偏爱被试，拒绝、否认，过度保护6个因素，母亲分问卷包含情感温暖、理解，惩罚、严厉，过干涉、过保护，偏爱被试，拒绝、否认5个因素。采用维度视角的研究总体上发现，积极的教养维度是青少年网络成瘾的抑制因素，消极的教养维度是青少年网络成瘾的风险因素[20,48,51,67,73,131-158]，尽管某些维度的结果略有分歧。例如，戴伟华等人[132]对江苏省南通市3039名中小学生调查发现，网络成瘾者在父母情感温暖维度上得分显著低于非网络成瘾者，在父母惩罚严厉、父母过分干涉、父母拒绝否认、父母过分保护等维度上得分显著高于非网络成瘾者，两组被试在父母偏爱子女上无显著差异。类似地，秦新红等人[48]的病例对照研究也发现，网络成瘾组在父母情感温暖理解上得分显著低于对照组，在父母惩罚严厉、父亲过分干涉、父母拒绝否认、母亲偏爱被试上得分显著高于对照组，二者在父亲偏爱子女、父亲过度保护、母亲过分干涉和过保护上没有显著差异。

此外，不少研究也关注特定教养维度与青少年网络成瘾的关系。其中，父母控制的作用备受研究者重视[35,159-170]。这些研究总体上表明，父母行为控制是青少年网络成瘾的抑制因素，而心理控制是青少年网络成瘾的风险因素。此外，也有研究考察父母虐待子女或对子女施加暴力[46]与青少年网络成瘾的联系。结果表明，这些行为也是网络成瘾的风险因素。

近年来，研究者也开始探讨与网络使用有关的父母教养行为（Internet-specific parenting practices）在青少年网络成瘾中的作用[27,56,58,88,98,112,115,123,171-178]。这类研究结果十分庞杂且分歧明显。一些研究发现，父母对孩子网络使用的监督指导与青少年网络成瘾显著负相关[56,58,112]。例如，Siomos等人[112]对12—18岁希腊青少年研究发现，父母在线安全措施与青少年网络成瘾呈显著负相关。然而，其他研究则发现了不一致的结果。胡珊和范会勇[173]的研究发现，父母对孩子上网监督指导与青少年网络成瘾没有显著的联系。孙建平等人[88]的研究发现，父母"总是"或"经常"对上网进行干涉的青少年网络成瘾比例较高（分别为15.2%和10.7%），而父母"很少"或"从不"对上网进行干涉的青少年网络成瘾的比例反而较低（分别为4.2%和4.7%）。江宇和黄刚[27]对北京市2200名高中生调查发现，父母对上网时间的限制与网络成瘾显著负相关，而父母对上网活动的限制与网络成瘾显著正相关。van den Eijnden等人[176]的纵向研究表明，严格限定上网时间会增加青少年网络成瘾。鉴于现有研究分歧十分明显，未来迫切需要设计更加完备的研究来验证和拓展现有研究。目前初步的证据表明，父母的网络限制行为可能在和睦家庭中才能发挥积极作用。因此，可以通过潜在剖面分析考察父母网络限制行为及其相伴的家庭因素怎样联合影响青少年网络成瘾。

随着研究的深入，研究者也开始关注教养方式影响网络成瘾的中介机制和调节机制。在中介机制方面，研究者发现，良好的教养方式可通过促进青少年的自我控制[146,164]、提升青少年的自我弹性[142]、改善青少年的情绪调节策略[162]、改善人际信任和同伴依恋[166]、减少越轨同伴交往[168]，进而减少青少年网络成瘾。在调节机制方面，研究者发现，专制教养与青少年网络成瘾的关系在自我弹性水平越高的青少年中越显著[142]。在有调节的中介机制方面，研究者发现，母亲心理控制通过非适应性认知影响网络成瘾的中介过程在男生和女生中均显著[163]，父母心理控制通过表达抑制影响网络成瘾的中介过程在意志控制较高的个体中更显著[161]，父母严厉教养通过情绪调节不良影响网络成瘾的中介过程仅在宽恕较低的个体中显著[148]。

1.3 家庭成员特征

1.3.1 家庭成员的网络使用

理论上讲，家庭成员的网络使用容易被青少年观察和模仿，从而引发青少年网络成瘾[170]。相比之下，对网络了解程度高的父母能够有效引导子女正确认识和使用网络，从而有效调控子女的上网行为、促使其合理使用网络[56,179,180]。截至目前，10余项研究探讨了父母等家庭成员网络使用与青少年网络成瘾的关系，但这些研究的结果分歧相当明显。一些研究发现，家庭成员的上网频率与青少年网络成瘾存在显著的正向联系[60,88,108,170,181,182]。然而，也有研究发现，父母上网频率对青少年网络成瘾具有负向的预测作用[179,180]。此外，还有研究发现，父母网络使用[34,183]、父母会不会上网[184]与青少年网络成瘾没有显著的联系。

为了更好地澄清这种结果分歧，未来研究可从以下几方面进行尝试。第一，探讨父母网络使用频率操作定义的不同会否影响结果。例如，询问父母上网的内容可能要比单纯询问上网频率更能提供丰富的信息。再如，询问父母长时间上网的频率是否比询问父母上网的频率更容易得出父母网络使用频率的不利效应？第二，检验不一致的中介效应模型，以揭示网络使用频率有利有弊的双重作用。第三，父母网络使用频率的作用可能随其他因素水平的不同而有所不同，未来可以通过调节效应或个人中心的分析方法将父母网络使用频率置于其他因素构成的大背景中来考察其作用，而不是单纯考察这一种因素的作用。实际上，现有的调节效应研究表明，家庭成员网络成瘾与青少年网络成瘾之间的正向联系在低压力青少年中要比在高压力青少年中更显著[182]，在高家庭支持青少年中要比在低家庭支持青少年中更显著[60]。

1.3.2　父母对孩子网络使用的态度

有关父母对孩子网络使用态度与青少年网络成瘾之间关系的研究也分歧明显。一些研究发现，父母对孩子上网持宽容态度与青少年网络成瘾存在正向联系[108,170,171,176]。例如，高修银等人[171]发现，父母不知道孩子上网情况时青少年网络成瘾比例为20.72%，父母不管不问或无所谓时青少年网络成瘾比例为15.19%，父母管得不严时青少年网络成瘾比例为10.74%，父母不让上网或严加管束时青少年网络成瘾比例为12.73%，父母鼓励上网学习时青少年网络成瘾比例为6.64%。然而，也有研究发现，父母对孩子上网持赞许态度能显著负向预测青少年网络成瘾[185]，父母对孩子上网持反对态度却能正向预测青少年网络成瘾[81,186,187]。最后，还有研究发现，父母对孩子上网态度与青少年网络成瘾相关不显著或非常微弱[173,183,188]。

对于上述分歧现象，未来研究可以从以下几方面加以深化。第一，将父母对孩子上网态度所起作用置于其他变量（如亲子关系）的大背景中来考虑，这是因为同样的态度所起作用可能因其他特征的不同而有所不同。例如，Liu等人[108]考察了父母规范（父母对孩子上网持反对态度）和这种规范与父母自身上网行为的相符程度的交互作用对青少年网络成瘾的影响。结果表明，当父母规范与父母自身上网行为相符时，父母规范能显著负向预测青少年网络成瘾；但是，当父母规范与父母自身上网行为不一致时，父母规范不能显著预测青少年网络成瘾。该研究提示我们，不能孤立考察一种家庭因素所起的作用。第二，父母对孩子上网的态度可能不是以线性关系发挥作用，而是以复杂的曲线关系起作用，即完全不闻不问或强烈反对这两种极端可能都不利于减少青少年网络成瘾。第三，有必要区分父母对孩子上网的态度是在青少年网络成瘾之前还是网络成瘾之后的态度。这一点至关重要，因为父母对孩子上网的态度与青少年网络成瘾之间可能是复杂的双向作用过程：先前父母对孩子上网不闻不问可能导致孩子当前网络成瘾（父母驱动的效应），进而引发日后父母对孩子上网的强烈反对态度（儿童驱动的效应）。对于这种双向作用过程，有待纵向研究加以检验。

1.3.3　家庭成员物质使用行为

不少研究考察了家庭成员的物质使用对青少年网络成瘾的影响[4,25,26,31,34,65,83]。绝大多数研究发现，家庭成员物质使用是青少年网络成瘾的风险因素[25,26,34,65]。例如，Yen等人[65]对中国台湾南部17所中学3662名青少年研究发现，在控制性别、年龄和学校等因素后，父亲习惯性饮酒、母亲习惯性饮酒、兄弟姐妹习惯性饮酒均能显著正向预测青少年网络成瘾，其中兄弟姐妹习惯性饮酒的作用尤其突出。这些发现初步支持网络成瘾同其他成瘾行为一样，具有相似的成瘾行为学习机制。另外，也有少量研究发现，家庭成员物质使用与青少年网络成瘾相关不显著[4,83]。

研究者最近也探讨了家庭成员物质使用行为影响青少年网络成瘾的中介机制和调节机制。例如，Jang和Ji[25]发现，在青少年男生中，父母问题性饮酒既能直接促进网络成瘾，又能通过增加个体的焦虑抑郁和攻击行为进而间接促进网络成瘾；在青少年女生中，父母问题性饮酒仅通过破坏家庭功能和增加个体的攻击行为两条路径间接促进网络成瘾。

1.3.4　家庭成员对青少年物质使用的态度

目前只有少量研究考察家庭成员对青少年物质使用的态度与青少年网络成

瘾的关系。Yen等人[65]对中国台湾青少年的研究发现，父母对青少年吸烟持积极态度、对青少年饮酒持积极态度、对青少年物质使用持积极态度均能显著正向预测青少年网络成瘾。家庭成员对青少年物质使用持积极态度可能意味着家庭监督、引导、惩戒机制的弱化，难以对青少年过度上网行为进行社会控制，从而促进其网络成瘾。

1.3.5　父母人格

父母人格既可以作为遗传易感素质作用于青少年网络成瘾，也可作为生活环境因素影响青少年网络成瘾。少量研究探讨了父母人格因素与青少年网络成瘾的关系。例如，张国富等人[155,189]比较了网络成瘾和非网络成瘾青少年的父亲和母亲在"艾森克人格问卷"各个维度上的差异。结果表明，与非网络成瘾青少年相比，网络成瘾青少年在母亲神经质维度上得分显著更高，在母亲掩饰性维度上得分显著更低，而在母亲其他人格维度和父亲所有人格维度上均不存在显著差异。

1.3.6　其他因素

除了以上家庭成员特征因素外，还有部分研究考察了家庭成员遭受意外[82]、父母应对方式[190]、父母对子女的期望值[191]、父母缺乏正确使用网络的指导能力[123]、父母心理健康状况[192]、家庭体育锻炼的情况[107]等其他因素对青少年网络成瘾的影响。此处限于篇幅，不再具体展开。

2.　研究局限与未来展望

过去20年来，有关家庭因素对青少年网络成瘾影响的研究已取得了长足进展，但仍有诸多问题有待深入探讨，以便进一步深化我们对青少年网络成瘾成因的认识。

2.1　注重研究内容的拓展和深化

未来研究应在以往研究基础上，进一步拓展和深化研究内容，避免低水平重复先前的研究。

2.1.1 应注重理论模型的建构和检验

目前有关家庭因素影响青少年网络成瘾的研究多是借鉴其他成瘾或问题行为中的理论来指导有关研究和实践工作。未来研究应致力于比较不同理论所关注的关键变量和过程在青少年网络成瘾领域中的适用性，尤其应注重提出和检验专门针对网络成瘾的独具特色的理论模型。这类模型中应该纳入适合多种问题行为的一般性家庭因素和作用过程，也应纳入专门针对网络成瘾的特异性家庭因素和作用过程。

2.1.2 应综合考察多种家庭因素的作用

不同家庭因素彼此间相互联系，家庭因素与非家庭因素间也往往相互联系，因此有必要在控制其他家庭因素以及非家庭因素后考察特定家庭因素的独特效应。这样有利于识别影响青少年网络成瘾的关键家庭因素。另外，也应重视不同家庭因素所构成的形态的研究。例如，采用潜在剖面分析等个人中心分析方法，可以揭示不同家庭因素所构成形态对青少年网络成瘾的影响。

2.1.3 重视家庭因素中介机制的研究

部分家庭因素可能并不直接影响青少年网络成瘾，而是通过对个体因素、学校因素、同伴因素产生影响进而作用于青少年网络成瘾。未来研究可以通过纵向研究检验中介过程特别是级联中介变量（cascading mediator），更好地揭示家庭因素的效应怎样逐步"溢出"到青少年网络成瘾这一发展问题上来。目前尽管已有不少研究发现家庭功能不良是青少年网络成瘾的风险因素，但几乎没有研究探讨家庭功能"怎样"或"为什么"影响青少年网络成瘾的问题。

2.1.4 重视家庭因素调节机制的研究

有必要考察不同家庭因素之间以及家庭因素与其他因素之间的交互作用。具体而言，不同层次的家庭因素之间、家庭因素与人口学因素（如性别和年龄）之间、家庭因素与个体因素（如基因和气质特征）之间、家庭因素与学校因素（如学校联结）之间以及家庭因素与同伴因素（如友谊质量）之间在影响青少年网络成瘾时可能存在交互作用，使得同一家庭因素的作用可能随其他家庭因素、人口学因素、个体因素、学校因素以及同伴因素的不同而有所不同。实际上，家庭系统理论也强调家庭逆境中的"易感性"（susceptibility；个体对家庭逆境的不利影响非常敏感）和"韧性"（resilience；个体经历家庭逆境但适应良好）现象的研究，而对各种交互作用的探讨有助于回答哪些个体更容易或更不容易因家庭风险因素影响而沉迷网络的"个体差异"问题。这类研究有助于将家庭因素与个体因素和其他生态因素联合起来，更加完整地揭示青少年网络成瘾的形成机制。例如，金盛华和吴嵩[180]对1219名青少年研究发现，家长网络关联度（指网络对家长是否重要以及家长对网络的依赖程度；较高网络关联度的家长可能因对网络认识更到位，更能有效引导青少年合理使用网络）与青少年网络成瘾之间的关系受到家长网络监管的调节。当家长网络监管较弱时，家长网络关联度能显著负向预测青少年网络成瘾；当家长网络监管较高时，家长网络关联度不能显著预测青少年网络成瘾。现有研究大多关注个体因素和性别等人口学因素的调节作用。然而，随着年龄增长，个体越来越多待在学校、接触更多同伴，那么家庭因素的作用会否因为学校因素和同伴因素的不同而有所不同便值得探讨。

2.1.5　探讨家庭因素与网络成瘾的双向关系

理论上讲，家庭因素会影响青少年网络成瘾，但青少年网络成瘾也可能反作用于家庭因素。在发展心理学领域，传统研究往往关注"父母驱动的效应"（parent-driven effect），而近年来的研究也强调"儿童驱动的效应"（child-driven effect）。遗憾的是，在青少年网络成瘾领域，目前绝大多数研究都是横断设计，且只假定家庭因素影响青少年网络成瘾。因此，迫切需要开展纵向研究，对家庭因素与青少年网络成瘾之间可能的双向关系进行检验。这类研究将有助于揭示青少年怎样塑造自身所处环境进而增加其网络成瘾的风险。

2.1.6　重视家庭因素累积效应的研究

可以基于多种家庭风险因素构建累积风险指数（cumulative risk index），也可基于多种家庭保护因素构建累积保护指数（cumulative protection index）。这类指数假定，不同风险/保护因素具有"殊途同归"的非特异性，因而具有一定的互换性，风险/保护因素的总数目而非特定风险/保护因素对青少年网络成瘾的产生具有决定作用。因此，我们可以探究随着家庭风险因素总数目的增加，青少年网络成瘾呈线性增长、正加速增长抑或负加速增长？另外，累积保护因素是否可以调节累积风险因素对青少年网络成瘾的不利影响？具体模式呈"压力缓冲模式"（stress-buffering effect; 又称"雪中送炭"模式），还是"反转的压力缓冲模式"（reverse stress-buffering effect; 又称"杯水车薪"模式）？

2.1.7 开展基于家庭因素的青少年网络成瘾干预

Liu等人[193]以家庭治疗理论为基础，采用多家庭团体干预来减少青少年网络成瘾。结果表明，该干预方案有效改善了亲子关系、促进了心理需要满足，进而减少了青少年网络成瘾，且干预效果具有一定的长期性。这类干预实验除了直接减少了青少年网络成瘾，也能更加有力地确定家庭因素与青少年网络成瘾之间的因果关系，还可以通过纳入有关变量来揭示家庭因素影响网络成瘾的中介过程和调节过程。未来需要开展更多这类干预研究。

2.2 注重研究方法的完善

2.2.1 改进家庭因素的测量

在家庭因素的测查方面，部分研究采用单个项目[4]或未经严格心理测量学检验的工具进行研究，这可能降低测量工具的信效度。

另外，现有研究几乎全部通过青少年自我报告测量有关家庭因素。通过青少年自我报告进行测量有其独特价值。首先，青少年通常是基于长时间的亲子互动来进行评价，减小了只在特定时间点和特定情境/任务下进行观察存在的偶然偏差。其次，青少年更可能报告出某些不当的教养行为，而这些行为在父母报告或情境观察任务进行测评时容易受社会称许性影响不被报告出来。最后，研究表明，青少年感知到的教养行为要比实际的教养行为对他们的发展影响更大。尽管如此，为了避免共同方法偏差和社会称许效应，也为了更准确地测评有关变量，有条件的情况下应尽可能采用多方法和多报告者更好地测量各种家庭因素，从而提高变量测量的准确性。例如，对父母冲突的测量若能结合父母报告和青少年报告则能提供更加全面和丰富的信息，有助于消除测量误差，有助于在不同方法之间进行结果的比较。

再者，不少研究只是笼统考察父母因素或主要照料者因素（没有同时考察父亲和母亲因素）的作用，这不利于揭示非主要照料者的作用，也不利于比较父亲和母亲在青少年网络成瘾中是否具有不同的作用。实际上，发展心理学的研究近年来高度重视父亲在子女成长中的作用[194]。

2.2.2　不应忽视基因因素的作用

在家庭因素影响青少年网络成瘾的研究中，应注意排除基因因素的选择效应（selection effect）。换句话说，有必要确定家庭因素对青少年网络成瘾的影响在多大程度上确实是由家庭因素在起作用而不是由于"基因与环境相关"所带来的混淆作用。基因与环境相关（gene-environment correlations）是指个体受基因所影响的行为特征（如网络成瘾）由于被动的或主动的基因机制而与环境因素（如父母教养方式）存在相关。被动的基因与环境相关（passive gene-environment correlations）是由于生父母将基因遗传给后代，同时也给后代提供与生父母基因相关的环境。例如，特定基因因素可能既让父母倾向于使用不当的教养方式，又使青少年倾向于网络成瘾。在不控制基因因素的情况下，可能得到父母教养方式与青少年网络成瘾的虚假相关。相比之下，主动的基因与环境相关（active gene-environment correlations）是指具有某种基因倾向的后代的行为表现唤起或引发了相应的环境反应。不管是被动的还是主动的基因与环境相关，都表明原本以为是家庭因素对青少年网络成瘾所产生的影响实际上是由基因因素的遗传所导致的结果。尽管这类问题在发展心理学研究中备受重视，但目前在青少年网络成瘾研究中却很少受到关注。

2.2.3　注重开展实验和追踪研究

目前有关家庭因素与青少年网络成瘾的研究几乎全是横断研究，实验和纵向研究极度匮乏（少数研究例外[97,114,159]）。横断研究可以在短时间内对不同成长环境、不同年龄的个体进行比较，从中获得大量数据并分析其内在规律。但是，横断研究只能考察变量之间的相关性，难以阐明青少年网络成瘾的稳定性与变化性，难以回答家庭因素与网络成瘾的时间先后顺序、家庭因素与网络成瘾的关系是否动态变化以及家庭因素与网络成瘾之间是否存在双向作用等关键问题。相比之下，纵向研究是对个体进行较长时间的追踪，从而获得同一个体在不同阶段的发展变化资料。理想的纵向研究应在每个时点对所有关心的随时间变化的变量进行测量，这样才有利于检验发展级联效应和双向关系等重要理论问题。例如，父母对青少年上网的控制与青少年网络成瘾之间就可能存在不同的作用方向：父母的控制行为可能影响青少年网络成瘾，而青少年网络成瘾也可能反作用于父母的控制行为，这类"鸡与蛋"的问题亟须开展纵向研究加以检验。另外，对家庭因素和网络成瘾进行操纵的干预实验特别有助于回答变量间的因果关系问题。

2.2.4 重视临床样本的研究

现有家庭因素与青少年网络成瘾的研究大多针对普通中学生（普通人群），较少涉及医院精神卫生中心的青少年患者这类人群（临床样本）。对普通中学生进行研究具有重要价值，有利于研究结果推广至该类人群，并促进普遍性预防干预工作的开展。相比之下，对临床样本进行研究同样具有重要价值，研究结果有利于推广至该类人群，并促进选择性预防和指示性预防工作的开展。特别地，临床样本大多具有严重的网络成瘾问题，迫切需要对其进行干预。前述两类研究都具有重要的意义，各自均不能被对方所取代。现有研究多基于普通中学生进行风险因素研究，而干预研究却是直接在临床样本中开展，研究结果的推广在一定程度上有所脱节。

参考文献

［1］Li W, Garland E L, Howard M O. Family factors in Internet addiction among Chinese youth: A review of English- and Chinese-language studies［J］. Computers in Human Behavior, 2014, 31: 393–411.

［2］Schleider J L, Weisz J R. Family process and youth internalizing problems: A triadic model of etiology and intervention［J］. Development and Psychopathology, 2017, 29: 273–301.

［3］范方, 苏林雁, 曹枫林, 等. 中学生互联网过度使用倾向与学业成绩、心理困扰及家庭功能［J］. 中国心理卫生杂志, 2006, 20（10）: 635–638.

［4］邓艳霞, 胡明, 胡国清, 等. 湖南省中学生网络成瘾症现况调查［J］. 中华流行

病学杂志，2007，28（5）：445-448.

［5］Shek D T, Yu L. Adolescent Internet addiction in Hong Kong: Prevalence, change, and correlates［J］. Journal of Pediatric and Adolescent Gynecology, 2016, 29: S22–S30.

［6］徐夫真，张文新. 青少年疏离感与病理性互联网使用的关系：家庭功能和同伴接纳的调节效应检验［J］. 心理学报，2011，43（4）：410-419.

［7］易海燕，陈锦，杜晓新. 中学生网络依赖程度、内容偏好及社会性发展的研究［J］. 中国特殊教育，2006（11）：69-73.

［8］Ahmadi K. Internet addiction among Iranian adolescents: A nationwide study［J］. Acta medica Iranica, 2014, 52: 467–472.

［9］Ahmadi K, Saghafi A. Psychosocial profile of Iranian adolescents' Internet addiction［J］. Cyberpsychology, Behavior, and Social Networking, 2013, 16: 543–548.

［10］常国胜，李永占，赵山明. 郑州市城区高中生网络成瘾与家庭环境因素的关系［J］. 中国组织工程研究与临床康复，2007，11（52）：10607-10610.

［11］陈红艳，高欢. 城乡结合部初中生网络成瘾与家庭亲密度和适应性［J］. 中国健康心理学杂志，2017，25（8）：1240-1243.

［12］程绍珍，杨明，师莹. 高中生网络成瘾与家庭环境的关系研究［J］. 现代预防医学，2007，34（14）：2644-2645，2648.

［13］褚梅林，廖颖辉，佘兰，等. 衡阳市中学生网络成瘾现状分析［J］. 健康必读杂志，2013（8）：486，359.

［14］邓林园，方晓义，伍明明，等. 家庭环境、亲子依恋与青少年网络成瘾［J］. 心理发展与教育，2013，29（3）：305-311.

［15］高丽娟，祁富生，钟丽卿. 青少年网络成瘾者D型人格及家庭环境研究［J］. 齐齐哈尔医学院学报，2012，33（15）：1998-1999.

［16］房山海，陈毅文，陶然，等. 网络成瘾青少年家庭亲密度及家庭教育方式的对比研究［J］. 中华行为医学与脑科学杂志，2010，19（1）：62-65.

［17］高代林，杨曦. 初中生网络成瘾与家庭功能的关系研究［J］. 北方医学，2011，8（7）：92-93.

［18］高玉峰，彭志珍，邓大勇，等. 核心家庭的网络成瘾青少年家庭亲密度和适应性特点研究［J］. 中国民康医学，2013，25（14）：13-14.

［19］苟晓英，黄小梅，王玮，等. 攀枝花市彝族汉族初中生网络成瘾现状及影响因素分析［J］. 华南预防医学，2015，41（1）：6-10.

［20］郭向飞，赵雅宁，姜学洁. 青少年网络成瘾倾向现状及影响因素分析［J］. 华北理工大学学报（医学版），2017，19（2）：144-148.

［21］侯娟，樊宁，秦欢，等. 青少年大五人格对网络成瘾的影响：家庭功能的中介作用［J］. 心理学探新，2018，38（3）：279-288.

［22］胡伟明，姜雪芳. 父母养育方式对青少年网络成瘾行为的影响［J］. 临床医学，

2008, 28（8）: 24-26.

［23］胡文勇，李慧玲，喻承甫，等. 越南青少年网络成瘾的现状及其影响因素［J］. 华南师范大学学报（社会科学版），2012（5）: 61-67.

［24］Işık I, Ergün G. Determining the relation between Turkish middle-school students' Internet addiction and perceived social support from family［J］. Addicta: The Turkish Journal of Addictions, 2018, 5: 527-542.

［25］Jang M H, Ji E S. Gender differences in associations between parental problem drinking and early adolescents' Internet addiction［J］. Journal for Specialists in Pediatric Nursing, 2012, 17: 288-300.

［26］Jang M H, Kim M J, Choi H. Influences of parental problem drinking on Internet addiction among early adolescents: A multiple-mediation analysis［J］. Journal of Addictions Nursing, 2012, 23: 258-270.

［27］江宇，黄刚. 家庭和学校环境对青少年互联网使用的影响———一项关于北京市高中生互联网使用的研究［J］. 湖南大众传媒职业技术学院学报，2008, 8（1）: 36-42.

［28］Kamal N N, Mosallem F A E H. Determinants of problematic Internet use among El-Minia high school students, Egypt［J］. International Journal of Preventive Medicine, 2013, 4: 1429-1437.

［29］Kilic M, Avci D, Uzuncakmak T. Internet addiction in high school students in Turkey and multivariate analyses of the underlying factors［J］. Journal of Addictions Nursing, 2016, 27: 39-46.

［30］Ko C H, Yen J Y, Liu S C, et al. The associations between aggressive behaviors and Internet addiction and online activities in adolescents［J］. Journal of Adolescent Health, 2009, 44: 598-605.

［31］Ko C H, Yen J Y, Yen C F, et al. The association between Internet addiction and problematic alcohol use in adolescents: The problem behavior model［J］. CyberPsychology & Behavior, 2008, 11: 571-576.

［32］Ko C H, Wang P W, Liu T L, et al. Bidirectional associations between family factors and Internet addiction among adolescents in a prospective investigation［J］. Psychiatry and Clinical Neurosciences, 2015, 69: 192-200.

［33］李海彤，杜亚松，江文庆，等. 上海市中学生网络过度使用与家庭功能关系的研究［J］. 中国临床心理学杂志，2006, 14（6）: 627-628, 631.

［34］李毅，钟宝亮，崔娟，等. 网络成瘾青少年的家庭亲密度和适应性［J］. 中国药物依赖性杂志，2012, 21（3）: 206-210.

［35］梁传山，田新华，侯宗银，等. 枣庄市中学生网络使用及网络依赖调查分析［J］. 精神医学杂志，2015, 28（2）: 130-134.

［36］梁凌燕，唐登华，陶然. 211例网络过度使用青少年的家庭功能探讨［J］. 中国心理卫生杂志，2007，21（12）：837-840.

［37］Lin F, Zhou Y, Du Y, et al. Aberrant corticostriatal functional circuits in adolescents with Internet addiction disorder［J］. Frontiers in Human Neuroscience, 2015, 9: article 356.

［38］刘惠军，樊励方，国雪利. 家庭功能对青少年网络成瘾的影响［J］. 中国学校卫生，2009，30（7）：597-599.

［39］López De Ayala López M C, Sendin Gutierrez J C, Garcia Jimenez A. Problematic Internet use among Spanish adolescents: The predictive role of Internet preference and family relationships［J］. European Journal of Communication, 2015, 30: 470-485.

［40］Lu L, Xu D D, Liu H Z, et al. Internet addiction in Tibetan and Han Chinese middle school students: Prevalence, demographics and quality of life［J］. Psychiatry Research, 2018, 268: 131-136.

［41］鲁先灵，张红岩. 网络成瘾者家庭亲密度、适应性的类型特点及其与应对方式的相关性［J］. 精神医学杂志，2013，26（4）：257-260.

［42］卢业武. 23例网络成瘾青少年自我和谐与家庭功能的相关性研究［J］. 中国民康医学，2011，23（11）：1364-1367.

［43］骆渊，张雪琴. 网络成瘾青少年家庭环境分析［J］. 中国健康心理学杂志，2010，18（2）：243-244.

［44］倪花，张国芳，张伟波，等. 职业高中生网络成瘾现况调查及其影响因素分析［J］. 中国民康医学，2012，24（2）：150-151.

［45］Pace U, Zappulla C, Guzzo G, et al. Internet addiction, temperament, and the moderator role of family emotional involvement［J］. International Journal of Mental Health and Addiction, 2014, 12: 52-63.

［46］Park S K, Kim J Y, Cho C B. Prevalence of Internet addiction and correlations with family factors among South Korean adolescents［J］. Adolescence, 2008, 43: 895-909.

［47］乔洪洁. 中学生互联网过度使用倾向及因素分析［J］. 中国社区医师（综合版），2007，9（24）：254.

［48］秦新红，桑文华，李丽英. 网瘾家庭环境、父母教养方式、亲密度和适应性的病例对照研究［J］. 现代预防医学，2010，37（22）：4211-4212，4218.

［49］沈晴雨，沈晴娜，汪兴中. 城乡接合部初一学生生活事件、心理韧性与网络成瘾倾向的关系研究［J］. 浙江教育科学，2018（5）：40-42.

［50］Shi X, Wang J, Zou H. Family functioning and Internet addiction among Chinese adolescents: The mediating roles of self-esteem and loneliness［J］. Computers in Human Behavior, 2017, 76: 201-210.

［51］孙瑞芹，佟艳红，郑秀芬，等. 青少年网络成瘾倾向危险因素的病例对照研究［J］. 现代预防医学，2017，44（12）：2127-2130.

［52］田秀菊. 中学生网络成瘾与其家庭功能的关系研究［J］. 中国科技信息，2011（6）：114-115.

［53］田秀菊，蔡振春. 湖州市中学生网络成瘾相关影响因素分析［J］. 中国学校卫生，2013，34（6）：675-679.

［54］Wang H, Zhou X, Lu C, et al. Problematic Internet use in high school students in Guangdong province, China［J］. PLOS ONE, 2011, 6: e19660.

［55］Wartberg L, Kammerl R, Rosenkranz M, et al. The interdependence of family functioning and problematic Internet use in a representative quota sample of adolescents［J］. Cyberpsychology, Behavior, and Social Networking, 2014, 17: 14-18.

［56］Wartberg L, Kriston L, Bröning S, et al. Adolescent problematic Internet use: Is a parental rating suitable to estimate prevalence and identify familial correlates?［J］. Computers in Human Behavior, 2017, 67: 233-239.

［57］Wartberg L, Kriston L, Kammerl R, et al. Prevalence of pathological Internet use in a representative German sample of adolescents: Results of a latent profile analysis［J］. Psychopathology, 2015, 48: 25-30.

［58］Wartberg L, Kriston L, Kegel K, et al. Adaptation and psychometric evaluation of the Young Diagnostic Questionnaire (YDQ) for parental assessment of adolescent problematic Internet use［J］. Journal of Behavioral Addictions, 2016, 5: 311-317.

［59］Wee C Y, Zhao Z, Yap P T, et al. Disrupted brain functional network in Internet addiction disorder: A resting-state functional magnetic resonance imaging study［J］. PLOS ONE, 2014, 9: e107306.

［60］Wu A M, Lau J T, Cheng K M, et al. Direct and interaction effects of co-existing familial risk factors and protective factors associated with Internet addiction among Chinese students in Hong Kong［J］. Journal of Early Adolescence, 2018, 38: 429-450.

［61］肖汉仕，苏林雁，高雪屏，等. 中学生互联网过度使用倾向的影响因素分析［J］. 中国临床心理学杂志，2007，15（2）：149-151.

［62］徐松泉，王东波，林美琴，等. 中学生网络成瘾的家庭关怀和应对方式研究［J］. 预防医学，2010，22（8）：4-5.

［63］徐先彩. 高中生网络使用、家庭功能与网络成瘾的关系［J］. 中小学心理健康教育，2017（29）：17-19.

［64］颜剑雄，程建伟，李路荣. 高中生网络成瘾倾向于家庭功能的关系［J］. 中国健康心理学杂志，2015，23（1）：106-108.

［65］Yen J Y, Yen C F, Chen C C, et al. Family factors of Internet addiction and substance use experience in Taiwanese adolescents［J］. CyberPsychology & Behavior, 2007,

10: 323–329.

［66］殷俊凤，解昌国. 网络成瘾青少年家庭环境与应对方式的相关性［J］. 中国健康心理学杂志，2015，23（2）：229–232.

［67］喻爱军. 家庭环境、父母教养方式与中学生网络成瘾的关系［J］. 中国临床心理学杂志，2015，23（6）：1058–1060.

［68］喻芳，郭明，陈建云，等. 3508例大、中学生网络成瘾现状与分析［J］. 现代预防医学，2009，36（9）：1675–1677.

［69］Yu L, Shek D T. Internet addiction in Hong Kong adolescents: A three–year longitudinal study［J］. Journal of Pediatric and Adolescent Gynecology, 2013, 26: S10–S17.

［70］Yu L, Shek D T. Family functioning, positive youth development, and Internet addiction in junior secondary school students: Structural equation modeling using AMOS ［J］. International Journal on Disability and Human Development, 2014, 13: 227–238.

［71］余仙平，陈燕，陈四光. 中学生网络成瘾家庭因素的调查研究［J］. 教育学术月刊，2012（5）：43–44.

［72］张惠敏，宁丽，陶然，等. 网瘾青少年所在家庭的家庭功能状况探析［J］. 中国药物依赖性杂志，2012，21（4）：307–311.

［73］张继英，解昌国. 网络成瘾青少年家庭动力学特征与父母亲养育方式的相关性研究［J］. 社区医学杂志，2016，14（3）：4–7.

［74］张伟波，蔡军，张国芳，等. 上海市徐汇区554名职校学生网瘾倾向调查及其影响因素分析［J］. 现代预防医学，2012，39（18）：4657–4659.

［75］赵延庆，王云霞，陈青萍. 陕西省青少年网络使用和网络成瘾状况调查［J］. 中国健康心理学杂志，2011，19（2）：209–211.

［76］钟欣，陶然，沙莎，等. 网络成瘾青少年成瘾情况及影响因素分析［J］. 中国健康心理学杂志，2009，17（6）：645–647.

［77］Zhong X, Zu S, Sha S, et al. The effect of a family–based intervention model on Internet–addicted Chinese adolescents［J］. Social Behavior and Personality, 2011, 39: 1021–1034.

［78］刘静，刘文娟，赵娜. 家庭功能对中学生网络成瘾现况影响的Meta分析［J］. 中国健康教育，2017，33（4）：349–353.

［79］李晓驷，李泽爱，谢雯，等. 合肥市中学生网络成瘾流行病学调查报告［J］. 中国心理卫生杂志，2006，20（1）：51–54.

［80］谢雯，李晓驷，沈怡芳，等. 中学生网络有害使用影响因素多元逐步回归分析 ［J］. 安徽医科大学学报，2005，40（5）：451–454.

［81］Xu J, Shen L X, Yan C H, et al. Parent–adolescent interaction and risk of adolescent Internet addiction: A population–based study in Shanghai［J］. BMC Psychiatry,

2014, 14: 112.

［82］刘长娜，李芮，宋桂德，等. 天津市青少年学生网络成瘾的影响因素分析［J］. 中国慢性病预防与控制，2008，16（2）：159-161.

［83］Yen C F, Ko C H, Yen J Y, et al. Multi-dimensional discriminative factors for Internet addiction among adolescents regarding gender and age［J］. Psychiatry and Clinical Neurosciences, 2009, 63: 357-364.

［84］曹建琴，周郁秋，张慧，等. 大庆市大中学生网络成瘾状况调查［J］. 中国公共卫生，2010，26（7）：891-892.

［85］邓林园，方晓义，阎静. 父母关系、亲子关系与青少年网络成瘾的关系及其作用机制［J］. 中国特殊教育，2013（9）：73-79.

［86］邓林园，张锦涛，方晓义，等. 父母冲突与青少年网络成瘾的关系：冲突评价和情绪管理的中介作用［J］. 心理发展与教育，2012，28（5）：539-544.

［87］Gao T, Meng X, Qin Z, et al. Association between parental marital conflict and Internet addiction: A moderated mediation analysis［J］. Journal of Affective Disorders, 2018, 240: 27-32.

［88］孙建平，卢国良，江燕，等. 上海市长宁区中学生网络成瘾影响因素分析［J］. 中国健康教育，2009，25（1）：14-16.

［89］Tang J, Zhang Y, Li Y, et al. Clinical characteristics and diagnostic confirmation of Internet addiction in secondary school students in Wuhan, China［J］. Psychiatry and Clinical Neurosciences, 2014, 68: 471-478.

［90］张馨月，邓林园. 青少年感知的父母冲突、自我同一性对其网络成瘾的影响［J］. 中国临床心理学杂志，2015，23（5）：906-910.

［91］张志华，黄芬，杨林胜，等. 合肥市中学生网络成瘾现况及其相关因素分析［J］. 中国学校卫生，2009，30（5）：426-428.

［92］Abdul Aziz M, Wan Ismail W S, Bahar N, et al. Internet addiction among secondary school students in Klang Valley, Malaysia: What is the association with depressive symptoms, anxiety symptoms, and self-esteem?［J］. International Medical Journal Malaysia, 2018, 17(2): 17-25.

［93］Alt D, Boniel-Nissim M. Parent-adolescent communication and problematic Internet use: The mediating role of fear of missing out (FoMO)［J］. Journal of Family Issues, 2018, 39: 3391-3409.

［94］Ballarotto G, Volpi B, Marzilli E, et al. Adolescent Internet abuse: A study on the role of attachment to parents and peers in a large community sample［J］. BioMed Research International, 2018: article 5769250.

［95］Bolat N, Yavuz M, Eliaçik K, et al. The relationships between problematic Internet use, alexithymia levels and attachment characteristics in a sample of adolescents in a high school, Turkey [J]. Psychology, Health & Medicine, 2018, 23: 604–611.

[96] Boniel–Nissim M, Sasson H. Bullying victimization and poor relationships with parents as risk factors of problematic Internet use in adolescence [J]. Computers in Human Behavior, 2018, 88: 176–183.

[97] Chang F, Chiu C, Lee C, et al. Predictors of the initiation and persistence of Internet addiction among adolescents in Taiwan [J]. Addictive Behaviors, 2014, 39: 1434–1440.

[98] Chang F C, Chiu C H, Miao N F, et al. C. The relationship between parental mediation and Internet addiction among adolescents, and the association with cyberbullying and depression [J]. Comprehensive Psychiatry, 2015, 57: 21–28.

[99] 陈武, 李董平, 鲍振宙, 等. 亲子依恋与青少年的问题性网络使用：一个有调节的中介模型 [J]. 心理学报, 2015, 47 (5)：611–623.

[100] 陈云祥, 李若璇, 张鹏, 等. 同伴依恋对青少年网络成瘾的影响：有调节的中介效应 [J]. 中国临床心理学杂志, 2018, 26 (6)：1091–1095.

[101] 邓林园, 武永新, 孔荣, 等. 冲动性人格、亲子沟通对青少年网络成瘾的交互作用分析 [J]. 心理发展与教育, 2014, 30 (2)：169–176.

[102] 邓伟, 朱志惠. 高中生父母同伴依恋与网络成瘾的关系 [J]. 中国健康心理学杂志, 2018, 26 (5)：746–750.

[103] Durkee T, Kaess M, Carli V, et al. Prevalence of pathological Internet use among adolescents in Europe: Demographic and social factors [J]. Addiction, 2012, 107: 2210–2222.

[104] 金桂花, 刘忠雪, 崔文香. 延边地区高中生网络使用与网络成瘾现况调查 [J]. 延边大学医学学报, 2014, 37 (1)：30–34.

[105] 康延海, 盛莉, 彭晓兰, 等. 海口市中学生网络成瘾与人格因素分析 [J]. 中国学校卫生, 2012, 33 (1)：99–101.

[106] Lau J T, Wu A M, Gross D L, et al. Is Internet addiction transitory or persistent? Incidence and prospective predictors of remission of Internet addiction among Chinese secondary school students [J]. Addictive Behaviors, 2017, 74: 55–62.

[107] 刘芳梅. 家庭体育、亲子关系与网络成瘾的相关性研究——以广东省中学生为例 [J]. 体育科技, 2017, 38 (3)：106–110.

[108] Liu Q X, Fang X Y, Deng L Y, et al. Parent–adolescent communication, parental Internet use and Internet–specific norms and pathological Internet use among Chinese adolescents [J]. Computers in Human Behavior, 2012, 28: 1269–1275.

[109] 刘志华, 罗丽雯. 初中生网络成瘾的社会因素：人际关系的相关研究 [J]. 电化教育研究, 2010 (8)：111–115.

[110] 罗淑文, 晏碧华, 王梦馨. 亲子关系与网络成瘾的关系 [J]. 现代交际, 2018

（12）：67-68.

［111］Park S, Kang M, Kim E. Social relationship on problematic Internet use (PIU) among adolescents in South Korea: A moderated mediation model of self-esteem and self-control［J］. Computers in Human Behavior, 2014, 38: 349-357.

［112］Siomos K, Floros G, Fisoun V, et al. Evolution of Internet addiction in Greek adolescent students over a two-year period: The impact of parental bonding［J］. European Child & Adolescent Psychiatry, 2012, 21: 211-219.

［113］Soh P C, Charlton J P, Chew K. The influence of parental and peer attachment on Internet usage motives and addiction［J］. First Monday, 2014, 19.

［114］Strittmatter E, Parzer P, Brunner R, et al. A 2-year longitudinal study of prospective predictors of pathological Internet use in adolescents［J］. European Child & Adolescent Psychiatry, 2016, 25: 725-734.

［115］Trumello C, Babore A, Candelori C, et al. Relationship with parents, emotion regulation, and callous-unemotional traits in adolescents' Internet addiction［J］. BioMed Research International, 2018: article 7914261.

［116］吴贤华，吴汉荣. 人际关系与品行问题对青少年网络成瘾的交互效应［J］. 中国学校卫生，2014，35（4）：481-483.

［117］熊静梅，张亮，张福兰，等. 湘西州农村留守初中生健康危险行为与家庭因素的相关性［J］. 中国学校卫生，2016，37（12）：1814-1816，1820.

［118］Yang L, Sun L, Zhang Z, et al. Internet addiction, adolescent depression, and the mediating role of life events: Finding from a sample of Chinese adolescents［J］. International Journal of Psychology, 2014, 49: 342-347.

［119］Yun I, Kim S G, Kwon S. Low self-control among South Korean adolescents: A test of Gottfredson and Hirschi's generality hypothesis［J］. International Journal of Offender Therapy and Comparative Criminology, 2016, 60: 1185-1208.

［120］曾瑾，陈希宁. 成都市大、中学生网络成瘾行为的比较研究［J］. 现代预防医学，2006，33（10）：1790-1791，1794.

［121］张锦涛，刘勤学，邓林园，等. 青少年亲子关系与网络成瘾：孤独感的中介作用［J］. 心理发展与教育，2011，27（6）：641-647.

［122］赵宝宝，金灿灿，邹泓. 青少年亲子关系、消极社会适应和网络成瘾的关系：一个有中介的调节作用［J］. 心理发展与教育，2018，34（3）：353-360.

［123］中国青少年研究中心课题组. 关于未成年人网络成瘾状况及对策的调查研究［J］. 中国青年研究，2010（6）：5-29.

［124］Wu X, Chen X, Han J, et al. Prevalence and factors of addictive Internet use among adolescents in wuhan, china: interactions of parental relationship with age and hyperactivity-impulsivity［J］. PLOS ONE, 2013, 8: e61782.

［125］Cheung C K, Yue X D, Wong D S W. Addictive Internet use and parenting patterns among secondary school students in Guangzhou and Hong Kong［J］. Journal of Child and Family Studies, 2015, 24: 2301–2309.

［126］李晴雨，宋娟，马迎华，等. 北京某中学学生健康危险行为与生活技能水平的关系［J］. 中国学校卫生，2017，38（2）：268–271.

［127］Metin O, Saracli O, Atasoy N, et al. Association of Internet addiction in high school students with ADHD and tobacco/alcohol use［J］. Dusunen Adam, 2015, 28: 204–212.

［128］穆国霞，马慧荣，杨彦，等. 家庭因素对中学生伤害相关危险行为的影响［J］. 中国学校卫生，2012，33（7）：817–820.

［129］Li S, Lei H, Tian L. A meta-analysis of the relationship between parenting style and Internet addiction among mainland Chinese teenagers［J］. Social Behavior and Personality, 2018, 46: 1475–1487.

［130］卫敏，孙经，单泓博，等. 我国青少年网络成瘾与父母教养方式的Meta分析［J］. 现代预防医学，2017，44（19）：3559–3563.

［131］陈志恩，宋清海. 农村户籍中学生网络成瘾的心理因素分析及行为干预［J］. 中国农村卫生事业管理，2017，37（4）：450–451.

［132］戴伟华，周春英，许滋宁，等. 江苏省南通市青少年网络成瘾现状调查分析［J］. 中国社会医学杂志，2011，28（3）：185–187.

［133］邓彩霞. 粤北地区职中学生家庭教养方式与网络成瘾倾向关系研究［J］. 亚太教育，2015（5）：247–249.

［134］邓慧怡，郑周丽，温伟权，等. 广东省某职业高中学生网络成瘾与父母教养方式的关系［J］. 华中科技大学学报（医学版），2017，46（1）：99–103.

［135］付慧鹏，霍军，于俊丽，等. 父母教养方式与儿童网络成瘾行为的关系［J］. 临床精神医学杂志，2004，14（5）：278–279.

［136］郭莹，武丽杰. 哈尔滨市中学生网络成瘾及其因素研究［J］. 中国校医，2009，23（2）：137–140.

［137］Huang X Q, Zhang H M, Li M C, et al. Mental health, personality, and parental rearing styles of adolescents with Internet addiction disorder［J］. Cyberpsychology, Behavior, and Social Networking, 2010, 13: 401–406.

［138］郎艳，李恒芬，贾福军. 网络成瘾初中生的父母教养方式及人格特征的相关性［J］. 中国神经精神疾病杂志，2007，33（11）：660–660.

［139］Li C, Dang J, Zhang X, et al. Internet addiction among Chinese adolescents: The effect of parental behavior and self-control［J］. Computers in Human Behavior, 2014, 41: 1–7.

［140］李彩娜，周俊. 父母教养方式与青少年网络成瘾［J］. 当代青年研究，2009

（4），49–54.

［141］李昊，李志凯，李省江，等. 高中生网络成瘾与父母养育方式的相关分析［J］. 中国学校卫生，2007，28（4）：340–341.

［142］刘丹霓，李董平. 父母教养方式与青少年网络成瘾：自我弹性的中介和调节作用检验［J］. 心理科学，2017，40（6）：1385–1391.

［143］鲁从林，吴华玲，周忠莲，等. 随州城区网络成瘾中学生父母教养方式调查［J］. 中国民康医学，2011，23（2）：143–144，147.

［144］卢业武，蔡俐琼，闫秋月，等. 网络成瘾青少年心理健康及父母养育方式的分析研究［J］. 神经损伤与功能重建，2011，6（6）：434–436.

［145］马玉红，杨建华. 青少年网络成瘾与父母养育方式及其心理防御机制的关系［J］. 中国民康医学，2010，22（11）：1438–1439.

［146］陶宇，李彩娜. 自我控制对网络成瘾与父母教养方式的中介作用研究［J］. 中国健康心理学杂志，2009，17（12）：1444–1447.

［147］王莉，郑国珍，刘超. 网络成瘾关系的调查研究——以张掖市为例［J］. 甘肃科技纵横，2018，47（1）：74–79，9.

［148］Wang M, Qi W. Harsh parenting and problematic Internet use in Chinese adolescents: Child emotional dysregulation as mediator and child forgiveness as moderator［J］. Computers in Human Behavior, 2017, 77: 211–219.

［149］王鹏，刘璐，李德欣，等. 中专生网络成瘾程度与父母教养方式的关系研究［J］. 山东师范大学学报（自然科学版），2007，22（4）：74–76.

［150］王新友，李恒芬，肖伟霞. 父母教养方式对青少年网络成瘾的影响［J］. 中国健康心理学杂志，2009，17（6）：685–686.

［151］颜剑雄，李路荣. 高中生网络成瘾倾向与父母教养方式的关系研究［J］. 青年探索，2009（6）：12–15.

［152］杨丑牛，袁斯雅，冯锦清，等. 中学生网络成瘾与父母教养方式的相关研究［J］. 华南预防医学，2008，34（3）：52–54.

［153］叶宝娟，温忠麟，杨强，等. 气质特征和教养方式对青少年问题性网络使用的影响：独特效应和交互效应检验［J］. 心理科学，2013，36（5）：1066–1072.

［154］叶美娟. 金华市网络成瘾高中生父母教养方式及心理健康干预的研究［J］. 中国农村卫生事业管理，2015，35（1）：83–84.

［155］张国富，周振和，张云彪，等. 青少年网络成瘾者及其父母社会心理因素的研究［J］. 中华行为医学与脑科学杂志，2008，17（6）：498–500.

［156］Zhang H, Li D, Li X. Temperament and problematic Internet use in adolescents: A moderated mediation model of maladaptive cognition and parenting styles［J］. Journal of Child and Family Studies, 2015, 24: 1886–1897.

［157］张惠敏，刘彩谊，李焕，等. 网络成瘾初中生创造性倾向及与父母养育方式的

相关性研究［J］. 中国全科医学，2014，17（10）：1176–1179.

［158］郑薇薇，夏蒨，代银，等. 2014年上海市杨浦区中学生网络成瘾现况调查［J］. 职业与健康，2016，32（4）：540–542，547.

［159］房超，方晓义，申子姣. 心理控制、行为控制与青少年网络成瘾的关系［J］. 中国特殊教育，2012（12）：70–74.

［160］Giles G, Price I R. Adolescent computer use: Approach, avoidance, and parental control［J］. Australian Journal of Psychology, 2008, 60: 63–71.

［161］赖雪芬. 广东省梅州市青少年网络成瘾现状及其影响因素［J］. 医学与社会，2016，29（12）：80–83.

［162］赖雪芬，王艳辉，王媛媛，等. 父母控制与青少年网络成瘾：情绪调节的中介作用［J］. 中国临床心理学杂志，2014，22（3）：437–441.

［163］李丹黎，张卫，王艳辉，等. 母亲心理控制与青少年问题性网络使用：非适应性认知的中介作用［J］. 心理科学，2013，36（2）：411–416.

［164］Li X, Li D, Newman J. Parental behavioral and psychological control and problematic Internet use among Chinese adolescents: The mediating role of self-control［J］. Cyberpsychology, Behavior, and Social Networking, 2013, 16: 442–447.

［165］Lin C H, Lin S L, Wu C P. The effects of parental monitoring and leisure boredom on adolescents' Internet addiction［J］. Adolescence, 2009, 44: 993–1004.

［166］刘穗，喻承甫，阮婷，等. 母亲心理控制与青少年网络成瘾：人际信任和同伴依恋的中介作用［J］. 心理研究，2017，10（6）：44–50.

［167］申子姣，房超，张锦涛，等. 父母行为心理控制与青少年网络成瘾的关系［J］. 中国临床心理学杂志，2012，20（5）：652–655.

［168］宋静静，李董平，谷传华，等. 父母控制与青少年问题性网络使用：越轨同伴交往的中介效应［J］. 心理发展与教育，2014，30（3）：303–311.

［169］Wu X S, Zhang Z H, Feng Z, et al. Prevalence of Internet addiction and its association with social support and other related factors among adolescents in China［J］. Journal of Adolescence, 2016, 52: 103–111.

［170］许颖，苏少冰，林丹华. 父母因素、抵制效能感与青少年新媒介依赖行为的关系［J］. 心理发展与教育，2012，28（4）：421–427.

［171］高修银，陆召军，卓朗，等. 中学生网络成瘾影响因素的研究与分析［J］. 江苏卫生保健，2006，8（6）：3–5.

［172］Gómez P, Rial A, Braña T, et al. Screening of problematic Internet use among Spanish adolescents: Prevalence and related variables［J］. Cyberpsychology, Behavior, and Social Networking, 2017, 20: 259–267.

［173］胡珊，范会勇. 中学生网络成瘾症状、归因及教育对策探析［J］. 现代中小学教育，2015，31（5）：59–63.

［174］Kalmus V, Blinka L, Ólafsson K. Does it matter what mama says: Evaluating the role of parental mediation in European adolescents' excessive Internet use［J］. Children & Society, 2015, 29: 122-133.

［175］Rial A, Gómez P, Picón E, et al. Identification and characterization of adolescent Internet user's profiles［J］. Spanish Journal of Psychology, 2015, 18: e50.

［176］Van Den Eijnden R J J M, Spijkerman R, Vermulst A A, et al. Compulsive Internet use among adolescents: Bidirectional parent-child relationships［J］. Journal of Abnormal Child Psychology, 2010, 38: 77-89.

［177］Vigna-Taglianti F, Brambilla R, Priotto B, et al. Problematic Internet use among high school students: Prevalence, associated factors and gender differences［J］. Psychiatry Research, 2017, 257: 163-171.

［178］Wąsiński A, Tomczyk Ł. Factors reducing the risk of Internet addiction in young people in their home environment［J］. Children and Youth Services Review, 2015, 57: 68-74.

［179］Blinka L, Škařupová K, Ševčćková A, et al. Excessive Internet use in European adolescents: What determines differences in severity?［J］. International Journal of Public Health, 2015, 60: 249-256.

［180］金盛华，吴嵩. 家长的网络关联度与青少年网络成瘾程度的关系：家长网络监管的调节作用［J］. 心理与行为研究，2015，13（4）：490-494.

［181］Gür K, Yurt S, Bulduk S, et al. Internet addiction and physical and psychosocial behavior problems among rural secondary school students［J］. Nursing & Health Sciences, 2015, 17: 331-338.

［182］Lam L T, Wong E M Y. Stress moderates the relationship between problematic Internet use by parents and problematic Internet use by adolescents［J］. Journal of Adolescent Health, 2015, 56: 300-306.

［183］Zhou N, Cao H, Li X, et al. Internet addiction, problematic Internet use, nonproblematic Internet use among Chinese adolescents: Individual, parental, peer, and sociodemographic correlates［J］. Psychology of Addictive Behaviors, 2018, 32: 365-372.

［184］费利霞，邱绍德，姜庆新. 中学生网络成瘾与其网络行为的相关研究［J］. 中国学校卫生，2006，27（5）：441-442.

［185］Chou W J, Liu T L, Yang P, et al. Multi-dimensional correlates of Internet addiction symptoms in adolescents with attention-deficit/hyperactivity disorder［J］. Psychiatry Research, 2015, 225: 122-128.

［186］Dhir A, Chen S, Nieminen M. The effects of demographics, technology accessibility, and unwillingness to communicate in predicting Internet gratifications and heavy

Internet use among adolescents［J］. Social Science Computer Review, 2016, 34: 278-297.

［187］王冬，任志海，谭鑫，等. 北京市青少年网络利用与图书馆利用调查报告［J］. 图书与情报，2007（1）：32-41.

［188］彭文波，徐陶，高亚兵，等. 中学生网络卷入类型及影响因素分析［J］. 宁波大学学报（教育科学版），2013，35（4）：8-12.

［189］张国富，张云彪，吕振雷，等. 社会心理因素对青少年网络成瘾患者的影响［J］. 中国健康心理学杂志，2011，19（9）：1080-1082.

［190］郭穗君，李海双，张雪琴. 网瘾倾向青少年自身及其父母的应对方式研究［J］. 中国药物滥用防治杂志，2013，19（3）：128-131.

［191］赵红，姚荣英. 蚌埠地区青少年网络成瘾相关因素分析［J］. 中国学校卫生，2009，30（7）：640-642.

［192］Lam L T. Parental mental health and Internet addiction in adolescents［J］. Addictive Behaviors, 2015, 42: 20-23.

［193］Liu Q X, Fang X Y, Yan N, et al. Multi-family group therapy for adolescent Internet addiction: Exploring the underlying mechanisms［J］. Addictive Behaviors, 2015, 42: 1-8.

［194］Cabrera N J, Volling B L, Barr R. Fathers are parents, too! Widening the lens on parenting for children's development［J］. Child Development Perspectives, 2018, 12: 152-157.

第3章 学校因素与青少年网络成瘾：
近20年文献回顾

　　学校是青少年在家庭外所处时间最长的场所。学校环境对青少年发展具有重要的塑造作用。近年来，研究者日益关注学校因素对青少年网络成瘾的影响。主要原因可能在于：①网络成瘾对学生的学业成绩、身心健康等产生了严重的危害。②学校因素在青少年网络成瘾的形成和发展中具有重要的作用。中国青少年研究中心课题组[1]的调查表明，对学校环境感到不满意是我国青少年网络成瘾的重要风险因素。③学校教育工作者迫切需要行之有效的手段来预防和干预青少年网络成瘾。因此，有必要对学校因素在青少年网络成瘾中的作用进行系统和深入的探讨。

　　过去20年来，研究者围绕学校因素与青少年网络成瘾的关系开展了大量富有成效的研究。例如，现有研究探讨了学校性质、学习压力、师生关系、同学关系、班级环境、学校联结、校园氛围、学校管理等诸多因素与青少年网络成瘾的关系。但是，迄今为止，尚缺乏综述论文对已有研究进行系统的梳理和总结。为了弥补现有研究的不足，本章将主要涉及以下两方面内容：回顾学校因素影响青少年网络成瘾的实证研究，即现有研究探讨了哪些学校因素与青少年网络成瘾的关系，学校因素通过怎样的中介路径影响青少年网络成瘾，是否有调节因素影响学校因素与青少年网络成瘾的关系强度或方向；分析现有研究的局限，并对未来研究的方向进行展望。本章所涉及的学校因素不仅包括个人在校经历，也包括班级环境特征，还包括学校环境特征。

1. 学校因素与青少年网络成瘾的实证研究

1.1 个人在校经历

1.1.1 师生关系

师生互动的质量（如教师的敏感性、教师是否满足了学生的发展需要）在青少年网络成瘾中具有重要的作用。理论上讲，良好的师生关系能为青少年提供社会支持，有利于其心理需要的满足、促进其积极应对，从而减少依赖网络来满足心理需要和应对压力的可能[1,2]。良好的师生关系也具有社会控制的功能，青少年担心沉迷网络会让老师感到伤心从而抑制了自身的网络成瘾倾向。截至目前，20余项研究探讨了师生关系与青少年网络成瘾的联系。结果表明，师生关系越好的青少年越不容易沉迷网络[1-20]，尽管个别研究发现师生关系直接作用不显著[21]。

最近，研究者开始探讨师生关系影响青少年网络成瘾的中介机制。例如，叶宝娟等人[16]发现，教师关怀行为有利于提高学生的领悟社会支持水平，进而促进其学业自我效能感，最终降低网络成瘾的可能性。Lai和Kwan[21]发现，良好的师生关系可以增加学业性网络使用、降低每周上网时长，进而减少青少年网络成瘾。此外，也有研究探讨了性别、品行问题等变量在师生关系与青少年网络成瘾之间的调节作用，尽管这些调节作用均不显著[3,5]。

1.1.2 同学关系

需要说明的是，同学关系与友谊关系是两个有重叠但也有差别的概念：不是所有同学都是青少年的朋友，也不是所有朋友都是青少年的同学。本章主要关注同学关系，有关同伴友谊与青少年网络成瘾的关系可参见本书其他章节。截至目前，近20项研究探讨了同学关系与青少年网络成瘾的联系。结果表明，同学关系越好的青少年越不容易沉迷网络[1,2,4,9,11-15,17-19,22-24]，而被同学孤立的青少年则容易沉迷网络[23]。

1.1.3 学校联结

学校联结（school connectedness）是指学生与学校和学校环境中的人建立起来的情感联系，反映他们在学校被关怀、支持和认可的程度，以及他们对学校的归属感、认同感、满意感和喜好感[25]。截至目前，10余项研究探讨了学校联结与青少年网络成瘾的关系。这些研究均发现，低学校联结是青少年网络成瘾的风险因素[6,19,22,26-31]。例如，Li等人[28]发现，学校联结低的青少年更可能沉迷网络。又如，Chang等人[26]通过纵向研究发现，十年级时低学校联结可以显著预测非网络成瘾者在十一年级时开始网络成瘾的可能性。

最近，有研究探讨了越轨同伴交往在学校联结与青少年网络成瘾之间的中介作用[28]。此外，也有研究探讨了非适应性未来时间观和非适应性网络使用社会情绪收益认知在学校联结与青少年网络成瘾之间的调节作用，尽管调节作用并不显著[27]。

1.1.4 学业压力

较高水平的学业压力可能使个体心理需要得不到满足，产生焦虑等负性情绪，进而推动他们通过虚拟网络世界来缓解不良情绪，最终引致网络成瘾[32]。截至目前，30余项研究探讨了学业压力与青少年网络成瘾的关系。这些研究总体表明，学业压力与青少年网络成瘾存在显著的正向联系[1,4,12,14,15,17,19,21,23,32-50]，尽管部分研究得出了阴性结果[11,13,18,21,51-53]。

需要注意的是，学业压力与网络成瘾可能不是简单的线性关系：学业压力太低或太高都不好，只有中等程度的压力才能产生最为积极的结果。遗憾的是，现有研究基本上只简单假定学业压力与青少年网络成瘾呈线性关系或者没有正式报告是否进行了非线性关系检验。实际上，对不同函数形式进行检验直接关系到实践工作的有效开展。目前有部分研究已经提示，二者可能存在U形曲线关系[13,18,54]。例如，倪花等人[13]和张伟波等人[18]对554名职校青年学生的调查发现，体验"无""很少""一般"和"很重"学业压力水平的青少年网络成瘾的可能性分别为19.23%、11.82%、13.30%和26.32%，暗示二者间可能存在非线性关系。

最近，有少量研究开始探讨学业压力影响青少年网络成瘾的中介机制。Jun

和Choi[37]发现，学业压力可以通过增加负性情绪进而增加青少年网络成瘾。该结果支持了一般压力理论（general strain theory），即压力源会增加个体的负性情绪体验，进而增加其偏差行为。Lai和Kwan[21]发现，学业压力可以通过增加社交媒体使用进而增加青少年网络成瘾。另外，也有研究尝试探讨学业压力与青少年网络成瘾之间的调节机制[33,45]。例如，邓小平等人[33]检验了时间管理倾向能否缓冲学业压力对青少年网络成瘾的不利影响，结果发现该调节作用不显著。

1.1.5 住校经历

截至目前，是否住校与青少年网络成瘾之间的关系并不明确。部分研究发现，相对于走读生而言，住校生网络成瘾水平更高[43,55,56]。但是，也有研究发现，住校与非住校青少年网络成瘾的差异没有统计学意义[57-61]。最后，还有研究发现，相对于住校生而言，走读生的网络成瘾水平反而更高[62]。

1.1.6 文理分科

目前有个别研究探讨了文理分科与青少年网络成瘾的关系[22,51,63]。这些研究初步表明，文科生的网络成瘾水平显著高于理科生。可能的原因是，文科生考试压力相对较小，书面作业少，空余时间相对充裕[51]。

1.1.7 其他因素

有研究探讨了青少年参加学校活动[13,18,64]、教师对学生上网进行指导[65]等个人经历与青少年网络成瘾的关系。由于这方面研究数量太少，这里不再对其具体展开。

1.2 班级环境特征

班级层面的因素对青少年网络成瘾具有重要影响。在一项以13所中学89个班级2898名青少年为样本的研究中，吴贤华等人[66]通过多层线性模型分离了个体效应和班级效应。结果表明，不同班级的青少年网络成瘾存在显著的变异性，且班级背景与学生层的品行障碍和情绪障碍存在跨层交互作用。尽管该研究没有探讨具体的班级特征变量在其中的作用，但却提示有必要考察班级背景因素的作用。近年来，有部分研究开始关注具体的班级特征与青少年网络成瘾的关系。

1.2.1　班级网络使用

作为重要的社会背景，整个班级所有学生平均的网络使用或成瘾情况对青少年网络成瘾有重要影响。这种效应可以通过榜样示范、同伴压力、同伴污染等诸多过程来实现。例如，Zhou和Fang[67]对我国东南地区18个班级的研究发现，班级网络成瘾规范（即班级中网络成瘾学生所占比例）越高，个体越可能网络成瘾，且这种联系不随学生性别和不良同伴交往的多少有所不同。类似地，黄吉迎等人[68]发现，同班同学上网比例与青少年自身网络成瘾存在正向联系。但是，也有研究得出了相反的结果。例如，在一项对648名16—18岁希腊青少年的研究中，Stavropoulos等人[69]考察了班级层面"大型多人在线角色扮演游戏"玩家比例对青少年网络成瘾的影响。结果发现，当学生所在班级玩家比例越高时，他们自己的网络成瘾风险越低，且该效应不随时间推移而发生改变。可能的原因是，当班级玩家比例偏高时，同学间更可能经常谈论和一起玩这类游戏。这种共同兴趣会增强面对面同学关系、强化班级社会联结，从而减少网络成瘾。Lai和Kwan[70]发现了更为复杂的结果，整个班级每天上网时长能显著正向预测青少年网络成瘾，但却削弱个体每天上网时长与其网络成瘾的正向联系。

1.2.2　班级人格特质

近年来，Stavropoulos及其合作者考察了班级开放性、敌意性、外向性（即全班学生在这些人格维度上的平均水平）对青少年网络成瘾的作用。他们发现，班级开放性越高，青少年网络成瘾初始水平则越低；而且，班级开放性可以增强强迫行为对日后青少年网络成瘾的促进作用[71]。研究也发现，班级敌意性最初对青少年网络成瘾没有显著的效应，但随着时间推移，它却是女生网络成瘾的风险因素、男生网络成瘾的保护因素[72]。研究还发现，班级外向性与初始时点青少年网络成瘾的关系不显著，但可削弱焦虑对青少年网络成瘾的促进作用[73]。

1.2.3　班级氛围特征

有研究采用"班级环境量表"对广州市27所普通中学3059名中学生进行调查发现，班级层面良好的师生关系（反映教师与学生相处融洽、教师具有高威信的程度）、竞争（反映学生之间学业竞争的激烈程度）、同学关系（反映同班同学的友谊和亲密程度）、秩序纪律（反映班级纪律严明有序、学生自觉遵守班规的程度）与网络成瘾显著负相关，学业负担（学业压力）与网络成瘾显著正相关[74,75]。张国华等人[76]通过追踪研究也发现，班级层面良好的同学关系可以显著降低青少年网络成瘾的初始水平，但从长远来看却削弱自尊对网络成瘾的保护作用。

1.2.4　班级性质

有研究发现，与重点班学生相比，普通班学生网络成瘾水平显著更高[30,46,77]。但是，也有研究表明，重点班与普通班学生网络成瘾没有显著差异[4]。

1.3　学校环境特征

1.3.1　学校性质（重点中学 VS 普通中学）

在中学阶段，学校有重点中学和普通中学之分。截至目前，近40项研究探讨了重点中学与普通中学青少年网络成瘾的差异。结果表明，重点中学与普通中学青少年网络成瘾差异并不如想象的那么大。如果有差异的话，普通中学青少年网络成瘾也只略高于重点中学。

具体而言，不少研究发现，与重点中学相比，普通中学学生网络成瘾水平显著更高[15,43,55,77-91]。但是，也有许多研究发现，重点中学与普通中学青少年网络成瘾不存在显著差异[2,22,35,58,60,92-108]。最后，少量研究甚至发现，重点中学青少年网络成瘾显著高于普通中学。例如，金盛华等人[109]对我国10省市4094名中小学生研究发现，重点学校学生网络成瘾水平显著高于非重点学校，在非重点学校中普通学校又显著高于实验学校。他们认为，实验学校网络成瘾水平最低是由于其学业负担比较适中；重点学校网络成瘾水平最高是由于近年来中小学竞争压力提高，学校的政策性质可能偏离教学初衷、过分重视升学率等指标，致使学生倾向于通过虚拟网络世界来缓解压力；普通学校网络成瘾相对较高，则可能是由于其对学生网络使用引导和监管不到位。

1.3.2　学校性质（普通中学 VS 中专职校）

在高中阶段，学校有普通中学和中专职校之分。研究者认为，相比于普通高中，中专职校学生学业负担较轻，家长和学校对他们管理较为松懈，致使他们将更多精力和时间投入网络世界[8,43,101,103]。另外，中专职校学生挫折感相对较强、自控能力更差，学习目标不明确、学习动机不足，更容易到网上寻求寄托，从而引致网络成瘾[59,85]。目前有40余项研究探讨了这种学校性质与青少年网络成瘾的关系。绝大多数研究表明，职业中学学生网瘾水平显著高于普通高中[23,43,48,52,57,59,80,83-85,89,92,97,101,103,105,110-126]。也有研究发现，不同性质学校学生网络成瘾随时间推移均有所增长[127,128]且差异有缩小的趋势[129]。

当然，也有部分研究发现，职业中学与普通中学学生网络成瘾没有显著差异[4,22,58,60,88,93,94,99,100,102,107,108,130-132]。可能的原因在于，不同类型学校对学生管理都比较严格，减少了上网机会，从而有效控制和减少了网络成瘾。

1.3.3　校园氛围

校园氛围（school climate）是指学校中被成员所体验并对其行为产生影响的、相对持久而稳定的环境特征[133]。良好的校园氛围能满足学生的多种心理需要，同时对学生的偏差行为也具有规范和约束作用，因而有助于减少网络成瘾。截至目前，有5项研究探讨了校园氛围与青少年网络成瘾的关系。结果表明，与校园氛围良好的学校相比，校园氛围不良学校的学生更可能沉迷网络（学校水平的校园氛围[27]；个体感知的校园氛围[11,13,18,134]）。在中介机制和调节机制方面，Li等人[134]发现，校园氛围感知可以降低个体结交不良同伴的可能性，进而减少青少年网络成瘾，且这种间接效应主要体现在意志控制（类似于自我调节）水平较低的个体中。Díaz-Aguado等人[27]发现，消极校园氛围（教师敌意性对待学生）对青少年网络成瘾的促进作用在非适应性未来时间观越高的个体中更明显。

1.3.4　学校管理

目前，有个别研究探讨了学校管理严格与否对青少年网络成瘾的影响。常国胜等人[92]发现，与实行封闭式管理学校的学生相比，实行开放式管理学校的学生更可能接触网络而沉迷网络。类似地，梁传山等人[11]发现，与管理严格的学校相比，管理松懈的学校学生更可能沉迷网络。

也有少量研究探讨了学校对学生上网的态度与青少年网络成瘾的关系，但结果比较混乱。例如，高修银等人[135]和陆召军等人[136]发现，相比于学校严禁上网或鼓励学生上网查资料，学校对学生上网不管不问时青少年最可能沉迷网络。但是，梁传山等人[11]发现，学校对学生上网的干预（干预、不干预、鼓励）与青少年网络成瘾没有显著联系。

还有研究探讨了学校开设网络安全课程与青少年网络成瘾的关系。例如，胡珊和范会勇[137]对辽宁省四所中学701名学生调查发现，学校开设网络安全教育课与网络成瘾存在显著的负相关，但这种联系比较微弱。他们认为，学校指导和管理这类外界干预与网络成瘾的关系可能不如想象的那么大，它们并不是中学生网络成瘾的最主要因素。

最后，还有研究探讨了学校生活丰富与否与青少年网络成瘾的关系。例如，谢雯等人[46]发现，相较于学校生活丰富组，学校生活不丰富组青少年沉迷网络的可能性显著更高。

1.3.5　其他因素

零星的研究探讨了教学质量[56]、公立与私立学校性质[138]等因素对青少年网络成瘾的影响，在此不再具体展开。

2.　研究局限与未来展望

2.1　研究设计有待完善

2.1.1　应重视纵向研究和实验研究的运用

截至目前，高达97%的研究[26,69,71,72,73]都只采用横断设计考察学校因素对青少年网络成瘾的影响（少数研究例外[76]）。横断研究有利于在短时间内收集大量数据且被试不易损耗，有利于揭示哪些学校因素与青少年网络成瘾存在联系，可以为后续更深入的研究奠定基础。但是，横断研究不能回答诸多只能由纵向研究才能回答的问题。例如，在控制基线阶段青少年网络成瘾后，学校因素对网络成瘾在随后时间段的变化量是否具有预测作用？学校因素的初始水平和变化速率是否与青少年网络成瘾的初始水平和变化速率有关？先前时间段学校因素的个体内变异是否与随后时间段青少年网络成瘾的个体内变异有关？学校因素与青少年网络成瘾之间是否存在复杂的双向关系？另外，横断研究也回答不了诸多只有实验研究才能更好回答的问题。例如，在控制所有无关变量后，操纵特定学校因素（如学校归属感）是否会导致青少年网络成瘾的减少？未来需要采用纵向研究或实验研究对有关问题进行更加深入的探讨。

2.1.2　应重视被试取样的代表性

现有研究大多出于可行性原因选择了某一地区有限数目的学校和班级进行研究。这可能导致学校和班级水平的样本量和变异性不够大，从而低估学校因素的作用。以学校所在地区为例，国内研究较多关注广东、上海、河南、北京等地的中学生，较少关注陕西、甘肃、新疆等地的中学生。未来研究应重视样本多样性和样本量的充足性。例如，在我国进行研究时，应努力选择既有发达地区又有落后地区且兼顾各级各类性质学校的样本进行研究，且保证学校层次和班级层次的单位足够多。这样更有利于勾画出不同地区不同学校青少年网络成瘾的流行地图。

2.1.3　应采用恰当的数据分析方法

在学校风险因素研究中，应注意"学生嵌套于班级、班级嵌套于学校"的数据嵌套性质。在实质性数据分析前，应先通过组内相关系数（intraclass correlation, ICC）确认嵌套效应是否严重。若嵌套效应不明显（如ICC小于0.10），则不进行特别处理可能威胁不大。若嵌套效应明显但班级或学校数目太少时，可通过固定效应的方法（fixed effect approach）进行处理[139,140]。若嵌套效应明显且班级或学校数目足够多时，可进行多层线性模型（hierarchical linear modeling）分析，从而分离组间效应和组内效应。这在研究校园氛围或班级环境等变量时显得尤为必要，因为这些变量的作用本身就具有不同的水平，且不同水平的效应可能有所不同，不进行恰当分离可能出现生态谬误的问题。遗憾的是，目前仅有少量研究采用恰当的数据分析方法处理嵌套数据[69,73]。部分研究虽然针对班级水平的变量进行研究，却没有采用恰当的研究设计和数据分析方法进行分析[74]。

2.1.4　应重视任务范式的多样化和丰富化

现有研究基本上依靠青少年自我报告收集数据，较少结合教师报告、家长报告、同伴提名或临床访谈等其他方法收集数据[113]。自我报告法有利于捕捉其他数据方法所无法捕捉的青少年网络使用经历，但这种方法可能出现回忆偏差或社会称许问题，且任何单一方法都可能导致共同方法偏差问题。因此，未来研究应避免单纯依赖自我报告这种任务范式。特别是，有些学校变量不大适合青少年自我报告。例如，班级网络使用情况（即整班所有学生上网的平均水平）本来应通过将所有学生上网情况平均得到，但若通过个体来报告班级网络使用情况收集数据则可能导致偏差，因为这种测量所得到的数据与青少年自身的网络成瘾水平有关，网络成瘾倾向较高的学生更可能报告全班同学上网平均水平较高[68]。

2.2　研究内容有待深化和拓展

2.2.1　应重视研究学校因素的联合作用

现有研究大多考察单一或少数学校因素与青少年网络成瘾的关系。然而，影响青少年网络成瘾的往往是学校因素的多个方面而非单一方面，不同学校因素往往具有协同共变的关系，且多种因素的联合作用往往比单一因素更显著。因此，有必要探讨多种学校因素对青少年网络成瘾的联合作用。具体而言，可以考察多种学校因素对网络成瘾的独特效应，也可以考察多种学校因素构成的累积风险所起的作用，还可以考察多种学校因素构成的风险剖面所起的作用。

2.2.2　应更加关注某些学校因素的作用

在学校因素现有研究中，班级环境因素对青少年网络成瘾的作用仍未受到足够的重视。事实上，班级环境是嵌套于整个学校环境的重要子系统，且比学校环境对青少年具有更近端、更直接的影响。未来研究应探讨各种班级环境因素所起的作用，如班级学生特征、班级管理特征等因素所起的作用。另外，相比于远端的学校特征变量（如学校性质），近端的学校过程因素（如师生关系）作用更加显著，也更具一致性。探究学校过程因素有助于回答远端学校因素如何通过近端学校因素起作用，从而构建学校风险因素影响青少年网络成瘾的发展级联模型，更好地指导青少年网络成瘾的预防干预工作。

2.2.3 深入探讨中介机制

现有研究大多关注学校因素对青少年网络成瘾的直接作用，对学校因素如何影响青少年网络成瘾的中介机制（作用过程）探讨不足。实际上，只有澄清特定学校因素起作用的中介机制，才能更有针对性地进行干预，从而阻断该学校因素对网络成瘾的不利影响。由于溢出效应的原因，一种学校风险因素（如校园氛围不良）可能增加个体暴露于另一种学校风险因素（如学校归属感下降）的可能性，从而增加其网络成瘾；一种学校风险因素也可能增加个体暴露于同伴风险（如不良同伴交往）或个体风险（如基本心理需要满足受损）的机会，从而增加其网络成瘾。未来研究需要加大对学校因素影响青少年网络成瘾的中介变量的探讨。

2.2.4 深入探讨调节机制

现有研究大多探讨学校因素对青少年网络成瘾的主效应，对学校因素起作用的调节机制关注不够。事实上，并非所有暴露于特定学校风险因素的青少年都同等程度地沉迷网络，有些青少年尽管面临学校风险却没有沉迷网络。这种发展结果的异质性强调了对学校因素发挥作用的调节机制进行探讨的必要性。理想的调节变量需要有相应的理论作为指导，并且应具有一定的可塑性以便进行有效的干预。调节变量可以来源于不同的生态子系统，如个体系统、家庭系统、学校系统、同伴系统等。在调节效应的研究中，应特别重视不同调节模式（如风险缓冲 VS 反转的风险缓冲）的深入探讨，因为不同调节模式往往具有不同的理论和实践意义。

2.2.5 深入探讨双向作用

现有研究大多探讨学校因素对青少年网络成瘾的单向影响，相对忽视了青少年网络成瘾也可能反过来作用于某些学校因素。目前的研究多为横断研究，不能有效回答学校因素与青少年网络成瘾之间是否具有双向作用的问题。例如，师生关系不良是否会导致青少年网络成瘾的增加，青少年网络成瘾是否也会导致师生关系的恶化？对其中"教师驱动的效应"和"学生驱动的效应"进行探究有助于更全面地认识学校因素与青少年网络成瘾如何相互影响。

2.2.6　应重视理论模型的建构

现有研究较少专门针对学校因素与青少年网络成瘾建构整合性的理论模型。随着研究的不断深入，在识别出大量影响青少年网络成瘾的主要学校因素后，需要通过具有整合性的理论模型将这些因素纳入其中，并梳理清楚其间的内在联系，从而使现有实证研究所揭示的具体知识得以有效整合。同时，好的理论模型也能识别现有研究的薄弱环节，为后续研究指明方向。

2.2.7　应重视开展学校因素的干预研究

对学校因素的研究成果最终需要转化为对青少年网络成瘾的预防和干预，从而促进青少年健康成长。已有的干预方案多从个体因素和家庭因素入手进行干预，少量针对学校因素进行的干预又多集中在提升学生的媒介素养方面。这类干预工作固然重要，但忽视了学校环境中本身可能推动和诱发网络成瘾的因素。实际上，只有对学校环境中本身存在的风险和保护因素进行干预，才能从源头上（学校环境）减少青少年网络成瘾的风险因素，从而取得更持久的干预效果。另外，干预研究也有助于检验基础研究中所获得的知识和建构的理论模型是否真正有效，从而更好地推动基础研究的发展。

参考文献

［1］中国青少年研究中心课题组. 关于未成年人网络成瘾状况及对策的调查研究［J］. 中国青年研究，2010（6）：7–31.

［2］刘志华，罗丽雯. 初中生网络成瘾的社会因素：人际关系的相关研究［J］. 电化教育研究，2010（8）：111–115.

［3］吴贤华，吴汉荣. 人际关系与品行问题对青少年网络成瘾的交互效应［J］. 中国学校卫生，2014，35（4）：481–483.

［4］董晓莲，郑英杰，王法弟，等. 高中生网络成瘾及影响因素分析［J］. 中国公共卫生，2010，26（12）：1577-1579.

［5］Esen B K, GüNdoğdu M. The relationship between Internet addiction, peer pressure and perceived social support among adolescents［J］. International Journal of Educational Research, 2010, 2: 26-33.

［6］苟晓英，黄小梅，王玮，等. 攀枝花市彝族汉族初中生网络成瘾现状及影响因素分析［J］. 华南预防医学，2015，41（1）：6-10.

［7］金灿灿，屈智勇，王晓华. 留守与流动儿童的网络成瘾现状及其心理健康与人际关系［J］. 中国特殊教育，2010（7）：59-64.

［8］金桂花，刘忠雪，崔文香. 延边地区高中生网络使用与网络成瘾现况调查［J］. 延边大学医学学报，2014，37（1）：30-34.

［9］李玲，于全磊，张林，等. 青少年网络成瘾的性别差异：学校社会处境分化的中介作用［J］. 中国临床心理学杂志，2015，23（6）：1044-1048.

［10］李晴雨，宋娟，马迎华，等. 北京某中学学生健康危险行为与生活技能水平的关系［J］. 中国学校卫生，2017，38（2）：268-271.

［11］梁传山，田新华，侯宗银，等. 枣庄市中学生网络使用及网络依赖调查分析［J］. 精神医学杂志，2015，28（2）：130-134.

［12］Lu L, Xu D, Liu H, et al. Internet addiction in Tibetan and Han Chinese middle school students: Prevalence, demographics and quality of life［J］. Psychiatry Research, 2018, 268: 131-136.

［13］倪花，张国芳，张伟波，等. 职业高中生网络成瘾现况调查及其影响因素分析［J］. 中国民康医学，2012，24（2）：150-151.

［14］孙建平，卢国良，江燕，等. 上海市长宁区中学生网络成瘾影响因素分析［J］. 中国健康教育，2009，25（1）：14-16.

［15］Wang H, Zhou X, Lu C, et al. Problematic Internet use in high school students in Guangdong province, China［J］. PLOS ONE, 2011, 6: e19660.

［16］叶宝娟，符皓皓，杨强，等. 教师关怀行为对青少年网络成瘾的影响：领悟社会支持与学业自我效能感的链式中介效应［J］. 中国临床心理学杂志，2017，25（6）：1168-1170，1174.

［17］章荣华，陈卫平，祝一虹，等. 浙江省高中生网络成瘾的心理社会因素研究［J］. 中国学校卫生，2007，28（7）：616-618.

［18］张伟波，蔡军，张国芳，等. 上海市徐汇区554名职校学生网瘾倾向调查及其影响因素分析［J］. 现代预防医学，2012，39（18）：4657-4659.

［19］赵鑫. 网络成瘾青少年生活事件的对比研究［J］. 中国学校卫生，2006，27（12）：1046-1047.

［20］邹红，金盛华，吴嵩. 青少年家庭经济地位与网络成瘾的关系：人际关系的调

节作用［J］. 教育研究与实验，2014（2）：90-94.

［21］Lai F T, Kwan J L Y. Socioeconomic influence on adolescent problematic Internet use through school-related psychosocial factors and pattern of Internet use［J］. Computers in Human Behavior, 2017, 68: 121-136.

［22］江宇，黄刚. 家庭和学校环境对青少年互联网使用的影响———一项关于北京市高中生互联网使用的研究［J］. 湖南大众传媒职业技术学院学报，2008，8（1）：36-42.

［23］刘辉，方群，孙照平. 江苏省青少年网络成瘾行为流行病学研究［J］. 中国校医，2006，20（4）：346-348.

［24］叶艳晖，李秋琼. 同伴关系自我效能感与青少年网络成瘾的关系［J］. 中国学校卫生，2015，36（3）：384-386.

［25］殷颖文，贾林祥. 学校联结的研究现状与发展趋势［J］. 心理科学，2014，37（5）：1180-1184.

［26］Chang F C, Chiu C H, Lee C M, et al. Predictors of the initiation and persistence of Internet addiction among adolescents in Taiwan［J］. Addictive Behaviors, 2014, 39: 1434-1440.

［27］Díaz-Aguado M J, Martín-Babarro J, Falcón L. Problematic Internet use, maladaptive future time perspective and school context［J］. Psicothema, 2018, 30: 195-200.

［28］Li D, Li X, Wang Y, et al. School connectedness and problematic Internet use in adolescents: A moderated mediation model of deviant peer affiliation and self-control［J］. Journal of Abnormal Child Psychology, 2013, 41: 1231-1242.

［29］刘玉媛. 长沙市初中生网络成瘾的心理社会因素调查［J］. 中国临床心理学杂志，2007，15（4）：422-423.

［30］武亮花，姜峰，刘院斌. 青少年网络成瘾行为的影响因素［J］. 山西医科大学学报，2008，39（5）：440-442.

［31］Yen C F, Ko C H, Yen J Y, et al. Multi-dimensional discriminative factors for Internet addiction among adolescents regarding gender and age［J］. Psychiatry and Clinical Neurosciences, 2009, 63: 357-364.

［32］王鹏军，任菲菲. 济南市某中学学生心理健康与网瘾关系调查［J］. 科技创新导报，2011（20）：235-235.

［33］邓小平，李露，江利琛. 高中生学业压力与网络成瘾的关系：时间管理倾向的调节作用［J］. 长江丛刊，2017（22）：283-284.

［34］郜文秀，丰建国，陈利军，等. 广东省韶关市青少年学生网络成瘾现状及其影响因素研究［J］. 中国健康教育，2013，29（3）：204-206.

［35］何志凡，李明川，李晓辉，等. 成都市中学生网络成瘾影响因素分析［J］. 预防医学情报杂志，2010，26（4）：267-271.

［36］蒋立新，李玥，陈网旋，等. 深圳市福田区1156名中学生网络成瘾现状及其影响因素［J］. 职业与健康，2015，31（17）：2393-2395.

［37］Jun S, Choi E. Academic stress and Internet addiction from general strain theory framework［J］. Computers in Human Behavior, 2015, 49: 282-287.

［38］Lam L T, Peng Z W, Mai J C, et al. Factors associated with Internet addiction among adolescents［J］. CyberPsychology & Behavior, 2009: 12, 551-555.

［39］Lee J, Kim S, Bae K, et al. Prevalence and risk factors for problematic Internet use among rural adolescents in Korea［J］. Asia-Pacific Psychiatry, 2018, 10: e12310.

［40］李凤娟，孙经，何健，等. 河南省中学生网络成瘾现况及其影响因素分析［J］. 中国学校卫生，2017，38（9）：1342-1344.

［41］林恒娜，康晓平. 北京市门头沟区中学生网络成瘾现状及其影响因素研究［J］. 慢性病学杂志，2014，15（2）：84-87.

［42］毛富强，郑文静，练睿，等. 青少年网络成瘾与生活事件、自我调节和养育方式多因素分析［J］. 中国健康心理学杂志，2008，16（10）：1151-1153.

［43］苏玲，居文，陈丽萍. 高中学生网络成瘾现状及其影响因素分析［J］. 实用预防医学，2009，16（6）：1750-1752.

［44］Tang J, Yu Y, Du Y, et al. Prevalence of Internet addiction and its association with stressful life events and psychological symptoms among adolescent Internet users［J］. Addictive Behaviors, 2014, 39: 744-747.

［45］吴文丽，伍翔，袁方，等. 青少年压力、应对方式与"网络成瘾"的关系［J］. 中国临床心理学杂志，2009，17（6）：721-722.

［46］谢雯，李晓驷，沈怡芳，等. 中学生网络有害使用影响因素多元逐步回归分析［J］. 安徽医科大学学报，2005，40（5）：451-454.

［47］于衍治. 团体心理干预方式改善青少年网络成瘾行为的可行性［J］. 中国组织工程研究，2005，9（20）：81-83.

［48］张福兰，张天成，陆盛华，等. 武陵山区土家族与苗族青少年健康危险行为影响因素分析［J］. 中国学校卫生，2015，36（3）：352-356.

［49］赵建超. 北京市通州区中学生网络成瘾影响因素分析［J］. 首都公共卫生，2014，8（4）：173-175.

［50］周丽华. 青少年网络成瘾与应对方式及生活事件关系［J］. 中国公共卫生，2009，25（11）：1372-1373.

［51］李德敏，冷晓赟，刘德荣，等. 中学生网络成瘾的流行病学调查［J］. 中国健康心理学杂志，2008，16（7）：766-768.

［52］潘苗，张三强，张秀丽，等. 新乡市在校中学生网络成瘾的相关因素［J］. 中华实用儿科临床杂志，2010，25（24）：1881-1883.

［53］张福兰，张天成，熊静梅，等. 武陵山区土家族、苗族青少年成瘾行为及影响

因素［J］. 中国公共卫生, 2015, 31（11）: 1381-1385.

［54］张福兰, 杨琪, 张天成, 等. 湘西州土家族与苗族青少年健康危险行为及其影响因素［J］. 卫生研究, 2015, 44: 257-263, 269.

［55］王玉龙, 王建平, 付丹丹. 中小学生网络用户网络成瘾流行病学调查［J］. 中国心理卫生杂志, 2008, 22（9）: 678-682.

［56］张玉林, 安伟锋, 周刚, 等. 河南省中小学生网络成瘾现况分析［J］. 中国学校卫生, 2013, 34（2）: 188-190.

［57］戴月, 袁宝君. 江苏省青少年网络成瘾倾向及其影响因素分析［J］. 中国学校卫生, 2009, 30（4）: 328-329.

［58］梁筱健, 黄祖星, 张珊珊, 等. 佛山市城市青少年健康危险行为研究（三）——电子游戏网络成瘾和赌博等成瘾性行为［J］. 中国校医, 2008, 22（3）: 245-248.

［59］刘伟佳, 刘伟, 林蓉, 等. 广州市青少年网络成瘾影响因素分析［J］. 中国学校卫生, 2012, 33（7）: 778-780.

［60］杨辉, 蒙华庆, 罗庆华, 等. 重庆市主城区中学生网络使用情况及相关因素分析［J］. 重庆医学, 2006, 35（2）: 134-136.

［61］袁碧涛, 周丽, 余淑苑. 深圳市青少年网络成瘾的现状及影响因素分析［J］. 现代预防医学, 2006, 33（12）: 2355-2357.

［62］梁振山, 何健, 杨汴生, 等. 河南省农村中学生网络使用行为状况调查［J］. 中国学校卫生, 2008, 29（12）: 1113-1115.

［63］张开基, 王子惠. 海南省高中生网络迷恋状况调查及干预对策［J］. 新教育, 2015（19）: 14-15.

［64］Lin C H, Lin S L, Wu C P. The effects of parental monitoring and leisure boredom on adolescents' Internet addiction［J］. Adolescence, 2009, 44: 993-1004.

［65］赵延庆, 王云霞, 陈青萍. 陕西省青少年网络使用和网络成瘾状况调查［J］. 中国健康心理学杂志, 2011, 19（2）: 209-211.

［66］吴贤华, 蒙衡, 吴汉荣. 班级背景对中学生网络成瘾影响的多层线性分析［J］. 中国学校卫生, 2012, 33（12）: 1452-1453.

［67］Zhou N, Fang X Y. Beyond peer contagion: Unique and interactive effects of multiple peer influences on Internet addiction among Chinese adolescents［J］. Computers in Human Behavior, 2015, 50: 231-238.

［68］黄吉迎, 苏文亮, 赵陵波. 青少年上网行为与对同伴参照群体估计的关系［J］. 青少年学刊, 2013（4）: 32-35.

［69］Stavropoulos V, Kuss D J, Griffiths M D, et al. MMORPG gaming and hostility predict Internet addiction symptoms in adolescents: An empirical multilevel longitudinal study ［J］. Addictive Behaviors, 2017, 64: 294-300.

［70］Lai F T T, Kwan J L Y. The presence of heavy Internet using peers is protective of the risk of problematic Internet use (PIU) in adolescents when the amount of use increases ［J］. Children & Youth Services Review, 2017, 73: 74–78.

［71］Stavropoulos V, Gentile D, Motti–Stefanidi F. A multilevel longitudinal study of adolescent Internet addiction: The role of obsessive–compulsive symptoms and classroom openness to experience［J］. European Journal of Developmental Psychology, 2016, 13: 99–114.

［72］Stavropoulos V, Kuss D, Griffiths M, et al. A longitudinal study of adolescent Internet addiction: The role of conscientiousness and classroom hostility［J］. Journal of Adolescent Research, 2016, 31: 442–473.

［73］Stavropoulos V, Gomez R, Steen E, et al. The longitudinal association between anxiety and Internet addiction in adolescence: The moderating effect of classroom extraversion ［J］. Journal of Behavioral Addictions, 2017, 6: 237–247.

［74］姚海霞，李丹．中学生网络成瘾与班级环境的关系研究［J］．课程教育研究：新教师教学，2015（27）：65–66.

［75］李丹，姚海霞．班级环境对中学生网络成瘾的影响［J］．课程教育研究：学法教法研究，2016（1）：63–64.

［76］张国华，戴必兵，雷雳．初中生病理性互联网使用的发展及其与自尊的关系：同学关系的调节效应［J］．心理学报，2013，45（12）：1345–1354.

［77］李晓驷，李泽爱，谢雯，等．合肥市中学生网络成瘾流行病学调查报告［J］．中国心理卫生杂志，2006，20（1）：51–54.

［78］褚梅林，廖颖辉，佘兰，等．衡阳市中学生网络成瘾现状分析［J］．健康必读杂志，2013（8）：359，486.

［79］丁海燕．青少年学生网络成瘾倾向发生率调查与分析［J］．长沙民政职业技术学院学报，2008，15（4）：23–26.

［80］郭丽．安阳市青少年网络成瘾现况及影响因素分析［J］．现代预防医学，2016，43（5）：827–831.

［81］韩耕愚，雷园婷，吕若然，等．北京市高中生网络成瘾行为现状及其影响因素分析［J］．中国儿童保健杂志，2018，26（10）：1115–1119.

［82］姜侠，赵宏，于素维．营口市中学生网络成瘾现状及其影响因素分析［J］．中国学校卫生，2012，33（2）：225–226.

［83］聂少萍，马文军，李海康，等．广东省城市青少年成瘾行为流行状况分析［J］．中国学校卫生，2008，29（7）：598–600.

［84］阮青，黄林，刘玄华，等．广西城市青少年网络成瘾行为现状分析［J］．中国学校卫生，2009，30（12）：1107–1108.

［85］沈理笑，徐健，吴增强，等．不同类型学校高中生网络使用情况的调查研究

［J］. 上海交通大学学报（医学版），2008，28（10）：1326-1329.

［86］王玉龙，王建平，付丹丹，等. 网络使用特点对中小学生网络成瘾的影响［J］. 中国临床心理学杂志，2009，17（4）：476-478.

［87］余要勇，王德民，郭丽. 安阳市青少年学生网络成瘾行为现况调查［J］. 河南预防医学杂志，2016，27（12）：922-923.

［88］张锦涛，刘勤学，邓林园，等. 青少年亲子关系与网络成瘾：孤独感的中介作用［J］. 心理发展与教育，2011，27（6）：641-647.

［89］张嫚，潘晓群. 江苏省中学生受欺侮行为与网络成瘾的相关性［J］. 中国学校卫生，2012，33（6）：689-690，693.

［90］张新乔，黄悦勤，罗晓敏，等. 北京市高中生网络成瘾现况调查［J］. 中国心理卫生杂志，2009，23（10）：748-751.

［91］赵继娟，张仁忠. 射阳县中学生网络成瘾现状［J］. 中国学校卫生，2014，35（12）：1890-1891.

［92］常国胜，李永占，赵山明. 高中生网络成瘾与学校管理类型的相关性研究［J］. 中国学校卫生，2007，28（8）：699-700.

［93］常国胜，李永占，赵山明. 郑州市城区高中生网络成瘾与家庭环境因素的关系［J］. 中国组织工程研究，2007，11（52）：10607-10610.

［94］陈秋珠，郭文斌. 社会支持对高中生网络成瘾的影响［J］. 宁波大学学报（教育科学版），2012，34（1）：104-108.

［95］戴伟华，周春英，许滋宁，等. 江苏省南通市青少年网络成瘾现状调查分析［J］. 中国社会医学杂志，2011，28（3）：185-187.

［96］邓艳霞，胡明，胡国清，等. 湖南省中学生网络成瘾症现况调查［J］. 中华流行病学杂志，2007，28（5）：445-448.

［97］段佳丽，孙颖，韩霄，等. 北京市大中学生网络成瘾及其与伤害行为相关性分析［J］. 中国学校卫生，2013，34（6）：646-650.

［98］胡珊. 辽宁省某市初高中生网络成瘾流行率调查［J］. 渤海大学学报（哲学社会科学版），2012（6）：117-120.

［99］李馥程，孙继东，赵艳华，等. 北京市怀柔区中学生成瘾行为现况及其相关因素［J］. 职业与健康，2009，25（1）：70-72.

［100］李永占. 郑州市城区高中生网络成瘾状况调查［J］. 中国社会医学杂志，2006，23（4）：242-245.

［101］李永占. 城市高中生网络成瘾状况与相关因素［J］. 中国组织工程研究，2007，11（17）：3326-3329.

［102］李永占. 高中生网络成瘾与家庭环境关系初探［J］. 中国心理卫生杂志，2007，21（4）：38-40.

［103］李振英，郭向晖. 朝阳区中学生网络成瘾及其影响因素分析［J］. 中国学校卫

生，2012，33（6）：724-725.

[104] 欧阳玉晶. 广州市青少年网络成瘾现状及影响因素研究［J］. 资治文摘：管理版，2009（6）：116，121.

[105] 宋桂德，李芮，刘长娜，等. 天津市学生网络成瘾流行病学调查［J］. 中国慢性病预防与控制，2008，16（2）：153-155.

[106] 王俊丽，卢立新，张岚. 北京市西城区部分中学生网络成瘾行为调查［J］. 中国健康教育，2012，28（3）：163-166.

[107] 吴家刚，林国桢，林琳. 广州市青少年网络使用状况及相关健康危险行为分析［J］. 热带医学杂志，2007，7（8）：816-818.

[108] 邹贵森，袁湘意，霍志斌，等. 贺州市城区青少年成瘾行为现状分析［J］. 中国学校卫生，2009，30（10）：930-932.

[109] 金盛华，吴嵩，郭亚飞，等. 青少年自我概念与网络成瘾的关系：网络消极体验和学校类型的调节效应［J］. 心理科学，2015，38（5）：1103-1108.

[110] 陈王洋，秦爱萍，张凤云，等. 黑龙江省大、中学校学生网络成瘾行为调查［J］. 中国公共卫生，2008，24（5）：609-611.

[111] 程绍珍，杨明，师莹. 高中生网络成瘾与家庭环境的关系研究［J］. 现代预防医学，2007，34（14）：2644-2645.

[112] 黄永祥. 延平城区中学生健康相关行为调查［J］. 实用预防医学，2009，16（1）：112-115.

[113] 江文庆，杜亚松，辛秦，等. 上海市199例网络成瘾中学生心理问题研究［J］. 上海精神医学，2010，22（5）：279-283.

[114] Ko C H, Yen J Y, Chen C C, et al. Tridimensional personality of adolescents with Internet addiction and substance use experience［J］. Canadian Journal of Psychiatry, 2006, 51: 887-894.

[115] 刘伟，刘伟佳，郭重山. PRR在广州市青少年网络成瘾影响因素研究中的应用［J］. 数理医药学杂志，2015，28（9）：1329-1331.

[116] Öztürk E, Özmen S K. The relationship of self-perception, personality and high school type with the level of problematic Internet use in adolescents［J］. Computers in Human Behavior, 2016, 65: 501-507.

[117] 潘苗，张三强，张秀丽，等. 新乡市在校中学生网络成瘾现状及其情绪障碍分析［J］. 现代预防医学，2011，38（21）：4412-4414.

[118] 彭宁宁，朱佳佩，冯晓刚，等. 上海市大中学生网络成瘾倾向及其影响因素分析［J］. 中国学校卫生，2007，28（3）：242-243.

[119] Poli R, Agrimi E. Internet addiction disorder: Prevalence in an Italian student population［J］. Nordic Journal of Psychiatry, 2012, 66: 55-59.

[120] 施向东，卢洁，梁惠宁，等. 南宁市大中学生上网行为比较研究［J］. 中国公

共卫生管理，2010，26（6）：637-638.

[121] 吴海曙，王敏，张叶香，等. 常州市青少年网络使用情况调查［J］. 中国校
医，2015，29（7）：481-483，485.

[122] 吴浩生，张春和，黄一燕，等. 深圳市青少年健康相关行为的调查［J］. 中国
热带医学，2006，6（9）：1711-1712.

[123] Yang S C, Tung C J. Comparison of Internet addicts and non-addicts in Taiwanese
high school［J］. Computers in Human Behavior, 2007, 23: 79-96.

[124] Yen J Y, Ko C H, Yen C F, et al. Psychiatric symptoms in adolescents with Internet
addiction: Comparison with substance use［J］. Psychiatry & Clinical Neurosciences, 2008, 62: 9-16.

[125] 张维蔚，周丽，袁碧涛，等. 深圳市青少年网络成瘾及其影响因素分析［J］.
中华疾病控制杂志，2006，10（6）：590-592.

[126] 朱玉华，杜亚松，江文庆. 上海中学生网络成瘾与情绪状态的相关研究［J］.
上海精神医学，2006，18（2）：69-71.

[127] 李晨，王勇，徐东升，等. 嘉善县中学生行为危险因素调查［J］. 浙江预防医
学，2015，27（1）：81-83.

[128] Siomos K, Floros G D, Makris E, et al. Internet addiction and psychopathology in a
community before and during an economic crisis［J］. Epidemiology and Psychiatric
Sciences, 2014, 23: 301-310.

[129] 王艳，甄世祺，袁宝君，等. 江苏省2005与2008年中学生网络成瘾发生率比较
［J］. 中国学校卫生，2013，34（11）：1344-1346.

[130] 陈静仪. 广州市2921名中学生网络成瘾情况分析［J］. 中国学校卫生，2010，
31（5）：530-531.

[131] 余一旻，杜亚松. 上海中学生网络成瘾心理健康状况的调查［J］. 上海精神医
学，2007，19（1）：1-3.

[132] 曾俊，旷兴萍，王运富，等. 万州中学生网络成瘾现状的调查［J］. 临床精神
医学杂志，2008，18（4）：244-246.

[133] Hoy W K, Hannum J W. Middle school climate: An empirical assessment of organizational health and student achievement［J］. Educational Administration Quarterly,
1997, 33: 290-311.

[134] Li D, Zhou Y, Li X, et al. Perceived school climate and adolescent Internet addiction:
The mediating role of deviant peer affiliation and the moderating role of effortful
control［J］. Computers in Human Behavior, 2016, 60: 54-61.

[135] 高修银，陆召军，卓朗，等. 中学生网络成瘾影响因素的研究与分析［J］. 江
苏卫生保健，2006，8（6）：3-5.

[136] 陆召军，高修银，卓朗，等. 中学生网络成瘾影响因素的Logistic回归分析［J］.

徐州医学院学报，2006，26（6）：509-512.

[137] 胡珊，范会勇. 中学生网络成瘾症状、归因及教育对策探析［J］. 现代中小学教育，2015，31（5）：59-63.

[138] Reda M, Rabie M, Mohsen N, et al. Problematic Internet users and psychiatric morbidity in a sample of Egyptian adolescents［J］. Psychology, 2012, 3: 626-631.

[139] Cohen J, Cohen P, West S G, et al. Applied multiple regression/correlation analysis for the behavioral sciences［M］. 3rd ed. Mahwah, NJ: Erlbaum, 2003.

[140] Maas C J M, Hox J J. Sufficient sample sizes for multilevel modeling［J］. Methodology: European Journal of Research Methods for the Behavioral and Social Sciences, 2005, 1: 86-92.

第4章　同伴因素与青少年网络成瘾：
近20年文献回顾

同伴关系作为青少年时期最重要的人际经历之一，对个体发展具有十分重要的作用。近年来，研究者越来越多地关注同伴因素在青少年网络成瘾中的作用。可能的原因在于：青少年对同伴的兴趣日益增长，花费大量时间与同伴待在一起，更多依靠同伴来获得支持和行为规范[1]。青少年时期是个体对同伴影响特别敏感的时期。有关社会神经科学的研究表明，青少年不同脑区的发育速度和成熟阶段并不平衡，使得单是有同伴出现就可能对青少年的行为产生重要影响[2]。

过去10余年里，研究者围绕同伴因素与青少年网络成瘾开展了富有成效的研究工作[3]。本章主要包含以下两方面内容：回顾同伴因素与青少年网络成瘾的实证研究，即现有研究探讨了哪些同伴因素与青少年网络成瘾的关系，同伴因素通过怎样的中介路径影响青少年网络成瘾，是否有调节因素影响同伴因素与青少年网络成瘾的关系强度和方向；描绘现有研究的局限并对未来研究进行展望。

1.　同伴因素与青少年网络成瘾的实证研究

同伴经历是指个体与家庭外同龄人各种直接或间接的经历[4]。本章将基于同伴经历的多水平模型对青少年网络成瘾的同伴因素进行梳理。该模型认为，同伴经历可分为三个水平：同伴交往（peer interactions）、同伴关系（peer relationships）和同伴群体（peer groups）。其中，同伴交往是同伴系统中最简单、最基础的水平，它是指两个个体间持续一定时长的社会交流。交往双方具有相互依存性：一方的行动既是对另一方行动的回应，同时又作为另一方行动的刺激物。同伴关系是同伴系统中较高的水平，是指彼此熟识的两个个体从持续的交往过程中衍生出来的意义、期望和情感。由于个体间彼此认识，所以每次交往的性质和过程都会受他们先前交往经验以及对未来期望的影响。在同伴关系中，友谊是最受关注的两两间关系。同伴群体是个体出于共同兴趣或处于相同环境而自发形成或正式建立的社交网络。在同伴群体水平上，通常包括个体被同伴接纳、拒绝和侵害的情况。

1.1 同伴交往水平

同伴交往困难的青少年难以在现实生活中获得心理需要的满足，容易体验到挫折感，他们可能借助虚拟网络世界来克服社交孤立[5]、展现理想自我形象[6]，从而增加网络成瘾的风险。许多研究采用"长处和困难问卷"的同伴交往困难分量表对青少年的同伴交往问题进行测量。绝大多数研究发现，同伴交往问题是青少年网络成瘾的风险因素[5-16]，尽管少量研究发现它与青少年网络成瘾的关系不显著[9,17-21]或存在负向联系[22]。最近，研究者开始探讨同伴交往影响青少年网络成瘾的中介机制和调节机制。吴贤华等人[13]发现，同伴交往问题会显著降低个体的生活质量，进而增加青少年网络成瘾。Kaess等人[9]发现，同伴交往问题与青少年网络成瘾的关系受到性别和国别的调节：该关系在男生中要比在女生中更强，在法国要比在澳大利亚和德国等其他10个国家中更弱。

1.2 同伴关系水平

1.2.1 朋友数量

在朋友数量方面，研究数量少且存在分歧。例如，毛富强等人[12]发现，朋友数量少是青少年网络成瘾的风险因素。但是，Rasmussen等人[23]发现，同性和异性朋友的数量与青少年网络成瘾无关，且每周与朋友相处的时间也与青少年网络成瘾无关。

1.2.2　友谊质量

理论上讲，现实生活中友谊质量较差的青少年更多体验负性情绪、难以在线下获得社会支持[24]，更可能将网络使用作为缓解负性情绪的手段，从而增加网络成瘾的风险。截至目前，近30项研究探讨了友谊质量与青少年网络成瘾的关系，但现有研究的结果存在一定的异质性。大多数研究发现，高质量友谊与青少年网络成瘾存在显著的负向联系[12,24-44]。但是，也有相当一部分研究发现，高质量友谊与网络成瘾并不存在显著的联系[23,35,43,45-51]，甚至存在正向的联系[50]。结果分歧的原因可能在于，不同研究对个体所结交朋友的性质、友谊质量是针对线上还是线下友谊进行测量等方面的操作有所不同，也可能是友谊质量本身所起作用利弊相互抵消或友谊质量所起作用受到其他因素的调节。

最近，研究者开始探讨友谊质量影响青少年网络成瘾的中介机制和调节机制。在中介机制方面，研究者发现，较高的友谊质量可以通过促进自尊[36]、自我效能感[41]、归属需要满足[25]、自我认同完成[43]、功能性网络使用[37]来减少网络成瘾，也可通过降低孤独感[28,33]、减少色情/游戏类网络使用[37,43,48]，进而减少青少年网络成瘾。值得注意的是，有部分研究发现，良好的友谊质量可能促进娱乐服务偏好[31]、社交性上网动机[39]和社交类网络使用[37]，进而增加青少年网络成瘾，体现出友谊质量对青少年网络成瘾的消极影响。在调节机制方面，研究者发现，友谊质量对青少年网络成瘾的影响没有受到性别[23,47,49,51]、年龄[49]和总体心理症状严重性[46]的调节。在有调节的中介机制方面，友谊质量通过促进归属需要满足进而减少网络成瘾的路径在母子依恋安全性越高的个体中越显著[25]，友谊质量通过促进自尊进而减少网络成瘾的路径在自我控制越低的个体中越显著[36]，友谊质量通过降低孤独感进而减少网络成瘾的路径在男生和女生中均显著[28]。

1.2.3　朋友特征

当青少年结交具有不良行为的同伴时，容易在其榜样示范作用下发生观察学习，也容易感受到来自不良同伴的压力和强化，从而增加自身沉迷网络的可能性。截至目前，近20项研究探讨了一般性不良同伴交往和网络使用同伴交往与青少年网络成瘾之间的关系。这些研究基本上表明，两类不良同伴交往均是青少年网络成瘾的风险因素[12,49,51-62]。然而,也有少量研究表明,不良同伴交往与网络成瘾没有显著的联系[50,63,64],甚至还具有负向的联系[50]。

最近,研究者开始探讨消极同伴交往影响青少年网络成瘾的中介机制和调节机制。在中介机制方面,研究表明,结交网络成瘾的同伴会增加个体的非适应性健康信念(减少网络使用的障碍感知、网络使用的社交收益感知、减少网络使用的自我效能感知),进而增加其网络成瘾[62]。在调节机制方面,研究者探讨了不良同伴交往与青少年网络成瘾的关系是否受到性别[49,62]、年龄[49]、自我控制[52,58]、同伴社会地位[51]等因素的调节。部分研究发现,该关系只在同伴社会地位较高的男生中显著[51],或只在年龄较小的青少年女生中显著[49]。

另外,研究发现,好朋友在社会提名法中表现出的被接纳程度与青少年网络成瘾显著负相关,但好朋友的社会地位与青少年的网络成瘾无关[51]。同伴压力是青少年网络成瘾的风险因素,且该效应在男生和女生中不存在差异[47]。

1.3 同伴群体水平

1.3.1 同伴接纳和同伴拒绝

少量研究采用社会测量法考察同伴接纳和同伴拒绝对青少年网络成瘾的影响,但结果存在一定的分歧。例如,有研究发现,同伴接纳与青少年网络成瘾呈负相关[28,33,50],且这种联系被孤独感所中介[28,33]。但是,也有研究发现,同伴接纳与青少年网络成瘾的联系并不显著[50,65]。研究者给出了两点解释[65]:一是同伴接纳是由同伴提名法测得的反映个体在班级内相对地位的客观测量指标,这种同伴经历可能不如个体主观感知到的亲密关系那样具有积极作用。二是同伴接纳没有区分同伴群体的性质。若同伴群体中存在很多网络成瘾的青少年,那么他们对目标青少年的高接纳水平可能利弊相互抵消。

1.3.2 同伴侵害

同伴侵害是指个体遭受来自同伴的身体、言语和关系攻击或欺负。根据自我医治假设或压力-应对理论,同伴侵害会促使个体通过网络使用来应对这种压力和负性情绪,从而增加个体沉迷网络的可能性。截至目前,近20项研究探讨了同伴侵害与青少年网络成瘾的关系。这些研究一致表明，同伴侵害是青少年网络成瘾的风险因素[23,66-74]。最近，研究者开始探讨同伴侵害影响青少年网络成瘾的调节机制。研究发现，同伴侵害与网络成瘾的关系在男生和女生中均显著[23]，在积极应对越多的青少年中越不显著[74]。目前较少有研究探讨同伴侵害影响青少年网络成瘾的中介机制。

近年来，网络侵害成为新兴的同伴侵害形式。有研究发现，遭受网络欺负也是青少年网络成瘾的风险因素[67,75-79]。

2. 研究局限与未来展望

2.1 注重研究设计的完善

2.1.1 更好地考察因果关系的方向

目前绝大多数研究都是采用横断设计，限制了因果关系的推论，而更好地理解变量间的关系方向有助于确定最为有效的干预目标。虽然研究者通常假定消极同伴经历促进了网络成瘾，但网络成瘾也可能导致消极同伴经历的增加。例如，同伴交往困难可能推动个体沉迷网络，而沉迷网络又会反过来限制青少年社交技能的发展从而增加同伴交往问题。未来研究需要更多地使用纵向设计或完全随机化实验设计，以更好地检验二者间是否存在双向作用。

2.1.2 变量测量有待丰富化和精细化

过往研究通常关注单一同伴因素的作用，所得知识较为零散，不能全面揭示多种同伴因素所起的作用，不能确定各种同伴经历的独特效应和相对贡献。未来研究应当基于同伴经历的多水平模型，更为全面和系统地选取同伴经历指标，从而回答"哪些同伴经历与青少年网络成瘾的关系最为密切"的重要问题。另外，应加强对过往研究忽视但实际上却较为重要的同伴因素的测量。例如，同伴群体特征（如规模大小、联结性、相互性、传递性、和谐性等）与青少年网络成瘾的关系值得探讨。又如，随着互联网技术的发展，网络同伴交往成为青少年生活的重要组成部分。有关网络友谊、网络侵害、好朋友沉迷网络、同伴网络使用压力等同伴经历与青少年网络成瘾的关系值得进一步探讨。最后，细致区分不同类型和性质的同伴交往（如积极和消极同伴交往、同伴交往的建设性和破坏性特征）也至关重要。现有研究较多采用单题项的测量工具，不利于不同性质同伴交往的精细区分，不利于澄清同伴因素对网络成瘾的影响为什么存在分歧。

2.1.3　合理确定变量测查的时间窗口

Kindermann[80]在有关同伴群体与学业成就的综述论文中指出，大多数学校系统中，班级构成在学年间会发生变化。如果每年只收集一次数据，那么这个时间窗口可能不能充分捕捉同伴经历的变化特征及其效应。或许最佳的办法是在一个学年中追踪多次，在学年初更多表现出同伴选择效应，在学年后期更多表现出同伴社会化效应。类似地，Furman和Rose[81]也指出，测量时点间隔过大的纵向设计可能不利于检验部分中介过程，因为许多变量产生最强作用的持续时间实际上要短得多。相比之下，包含多次数据采集的短期纵向研究或许更适合研究同伴关系的作用，因为有些同伴关系甚至无法持续一年之久。值得注意的是，不同时间窗口的研究设计回答的问题是不同的，较短的时间窗口可以反映变量间在微观时间尺度上的作用过程，较长的时间窗口则能在更为宏观的时间尺度上审视变量间的作用过程。两种时间尺度的研究并不是相互排斥和否定的关系，而是相互补充和完善的关系。若能在较长时间尺度上发现原本以为只在微观时间尺度上发生、在较长时间尺度上不易捕捉的效应，则更能说明变量间效应的稳健性和值得关注性。

2.1.4　纳入控制变量或混淆变量

诸多个体因素（如性别、年龄、社会经济地位、自我调控能力）和环境因素（如个体所处同伴群体的类型、同伴的社交地位）都可以作为控制变量纳入研究设计之中。另外，在研究线上和线下同伴因素所起作用时，应当将非焦点同伴因素作为控制变量，从而考察焦点同伴因素所起的独特作用。例如，在研究网络侵害时，有必要将传统侵害作为控制变量纳入研究之中，且为了使二者所起作用具有可比性，应重视二者在测量的时间窗口、行为性质的界定等诸多方面具有可比性。

2.2　注重研究内容的拓展和深化

2.2.1　重视研究的理论基础

研究问题和变量关系的构建需要有坚实的理论支撑。在这方面，初期的研究工作可以借鉴和检验物质成瘾领域的成熟理论模型，后期的研究应重视从研究结果中建构出同伴因素在青少年网络成瘾中所起作用的较为系统的理论模型。

2.2.2　关注不同文化的差异

与个体主义文化（如美国）相比，集体主义文化（如中国）更加注重人际关系[82]，那么相同的同伴经历是否对不同文化背景下青少年的网络成瘾具有不同影响？现有研究基本上是在单一文化背景下开展研究，尚缺乏系统的跨文化研究对此进行比较。需要注意的是，除了通常的东方集体主义文化和西方个体主义文化的划分方式，文化还包括宗教、社会经济地位、同一国家内不同地区等诸多其他形式[83]。未来研究可以检验不同亚群体在变量关系方面的多样性。

2.2.3　重视时间因素的作用

时间因素可以体现在不同方面。首先，在不同的发展阶段，不同同伴经历的凸显性以及个体对同伴影响的易感性可能存在差异。未来研究可以探讨同伴经历对青少年网络成瘾的影响是否存在关键期或发展变迁。譬如，在小升初和初升高等学校过渡阶段，同伴因素的作用是否比其他阶段更加明显？同伴因素的作用在青少年早期和中期是否存在显著差异？其次，暂时性的同伴经历和长期累积性的同伴经历所起作用可能也存在差异。

2.2.4　重视同伴系统与其他生态子系统的关系

根据生态学理论，青少年网络成瘾是多个发展系统共同作用的结果，因此应将同伴因素置于其他多重发展系统的背景下来整体考量。例如，同伴关系和同学关系分属于同伴系统和学校系统，这两种关系对青少年网络成瘾的作用是否存在差异值得进一步探讨。

2.2.5 深入探讨中介机制

首先，未来研究可以更加系统地检验认知机制（如关系性自我系统过程）、社会情绪机制（如抑郁、焦虑、孤独）、行为机制（如偏差训练过程）、神经生理机制（如下丘脑–垂体–肾上腺轴等内分泌活动、交感和副交感神经系统的活动）等路径在其中的中介作用。其次，完整的纵向设计（在每个时间点都对自变量、中介变量、因变量进行测量）要比横断设计和简单纵向设计（如自变量、中介变量、因变量分别在时点1、时点2、时点3进行测量）能更好地检验过程取向的中介效应。再次，多重中介效应研究也具有重要意义，通过检验并行中介（parallel multiple mediator model）、链式中介（serial multiple mediator model）、混合中介（models with parallel and serial mediation properties）等多种竞争模型，有助于识别最有力、最近端的中介因素。另外，检验远端中介（distal mediation）和不一致的中介效应（inconsistent mediation）也可以回答诸多有趣的问题，如早期同伴经历影响青少年网络成瘾的长期过程问题、不良同伴交往对青少年网络成瘾有利有弊的辩证效应问题。最后，将中介过程与调节过程相结合从而建构条件过程模型（conditional process model）也具有重要的理论和实践意义。

2.2.6 深入探讨调节机制

同伴因素起作用的过程往往取决于个体及其所处环境的特征，不是所有个体都同等程度受到同伴因素的影响。这种个体差异的出现可能源自个体自身或环境中的保护因素和风险因素。因此，基因与环境交互作用的理论可以引入青少年网络成瘾研究中，检验素质–压力模型（stress–vulnerability model）、优势敏感性模型（vantage sensitivity model）、不同易感性模型（differential susceptibility model）等理论模型的适用性。另外，研究者最近提出的"同伴影响抵制能力"（resistance to peer influence）、"社会敏感性"（social sensitivity）、"环境敏感性"（environmental sensitivity）、"同伴影响易感性"（peer influence susceptibility）等概念也有助于检验相同同伴因素是否会产生不同的影响。再者，社会支持、家庭功能、师生关系等环境因素是否能起到风险缓冲或风险增强作用也有待检验。

2.3 选用恰当的数据分析方法

新的数据分析方法可以极大地解放生产力、发展生产力，可以回答青少年网络成瘾影响因素的各种有趣问题。

2.3.1 综合运用变量中心和个人中心的方法

个体同时面临多种同伴关系特征。传统的变量中心分析方法（如回归分析）较多关注不同特征的独特作用，而近年来兴起的个人中心分析方法可以更好地刻画大量同伴特征所构成的同伴经历剖面。例如，可以采用潜在类别分析或潜在剖面分析对不同同伴因素所构成的形态进行分类，从而区分具有不同同伴因素形态的亚群体，并比较这些亚群体在网络成瘾上的差异。

2.3.2 使用多水平分析方法

个体可能同时处于多个群体之中，数据分析时需要采用多层线性模型（hierarchical linear modeling）以考虑嵌套数据所导致的误差非独立问题。另外，群体水平和个体水平的特征所起作用可能有差异，应采用多水平模型进行准确分离。

2.3.3 使用社会网络分析等新兴的方法

近年来，社会网络分析（social network analysis）被越来越多用于同伴因素与心理病理学问题研究。该方法可以更加细致和动态地捕捉同伴背景因素所起的作用。另外，主客体互倚模型（actor–partner interdependence model）或Sienna模型也被广泛使用。

2.4 注重从同伴因素入手进行干预

过去10年来，研究者已经识别出诸多影响青少年网络成瘾的同伴因素及其作用机制，这些知识对于青少年网络成瘾的预防和干预具有重要启示。目前，实践工作者对同伴因素在青少年网络成瘾预防和干预中所起作用的重视程度仍显不足。未来研究应努力开发和检验直接针对同伴因素及其过程的青少年网络成瘾预防和干预方案。特别地，在对同伴环境进行干预的过程中，应注重对相关的同伴因素进行测评，这些同伴因素可以作为干预方案起作用或不起作用的中介机制。另外，在实践工作中，应特别注意医源性伤害是否存在，如果存在，则应小心加以避免。

参考文献

[1] Prinstein M J, Giletta M. Peer relations and developmental psychopathology [M] // Cicchetti D. Developmental psychopathology, Vol. 1 Theory and method. 3rd ed. Hoboken: Wiley, 2016: 527–579.

[2] O'Brien L, Albert D, Chein J, et al. Adolescents prefer more immediate rewards when in the presence of their peers [J]. Journal of Research on Adolescence, 2011, 21: 747–753.

[3] Koo H J, Kwon J H. Risk and protective factors of Internet addiction: a meta-analysis of empirical studies in Korea [J]. Yonsei Medical Journal, 2014, 55: 1691–1711.

[4] Rubin K H, Bukowski W M, Bowker J C. Children in peer groups [M] //Bornstein M H, Leventhal T, Lerner R M. Handbook of child psychology and developmental science, Vol. 4: ecological settings and processes. 7th ed. Hoboken, NJ: Wiley, 2015: 175–222.

[5] Critselis E, Janikian M, Paleomilitou N, et al. Predictive factors and psychosocial effects of Internet addictive behaviors in Cypriot adolescents [J]. International Journal of Adolescent Medicine and Health, 2014, 26: 369–375.

[6] Strittmatter E, Kaess M, Parzer P, et al. Pathological Internet use among adolescents: comparing gamers and non-gamers [J]. Psychiatry Research, 2015, 228: 128–135.

[7] 范方, 苏林雁, 曹枫林, 等. 中学生互联网过度使用倾向与学业成绩、心理困扰及家庭功能 [J]. 中国心理卫生杂志, 2006, 20（10）: 635–638.

[8] 范娟, 杜亚松, 王立伟, 等. 上海市中学生网络过度使用者心理特征的调查 [J]. 上海精神医学, 2007, 19（2）: 71–74.

[9] Kaess M, Durkee T, Brunner R, et al. Pathological Internet use among European adolescents: psychopathology and self-destructive behaviours [J]. European Child & Adolescent Psychiatry, 2014, 23: 1093–1102.

[10] 雷雳, 李宏利. 青少年的时间透视、人际卷入与互联网使用的关系 [J]. 心理学报, 2004, 36（3）: 335–339.

[11] 李莎莎, 邓冰. 贵州中学生网络成瘾状况及其人格特质分析 [J]. 中国学校卫生, 2013, 34（1）: 43–45.

［12］毛富强，郑文静，练睿，等. 青少年网络成瘾与生活事件、自我调节和养育方式多因素分析［J］. 中国健康心理学杂志，2008，16（10）：1151-1153.

［13］吴贤华，蒙衡，吴汉荣. 武汉市中学生网络成瘾影响因素的路径分析［J］. 医学与社会，2011，24（12）：72-74.

［14］肖汉仕，苏林雁，高雪屏，等. 中学生互联网过度使用倾向的影响因素分析［J］. 中国临床心理学杂志，2007，15（2）：149-151.

［15］余一旻，杜亚松. 上海中学生网络成瘾心理健康状况的调查［J］. 上海精神医学，2007，19（1）：1-3.

［16］曾俊，旷兴萍，王运富，等. 万州中学生网络成瘾现状的调查［J］. 临床精神医学杂志，2008，18（4）：244-246.

［17］Cao F, Su L. Internet addiction among Chinese adolescents: prevalence and psychological features［J］. Child: Care, Health & Development, 2007, 33: 275-281.

［18］曹枫林，苏林雁，高雪屏，等. 中学生互联网过度使用的影响因素［J］. 中华精神科杂志，2006，39（3）：141-144.

［19］Strittmatter E, Parzer P, Brunner R, et al. A 2-year longitudinal study of prospective predictors of pathological Internet use in adolescents［J］. European Child & Adolescent Psychiatry, 2016, 25: 725-734.

［20］Wartberg L, Brunner R, Kriston L, et al. Psychopathological factors associated with problematic alcohol and problematic Internet use in a sample of adolescents in Germany［J］. Psychiatry Research, 2016, 240: 272-277.

［21］Xiao, G. Psychological mechanism of adolescent Internet addiction and brain functional imaging［J］. NeuroQuantology, 2018, 16: 915-920.

［22］吴贤华，蒙衡，吴汉荣. 班级背景对中学生网络成瘾影响的多层线性分析［J］. 中国学校卫生，2012，33（12）：1452-1453.

［23］Rasmussen M, Meilstrup C R, Bendtsen P, et al. Perceived problems with computer gaming and Internet use are associated with poorer social relations in adolescence［J］. International Journal of Public Health, 2015, 60: 179-188.

［24］郭向飞，赵雅宁，姜学洁. 青少年网络成瘾倾向现状及影响因素分析［J］. 华北理工大学学报（医学版），2017，19（2）：144-148.

［25］陈云祥，李若璇，张鹏，等. 同伴依恋对青少年网络成瘾的影响：有调节的中介效应［J］. 中国临床心理学杂志，2018，26（6）：1091-1095.

［26］邓伟，朱志惠. 高中生父母同伴依恋与网络成瘾的关系［J］. 中国健康心理学杂志，2018，26（5）：746-750.

［27］Gao T, Meng X, Qin Z, et al. Association between parental marital conflict and Internet addiction: a moderated mediation analysis［J］. Journal of Affective Disorders, 2018, 240: 27-32.

［28］郝泽生，张海滨，牛玉柏. 初中生同伴接纳、友谊支持、孤独感与网络成瘾的关系［J］. 人类工效学，2017，23（6）：26-31，41.

［29］金桂花，刘忠雪，崔文香. 延边地区高中生网络使用与网络成瘾现况调查［J］. 延边大学医学学报，2014，37（1）：30-34.

［30］Kamal N N, Mosallem F A E. Determinants of problematic Internet use among El-Minia high school students, Egypt［J］. International Journal of Preventive Medicine, 2013, 4: 1429-1437.

［31］雷雳，伍亚娜. 青少年的同伴依恋与其互联网使用的关系［J］. 心理与行为研究，2009，7（2）：81-86.

［32］刘穗，喻承甫，阮婷，等. 母亲心理控制与青少年网络成瘾：人际信任和同伴依恋的中介作用［J］. 心理研究，2017，10（6）：44-50.

［33］刘宇，闫志英. 中学生同伴关系对网络成瘾的影响——基于孤独感的中介作用分析［J］. 集美大学学报，2016，17（3）：37-40.

［34］刘志华，罗丽雯. 初中生网络成瘾的社会因素：人际关系的相关研究［J］. 电化教育研究，2010（8）：111-115.

［35］楼高行，王慧君. 青少年家庭依恋、朋友依恋与网络游戏成瘾的关系［J］. 现代教育科学，2009（1）：44-45.

［36］Park S, Kang M, Kim E. Social relationship on problematic Internet use (PIU) among adolescents in South Korea: a moderated mediation model of self-esteem and self-control［J］. Computers in Human Behavior, 2014, 38: 349-357.

［37］Reiner I, Tibubos A N, Hardt J, et al. Peer attachment, specific patterns of Internet use and problematic Internet use in male and female adolescents［J］. European Child & Adolescent Psychiatry, 2017, 26: 1257-1268.

［38］Savci M, Aysan F. The role of attachment styles, peer relations, and affections in predicting Internet addiction［J］. Addicta: The Turkish Journal on Addictions, 2016, 3: 416-432.

［39］Soh P C, Charlton J P, Chew K. The influence of parental and peer attachment on Internet usage motives and addiction［J］. First Monday, 2014, 19.

［40］吴贤华，吴汉荣. 人际关系与品行问题对青少年网络成瘾的交互效应［J］. 中国学校卫生，2014，35（4）：481-483.

［41］叶艳晖，李秋琼. 同伴关系自我效能感与青少年网络成瘾的关系［J］. 中国学校卫生，2015，36（3）：384-386.

［42］张国华，雷雳. 青少年的同伴依恋自我认同与网络成瘾的关系［J］. 中国学校卫生，2008，29（5）：454-455.

［43］张国华，伍亚娜，雷雳. 青少年的同伴依恋、网络游戏偏好与"网络成瘾"的关系［J］. 中国临床心理学杂志，2009，17（3）：354-356.

［44］邹红，金盛华，吴嵩. 青少年家庭经济地位与网络成瘾的关系：人际关系的调节作用［J］. 教育研究与实验，2014（2）：90-94.

［45］Abdul Aziz M, Wan Ismail W S, Bahar N, et al. Internet addiction among secondary school students in Klang Valley, Malaysia: what is the association with depressive symptoms, anxiety symptoms, and self-esteem?［J］. International Medical Journal Malaysia, 2018, 17: 17-25.

［46］Ballarotto G, Volpi B, Marzilli E, et al. Adolescent Internet abuse: a study on the role of attachment to parents and peers in a large community sample. BioMed Research International, 2018: article 5769250.

［47］Esen B K, Gündoğdu M. The relationship between Internet addiction, peer pressure and perceived social support among adolescents［J］. International Journal of Educational Research, 2010, 2: 26-33.

［48］Lai F T, Kwan J L. Socioeconomic influence on adolescent problematic Internet use through school-related psychosocial factors and pattern of Internet use［J］. Computers in Human Behavior, 2017, 68: 121-136.

［49］Yen C F, Ko C H, Yen J Y, et al. Multi-dimensional discriminative factors for Internet addiction among adolescents regarding gender and age［J］. Psychiatry and Clinical Neurosciences, 2009, 63: 357-364.

［50］Zhou N, Cao H, Li X, et al. Internet addiction, problematic Internet use, nonproblematic Internet use among Chinese adolescents: individual, parental, peer, and sociodemographic correlates［J］. Psychology of Addictive Behaviors, 2018, 32: 365-372.

［51］Zhou N, Fang X Y. Beyond peer contagion: unique and interactive effects of multiple peer influences on Internet addiction among Chinese adolescents［J］. Computers in Human Behavior, 2015, 50: 231-238.

［52］陈武，李董平，鲍振宙，等. 亲子依恋与青少年的问题性网络使用：一个有调节的中介模型［J］. 心理学报，2015，47（5）：611-623.

［53］邓艳霞，胡明，胡国清，等. 湖南省中学生网络成瘾症现况调查［J］. 中华流行病学杂志，2007，28（5）：445-448.

［54］胡文勇，李慧玲，喻承甫，等. 越南青少年网络成瘾的现状及其影响因素［J］. 华南师范大学学报（社会科学版），2012（5）：61-67.

［55］黄吉迎，苏文亮，赵陵波. 青少年上网行为与对同伴参照群体估计的关系［J］. 青少年学刊，2013（4）：32-35.

［56］Jung J Y, Kim Y C, Lin W Y, et al. The influence of social environment on Internet connectedness of adolescents in Seoul, Singapore and Taipei［J］. New Media & Society, 2005, 7: 64-88.

［57］Ko C H, Yen J Y, Yen C F, et al. The association between Internet addiction and problematic alcohol use in adolescents: the problem behavior model [J]. CyberPsychology & Behavior, 2008, 11: 571–576.

[58] Li D, Li X, Wang Y, et al. School connectedness and problematic Internet use in adolescents: a moderated mediation model of deviant peer affiliation and self-control [J]. Journal of Abnormal Child Psychology, 2013, 41: 1231–1242.

[59] Li D, Zhou Y, Li X, et al. Perceived school climate and adolescent Internet addiction: the mediating role of deviant peer affiliation and the moderating role of effortful control [J]. Computers in Human Behavior, 2016, 60: 54–61.

[60] 宋静静, 李董平, 谷传华, 等. 父母控制与青少年问题性网络使用: 越轨同伴交往的中介效应 [J]. 心理发展与教育, 2014, 30 (3): 303–311.

[61] Wang H, Zhou X, Lu C, et al. Problematic Internet use in high school students in Guangdong province, China. PLOS ONE, 2011, 6: e19660.

[62] Wang Y, Wu A M S, Lau J T F. The health belief model and number of peers with Internet addiction as inter-related factors of Internet addiction among secondary school students in Hong Kong [J]. BMC Public Health, 2016, 16: 1–13.

[63] 梁传山, 田新华, 侯宗银, 等. 枣庄市中学生网络使用及网络依赖调查分析 [J]. 精神医学杂志, 2015, 28 (2): 130–134.

[64] Yun I, Kim S G, Kwon S. Low self-control among South Korean adolescents: a test of Gottfredson and Hirschi's generality hypothesis [J]. International Journal of Offender Therapy and Comparative Criminology, 2016, 60: 1185–1208.

[65] 徐夫真, 张文新, 张玲玲. 家庭功能对青少年疏离感的影响: 有调节的中介效应 [J]. 心理学报, 2009, 41 (12): 1165–1174.

[66] 段佳丽, 孙颖, 韩霄, 等. 北京市大中学生网络成瘾及其与伤害行为相关性分析 [J]. 中国学校卫生, 2013, 34 (6): 646–650.

[67] Fuchs M, Riedl D, Bock A, et al. Pathological Internet use—an important comorbidity in child and adolescent psychiatry: prevalence and correlation patterns in a naturalistic sample of adolescent inpatients. BioMed Research International, 2018: article 1629147.

[68] 苟晓英, 黄小梅, 王玮, 等. 攀枝花市彝族汉族初中生网络成瘾现状及影响因素分析 [J]. 华南预防医学, 2015, 41 (1): 6–1

[69] 韩耕愚, 雷园婷, 吕若然, 等. 北京市高中生网络成瘾行为现状及其影响因素分析 [J]. 中国儿童保健杂志, 2018, 26 (10): 1115–1119.

[70] 黄泽鹏, 吴宇, 罗青山, 等. 深圳市青少年学生网络成瘾情况及影响因素分析 [J]. 中国学校卫生, 2016, 37 (7): 1028–1030.

[71] 林恒娜, 康晓平. 北京市门头沟区中学生网络成瘾现状及其影响因素研究 [J]. 慢性病学杂志, 2014, 15 (2): 84–87.

［72］刘伟，刘伟佳，郭重山. PRR在广州市青少年网络成瘾影响因素研究中的应用
［J］. 数理医药学杂志，2015，28（9）：1329-1331.

［73］张熳，潘晓群. 江苏省中学生受欺侮行为与网络成瘾的相关性［J］. 中国学校
卫生，2012，33（6）：689-690，693.

［74］钟云辉，赖水秀，唐宏. 青少年受欺负与病理性互联网使用的关系：应对方式
的调节作用. 中国健康心理学杂志，2015，23（4）：520-524.

［75］Boniel-Nissim M, Sasson H. Bullying victimization and poor relationships with par-
ents as risk factors of problematic Internet use in adolescence［J］. Computers in Hu-
man Behavior, 2018, 88: 176-183.

［76］Chang F C, Chiu C H, Miao N F, et al. The relationship between parental mediation
and Internet addiction among adolescents, and the association with cyberbullying and
depression［J］. Comprehensive Psychiatry, 2015, 57: 21-28.

［77］Gámez-Guadix M, Orue I, Smith P K, et al. Longitudinal and reciprocal relations of
cyberbullying with depression, substance use, and problematic Internet use among ad-
olescents［J］. Journal of Adolescent Health, 2013, 53: 446-552.

［78］Gómez P, Rial A, Braña T, et al. Screening of problematic Internet use among Spanish
adolescents: Prevalence and related variables［J］. Cyberpsychology, Behavior, and
Social Networking, 2017, 20: 259-267.

［79］Rial A, Golpe S, Isorna M, et al. Minors and problematic Internet use: evidence for
better prevention［J］. Computers in Human Behavior, 2018, 87: 140-145.

［80］Kindermann T A. Peer group influences on students' academic achievement［M］//
Wentzel K R, Ramani G B. Handbook of social influences in school contexts: so-
cial-emotional, motivation, and cognitive outcomes. New York: Taylor & Francis,
2016: 31-47.

［81］Furman W, Rose A J. Friendships, romantic relationships, and peer relationships［M］//
Lamb E, Lerner R M. Handbook of child psychology and developmental science, Vol.
3 Socioemotional processes. 7th ed. Hoboken, New Jersey: Wiley, 2015: 932-974.

［82］Zhang F, You Z, Fan C, et al. Friendship quality, social preference, proximity prestige,
and self-perceived social competence: interactive influences on children's loneliness
［J］. Journal of School Psychology, 2014, 52: 511-526.

［83］Cohen A B. Many forms of culture［J］. American Psychologist, 2009, 64: 194-204.

实证篇

青少年网络成瘾风险因素作用机制研究

如前所述，过去20年的研究大多关注个体、家庭、学校、同伴因素与青少年网络成瘾的直接联系，较少探讨这些因素影响青少年网络成瘾的作用机制。也就是说，我们对各种风险因素"怎样"影响青少年网络成瘾（中介机制）以及"何时"影响青少年网络成瘾（调节机制）的问题仍知之甚少。对这两大问题的回答直接关系到科学的预防干预工作的开展。具体而言，中介机制可以阐明特定风险因素通过怎样的中间过程来发挥作用，有助于实践工作者从中介变量入手阻断特定风险因素发挥作用的过程。相比之下，调节机制可以回答特定风险因素的作用在何种条件下更强或更弱的问题，有助于实践工作者开展精准的心理卫生工作，从而减轻特定风险因素的不利影响。对中介机制和调节机制等作用过程的探讨在其他领域的研究中也备受重视。例如，在家庭因素与心理病理问题的关系研究中，研究者强调采用过程取向的研究视角探讨家庭风险因素作用于心理病理问题的中介机制和调节机制。

另外，以往研究大多关注单一或少数风险因素与青少年网络成瘾的关系。然而，生态系统理论认为，人类发展同时受家庭、学校、同伴、社区等多种背景中多重风险因素的影响，没有任何单一风险因素对网络成瘾的形成具有决定性作用，且针对单一风险进行干预的效果会打折扣。

为了弥补以往研究的不足，本书将基于两大创新理念来开展相关的实证研究工作。理念一：不同发展系统相互联系，一种风险因素会增加其他风险因素进而增加网络成瘾（中介机制），一种风险因素的作用可能因其他因素而有所不同（调节机制）。理念二：不同风险因素协同发生，应关注多重风险因素的累积作用。本书实证篇的研究分别考察了主要个体因素（气质特征、大五人格）、家庭因素（亲子关系、父母监控、父母冲突、家庭功能）、学校因素（师生关系、学校分离、校园氛围）、同伴因素（友谊质量、同伴侵害）、多重风险因素（累积生态风险、负性生活事件、多重风险剖面）影响青少年网络成瘾的心理机制。

第5章 气质特征与青少年网络成瘾

1. 引言

1.1 气质和网络成瘾

虽然许多研究探讨了气质和性格与青少年网络成瘾的关系[1-7]，但少有研究考察具体气质维度所起的作用。气质是指以生理为基础的反应性和自我调节方面的个体差异[8]。最近的研究表明，气质是抑郁、违法违纪、物质滥用、赌博等问题行为的风险因素[8-10]。由于网络成瘾也具有非适应性，因此气质可能在网络成瘾的产生中也具有重要的作用。

尽管存在概念上的联系，但有关特定气质维度与青少年网络成瘾之间关系的实证研究仍比较缺乏。在少数考察了气质与青少年网络成瘾之间关系的研究中，要么只考察了单一气质维度[11,12]，要么使用了不够准确的测量工具（"气质和性格调查表"）[1-6]。因此，仍需采用更恰当的工具探讨多种气质维度对青少年网络成瘾的联合作用。

虽然学界对如何界定气质仍存在分歧，但Rothbart和Bates[8]所提出的气质模型得到了不少学者的认可。该模型也非常适合亚洲青少年[13,14]。最近的研究发现，气质的几个具体维度（如意志控制、感觉寻求、愤怒/挫折、羞怯）与青少年网络成瘾有关[7,15,16]。

与网络成瘾有关的第一个气质维度是意志控制，它是自我调节的重要方面。Rothbart和Bates[8]将其定义为"个体在应对情境需要时调节注意的能力"。

以往研究发现，意志控制在促进儿童适当行为、抑制不适当行为方面具有积极作用（参见Eisenberg等人的综述[17]）。最近的研究也表明，意志控制与游戏成瘾[18]和网络成瘾[19-21]等问题行为显著负相关。

感觉寻求是青少年期较为普遍的特征[22,23]，是与网络成瘾有关的第二个气质维度。高感觉寻求个体倾向于寻求新颖且刺激的经历，并愿意为此冒险。感觉寻求是高风险和反社会行为的重要影响因素[24]。具有高易得性的互联网为青少年提供了感觉寻求的诸多机会与资源（如性视频、暴力游戏、在线约会和社交网站）。最近的证据表明，感觉寻求与网络成瘾显著正相关。例如，一项针对中国台湾高中生的研究发现，高感觉寻求与沉迷网络之间存在显著的正相关[25]。另外两项针对台湾高中生的研究（一项为大规模横断研究，另一项为纵向研究）也发现，高感觉寻求是网络成瘾强有力的预测因素[26,27]。最后，一项元分析汇总了来自中国、美国和伊朗的37项独立研究的结果，以评估感觉寻求与网络成瘾之间的关系[28]。结果发现，两个变量之间存在中度的正相关[28]。

愤怒/挫折是与网络成瘾有关的第三个气质维度。Rothbart和Bates[8]将其定义为"个体对正在进行的任务被打断或实现目标的过程受到阻碍时出现负性情绪的倾向"。最近的研究发现，在东亚青少年中，愤怒/挫折或敌意与网络成瘾正相关。例如，Ko等人[15]发现，容易受挫的青少年（尤其是男孩）更可能沉迷网络。同样，Yen等人[29]发现，敌意得分较高的初中生和高中生更可能沉迷网络。这些结果在控制了其他适应不良症状后依然显著。

羞怯是与网络成瘾有关的第四个气质维度。羞怯是指"个体对与陌生人的正常社会交往感到不适和抑制"[30]。羞怯个体在面对面社交情境中容易对他人的评价和拒绝感到焦虑和担忧。由于互联网安全虚拟的环境能为个体满足社会情感需要提供替代途径，在线交流对羞怯个体就具有特别的吸引力。以往考察羞怯与互联网使用之间关系的研究得出了不一致的结果（参见Saunders和Chester的综述[31]）。例如，一些研究发现，网络成瘾与羞怯正相关[16,32,33]，其他研究则发现，网络成瘾在羞怯与不羞怯的个体间几乎没有差异[34,35]。

现有气质和网络成瘾的大多数研究只涉及了数量有限的气质维度[6,11,12]。此外，由于所采用的气质结构千差万别，难以勾勒不同气质维度对网络成瘾的不同影响的总体状况。因此，现有研究尚不能阐明哪些气质维度与青少年网络成瘾易感性有关。本书的首要目的是在青少年期探讨不同气质维度对网络成瘾的影响，同伴因素在此时期的作用特别凸显[36]。

1.2　不良同伴交往作为中介变量

气质影响行为问题的主要方式是通过影响个体与社会环境的互动方式来间接起作用[37,38]。同伴是这种社会环境的重要组成部分。社会学习是解释同伴因素与青少年网络成瘾之间关系的主要机制；青少年会从同伴处习得对网络成瘾有促进作用的某些规范和行为[21,39,40]。此外，同伴会使上网机会更加易得，并使网络互动（如在线游戏、聊天）变得更具社会奖赏和刺激性。同伴因素会通过这些方式增加网络成瘾的可能性。

大量研究表明，结交不良同伴会增加个体的攻击、犯罪和物质使用[41,42]。诸多研究也表明，不良同伴交往会显著增加青少年的网络成瘾[43-45]。然而，个体的同伴交往倾向在很大程度上与个人特征（如气质）有关。Wills等人[46]发现，某些气质维度（高负情绪性、低自我控制）是通过增加与物质使用同伴的交往进而增加物质使用行为。

当气质和同伴因素联合作用于问题行为时，不良同伴交往可能是联系气质与问题行为的重要路径。事实上，许多研究证实，不良同伴交往在气质与青少年物质滥用之间具有中介作用[47-49]。因此，有理由推测，不良同伴交往可能在气质与青少年网络成瘾之间具有中介作用。本书的第二个目的是检验这一中介作用。

1.3　研究概览

总体而言，我们关注与青少年网络成瘾有关的个体和环境因素以及这些因素作用于网络成瘾的具体过程。具体而言，本书考察了气质因素是否可以预测不良同伴交往，进而预测青少年网络成瘾（如图5-1所示）。

大量证据表明，意志控制可以减少青少年的反社会行为[18,20]。因此，我们假设，意志控制可能与青少年网络成瘾（路径1）和不良同伴交往（路径2）负相关。此外，意志控制可能通过减少不良同伴交往来减少青少年网络成瘾（假设1）。

　　大量实证研究表明，感觉寻求是青少年违法违纪和行为问题的风险因素[24,25,28]。因此，我们假设，感觉寻求与青少年网络成瘾（路径3）和不良同伴交往（路径4）正相关。此外，感觉寻求能通过增加不良同伴交往间接影响青少年网络成瘾（假设2）。

　　就愤怒/挫折而言，我们假设，愤怒/挫折将与青少年网络成瘾（路径5）以及不良同伴交往（路径6）正相关，愤怒/挫折也能通过增加不良同伴交往来增加网络成瘾（假设3）。

　　虽然以往有关羞怯与网络成瘾之间关系的文献存在较大分歧[32,33,50]，但考虑到羞怯个体往往担心并在现实人际互动中感到不自在，我们假设，羞怯与网络成瘾正相关（路径7），但与不良同伴交往负相关（路径8，假设4）。由于这两种关系的方向相反，我们难以预期羞怯对网络成瘾的间接效应的方向。

　　在以往文献的基础上，我们最后假设，不良同伴交往将增加青少年网络成瘾的可能性（路径9，假设5）。

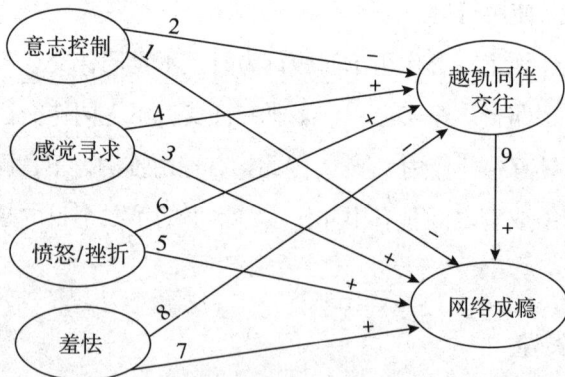

图5-1　假设模型

　　注：图中数字代表路径编号，正号表示变量间的关系为正，负号表示变量间的关系为负。

2. 研究方法

2.1 被试

通过分层随机整群抽样在华南地区10所中学招募被试。样本首先按地区（城市、农村）分层，再按学校类型（重点、普通）分层。与普通中学相比，重点中学通常拥有更好的师资、设施和资源，从而吸引更优质的生源。选择两类学校有助于增加被试特征的变异性。共有2758名青少年参加研究。46%的被试为男生。60%的父亲和69%的母亲受教育水平低于高中；35%的父亲和58%的母亲从事非技术或准技术职业。这些比例与2010年全国人口普查数据大体相当，表明样本具有一定的代表性。被试平均年龄13.53岁（$SD = 1.06$，全距 = 10–19）。研究表明，该年龄段的青少年出现网络成瘾的风险较高[51]。

2.2 测量

如下所述，所有工具均在先前研究中或先前对本样本数据的分析中建立了信度和效度。由于所有测量都来自青少年自我报告，可能存在共同方法偏差。我们采用Harman单因子检验[52]来考察共同方法偏差的严重性。如果未经旋转的因子分析中出现了单个因子或第一个因子解释了40%以上的变异，则表明存在严重的共同方法偏差[53]。结果表明，未经旋转的主成分分析得到了10个特征值大于1的因子，且第一个因子只解释了总变异的22.06%，表明共同方法偏差问题并不明显。

2.2.1 气质

要求青少年对测评四种气质特征的问卷进行回答。各项目为6点计分（1 = 完全不符合，6 = 完全符合），分数越高表示每种气质特征越明显。

意志控制。采用西方研究者开发、中国研究者改编的包含16个项目的量表进行测评[7,54]。这些项目与激活控制、注意力和抑制控制有关。样题："即使任务很困难，我也会按时完成"。本次测量中，该量表的Cronbach's α系数为0.83。

感觉寻求。采用Steinberg等人[23]开发、Li等人[7]修订的含有6个项目的量表进行测量。样题："我喜欢新奇和兴奋的体验，哪怕这些体验有点恐怖"。本次测量中，该量表的Cronbach's α系数为0.83。

愤怒/挫折。采用李董平等人[55]开发的包含8个项目的量表进行测量。样题："中断我喜欢做的事会让我感到生气"。本次测量中，该量表的Cronbach's α系数为0.75。

羞怯。采用李董平[56]开发的5个项目进行测量。样题："见到不认识的人，我感到紧张和不自然"。本次测量中，该量表的Cronbach's α系数为0.82。

2.2.2　不良同伴交往

采用改编自以往问卷[57,58]中的8个项目进行测量。青少年报告过去一年里好朋友中有多少人做过所列偏差行为（即吸烟、饮酒、考试作弊、偷窃或入店行窃、破坏财物、沉迷网络、旷课、身体和言语攻击）。样题："最近12个月以来，你的好朋友中有多少人吸烟？"在5点量表上（1 = 没有，5 = 几乎全部）评分，分数越高表示不良同伴交往越多。以往有关网络成瘾的研究只采用单个项目评估不良同伴交往[43,44]，而我们采用了多个项目。工具的效度较以往研究有所增强，因为单一项目难以完全捕捉感兴趣变量的丰富内涵[59]。我们对所有项目进行探索性因子分析，结果仅能提取特征值大于1的一个因子。该因子可解释48.55%的变异，各项目的因子载荷介于0.57—0.81。该工具在以往研究[60]和当前研究（α = 0.83）中均有着良好的信度。

2.2.3　网络成瘾

采用改编自Young[61]"网络成瘾诊断问卷"的10个项目进行测量。青少年在6点量表上（1 = 完全不符合，6 = 完全符合）评估每个项目的符合程度。样题："我将上网作为缓解不良情绪的方法"。计算所有项目的均值，分数越高表示网络成瘾倾向越明显。该问卷在中国青少年样本中有着良好的信效度[7,21,39]，且类似项目在"中国儿童青少年心理发育特征调查"中有所使用[51]。本次测量中，该问卷的信度良好（α = 0.92）。

2.2.4 控制变量

先前研究表明，性别、年龄、家庭社会经济地位、家庭功能、学校类型、邻里安全等人口学变量与青少年网络成瘾有关[21,39,51]。为了揭示气质的独特作用，我们对这些协变量进行了控制。

社会经济地位。通过对多个指标（父母受教育程度、家庭经济状况、父母职业状况）进行主成分分析，得到单因素的家庭社会经济地位指标，得分越高表示社会经济地位越好。

家庭功能。采用"家庭功能问卷"[62]的6个项目进行评估。例如，"我们相互信赖"。被试评估每个项目与他们家庭实际情况的符合程度（1 = 完全不像我家，4 = 很像我家）。计算所有项目的平均分，分数越高表示家庭功能越好。验证性因子分析表明，单因子模型对数据拟合良好（RMSEA = 0.02, NNFI = 1.00, CFI = 1.00, SRMR = 0.01）。本次测量中，问卷的Cronbach's α系数为0.82。

邻里安全。采用杨雪等人[62]使用的7个项目进行评估。被试在每个项目上评估他们所在社区安全问题（打架斗殴、抢劫、吸毒、赌博等）出现的频率（1 = 从不，4 = 总是）。样题："在我家的周边环境中，有人偷窃"。计算所有项目的平均分，得分越高表示所在社区越不安全。本次测量中，问卷的Cronbach's α系数为0.78。探索性因素分析仅能抽取一个因子，共解释45.26%的变异，各项目因子载荷介于0.59—0.74。

2.3 数据分析

由于缺失数据不超过2%，我们采用均值插补的方法进行处理[63]。采用MacKinnon[64]提出的分析程序检验中介效应。该程序要求满足以下三个条件：①每个气质维度与不良同伴交往关系显著；②在控制青少年气质后，不良同伴交往与网络成瘾关系显著；③青少年气质通过不良同伴交往与网络成瘾的间接路径显著。我们采用偏差校正的Bootstrap置信区间来确定最后一个条件是否得到满足。Bootstrap方法的标准误更小，能为中介关系的显著性提供有力的证据，因此，研究者推荐使用该方法作为间接效应估计的方法[65,66]。

为了全面考察四种气质维度、不良同伴交往与网络成瘾之间的关系，我们在LISREL 8.72[67]中进行了结构方程建模[68]。选择结构方程建模是因为它使用极大似然函数来模拟变量间的关系，这在分析大样本横断数据时尤为有用[69,70]。

采用卡方检验（χ^2）、比较拟合指数（CFI）、标准化残差均方根（SRMR）和近似误差均方根（RMSEA）评估模型拟合情况。χ^2值不显著（$p > 0.05$），CFI > 0.95, SRMR ≤ 0.08, RMSEA ≤ 0.06，则可以认为假设模型对观测数据拟合良好[71]。

3. 结果

3.1 初步分析

表5-1列出了各变量的描述统计和双变量相关情况。具体而言，不良同伴交往与网络成瘾正相关（$r = 0.32, p < 0.001$），表明不良同伴交往是网络成瘾的风险因素。意志控制与网络成瘾（$r = -0.49, p < 0.001$）和不良同伴交往（$r = -0.33, p < 0.001$）均负相关，表明意志控制是网络成瘾和不良同伴交往的抑制因素。感觉寻求和愤怒/挫折与网络成瘾（分别$r = 0.27, p < 0.001; r = 0.36, p < 0.001$）和不良同伴交往（分别$r = 0.21, p < 0.001; r = 0.19, p < 0.001$）正相关，表明它们是网络成瘾和不良同伴交往的风险因素。然而，羞怯与网络成瘾正相关（$r = 0.15, p < 0.001$），但与不良同伴交往相关不显著，表明羞怯仅是网络成瘾的风险因素。

表5-1　各变量的描述统计和双变量相关

变量	1	2	3	4	5	6	7	8	9	10	11	12
1.性别	—											
2.年龄	0.00	—										
3.社会经济地位	**0.05**	**–0.19**	—									

续表

变量	1	2	3	4	5	6	7	8	9	10	11	12
4. 家庭功能	−0.04	**−0.11**	**0.24**	—								
5. 学校类型	0.02	**0.04**	**−0.32**	**−0.11**	—							
6. 邻里安全	−0.01	**0.09**	**−0.23**	**−0.22**	0.04	—						
7. 意志控制	**−0.08**	**−0.20**	**0.14**	**0.37**	−0.03	**−0.21**	—					
8. 感觉寻求	**0.06**	**0.08**	0.02	**−0.08**	−0.04	**0.15**	**−0.31**	—				
9. 愤怒/挫折	−0.04	0.06	0.02	**−0.18**	−0.07	**0.19**	**−0.46**	**0.36**	—			
10. 羞怯	**−0.14**	0.04	**−0.18**	**−0.13**	0.08	0.07	**−0.21**	−0.09	**0.20**	—		
11. 不良同伴交往	**0.19**	**0.17**	**−0.20**	**−0.22**	**0.18**	**0.32**	**−0.33**	**0.21**	**0.19**	0.03	—	
12. 网络成瘾	**0.28**	0.04	−0.02	**−0.25**	0.02	**0.16**	**−0.49**	**0.27**	**0.36**	**0.15**	**0.32**	—
M	0.46	13.53	0.00	3.04	0.58	1.33	4.14	2.98	3.57	3.17	1.55	2.47
SD	0.50	1.06	1.00	0.54	0.49	0.37	0.77	1.25	0.92	1.22	0.54	1.02

注：$N = 2758$。性别为虚拟变量：0 = 女生，1 = 男生。学校类型为虚拟变量：0 = 重点中学，1 = 普通中学。加粗的相关系数至少在$p < 0.05$水平上显著。

3.2　测量模型检验

分两步进行结构方程建模，以检验图5-1所示的模型。第一步检验测量模型。在此部分，各指标负荷到各自的因子上，所有6个潜因子都允许自由相关。结果表明，测量模型对数据拟合良好：CFI = 0.96, SRMR = 0.046, RMSEA = 0.049 (0.048 — 0.051), $\chi^2 = 5153.13$, $df = 725$, $p < 0.001$。在大样本条件下，要求卡方检验不显著不大现实[72]。各指标的因子载荷均显著（所有t值均在1.96以上）并高于以往研究建议的0.40的临界水平[73]，表明会聚效度可以接受。此外，所有指标在其对应因子上的载荷均高于其他因子，表明因子间具有良好的区分效度[72]。

3.3　结构模型检验

对于结构模型，我们首先在不纳入中介变量的前提下检验4种气质维度对网络成瘾的独特效应。所有4个气质变量都与网络成瘾显著相关，但它们的方向有所不同：意志控制与网络成瘾负相关（β = −0.34, $p < 0.001$）；感觉

寻求与网络成瘾正相关（$\beta = 0.10, p < 0.001$）；愤怒/挫折与网络成瘾正相关（$\beta = 0.14, p < 0.001$）；羞怯与网络成瘾正相关（$\beta = 0.10, p < 0.001$）。

接下来，检验包含中介变量不良同伴交往以及四种气质维度到网络成瘾直接路径的中介模型。结果显示，模型对数据拟合良好：$\chi^2 = 0.94$ ($df = 2, p = 0.62$), RMSEA $= 0.001$, SRMR $= 0.002$, CFI $= 0.99$。表5–2呈现了结构模型的标准化参数估计值。

表5–2　中介模型标准化和非标准化参数估计

	参数估计	
	非标准化解	标准化解
直接效应		
意志控制—网络成瘾	$-0.42 (0.03)^{***}$	-0.31
感觉寻求—网络成瘾	$0.07 (0.01)^{**}$	0.09
愤怒/挫折—网络成瘾	$0.15 (0.02)^{**}$	0.14
羞怯—网络成瘾	$0.08 (0.01)^{**}$	0.10
意志控制—不良同伴交往	$-0.13 (0.01)^{***}$	-0.18
感觉寻求—不良同伴交往	$0.04 (0.01)^{***}$	0.09
愤怒/挫折—不良同伴交往	$0.02 (0.01)^{*}$	0.04
羞怯—不良同伴交往	$-0.02 (0.01)^{*}$	-0.04
不良同伴交往—网络成瘾	$0.23 (0.03)^{***}$	0.12
间接效应		
意志控制—不良同伴交往—网络成瘾	$-0.03 (0.01)^{**}$	-0.02
感觉寻求—不良同伴交往—网络成瘾	$0.01 (0.00)^{**}$	0.01
愤怒/挫折—不良同伴交往—网络成瘾	$0.01 (0.00)^{*}$	0.01
羞怯—不良同伴交往—网络成瘾	$0.00 (0.00)^{*}$	0.00

注：$N = 2758$。性别为虚拟变量：$0 = $女生，$1 = $男生。学校类型为虚拟变量：$0 = $重点中学，$1 = $普通中学。$^{*}p < 0.05$，$^{**}p < 0.01$，$^{***}p < 0.001$。

如表5–2所示，意志控制与不良同伴交往负相关（$\beta = -0.18, p < 0.001$），进而显著正向预测网络成瘾（$\beta = 0.12, p < 0.001$）。意志控制通过不良同伴交

往对网络成瘾的间接效应在95%置信区间上显著（−0.0427 — −0.0205）。意志控制还对网络成瘾有残余直接效应。综合而言，假设1得到了支持。

感觉寻求（β = 0.09, p < 0.001）和愤怒/挫折（β = 0.04, p < 0.001）均与不良同伴交往显著正相关，进而显著预测青少年网络成瘾（β = 0.12, p < 0.001）。感觉寻求（0.0077 — 0.0177）和愤怒/挫折（0.0036 — 0.0161）通过不良同伴交往预测网络成瘾的间接效应均在95%置信区间上显著。因此，假设2和3得到了支持。

羞怯与不良同伴交往负相关（β = −0.04, p < 0.05），但正向预测网络成瘾（β = 0.12, p < 0.001），因此假设4得到了支持。根据95%置信区间（−0.0103 — −0.0011），羞怯通过不良同伴交往预测网络成瘾的间接效应显著，但属于"不一致的中介效应"，因为中介效应与直接效应的方向相反且相互抵消[64,74]。

值得一提的是，愤怒/挫折和羞怯对不良同伴交往的效应尽管显著但比较微弱（见表2）。因此，愤怒/挫折和羞怯通过不良同伴交往影响网络成瘾的中介路径需谨慎解释。

3.4　补充分析

Wills和Dishion[75]指出，气质可能调节不良同伴交往与成瘾行为之间的关系。为了检验这一竞争模型，我们构造了四种气质维度与不良同伴交往的交互项（不良同伴交往 × 意志控制，不良同伴交往 × 感觉寻求，不良同伴交往 × 愤怒/挫折，不良同伴交往 × 羞怯），以检验气质在不良同伴交往与网络成瘾之间可能的调节作用。结果显示，所有调节效应均不显著（ps > 0.05）。因此，竞争模型被拒绝且原有中介模型得到进一步支持。

另外，由于学生嵌套于学校，有必要考察观测变量彼此误差不独立是否影响研究结果。采用固定效应方法处理嵌套数据的问题[76]，即对学校变量进行虚拟编码（生成9个虚拟变量），并将其作为协变量进行控制。结果显示，学校虚拟变量对因变量的效应不显著，因此我们的结论仍然成立。

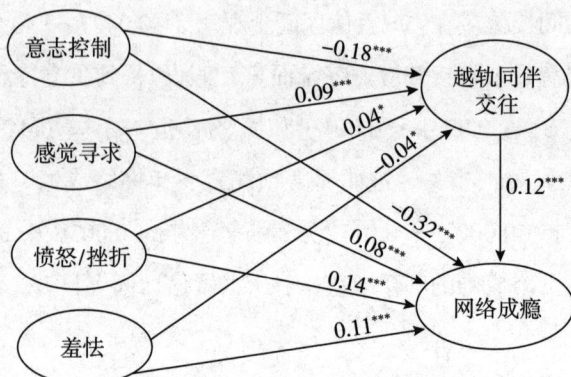

图5-2 不良同伴交往在气质与青少年网络成瘾之间的中介作用

4. 讨论

本书采用来自普通青少年的大样本数据，检验了四种气质维度对网络成瘾的不同影响，同时还探索了四种气质维度通过不良同伴交往间接影响青少年网络成瘾的中介模型。研究结果揭示了个人特征（气质）和社会环境（不良同伴交往）对网络成瘾的联合影响。

与预期相符，每种气质维度对青少年网络成瘾均具有独特且显著的影响。意志控制与网络成瘾负相关，但感觉寻求、愤怒/挫折和羞怯与网络成瘾正相关。在以往研究中，羞怯与网络成瘾的关系并不明确。我们的研究发现丰富了气质维度与网络成瘾之间关系的文献[2,6,11,12]。值得注意的是，我们同时考察多种气质维度对青少年网络成瘾的影响，能够比较它们的效应并确定不同气质维度与青少年网络成瘾之间关系的性质。这些结果有助于以气质为基础的网络成瘾干预方案的开发。此外，这些研究结果令人信服，因为我们有代表性的大样本增加了研究结果在中国青少年中的可推广性。

我们还考察了不良同伴交往在气质维度与青少年网络成瘾之间的中介作用，而这是目前网络成瘾研究领域探讨不多的问题。中介分析表明，气质能通过不良同伴交往间接预测青少年网络成瘾。间接路径为青少年网络成瘾的预防和干预提供了重要启示。

意志控制可通过减少不良同伴交往进而负向预测网络成瘾。该发现证实了意志控制对预防青少年网络成瘾和不良同伴交往的积极作用。意志控制被认为是执行功能的核心，也与儿童的高学业成绩、社会能力和低问题行为密切相关[17]。这些结果表明，有必要提高家长和老师对培养儿童意志控制和自我调节能力重要性的认识，这些能力对个体健康的心理社会功能具有重要影响[77]。

另外，感觉寻求和愤怒/挫折都对不良同伴交往具有正向预测作用，进而正向预测青少年网络成瘾，说明这些气质维度都对网络成瘾有间接的不利影响。有感觉寻求倾向的青少年很可能寻找能加剧这种倾向的同伴群体进行交往，因此该发现并不足为奇；个体倾向于寻找与他们遗传倾向相契合的生活环境[78]。不良同伴群体提供了风险环境，并为寻求风险的行为提供了社会认可。此外，愤怒/挫折程度高的青少年更容易出现学业失败[14]、被正常同伴拒绝[79]，这可能导致个体通过结交不良同伴来满足社交需要[80]。不良同伴可能引导青少年去接触网上的资源，以发泄敌意或提供惊险刺激。通过互联网个体容易获得性、武器、暴力游戏和违法犯罪的场景。同伴群体可以通过榜样示范和同伴压力强化个体的偏差行为[81,82]。张锦涛等人[40]发现，同伴的网络过度使用行为和态度不仅直接正向预测网络成瘾，还通过同伴压力间接预测网络成瘾。

虽然羞怯对网络成瘾的总效应是正向的，但在羞怯与网络成瘾之间发现了通过不良同伴交往的不一致中介效应：羞怯负向预测不良同伴交往，进而负向预测网络成瘾。一方面，羞怯青少年社交能力偏低，不利于建立和维持同伴关系，即便与不良同伴交往时也是如此。然而，未得到满足的社交需求会推动他们通过互联网来寻求社会交往，这可能增加他们网络成瘾的风险[83]。这些结果证实了羞怯与网络成瘾之间的正向联系，但也指出并非所有网络成瘾都被不良同伴交往所中介。

众所周知，问题行为是个体与社会环境共同作用的结果[84,85]。网络成瘾作为一种问题行为，为说明气质因素和社会因素如何引发特定的病理问题提供了例证。三个变量（气质、不良同伴交往和网络成瘾）的相互联系揭示了行为如何源于气质，然后通过接触相似同伴来得以维持和放大，最终强化个体不良特质的过程。

本研究存在以下局限。首先，横断数据限制了因果推论。未来研究应采用纵向设计来寻找我们研究中因果关系的证据。其次，尽管青少年自我报告在测量气质等变量时较为可靠[8,86]，且Harman单因子检验[52]控制了常见的方法学偏差，未来研究仍应使用多个报告者（家长和老师）来减少共同方法偏差的潜在影响。再次，尽管样本的社会人口学背景比较多样，但所有被试均来自中国，因此研究结果对其他文化背景的推广性可能受到限制。最后，不良同伴交往的影响尽管显著但较为微弱。若采用严重网络成瘾个体组成的临床样本，可能会得到不良同伴交往与网络成瘾之间更强的效应。与此同时，由于不良同伴交往可能具有无法被横断研究所充分捕捉的长期效应，未来研究有必要通过纵向设计来考察不良同伴交往的效应。

我们的发现具有重要的实践意义。由于网络成瘾会严重干扰青少年的学校、生涯和生活结果，学校和教育工作者已开发出包括认知行为疗法[87,88]和家庭治疗[89]等在内的各种干预计划。我们的结果对多维家庭治疗模型具有重要的实践启发[90]。具体而言，识别青少年的风险气质是减少青少年网络成瘾的第一步。应限制或监控在挫折时易于感觉寻求和愤怒的青少年的网络使用。特别地，他们不大适合自由访问那些可能进一步激发刺激或围绕愤怒和负性情绪主题构建场景的互联网内容。此外，父母应限制具有这些气质特征的个体与不良同伴的接触。不过，羞怯青少年的父母则需要采用相对不同的做法。他们需要意识到，互联网可以替代和避免那些直接的社会互动，因此可能不利于羞怯青少年社交技能的发展。最后，在整个童年期和青少年期，父母应努力灌输自我控制的价值，并提供自我反思训练来促进儿童的自我调控能力。这种心理习惯可能使青少年能有效抵御不良同伴的压力并减少随后网络成瘾的发展。

总之，我们的研究表明，某些特定气质对网络成瘾的发展有不利影响，并且不良同伴交往是出现这一过程的重要路径。我们建议应对同伴环境进行监控或监督，尤其是那些可能促进互联网过度使用的交往模式。

参考文献

[1] Cho S C, Kim J W, Kim B N, et al. Biogenetic temperament and character profiles and attention deficit hyperactivity disorder symptoms in Korean adolescents with problematic Internet use[J]. CyberPsychology & Behavior, 2008, 11: 735–737.

[2] Dalbudak E, Evren C, Aldemir S, et al. Relationship of Internet addiction severity with depression, anxiety, and alexithymia, temperament and character in university students [J]. Cyberpsychology, Behavior, and Social Networking, 2013, 16: 272–278.

[3] Ha J H, Kim S Y, Bae S C, et al. Depression and Internet addiction in adolescents[J]. Psychopathology, 2007, 40: 424–430.

[4] Kim E Y, Lee Y S, Han D H, et al. Temperament and genetic polymorphism in Korean male adolescents with Internet addiction tendency[J]. Journal of Korean Neuropsychiatry Association, 2006,45: 468–475.

[5] Lee Y S, Han D H, Yang K C, et al. Depression like characteristics of 5HTTLPR polymorphism and temperament in excessive Internet users[J]. Journal of Affective Disorders, 2008, 109: 165–169.

[6] Lee M S, Jung I K. Comparison of temperament and character between problematic Internet users and problematic drug users in Korean adolescents[J]. Open Journal of Psychiatry, 2012, 2: 228–234.

[7] Li D, Zhang W, Li X, et al. Stressful life events and problematic Internet use by adolescent females and males: a mediated moderation model[J]. Computers in Human Behavior, 2010, 26: 1199–1207.

[8] Rothbart M K, Bates J E. Temperament[M]//Damon W, Lerner R M. Handbook of child psychology, Vol. 3: social, emotional, and personality development. 6th ed. New York: Wiley, 2006: 99–166

[9] De Pauw S S, Mervizelde I. Temperament, personality and developmental psychopathology: A review based on the conceptual dimensions underlying childhood traits[J]. Child Psychiatry & Human Development, 2010, 41: 313–329.

[10] Nigg J T. Temperament and developmental psychopathology[J]. Journal of Child Psychology and Psychiatry, 2006, 47: 395–422.

[11] Shi J, Chen Z, Tian M. Internet self–efficacy, the need for cognition, and sensation seeking as predictors of problematic use of the Internet[J]. Cyberpsychology, Behavior, and Social Networking, 2011, 14: 231–234.

[12] Velezmoro R, Lacefield K, Roberti J W. Perceived stress, sensation seeking, and col-

lege students' abuse of the Internet [J] . Computers in Human Behavior, 2010, 26: 1526-1530.

[13] Xu Y, Farver J M, Yu L, et al. Three types of shyness in Chinese children and the relation to effortful control [J] . Journal of Personality and Social Psychology, 2009, 97: 1061-1073.

[14] Zhou Q, Main A, Wang Y. The relations of temperamental effortful control and anger/frustration to Chinese children's academic achievement and social adjustment: a longitudinal study [J] . Journal of Educational Psychology, 2010, 102: 180-196.

[15] Ko C H, Yen J Y, Yen C F, et al. The association between Internet addiction and belief of frustration intolerance: the gender difference [J] . CyberPsychology & Behavior, 2008, 11: 273-278.

[16] Odaci H, Çelik Ç B. Who are problematic Internet users? An investigation of the correlations between problematic Internet use and shyness, loneliness, narcissism, aggression and self-perception [J] . Computers in Human Behavior, 2013, 29: 2382-2387.

[17] Eisenberg N, Hofer C, Vaughan J. Effortful control and its socioemotional consequences [M] //Gross J J. Handbook of emotion regulation. New York: Guilford, 2007: 287-306.

[18] Kim E J, Namkoong K, Ku T, et al. The relationship between online game addiction and aggression, self-control and narcissistic personality traits [J] . European Psychiatry, 2008, 23: 212-218.

[19] Larose R, Eastin M S. A social cognitive theory of Internet uses and gratifications: toward a new model of media attendance [J] . Journal of Broadcasting & Electronic Media, 2004, 48: 358-377.

[20] Larose R, Lin C A, Eastin M S. Unregulated Internet usage: addiction, habit, or deficient self-regulation? [J] . Media Psychology, 2003, 5: 225-253.

[21] Li X, Li D, Newman J. Parental behavioral and psychological control and problematic Internet use among Chinese adolescents: the mediating role of self-control [J] . Cyberpsychology, Behavior, and Social Networking, 2013, 16: 442-447.

[22] Cauffman E, Shulman E P, Steinberg L, et al. Age differences in affective decision making as indexed by performance on the Iowa Gambling Task [J] . Developmental Psychology, 2010, 46: 193-207.

[23] Steinberg L, Albert D, Cauffman E, et al. Age differences in sensation seeking and impulsivity as indexed by behavior and self-report: evidence for a dual systems model [J] . Developmental Psychology, 2008, 44: 1764-1778.

[24] Zuckerman M. Sensation seeking and risky behavior [M] . Washington, DC: American Psychological Association, 2007.

［25］Lin S S J, Tsai C C. Sensation seeking and Internet dependence of Taiwanese high school adolescents［J］. Computers in Human Behavior, 2002, 18: 411–426.

［26］Ko C, Yen J Y, Chen C, et al. Tridimensional personality of adolescents with Internet addiction and substance use experience［J］. Canadian Journal of Psychiatry, 2006, 51: 887–894.

［27］Ko C, Yen J, Yen C, et al. Factors predictive for incidence and remission of Internet addiction in young adolescents: a prospective study［J］. CyberPsychology & Behavior, 2007, 10: 545–551.

［28］王洁，陈健芷，杨琳，等. 感觉寻求与网络成瘾关系的元分析［J］. 心理科学进展，2013，21（10）：1720–1730.

［29］Yen J, Ko C, Yen C, et al. Psychiatric symptoms in adolescents with Internet addiction: comparison with substance use［J］. Psychiatry and Clinical Neurosciences, 2008, 62: 9–16.

［30］Cheek J, Buss A. Shyness and sociability［J］. Journal of Personality and Social Psychology, 1981, 41: 330–339.

［31］Saunders P E, Chester A. Shyness and the Internet: social problem or panacea?［J］. Computers in Human Behavior, 2008, 24: 2649–2658.

［32］Caplan S E. Problematic Internet use and psychosocial well–being: development of a theory–based cognitive–behavioral measurement instrument［J］. Computers in Human Behavior, 2002, 18: 553–575.

［33］Chak K, Leung L. Shyness and locus of control as predictors of Internet addiction and Internet use［J］. CyberPsychology & Behavior, 2004, 7: 559–570.

［34］Henderson L, Zimbardo P, Graham J. Social fitness and technology use: adolescent interview study［M］. USA: Stanford University and Shyness Institute, 2002.

［35］Mandell D, Muncer S. Internet communication: an activity that appeals to shy and socially phobic people?［J］. CyberPsychology and Behavior, 2006, 9: 618–622.

［36］Steinberg L, Monahan K C. Age differences in resistance to peer influence［J］. Developmental Psychology, 2007, 43: 1531–1543.

［37］Bates J E, Bayles K, Bennett D S, et al. Origins of externalizing behavior problems at eight years of age［M］//Pepler D J, Rubin K H. The development and treatment of childhood aggression. Hillsdale: Lawrence Erlbaum, 1991: 93–120.

［38］Keenan K, Shaw D. Developmental and social influences on young girls' early problem behavior［J］. Psychological Bulletin, 1997, 121: 95–113.

［39］Li D, Li X, Wang Y, et al. School connectedness and problematic Internet use in adolescents: a moderated mediation model of deviant peer affiliation and self–control［J］. Journal of Abnormal Child Psychology, 2013, 41: 1231–1242.

［40］张锦涛，陈超，刘凤娥，等. 同伴网络过度使用行为和态度、网络使用同伴压力与大学生网络成瘾的关系［J］. 心理发展与教育，2012，28（6）：634-640.

［41］Monahan K C, Steinberg L, Cauffman E. Affiliation with antisocial peers, susceptibility to peer influence, and antisocial behavior during the transition to adulthood［J］. Developmental Psychology, 2009, 45: 1520-1530.

［42］Mrug S, Hoza B, Bukowski W M. Choosing or being chosen by aggressive-disruptive peers: do they contribute to children's externalizing and internalizing problems?［J］. Journal of Abnormal Child Psychology, 2004, 32: 53-65.

［43］Wang H, Zhou X, Lu C, et al. Problematic Internet use in high school students in Guangdong province, China［J］. PLOS ONE, 2011, 6: e19660.

［44］杨励，陈显元，汪洋，等. 4～6年级城市小学生沉溺电脑游戏倾向的相关因素分析［J］. 现代预防医学，2008，35（22）：4435-4438.

［45］Yen C F, Ko C H, Yen J Y, et al. Multi-dimensional discriminative factors for Internet addiction among adolescents regarding gender and age［J］. Psychiatry and Clinical Neurosciences, 2009, 63: 357-364.

［46］Wills T A, Sandy J M, Yaeger, A. Temperament and adolescent substance use: an epigenetic approach to risk and protection［J］. Journal of Personality, 2000, 68: 1127-1151.

［47］Creemers H E, Dijkstra J K, Vollebergh W A, et al. Predicting life-time and regular cannabis use during adolescence; the roles of temperament and peer substance use: the TRAILS study［J］. Addiction, 2010, 105: 699-708.

［48］Giancola P R, Parker A M. A six-year prospective study of pathways toward drug use in adolescent boys with and without a family history of a substance use disorder［J］. Journal of Studies on Alcohol, 2001, 62: 166-178.

［49］Wills T A, Cleary S D. Peer and adolescent substance use among 6th-9th graders: latent growth analyses of influence versus selection mechanisms［J］. Health Psychology, 1999, 18: 453-463.

［50］Roberts L D, Smith L M, Pollock C M. 'U r a lot bolder on the net': shyness and Internet use［M］//Crozier W R. Shyness: development, consolidation and change. New York: Routledge, 2000: 121-138.

［51］董奇，林崇德. 当代中国儿童青少年心理发育特征：中国儿童青少年心理发育特征调查项目总报告［M］. 北京：科学出版社，2011.

［52］Podsakoff P M, Mackenzie S B, Lee J Y, et al. Common method biases in behavioral research: a critical review of the literature and recommended remedies［J］. Journal of Applied Psychology, 2003, 88: 879-903.

［53］Podsakoff P M, Organ D W. Self-reports in organizational research: problems and prospects［J］. Journal of Management, 1986, 12: 531–544.

［54］Ellis L K, Rothbart M K. Revision of the early adolescent temperament questionnaire. Poster presented at the Biennial meeting of the society for research in child development［C］. Minneapolis, MN, 2001.

［55］李董平，张卫，李丹黎，等. 教养方式、气质对青少年攻击的影响：独特、差别与中介效应检验［J］. 心理学报，2012，44（2）：211–225.

［56］李董平. 多重生态学风险因素与青少年社会适应：风险建模与作用机制研究［D］. 广州：华南师范大学，2012.

［57］Fergusson D M, Horwood L J. Prospective childhood predictors of deviant peer affiliations in adolescence［J］. Journal of Child Psychology and Psychiatry, 1999, 40: 581–592.

［58］Kendler K S, Jacobson K C, Gardner C O, et al. Creating a social world: a developmental twin study of peer–group deviance. Archives of General Psychiatry, 2007, 64: 958–965.

［59］Evans G W, Li D, Whipple S S. Cumulative risk and child development［J］. Psychological Bulletin, 2013, 139:1342–1396.

［60］宋静静，李董平，谷传华，等. 父母控制与青少年问题性网络使用：越轨同伴交往的中介效应［J］. 心理发展与教育，2014，30（3）：303–311.

［61］Young K S. Internet addiction: The emergence of a new clinical disorder. Paper presented at the 104th Annual Meeting of the American Psychological Association［C］. Toronto, Ontario: Canada, 1998.

［62］杨雪，王艳辉，李董平，等. 校园氛围与青少年的自杀意念/企图：自尊的中介作用［J］. 心理发展与教育，2013，29（5）：541–551.

［63］Little R J, Rubin D B. Statistical analysis with missing data［M］. 2nd ed. New Jersey: Wiley, 2002.

［64］MacKinnon D P. Introduction to statistical mediation analysis. New York: Taylor & Francis Group, 2008.

［65］MacKinnon D P, Lockwood C M, Williams J. Confidence limits for the indirect effect: distribution of the product and resampling methods［J］. Multivariate Behavioral Research, 2004, 39: 99–128.

［66］Preacher K J, Hayes A F. Asymptomatic and resampling strategies for assessing and comparing indirect effects in multiple mediator models［J］. Behavior Research Methods, 2008, 40: 879–891.

［67］Joreskog K, Sorbom D. LISREL 8.72［M］. Chicago: scientific software International, 2005.

［68］Arbuckle J L. Amos 7.0 user's guide［M］. PA: Amos Development Corporation.

Spring House, 2006.

[69] Kline R E. Principle and practice of structural equation modeling [M] . New York, NY: Guilford Press, 2015.

[70] Ullman J R. Structural equation modeling [M] //Tabachnick B G, Fidell L S. Using multivariate statistics. 5th ed. Inc: Pearson Education, 2007: 676-781.

[71] Hu L T, Bentler P M. Cutoff criteria for fit indexes in covariance structure analysis: conventional criteria versus new alternatives [J] . Structural Equation Modeling, 1999, 6: 1-55.

[72] 侯杰泰，温忠麟，成子娟. 结构方程模型及其应用 [M]. 北京：教育科学出版社，2004.

[73] Devon H A, Block M E, Moyle-Wright P, et al. A psychometric toolbox for testing validity and reliability [J] . Journal of Nursing Scholarship, 2007, 39: 155-164.

[74] Shrout P E, Bolger N. Mediation in experimental and nonexperimental studies: new procedures and recommendations [J] . Psychological Methods, 2002, 7: 422-445.

[75] Wills T A, Dishion T J. Temperament and adolescent substance use: a transactional analysis of emerging self-control [J] . Journal of Clinical Child and Adolescent Psychology, 2004, 33: 69-81.

[76] Cohen J, Cohen P, West S G, et al. Applied multiple regression/correlation analysis for the behavioral sciences [M] . 3rd ed. Mahwah: Lawrence Erlbaum Associates, In, 2003

[77] Rothbart M K, Rueda M R. The development of effortful control [M] //Mayr U, Awh E, Keele S. Developing individuality in the human brain: a tribute to Michael I. Posner. Washington, D.C.: American Psychological Association, 2005: 167-188.

[78] Rutter M. Nature-nurture integration: the example of antisocial behavior [J] . American Psychologist, 1997, 52: 390-398.

[79] Coplan R J, Bullock A. Temperament and peer relationships [M] //Zentner M, Shiner R L. Handbook of temperament. New York, NY: Guilford, 2012: 442-461.

[80] Dishion T J, Patterson G R, Stoolmiller M, et al. Family, school, and behavioral antecedents to early adolescent involvement with antisocial peers [J] . Developmental Psychology, 1991, 27: 172-180.

[81] Dishion T J, Mccord J, Poulin F. When interventions harm: peer groups and problem behavior [J] . American Psychologist, 1999, 54: 755-764.

[82] Dishion T J, Poulin F, Medici Skaggs N. The ecology of premature autonomy in adolescence: biological and social influences [M] //Kerns K A, Contreras J M, Neal-Barnett A M. Family and peers: linking two social worlds. Westport, CT: Praeger, 2000:27-45.

［83］罗青，周宗奎，魏华，等. 羞怯与互联网使用的关系［J］. 心理科学进展，2013，21（9）：1651-1659.

［84］Rutter M, Dunn J, Plomin R, et al. Integrating nature and nurture: implications of person-environment correlations and interactions for developmental psychopathology［J］. Development and Psychopathology, 1997, 9: 335-364.

［85］Scarr S, Mccartney K. How people make their own environments: a theory of genotype-environment effects［J］. Child Development, 1983, 54: 424-435.

［86］Gartstein M A, Bridgett D J, Low C M. Asking questions about temperament: self- and other-report measures across the lifespan［M］//Zentner M, Shiner R L. Handbook of temperament. New York: Guildford, 2012: 244-273.

［87］白羽，樊富珉. 团体辅导对网络依赖大学生的干预效果［J］. 中国心理卫生杂志，2007，21（4）：247-250.

［88］Young K S. Cognitive behavior therapy with Internet addicts: treatment outcomes and implications［J］. CyberPsychology & Behavior, 2007, 10: 671-679.

［89］宫本宏，王晓敏，叶建群，等. 青少年网络成瘾家庭治疗效果评价［J］. 中国学校卫生，2010，31（3）：300-301.

［90］Liddle H A, Dakof G A, Turner R M, et al. Treating adolescent drug abuse: a randomized trial comparing multidimensional family therapy and cognitive behavior therapy［J］. Addiction, 2008, 103: 1660-1670.

第6章　大五人格与青少年网络成瘾

1. 引言

尽管许多因素会导致青少年网络成瘾（参见Kuss等人的综述[1]），但人格特征的作用尤为重要。在当今人格心理学研究中，大五人格模型占据支配性地位。它认为人格特质包含外向性、宜人性、谨慎性、开放性和神经质五个方面。理论家指出，人格特征与成瘾行为密切相关[2]。与该理论相符，最近的元分析发现，神经质与网络成瘾显著正相关，而外向性、宜人性、谨慎性和开放性与网络成瘾显著负相关[3]。不过，现有研究主要基于成年人样本，结果不一定能推广到青少年样本中[4]，因此有必要专门针对青少年样本进行研究。与此同时，从干预角度来看，人格特征在青少年时期表现出更强的可塑性。因此，在青少年阶段通过干预人格特征来降低网络成瘾的成本效益可能更好。

到目前为止，只有少量研究在青少年样本中考察了大五人格与网络成瘾之间的关系[4-6]。例如，Kuss等人[5]发现，高神经质、低宜人性、低谨慎性和高开放性与网络成瘾显著正相关，而外向性与网络成瘾无显著相关。此外，Zamani等人[6]发现，低外向性、高神经质和低谨慎性是网络成瘾的风险因素，而宜人性和开放性与网络成瘾的关系不显著。这些研究发现强调了大五人格在青少年网络成瘾中的重要作用。然而，除谨慎性和神经质外，其他三种人格特质与网络成瘾的关系比较混乱。由于这类研究数量较少，我们尚不清楚结果分歧背后的原因，需要更多的研究重复验证先前的研究发现。

此外，我们对大五人格特质影响青少年网络成瘾的中介机制知之甚少。这类研究对于更好地理解大五人格如何影响网络成瘾以及设计行之有效的干预方案来减少网络成瘾至关重要。应对方式可能是其中的一个中介变量，它既对消除压力源有短期影响，也对身心健康有长期影响。具体而言，应对方式是指个体在面对压力时采取应对策略来管理他们的认知、情绪和行为的总体倾向[7]。一般而言，应对方式包括积极应对和消极应对。积极应对指采用有关策略（如问题解决、寻求社会支持和认知重构）处理导致情绪困扰的问题；消极应对指采用有关策略（如幻想、退缩和否认）来调节情绪。人格-应对-结果理论[8]认为，当个体面对压力时，人格可能以多种方式影响一个人的应对方式，进而影响适应结果。当采取有效的应对方式时，个体发展出适应性结果；反之，当采取无效的应对方式时，个体发展出非适应性结果。换言之，应对方式在人格与适应结果之间具有中介作用。一些实证研究支持了该理论模型[8,9]。例如，Zanini和Forns[9]发现，人格能通过消极应对影响内外化问题。然而，尚缺乏实证研究检验该理论是否可应用于青少年网络成瘾的研究中。

　　一些间接证据表明，应对方式中介了大五人格与青少年网络成瘾之间的关系。一方面，先前研究表明，人格可能影响一个人的应对方式[10,11]。在一项元分析中，Connor-Smith和Flachsbart[12]发现，大五人格特质与应对方式显著相关。具体而言，外向性、谨慎性和开放性与更多采用积极应对有关。此外，谨慎性和宜人性与更少采用消极应对有关，而神经质与更多使用消极应对有关。另一方面，先前研究已证实，应对方式可能影响个体的成瘾行为[13]。例如，李宏利和雷雳[14]发现，使用更多消极应对或更少积极应对方式的青少年，他们网络成瘾的风险较高。Tang等人[15]发现，消极应对方式增加了网络成瘾的风险，而积极应对与网络成瘾之间无显著相关。总之，大五人格可能与应对方式有关，进而影响网络成瘾。然而，据我们所知，以往研究尚未直接考察应对方式在大五人格与青少年网络成瘾之间的中介作用。

　　我们的目的有两方面：考察大五人格特质与青少年网络成瘾之间的直接关系；考察应对方式在大五人格与青少年网络成瘾之间的中介作用。我们提出以下假设：

　　假设1：谨慎性会负向预测青少年网络成瘾；神经质会正向预测青少年网络成瘾。由于以往研究关于外向性、宜人性、开放性与网络成瘾之间的关系不一致，所以对此我们不作具体假设。

假设2：神经质会通过增加消极应对，进而正向预测青少年网络成瘾；谨慎性会通过减少消极应对或增加积极应对，进而负向预测青少年网络成瘾。由于其他三种人格特质与网络成瘾之间的直接关系比较混乱，我们对中介路径也不作具体假设。

2. 研究方法

2.1 被试和程序

被试招募自武汉和上海地区的5所普通中学。在数据收集前，征得学校管理者和青少年本人知情同意。问卷在中学常规课堂中进行施测。共有998名中学生参加研究。47.1%的被试是男生。被试平均年龄15.15岁（$SD = 1.57$，全距 = 12—19）。被试在周中和周末平均每天上网时间分别为2.23小时和4.58小时。

2.2 测量

2.2.1 人口学信息

所有青少年填写了包括性别、年龄、家庭结构、父亲受教育程度、母亲受教育程度、父亲职业、母亲职业和家庭收入的问卷。

2.2.2 大五人格

采用"中文版大五人格问卷"测量青少年人格[16]。该问卷包含50个题目，可测量人格的5个维度。外向性的样题："我很喜欢和同学们一起玩"。采用5点计分，1表示"一点也不像我"，5表示"非常像我"。计算每个维度所有项目的平均分，分数越高表示该人格维度的水平越高。先前研究表明，该问卷在中国青少年样本中具有良好的信效度[17,18]。在本次测量中，5个分量表的Cronbach's α 系数分别为0.85（95%置信区间为［0.84, 0.86］）、0.81（95%置信区间为［0.79, 0.83］）、0.85（95%置信区间为［0.84, 0.86］）、0.79（95%置信区间为

［0.77, 0.81］）和0.79（95%置信区间为［0.77, 0.81］）。

2.2.3　应对方式

采用"简易应对方式问卷"测量青少年的应对方式。该问卷经修订后适用于中国文化背景[19]。积极应对（12题）指采用策略积极消除压力情境，例如"找出几种不同的解决问题的方法"。与此相反，消极应对（8题）指采用策略来消除事件带来的情绪困扰，例如"幻想可能会发生某种奇迹改变现状"。采用四点计分，1表示"不采取"，4表示"经常采取"。计算每个维度所有项目的平均分，分数越高表示越经常使用相应的应对方式。以往研究表明，该问卷在中国青少年样本中具有良好的信效度[20,21]。两个分量表的Cronbach's α系数分别为0.79（95%置信区间为［0.77, 0.81］）和0.71（95%置信区间为［0.68, 0.74］）。

2.2.4　网络成瘾

采用改编自Young[22]"网络成瘾诊断问卷"的10个项目进行测量[23]。样题："我难以减少或控制自己对网络的使用"。采用六点计分，1表示"完全不符合"，6表示"完全符合"。计算10个项目的平均分，分数越高表示网络成瘾水平越高。该工具在中国青少年样本中表现出良好的信度和效度[24,25]。本次测量中，该问卷的Cronbach's α系数为0.90（95%置信区间为［0.89, 0.91］）。

2.3　数据分析

由于缺失数据比例很低（1%），我们采用均值替代法处理缺失数据。首先，我们列出了所有变量的描述统计量和两两相关系数。其次，根据Hayes[26]提出的程序来检验人格与网络成瘾之间的直接和间接效应。采用Bootstrap方法来检验中介效应。该方法通过有放回的随机抽样获得1000个样本，并据此构造95%的偏差校正的百分位置信区间。置信区间不含0表示所检验的效应达到统计显著水平（α = 0.05）。最后，我们还进行了路径分析，即分析观测变量的结构方程模型来进一步验证所提出的理论模型。

3. 结果

3.1 描述性分析

根据Young[22]提出的网络成瘾诊断标准，在本样本中，6.1%的青少年具有网络成瘾倾向，这一发生率与全国代表性样本的比例相符[27]。表6-1列出了所有研究变量的均值、标准差和相关系数。

表6-1 各变量的描述统计和两两相关

变量	1	2	3	4	5	6	7	8	9	10	11	12
1. 性别	—											
2. 年龄	−0.03	—										
3. 家庭结构	0.04	**−0.09**	—									
4. 社会经济地位	**−0.07**	**0.18**	−0.06	—								
5. 外向性	0.01	**−0.11**	−0.01	**0.12**	—							
6. 宜人性	**−0.09**	−0.02	0.01	**0.14**	**0.57**	—						
7. 谨慎性	−0.03	**−0.08**	0.02	**0.12**	**0.32**	**0.56**	—					
8. 开放性	0.03	0.02	−0.04	**0.20**	**0.54**	**0.54**	**0.46**	—				
9. 神经质	**−0.18**	**0.08**	−0.05	−0.01	**−0.12**	−0.03	**−0.11**	−0.06	—			
10. 积极应对	**−0.10**	−0.02	0.05	**0.15**	**0.45**	**0.51**	**0.51**	**0.43**	**−0.09**	—		
11. 消极应对	−0.02	**0.07**	−0.00	0.01	**0.08**	**0.08**	**−0.08**	**0.10**	**0.43**	**0.16**	—	
12. 网络成瘾	**0.13**	**0.19**	0.04	0.04	−0.07	**−0.22**	**−0.35**	−0.07	**0.33**	**−0.19**	**0.30**	—
M	0.47	15.15	0.87	1.00	3.41	3.94	3.30	3.63	2.88	2.70	2.04	2.36
SD	0.50	1.57	0.34	1.00	0.75	0.59	0.68	0.67	0.78	0.53	0.56	1.04

注：性别为虚拟变量，0 = 女生，1 = 男生。加粗的相关系数至少在$p < 0.05$水平上显著。

3.2 直接效应检验

我们的首要目的是考察大五人格特质与青少年网络成瘾之间的独特联系。为回答该问题，在SPSS 21.0中进行多元回归分析。结果支持了研究假设（见表6-2，模型1）。具体而言，在控制了人口学变量后，谨慎性负向预测青少年网络成瘾，而神经质正向预测网络成瘾。此外，尽管标准化回归系数相对较小，但宜人性能负向预测网络成瘾，而外向性和开放性能正向预测网络成瘾。

3.3　中介效应检验

为考察应对方式是否中介了大五人格特质与青少年网络成瘾之间的关系，我们根据Hayes[26]提出的两步骤检验程序来确定中介效应。第一步，多元回归分析（见表6-2，模型2和模型3）表明，外向性、宜人性、谨慎性和开放性能预测积极应对，而神经质不能显著预测积极应对。与此相反，谨慎性、神经质、外向性和开放性能预测消极应对，而宜人性不能显著预测消极应对。第二步，多元回归分析（见表6-2，模型4）表明，在控制了协变量和人格特征后，积极应对不能显著预测网络成瘾，而消极应对能显著预测网络成瘾。Bootstrap中介分析进一步表明，消极应对分别中介了外向性与网络成瘾之间的关系（β ＝ 0.02, 95%置信区间为［0.01, 0.04］）、谨慎性与网络成瘾之间的关系（β ＝ −0.04, 95%置信区间为［−0.06, −0.01］）、开放性与网络成瘾之间的关系（β ＝ 0.03, 95%置信区间为［0.01, 0.05］）以及神经质与网络成瘾之间的关系（β ＝ 0.10, 95%置信区间为［0.06, 0.14］）。与此相反，积极应对不能中介大五人格特质与网络成瘾之间的关系（所有$ps > 0.05$）。因此，假设2得到部分支持。

表6-2　中介效应检验

预测变量	模型1（网络成瘾）			模型2（积极应对）			模型3（消极应对）			模型4（网络成瘾）		
	B	$SE\ B$	β	B	$SE\ B$	β	B	$SE\ B$	β	B	$SE\ B$	β
性别	0.36	0.06	0.17***	−0.09	0.03	−0.09***	0.07	0.03	0.06*	0.33	0.06	0.16***
年龄	0.10	0.02	0.15***	0.01	0.01	0.02	0.02	0.01	0.04	0.10	0.02	0.14***
家庭结构	0.24	0.08	0.08**	0.08	0.04	0.05	0.04	0.05	0.02	0.24	0.08	0.08**
社会经济地位	0.06	0.03	0.05	0.02	0.01	0.04	−0.01	0.02	−0.02	0.06	0.03	0.06*
外向性	0.15	0.05	0.11**	0.14	0.02	0.20***	0.07	0.03	0.09*	0.15	0.05	0.11**
宜人性	−0.25	0.07	−0.14***	0.15	0.03	0.17***	0.06	0.04	0.07	−0.25	0.07	−0.14***
谨慎性	−0.46	0.05	−0.30***	0.23	0.03	0.30***	−0.11	0.03	−0.14***	−0.39	0.06	−0.26***
开放性	0.13	0.06	0.09*	0.08	0.03	0.10**	0.09	0.03	0.11**	0.11	0.06	0.07*

续表

预测变量	模型1 （网络成瘾）			模型2 （积极应对）			模型3 （消极应对）			模型4 （网络成瘾）		
	B	$SE\ B$	β	B	$SE\ B$	β	B	$SE\ B$	β	B	$SE\ B$	β
神经质	0.44	0.04	0.33***	–0.03	0.02	–0.04	0.32	0.02	0.44***	0.34	0.04	0.25***
积极应对										–0.12	0.07	–0.06
消极应对										0.31	0.06	0.17***

注：性别为虚拟变量，$0 = $ 女生，$1 = $ 男生。$^*p < 0.05$，$^{**}p < 0.01$，$^{***}p < 0.001$。

为进一步阐明人格特质与青少年网络成瘾之间的中介路径，我们在LISREL 8.72中进行路径分析。采用多个拟合指数评估模型拟合情况，包括卡方与自由度之比、比较拟合指数（CFI）、非范拟合指数（NNFI）、标准化误差均方根（SRMR）和近似误差均方根（RMSEA）。一般而言，当 $\chi^2/df < 3$，$CFI > 0.95$，$NNFI > 0.95$，$SRMR < 0.08$ 和 $RMSEA < 0.06$ 时[28]，模型拟合较好。我们的模型对数据拟合较好，$\chi^2(df = 10) = 21.77$，$CFI = 1.00$，$NNFI = 0.98$，$SRMR = 0.01$，$RMSEA = 0.03$，RMSEA的90%置信区间为 [0.01, 0.05]。如图6-1所示，该结果与多元回归分析的结果非常接近。

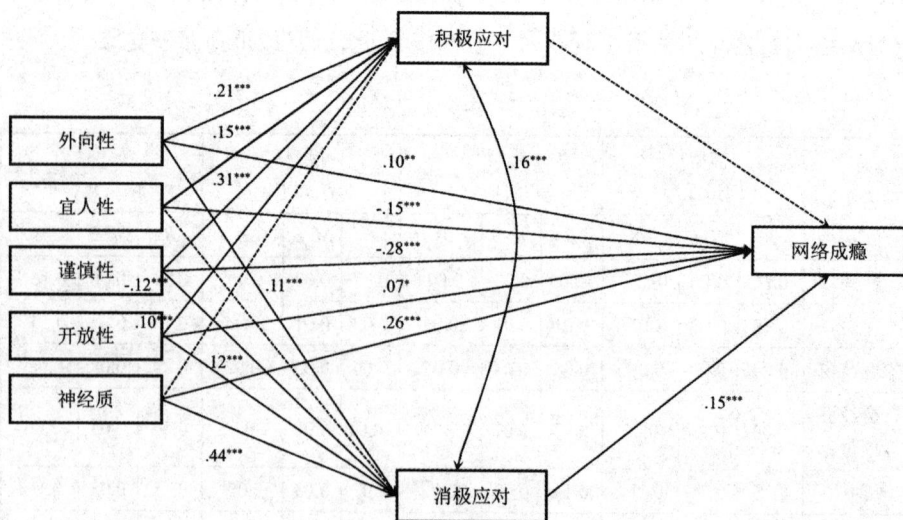

图6-1 路径分析

3.4　补充分析

我们考察了人格特质和应对方式分别与青少年性别的交互作用（如外向性 × 性别、消极应对 × 性别）以检验中介模型的性别差异。我们也分析了大五人格各维度分别与两种应对方式的交互作用（如外向性 × 积极应对）以检验人格特质是否调节应对方式与网络成瘾之间的关系[29]。结果表明，所有交互效应均不显著。这进一步支持了前述中介模型。

4.　讨论

本书考察了大五人格特质对青少年网络成瘾的影响以及应对方式在其中的中介作用。我们的发现丰富了大五人格与青少年网络成瘾之间关系的文献，并为该领域作出了一定的贡献。

第一，我们发现，大五人格特质在青少年网络成瘾中具有重要作用。具体而言，与先前研究一致[5,6]，谨慎性负向预测青少年网络成瘾。高谨慎性的青少年通常重视学业和教育目标、计划和自我控制能力较好、能认识到沉迷网络的后果。因此，他们较少沉迷网络。同样，与先前研究一致，神经质正向预测青少年网络成瘾[5,6]。高神经质个体会经历更多的关系问题和困境。因此，他们更可能通过网络来避免这些不愉快的经历。此外，在现实世界中，低宜人性个体通常具有更多的敌意，这容易导致同伴关系不好、人际冲突和友谊破裂[30]。因此，他们更可能在虚拟世界中补偿友谊和关系需要，并最终在虚拟世界中迷失自我。

值得注意的是，在相关分析中，外向性和开放性与网络成瘾显著负相关。然而，在回归分析中，外向性和开放性对网络成瘾的独特效应是正向的。事实上，在以往研究中，外向性和开放性与青少年网络成瘾之间的关系是混乱的。尽管一些研究发现，外向性和开放性是减少网络成瘾的有利因素[31]，但其他研究则发现，它们是促进网络成瘾的风险因素[32]。这些发现能被外向性和开放性所具有的双重属性来解释。一方面，外向性个体在现实生活中拥有良好的人际关系和足够的社会支持，因此他们不大需要在线上寻求更多朋友和社会支持；另一方面，这些个体通常是冲动的[33]且倾向于寻求新的刺激[34]，这些特质使他们更可能沉迷网络。同样，高开放性个体通常兴趣广泛和业余活动多，这限制了他们接触互联网的机会。然而，这些青少年还富有想象力、好奇心强、重视内心感受、喜欢新的刺激和活动，这增加了他们网络成瘾的风险[10]。无论如何，外向性和开放性对青少年网络成瘾的独特影响相对较小，因此不应该过分夸大它们的作用，且需要更多研究来重复检验这一复杂的发现。

第二，我们发现，消极应对中介了大五人格特质（神经质、谨慎性、外向性和开放性）与青少年网络成瘾之间的关系。这些研究发现支持了人格–应对–结果理论[8,10]。除了总的中介链条之外，中介模型前后半段也值得一提。在中介过程前半段，神经质与更多使用消极应对有关，而谨慎性与更少使用消极应对有关。这些发现与以往研究[10]及Skinner和Zimmer–Gembeck[11]的生物学观点一致。该理论认为，神经质是一种逃避气质，神经质个体更可能经历恐惧、悲伤和痛苦。与此相反，谨慎性个体一般具有坚持不懈、自律、有组织和追求成就的特质，这可能使他们减少消极应对的使用[10]。有趣的是，外向性和开放性与更多使用消极应对方式有关。这一发现可能与常识不一致，但与以往研究一致[35,36]。具体而言，外向性个体表现出明显的冲动性[33]和奖赏敏感性[10]，这些特征增加了使用消极应对（否认、自责和社会退缩）的风险[37]。开放性个体一般具有想象力、创造性、好奇心、灵活性、重视内在感受和偏爱新的活动和想法新奇的特征。研究发现，这些特征会促使个体使用消极应对方式（如幻想[10]）。在中介过程后半段，消极应对显著正向预测青少年网络成瘾。少量研究已证实，消极应对是网络成瘾的风险因素[14,15]。我们的发现和其他研究均与压力–应对理论相符[13]。当个体经历困扰时，消极应对可能导致不良情境，进而引发消极情绪。在这种情况下，个体更可能沉迷网络以逃避消极情绪[38]。

与此相反，我们并未发现积极应对的中介作用。在中介分析前半段，宜人性、谨慎性、外向性和开放性与更多使用积极应对有关，而神经质与积极应对没有显著的联系。宜人性个体通常引发较少的人际冲突并获得更多的社会支持，因此他们更可能使用积极应对来处理压力源[10]。此外，高谨慎性个体通常具有坚持不懈、自律、有组织、成就导向和谨慎等特质。正如人们所期望的那样，这些特质中的积极主动和自律可能有助于促进积极应对方式的使用。从生物学角度来看[11]，外向性是一种趋近气质，高的趋近性可能促使个体开始并一直使用积极应对策略（如问题解决[39]）。同样，开放性特质可能促进积极应对，如问题解决和认知重构[10]。在中介分析后半段，我们发现，积极应对与青少年网络成瘾之间无显著相关。尽管一些研究证实，有网络成瘾的青少年倾向较少使用积极应对[14,40]，但与其他研究一样，我们发现，积极应对与网络成瘾之间无显著相关[15,41]。一种可能的解释是，积极应对与网络成瘾之间的关系不稳健，可能存在其他尚未考察的因素（如在线激励和自我控制）调节两者之间的关系。这种解释背后的理论依据在于，尽管消极应对对精神病理学问题有直接影响，但积极应对对精神病理学问题的影响通常会被个人或环境因素所调节[9,42]。另一种可能的解释是，积极应对对网络成瘾既有积极影响也有消极影响，这两种效应可能相互抵消。具体而言，一方面，积极应对能帮助个体减少或消除现实生活中的压力源，进而降低网络成瘾的风险；另一方面，它可能促进个体的线上社会支持寻求，进而增加网络成瘾的风险。需要进一步的研究来阐明上述解释中哪一个才是该结果的原因。

本研究存在几方面的不足。第一，这项研究是横断设计，不能对观察到的变量关系作出因果推断。尽管我们是在理论指导下考察人格对应对方式和网络成瘾的影响，但也可能是个体的应对方式影响人格发展[43]。因此，未来研究应采用交叉滞后纵向设计更好地刻画人格、网络成瘾与应对方式三者之间的关系。第二，所有测量均来自青少年自我报告。尽管多变量分析可以消除"共同方法偏差问题"[44]，但未来研究应使用多方法和多报告源来更好地重复验证我们的发现。第三，尽管改编后的"网络成瘾诊断问卷"已在先前研究中被广泛使用并证实有良好的信效度[24,25]，但原始工具[22]由于缺乏理论基础一直备受批评[4]。因此，该领域的未来研究应使用理论基础较好的工具，例如"一般病理性网络使用量表2"来评估网络成瘾[45]。第四，尽管一般性网络成瘾值得研究（因为网络成瘾的不同亚型都共享相同特征），但未来研究应检验大五人格与网络成瘾的不同亚型之间的关系。最后，我们是在中国青少年样本中进行研究，结果的可推广性需要进一步在其他国家的样本中进行验证。

尽管存在这些不足，我们的发现仍具有重要的实践意义。首先，父母和教师应关注大五人格对青少年网络成瘾的作用存在差异：谨慎性和宜人性对网络成瘾有抑制作用，而神经质对网络成瘾有促进作用。我们也应意识到外向性和开放性对青少年网络成瘾的作用比较复杂。其次，这些发现能帮助实践工作者更好地理解大五人格如何影响青少年网络成瘾的路径，并为有效干预青少年网络成瘾提供思路。例如，通过开端计划来减少消极应对可能是减少青少年网络成瘾的有效方法。

参考文献

[1] Kuss D J, Griffiths M D, Karila L, et al. Internet addiction: a systematic review of epidemiological research for the last decade [J]. Current Pharmaceutical Design, 2014, 20: 4026-4052.

[2] Floros G, Siomos K. Excessive Internet use and personality traits [J]. Current Behavioral Neuroscience Reports, 2014, 1: 19-26.

[3] Kayiş A R, Satici S A, Yilmaz M F, et al. Big five personality trait and Internet addiction: a meta-analytic review [J]. Computers in Human Behavior, 2016, 63: 35-40.

[4] Kuss D J, Shorter G W, Van Rooij A J, et al. The Internet addiction components model and personality: establishing construct validity via a nomological network [J]. Computers in Human Behavior, 2014, 39: 312-321.

[5] Kuss D J, Van Rooij A J, Shorter G W, et al. Internet addiction in adolescents: prevalence and risk factors [J]. Computers in Human Behavior, 2013, 29: 1987-1996.

[6] Zamani B E, Abedini Y, Kheradmand A. Internet addiction based on personality characteristics of high school students in Kerman, Iran [J]. Addiction and Health, 2011, 3: 85-91.

[7] Skinner E A, Edge K, Altman J, et al. Searching for the structure of coping: a review and critique of category systems for classifying ways of coping [J]. Psychological Bulletin, 2003, 129: 216-269.

［8］Gallagher D J. Personality, coping, and objective outcomes: extraversion, neuroticism, coping styles, and academic performance［J］. Personality and Individual Differences, 1996, 21: 421-429.

［9］Zanini D S, Forns M. Does coping mediate personality and behavioural problems relationship?［J］. Psychology, 2014, 5: 1111-1119.

［10］Carver C S, Connor-Smith J. Personality and coping［J］. Annual Review of Psychology, 2010, 61: 679-704.

［11］Skinner E A, Zimmer-Gembeck M J. The development of coping［J］. Annual Review of Psychology, 2007, 58: 119-144.

［12］Connor-Smith J K, Flachsbart C. Relations between personality and coping: a meta-analysis［J］. Journal of Personality and Social Psychology, 2007, 93: 1080-1107.

［13］Wills T A, Sandy J M, Yaeger A M. Time perspective and early-onset substance use: a model based on stress-coping theory［J］. Psychology of Addictive Behaviors, 2001, 15: 118-125.

［14］李宏利, 雷雳. 中学生的互联网使用与其应对方式的关系［J］. 心理学报, 2005, 37（1）: 87-91.

［15］Tang J, Yu Y, Du Y, et al. Prevalence of Internet addiction and its association with stressful life events and psychological symptoms among adolescent Internet users［J］. Addictive Behaviors, 2014, 39: 744-747.

［16］周晖, 钮丽丽, 邹泓. 中学生人格五因素问卷的编制［J］. 心理发展与教育, 2000, 16（1）: 48-54.

［17］李彩娜, 邹泓, 杨晓莉. 青少年的人格、师生关系与心理健康的关系研究［J］. 中国临床心理学杂志, 2005, 13（4）: 440-442.

［18］杨洋, 雷雳. 青少年外向/宜人性人格、互联网服务偏好与"网络成瘾"的关系［J］. 心理发展与教育, 2007, 23（2）: 42-48.

［19］解亚宁. 简易应对方式问卷［M］//汪向东, 王希林, 马弘. 心理卫生评定量表手册. 第2版. 北京: 中国心理卫生杂志出版社, 1999: 122-124.

［20］孙莹, 陶芳标. 中学生学校生活满意度与自尊、应对方式的相关性［J］. 中国心理卫生杂志, 2005, 19（11）: 741-744.

［21］郑睿智, 董永海, 李杰, 等. 中学生抑郁与家庭环境及应对方式关系［J］. 中国公共卫生, 2012, 28（10）: 1280-1282.

［22］Young K S. Internet addiction: the emergence of a new clinical disorder［J］. CyberPsychology and Behavior, 1998, 1: 237-244.

［23］Li D, Zhang W, Li X, et al. Stressful life events and problematic Internet use by adolescent females and males: a mediated moderation model［J］. Computers in Human Behavior, 2010, 26: 1199-1207.

［24］陈武，李董平，鲍振宙，等. 亲子依恋与青少年的问题性网络使用：一个有调节的中介模型［J］. 心理学报，2015，47（5）：611-623.

［25］Li D, Li X, Wang Y, et al. School connectedness and problematic Internet use in adolescents: a moderated mediation model of deviant peer affiliation and self-control［J］. Journal of Abnormal Child Psychology, 2013, 41: 1231-1242.

［26］Hayes A F. Introduction to mediation, moderation, and conditional process analysis: a regression-based approach［M］. New York: Guilford Press, 2013.

［27］Li Y, Zhang X, Lu F, et al. Internet addiction among elementary and middle school students in China: a nationally representative sample study［J］. Cyberpsychology, Behavior, and Social Networking, 2014, 17: 111-116.

［28］Hu L T, Bentler P M. Cutoff criteria for fit indexes in covariance structure analysis: conventional criteria versus new alternatives［J］. Structural Equation Modeling: A Multidisciplinary Journal, 1999, 6: 1-55.

［29］Bolger N, Zuckerman A. A framework for studying personality in the stress process ［J］. Journal of Personality and Social Psychology, 1995, 69: 890-902.

［30］Ozer D J, Benet-Martinez V. Personality and the prediction of consequential outcomes ［J］. Annual Review of Psychology, 2006, 57: 401-421.

［31］陈超然. 青少年上网成瘾与人格特质的相关分析［J］. 山西农业大学学报（社会科学版），2009，8（6）：669-672.

［32］Ozturk C, Bektas M, Ayar D, et al. Association of personality traits and risk of Internet addiction in adolescents［J］. Asian Nursing Research, 2015, 9: 120-124.

［33］Eysenck S B G, Eysenck H J. On the dual nature of extraversion［J］. British Journal of Social and Clinical Psychology, 1963, 2: 46-55.

［34］Eysenck H J. The biological basis of personality［M］. Springfield, IL: Thomas Publishing, 1967.

［35］李文道，钮丽丽，邹泓. 中学生压力生活事件、人格特点对压力应对的影响 ［J］. 心理发展与教育，2000，16（4）：8-13.

［36］李育辉，张建新. 中学生人格特质、主观应激与应对风格之间的关系 ［J］. 心理学报，2004，36（1）：71-77.

［37］薛朝霞，梁九清. 大学生生活事件冲动人格及应对方式对自杀意念的影响 ［J］. 中国学校卫生，2012，33（9）：1071-1073.

［38］Lightsey O R Jr, Hulsey C D. Impulsivity, coping, stress, and problem gambling among university students［J］. Journal of Counseling Psychology, 2002, 49: 202-211.

［39］Vollrath M. Personality and stress［J］. Scandinavian Journal of Psychology, 2001, 42: 335-347.

［40］吴文丽，伍翔，袁方，等．青少年压力、应对方式与"网络成瘾"的关系［J］. 中国临床心理学杂志，2009，17（6）：721-722.

［41］王恩界，张晓明，花其珍．中职生网络成瘾与应对方式的关系研究［J］. 中国健康心理学杂志，2012，20（1）：74-76.

［42］Aldwin C M, Revenson T A. Does coping help? A reexamination of the relation between coping and mental health［J］. Journal of Personality and Social Psychology, 1987, 53: 337-348.

［43］Sturrock B A, Francis A, Carr S. Avoidance of affect mediates the effect of invalidating childhood environments on borderline personality symptomatology in a non-clinical sample［J］. Clinical Psychologist, 2009, 13: 41-51.

［44］Luthar S S, Crossman E J, Small P J. Resilience and adversity［M］//Lerner R M, Lamb M E. Handbook of child psychology and developmental science, Vol. 3. Socio-emotional processes. 7th ed. New York: Wiley, 2015: 247-286.

［45］Pontes H M, Caplan S E. Griffiths M D. Psychometric validation of the generalized problematic Internet use scale 2 in a Portuguese sample［J］. Computers in Human Behavior, 2016, 63: 823-833.

第7章 亲子关系与青少年网络成瘾

1. 引言

家庭系统及相关因素对青少年网络成瘾具有重要作用[1]。作为家庭系统的关键方面，亲子关系与青少年网络成瘾也密切相关。根据依恋理论，安全的依恋关系对儿童发展具有积极的作用，因为父母的温暖接纳能满足孩子爱和归属的需要[2]。与父母拥有安全依恋的青少年要比没有安全依恋的青少年更不可能沉迷网络。与该观点相符，大量研究表明，不良的亲子关系会增加个体的网络使用，最终导致青少年网络成瘾[3-6]。

最近，研究者开始探讨亲子关系与青少年网络成瘾之间的中介和调节过程。例如，研究者考察了越轨同伴交往[3]和自尊[7]等中介变量以及自我控制[7]和性别[5]等调节变量在亲子关系与青少年网络成瘾之间的作用。但是，这些研究往往分开考察中介变量和调节变量的作用。因此，我们对两种过程的整合作用仍知之甚少。另外，这些研究中关注的因素往往只起到部分中介或调节作用。因此，其他因素的中介和调节作用也值得探讨。本书考察了一个复杂的概念模型：情绪调节能力中介了亲子关系与青少年网络成瘾的关系，且这一间接过程受到压力性生活事件的调节。

1.1 情绪调节能力的中介作用

情绪调节（emotion regulation）是指"个体监控、评价和改变情绪反应以实现个人目标的内外过程"[8]。个体反思、解码、理解、区分和调控自身情绪的能力在成瘾行为中具有重要作用[9]。情绪调节存在缺陷的个体由于缺乏恰当的策略来管理自身的情绪，往往会通过成瘾行为来回避消极情绪。然而，不能控制心理和身体上的依赖会导致他们产生更多的负性情绪。成瘾行为的恶性循环就这样产生了[10]。有关情感神经科学的研究也指出，消极情绪会显著增加网络成瘾[11]。与这些观点相符，实证研究发现，情绪调节能力缺陷可以显著预测青少年网络成瘾[12,13]。

另外，依恋理论[2]和情绪社会化理论[14]提出，亲子关系对个体情绪调节能力的培养至关重要。拥有不安全依恋的儿童在遇到困难时更少寻求支持。因此，他们更可能回避有关问题。实证研究表明，亲子关系与青少年的情绪调节能力显著相关[15,16]。与父母情感联系越紧密的青少年越可能采用建设性的情绪调节策略，更少采用非建设性的情绪调节策略。

事实上，Cassidy的情绪调节理论提出，不良的亲子关系会影响个体的情绪调节，进而作用于心理病理问题[17]。但是，据我们所知，目前没有研究考察情绪调节能力在亲子关系与青少年网络成瘾之间的中介作用。

1.2　压力性生活事件的调节作用

研究者呼吁应重视个体和环境因素对青少年网络成瘾的联合作用[18]，因为青少年网络成瘾通常是个体和环境因素交互作用而非单一因素独立起作用的结果。本书考察了情绪调节能力的中介作用是否受到压力性生活事件的调节。压力性生活事件是导致青少年心理病理问题的典型环境风险因素[19]。压力性生活事件也与青少年网络成瘾有关，因为互联网为个体逃避生活挫折和压力提供了重要场所[20,21]。与该观点相符，实证研究表明，当青少年经历了更多压力性生活事件时，他们更可能沉迷网络[18]。

另外，压力性生活事件可能调节情绪调节能力与网络成瘾之间的关系。Rueger等人[22]提出了风险因素（如压力性生活事件）调节积极因素（如情绪调节能力）与发展结果之间关系的两种模式。具体而言，压力缓冲模型（stress-buffering model）认为，风险因素会增强积极因素与适应不良之间的负向联系。根据该模型，随着压力性生活事件的增加，情绪调节能力与青少年网络成瘾之间的负向联系会增强。该模型提示，韧性资源（如情绪调节能力）在更具挑战性的环境中更能发挥作用。相反，反转的压力缓冲模型（reverse stress-buffering model）认为，风险因素会削弱积极因素与适应不良结果之间的负向联系。根据该模型，情绪调节能力与青少年网络成瘾之间的负向联系在压力性生活事件较多时会有所减弱。该模型提示，当青少年经历高水平的压力性生活事件时，情绪调节能力的积极作用会被削弱甚至消失。

截至目前，一些研究考察了情绪调节或相关概念与压力性生活事件对青少年适应不良的交互效应[23]。与压力缓冲模型相符，Ciarrochi等人[24]发现，情绪智力（与情绪调节能力相似的概念）与青少年心理健康显著正相关，且该正向联系在日常挫折水平较高时更强。相反，傅俏俏等人[25]发现，情绪智力与青少年应对方式的关系在压力性生活事件水平较高时更弱。该发现与反转的压力缓冲模型相符。因此，以往探讨情绪调节能力与压力性生活事件交互效应的研究结果比较混乱。另外，目前尚缺乏研究直接考察情绪调节能力与压力性生活事件对青少年网络成瘾的交互作用。

1.3　研究概览

为了扩展以往研究，本书检验了一个复杂的理论模型：情绪调节能力和压力性生活事件分别在亲子关系与青少年网络成瘾之间具有中介和调节作用。该有调节的中介模型同时回答了中介效应（即亲子关系怎样与青少年网络成瘾相联系？）和调节效应（即情绪调节能力的中介作用何时最强？）的问题。我们提出了以下假设：①情绪调节能力在亲子关系与青少年网络成瘾之间具有中介作用；②压力性生活事件调节了情绪调节能力与网络成瘾之间的关系。由于文献中相关证据的缺乏，我们只探索性地检验两种竞争假设（即压力缓冲模型和反转的压力缓冲模型）。

2.　研究方法

2.1　被试

数据来自一项正在进行的纵向研究的第一批数据。被试为武汉和上海两

所初中和三所高中7—11年级的998名中学生。女生占整个样本的53%。就父母
受教育水平而言，63%的父亲和56%的母亲受教育水平在高中或以上。另外，
22%的父亲和28%的母亲从事准技术或非技术职业。

2.2　工具

2.2.1　亲子关系

采用Furman和Buhrmester[26]开发，鲍振宙等人[27]修订的"亲子关系问
卷"对青少年与父母的关系进行评估。该问卷包含8个项目，是单维问卷，涉
及情感温暖、亲密、陪伴、引导、肯定价值、冲突（反向计分）和满意度等亲
子关系的多种特征。样题："你对你和父母的关系感到满意吗？"要求青少年
在五点量表上评估每种陈述在多大程度上符合他们与父母的关系，1 = 从不，
5 = 总是。计算所有项目的平均分，分数越高表示亲子关系越好。该问卷在以
往的研究中表现出良好的信度[27]。本次测量中，该问卷的Cronbach's α系数为
0.86。

2.2.2　情绪调节能力

采用刘启刚[28]开发的"情绪调节能力量表"评估青少年的情绪调节能力。
该量表包含14个项目，测查了情绪调节能力的三个维度：情绪控制、情绪恢复
和策略使用。样题："我能够很快从不开心的情绪中解脱出来"。要求青少年在
五点量表上评价每个项目在多大程度上符合他们自身的实际情况，1 = 完全不
符合，5 = 完全符合。计算所有项目的平均分，分数越高表示情绪调节能力
越好。该问卷在中国青少年样本中表现出良好的信度和效度[28]。本次测量中，
该量表的Cronbach's α系数为0.85。

2.2.3　压力性生活事件

采用16个项目的"青少年压力性生活事件量表"[18]测量青少年经历的压
力性生活事件。要求青少年在六点量表上评估过去12个月里是否经历各种压力
性生活事件以及每种事件造成影响的严重程度，0 = 没发生，5 = 发生过且影
响极大。样题："曾受过学校的处分"。计算所有项目的平均分，分数越高表示

压力性生活事件水平越高。该问卷在以往研究中表现出良好的信度和效度。本次测量中，该量表的Cronbach's α系数为0.79。

2.2.4 网络成瘾

采用Young[29]开发、Li等人[18]修订的"网络成瘾诊断问卷"评估青少年的网络成瘾。该问卷包含10个项目，样题："我上网的时间经常比预期的要长"。要求青少年在六点量表上评价每个项目在多大程度上符合自身的实际情况，1 = 完全不符合，6 = 完全符合。计算所有10个项目的平均分，分数越高表示青少年网络成瘾的水平越严重。该问卷是目前中国青少年网络成瘾研究中使用最广的工具[1]。本次测量中，该问卷的Cronbach's α系数为0.90。

2.3 程序

在获得学校领导和青少年本人知情同意后，由受过良好培训的调查员向所有被试讲解整个调查的指导语。调查员根据主试操作手册向被试讲解有关指导语。被试完成问卷后会收到一份小礼物作为回报。

2.4 统计分析

首先，采用SPSS 22.0进行描述性统计和相关分析。其次，采用Hayes[30]开发的PROCESS宏中的模型4进行中介效应分析，以检验情绪调节能力的中介作用。最后，采用PROCESS宏中的模型14进行有调节的中介效应分析，以确定间接路径是否受到压力性生活事件的调节。

3. 结果

3.1 初步分析

在本样本中，几乎所有被试都能通过家庭电脑或手机上网。被试使用网络应用的情况如下：在线音乐（73%）、即时消息（70%）、搜索引擎（60%）、网络视频（55%）、休闲阅读（39%）、在线游戏（39%）、个人博客/空间（29%）、在线购物（18%）、社交网站（13%）、论坛/BBS（7%）、电子邮件（5%）。根据网络成瘾的诊断标准（≥4.125分），本样本中网络成瘾的发生率为6.1%。这与我国全国代表性数据相符[31]。各变量的平均数、标准差和相关矩阵见表7-1。与预期相符，良好的亲子关系和情绪调节能力均与网络成瘾显著负相关。另外，良好的亲子关系与情绪调节能力显著正相关。最后，压力性生活事件与网络成瘾显著正相关。

表7-1　各变量的平均数、标准差和相关矩阵

变量	M	SD	1	2	3	4	5	6	7
1. 性别	0.47	0.50	—						
2. 年龄	15.15	1.57	−0.03	—					
3. 社会经济地位	0.00	1.00	−0.07*	0.18***	—				
4. 亲子关系	3.48	0.80	−0.06	−0.09**	0.18***	—			
5. 情绪调节能力	3.55	0.74	0.11***	−0.11***	0.06*	0.30***	—		
6. 压力性生活事件	0.68	0.51	−0.09*	0.05	−0.11***	−0.28***	−0.29***	—	
7. 网络成瘾	2.36	1.04	0.13***	0.19***	0.04	−0.25***	−0.27***	0.21***	—

注：$N = 998$。性别为虚拟变量，0 = 女生，1 = 男生。*$p < 0.05$, **$p < 0.01$, ***$p < 0.001$。

3.2　中介效应检验

根据Hayes[30]提出的分析程序进行中介效应检验（结果见表7-2）。首先，在控制了协变量后，结果表明，亲子关系显著负向预测网络成瘾，$β = −0.23$，$p < 0.001$（模型1）。其次，亲子关系可以显著正向预测情绪调节能力，$β = 0.29$, $p < 0.001$（模型2）。再次，情绪调节能力显著负向预测青少年网络成瘾，$β = −0.22$, $p < 0.001$（模型3）。最后，偏差校正的百分位Bootstrap中介效应检验表明，亲子关系通过情绪调节能力影响网络成瘾的间接路径显著，$ab = −0.08$, $SE = 0.02$, 95% CI = [−0.12, −0.06]。因此，情绪调节能力在亲子关系与青少年网络成瘾之间的部分中介效应显著。中介效应占总效应的27.2%。因此，假设1得到支持。

表7-2　中介效应检验

预测变量	模型1 （网络成瘾）		模型2 （情绪调节能力）		模型3 （网络成瘾）	
	β	t	β	t	β	t
性别	0.13	4.16***	0.13	4.25***	0.15	5.18***
年龄	0.16	5.14***	−0.09	−2.96**	0.14	4.58***
社会经济地位	0.06	1.78	0.04	1.29	0.06	2.12*
亲子关系	−0.23	−7.57***	0.29	9.38***	−0.17	−5.41***
情绪调节能力					−0.22	−7.08***
R^2	0.105		0.112		0.144	
F	29.17***		31.29***		34.53***	

注：$N = 998$。表中呈现的是标准化回归系数。性别为虚拟变量，$0 = $ 女生，$1 = $ 男生。$^{*}p < 0.05, ^{**}p < 0.01, ^{***}p < 0.001$。

3.3　有调节的中介效应检验

采用PROCESS宏的模型14检验中介变量与结果变量之间的关系是否受到压力性生活事件的调节（见表7-3）。首先，模型1表明，亲子关系对网络成瘾的总效应显著，$\beta = −0.20, p < 0.001$。其次，模型2表明，亲子关系对情绪调节能力的直接效应显著，$\beta = 0.24, p < 0.001$。最后，模型3表明，情绪调节能力对青少年网络成瘾的直接效应显著，$\beta = −0.21, p < 0.001$，且压力性生活事件对该直接效应具有显著的正向调节作用，$\beta = 0.10, p < 0.01$。为了清楚揭示该调节效应的实质，我们在情绪调节能力和压力性生活事件的不同水平上绘制了青少年网络成瘾的得分情况。简单斜率检验表明，在压力性生活事件偏低时，情绪调节能力与网络成瘾的负向联系显著，$\beta_{简单} = −0.30, p < 0.001$。该关系在压力性生活事件得分较高时显著更弱，$\beta_{简单} = −0.11, p < 0.001$。条件间接效应分析进一步表明，总的间接效应在压力性生活事件水平较低时显著，$\beta = −0.08, SE = 0.02, 95\% \text{ CI} = [−0.13, −0.06]$；相比之下，当压力性生活事件得分较高时，间接效应虽然显著但更加微弱，$\beta = −0.03, SE = 0.01, 95\% \text{ CI} = [−0.06, −0.00]$。调节效应的模式与反转的压力缓冲模型相符。

表7-3　有调节的中介效应检验

预测变量	模型1（网络成瘾）		模型2（情绪调节能力）		模型3（网络成瘾）	
	β	t	β	t	β	t
性别	0.14	4.67***	0.11	3.73***	0.17	5.59***
年龄	0.16	5.18***	−0.09	−2.98**	0.14	4.57***
社会经济地位	0.08	2.45*	0.02	0.53	0.08	2.56*
亲子关系	−0.20	−6.26***	0.24	7.77***	−0.15	−4.72***
压力性生活事件（SLE）	0.15	4.65***	−0.18	−5.65***	0.11	3.46**
情绪调节能力（ERA）					−0.21	−6.54***
ERA × SLE					0.09	3.17**
R^2	0.153		0.136		0.161	
F	31.08***		27.17***		28.317***	

注：$N = 998$。表中呈现的是标准化回归系数。性别为虚拟变量，0 = 女生，1 = 男生。$^*p < 0.05, ^{**}p < 0.01, ^{***}p < 0.001$。

3.4　补充分析

考虑到Young[29]的问卷可能把一些正常的网络使用行为视为问题行为，Charlton和Danforth[32]建议，对那些严格意义上属于病理性使用行为（如戒断症状）的题目应赋予高权重，而对那些强调高度参与（如认知突显性）的题目应赋予低权重。因此，我们尝试采用两种加权方法来计算网络成瘾问卷的得分，以考察结果的稳健性。首先，对所有题目进行探索性因子分析，获得网络成瘾的因子分。在该方法中，拥有较高因子负荷的项目被赋予了更高的权重，因为它们与网络成瘾相关更高[33]。其次，在第二种方法中，给低认可率的项目赋予高权重，因为这些项目可能更意味着成瘾性的网络使用[34]。不管采用哪种加权方法，有调节的中介模型的结果模式与加权前都没有太大差异。

另外，我们考察了有调节的中介模型在不同人口学亚群体（即性别、年龄、社会经济地位）之间的潜在差异，也就是说，这些结果能否推广至不同的人口学亚群体。结果表明，研究结果没有显著的亚群体差异。

4. 讨论

在过去10年里，青少年网络成瘾已成为全球高度关注的公共卫生问题。本书通过检验一个复杂的理论模型扩展了以往的研究。该模型考察了情绪调节能力和压力性生活事件分别在亲子关系与青少年网络成瘾之间的中介作用和调节作用。我们的发现有助于深入理解亲子关系"怎样"以及"何时"与青少年网络成瘾有关。

首先，我们发现，良好的亲子关系与青少年网络成瘾显著负相关。该发现与以往的研究相符[3-6]，支持了"良好的亲子关系是减少儿童问题行为的重要发展资源"的理论观点[2,14]。尽管青少年时期个体日益独立和远离父母，但父母在个体发展中仍具有重要作用[35]。

在此基础上，我们发现，情绪调节能力在亲子关系与青少年网络成瘾之间具有中介作用。换句话说，良好的亲子关系有助于情绪调节能力的发展，进而减少青少年网络成瘾。具体而言，中介模型的前半段支持了以往的研究的结果[36,37]，即良好的亲子关系与青少年情绪调节能力正相关。与依恋理论和情绪社会化理论相符[2,14,17]，不良的亲子关系使个体难以获得良好的情绪调节技能。另外，中介链条后半段也与以往研究相符[12,13]，拥有较高水平情绪调节能力的青少年更少体验负性情绪，从而降低他们沉迷网络的可能性[11]。总之，中介效应的发现表明，情绪调节能力是可以通过良好亲子关系加以培养的重要心理社会资源，该资源对青少年网络成瘾的发展具有重要意义。

其次，与以往的研究相符[21]，经历了更多压力性生活事件的青少年更可能沉迷网络。在此基础上，我们发现，与反转的压力缓冲模型相符[22]，压力性生活事件削弱了情绪调节能力的积极作用。该发现表明，较之于情绪调节能力的保护作用，压力性生活事件的破坏作用更为强大。这可能是由于压力性生活事件测量的是来自多个领域的压力性生活事件，暴露于这样的累积风险环境中的个体很容易被压垮，以致情绪调节能力这类心理资源不足以对抗如此高水平的压力[38,39]。当然，也可能是由于互联网能够满足个体难以在现实生活中满足的多种心理需要，因此，它对于青少年而言就尤其具有吸引力。在面对高水平的压力性生活事件时，个体很可能通过互联网使用来应对压力性生活事件，即使他们拥有高水平的情绪调节能力。

虽然以往研究已经（分开）考察了亲子关系和情绪调节能力对青少年网络成瘾的影响，但本书是首次同时考察这两种因素并发现情绪调节能力是解释良好亲子关系"为什么"可以减少青少年网络成瘾的重要机制。另外，本书是首次考察情绪调节能力这一个人因素和压力性生活事件这一环境因素对青少年网络成瘾的联合作用。澄清这两种因素联合作用的形式对理论和实践工作都具有重要意义。反转的压力缓冲模型提示我们，情绪调节能力的积极作用是有限的，它的作用发挥取决于个体经历的压力性生活事件的水平，只有在低压力性生活事件的情况下，情绪调节能力才能起到较强的保护作用，从而减少青少年网络成瘾。

本研究也存在几点局限，需要未来的研究加以完善。第一，虽然横断中介效应模型可以提供变量关系有价值的信息[40]，但未来研究需要采用完整的自回归交叉滞后设计，以更好地揭示变量之间关系的方向。第二，数据采集依赖于青少年自我报告。虽然青少年比父母更了解自身的心理健康状况[41]，虽然感知到的亲子关系对青少年的发展也更加重要[42]，但未来研究仍应采用多种信息源（如自我报告、父母报告、教师报告），以便对研究假设进行更严格的检验。第三，虽然"网络成瘾诊断问卷"在青少年网络成瘾研究领域被广泛使用，但它只是筛查性工具，不能非常准确地判定个体网络成瘾的分类情况。考虑到目前没有统一的网络成瘾诊断标准，未来研究应尽可能使用多种不同工具来更加准确地识别网络成瘾的青少年。第四，只关注了一般性网络成瘾。未来研究应当进一步考察网络成瘾的具体亚型的影响因素[43,44]。第五，只关注了一般性的影响因素（如亲子关系和压力性生活事件）对青少年网络成瘾的影响。未来研究应进一步考察亲子关系的具体方面、具体的压力源和具体的网络活动对青少年网络成瘾的影响。

尽管存在这些局限，我们的发现仍具有重要的实践意义。第一，研究结果肯定了良好的亲子关系的重要价值。良好的亲子关系有助于青少年发展和维持良好的情绪调节能力，从而有效应对压力，最终降低网络成瘾的风险。因此，网络成瘾的干预应当重视良好亲子关系的培养。第二，作为重要的个人资源，情绪调节能力有助于减少青少年网络成瘾。情绪调节能力具有可塑性且以往研究表明可以通过恰当的干预方案来提升个体的情绪调节能力[45,46]。第三，我们发现，压力性生活事件不仅可以直接增加青少年网络成瘾，同时又能削弱情绪调节能力与网络成瘾之间的负向联系。因此，情绪调节能力这类韧性资源的作用不应被过分夸大。第四，有调节的中介模型表明，同时考虑环境和个体因素的综合性、系统性干预方案可能比关注单个因素的方案更有利于减少青少年网络成瘾。

5. 结论

总之，本书通过同时纳入个体因素（情绪调节能力）和环境因素（压力性生活事件）检验复杂的理论模型，深化了我们对亲子关系"怎样"以及"何时"减少青少年网络成瘾的认识。总体而言，良好的亲子关系有助于培养青少年的情绪调节能力，进而减少青少年网络成瘾。另外，情绪调节能力的积极作用在高压力情境下会被削弱。这些具有创新性的发现强调了同时考察个体和环境因素在网络成瘾中所起作用的重要性。

参考文献

[1] Li W, Garland E L, Howard M O. Family factors in Internet addiction among Chinese youth: a review of English and Chinese-language studies[J]. Computers in Human Behavior, 2014, 31: 393-411.

[2] Bowlby, J. Attachment and loss, Vol. 1. Attachment[M]. 2nd ed. New York: Basic Books, 1982.

[3] 陈武，李董平，鲍振宙，等. 亲子依恋与青少年的问题性网络使用：一个有调节的中介模型[J]. 心理学报，2015，47（5）：611-623.

[4] Jafar B K, Touraj H N. The relationships of attachment styles, coping strategies, and

mental health to Internet addiction［J］. Developmental Psychology (Journal of Iranian Psychologists), 2012, 8: 177–188.

［5］Liu Q X, Fang X Y, Zhou Z K, et al. Perceived parent–adolescent relationship, perceived parental online behaviors and pathological Internet use among adolescents: gender–specific differences［J］. PLOS ONE, 2013, 8: e75642.

［6］Schimmenti A, Passanisi A, Gervasi A M, et al. Insecure attachment attitudes in the onset of problematic Internet use among late adolescents［J］. Child Psychiatry & Human Development, 2014, 45: 588–595.

［7］Park S, Kang M, Kim E. Social relationship on problematic Internet use (PIU) among adolescents in south Korea: a moderated mediation model of self–esteem and self–control［J］. Computers in Human Behavior, 2014, 38: 349–357.

［8］Thompson R A, Meyer S. Socialization of emotion regulation in the family［M］// Gross J J. Handbook of emotion regulation. New York, NY: Guilford Press, 2007: 249–268.

［9］Kun B, Demetrovics Z. Emotional intelligence and addictions: a systematic review［J］. Substance Use & Misuse, 2010, 45: 1131–1160.

［10］Aldao A, Nolen–Hoeksema S, Schweizer S. Emotion regulation strategies across psychopathology: a meta–analytic review［J］. Clinical Psychology Review, 2010, 30: 217–237.

［11］Montag C, Sindermann C, Becker B, et al. An affective neuroscience framework for the molecular study of Internet addiction［J］. Frontiers in Psychology, 2016, 7: article 1906.

［12］Koo H J, Kwon J H. Risk and protective factors of Internet addiction: a meta–analysis of empirical studies in Korea［J］. Yonsei Medical Journal, 2014, 55: 1691–1711.

［13］Yıldız M A. Emotion regulation strategies as predictors of Internet addiction and smartphone addiction in adolescents［J］. Journal of Educational Sciences and Psychology, 2017, 7: 66–78.

［14］Thompson R A. Emotional regulation and emotional development［J］. Educational Psychology Review, 1991, 3: 269–307.

［15］Cabral J, Matos P M, Beyers W, et al. Attachment, emotion regulation and coping in Portuguese emerging adults: a test of a mediation hypothesis［J］. Spanish Journal of Psychology, 2012, 15: 1000–1012.

［16］Karreman A, Vingerhoets A J J M. Attachment and well–being: the mediating role of emotion regulation and resilience［J］. Personality & Individual Differences, 2012, 53: 821–826.

［17］Cassidy J. Emotion regulation: Influences of attachment relationships［J］. Monographs of the Society for Research in Child Development, 1994, 59: 228–249.

［18］Li D, Zhang W, Li X, et al. Stressful life events and problematic Internet use by adolescent females and males: a mediated moderation model [J] . Computers in Human Behavior, 2010, 26: 1199–1207.

[19] Grant K E, Mcmahon S D, Carter J S, et al. The influence of stressors on the development of psychopathology [M] //Lewis M, Rudolph K D. Handbook of developmental psychopathology. 3rd ed. New York: Springer, 2014: 205–223.

[20] Brand M, Laier C, Young K S. Internet addiction: coping styles, expectancies, and treatment implications [J] . Frontiers in Psychology, 2014, 5: article 1256.

[21] Jun S, Choi E. Academic stress and Internet addiction from general strain theory framework [J] . Computers in Human Behavior, 2015, 49, 282–287.

[22] Rueger S Y, Malecki C K, Pyun Y, et al. A meta–analytic review of the association between perceived social support and depression in childhood and adolescence [J] . Psychological Bulletin, 2016, 142: 1017–1067.

[23] Troy A S, Mauss I B. Resilience in the face of stress: emotion regulation ability as a protective factor [M] //Southwick S, Charney D, Friedman M, et al. Resilience to stress. Cambridge, England: Cambridge University Press, 2011: 30–44.

[24] Ciarrochi J, Deane F P, Anderson S. Emotional intelligence moderates the relationship between stress and mental health [J] . Personality & Individual Differences, 2002, 32: 197–209.

[25] 傅俏俏，叶宝娟，温忠麟．压力性生活事件对青少年主观幸福感的影响机制 [J]．心理发展与教育，2012，28（5）：516–523．

[26] Furman W, Buhrmester D. Children's perceptions of the personal relations in their social networks [J] . Developmental Psychology, 1985, 21: 1016–1024.

[27] 鲍振宙，李董平，张卫，等．累积生态风险与青少年的学业和社交能力：子女责任感的风险补偿与调节效应 [J]．心理发展与教育，2014，30（5）：482–495．

[28] 刘启刚．青少年情绪调节策略与情绪调节能力的关系研究 [J]．心理研究，2011，4（6）：37–43．

[29] Young K S. Internet addiction: the emergence of a new clinical disorder [J] . Cyber Psychology and Behavior, 1998, 1: 237–244.

[30] Hayes A F. Introduction to mediation, moderation, and conditional process analysis: a regression–based approach [M] . New York: Guilford Press, 2013.

[31] Li Y, Zhang X, Lu F, et al. Internet addiction among elementary and middle school students in China: a nationally representative sample study [J] . Cyberpsychology, Behavior, and Social Networking, 2014, 17: 111–116.

[32] Charlton J P, Danforth I D. Distinguishing addiction and high engagement in the context of online game playing [J] . Computers in Human Behavior, 2007, 23: 1531–1548.

[33] Thatcher A, Wretschko G, Fridjhon P. Online flow experiences, problematic Internet use

and Internet procrastination[J]. Computers in Human Behavior, 2008, 24: 2236-2254.

[34] Mitchell K J, Jones L M, Wells M. Testing the Index of Problematic Online Experiences (I-POE) with a national sample of adolescents[J]. Journal of Adolescence, 2013, 36: 1153-1163.

[35] Shaver P R, Mikulincer M, Chun D S. Adult attachment theory, emotion regulation, and prosocial behavior[M] //Vandekerckhove M, Von Scheve C, Ismer S, et al. Regulating emotions: culture, social necessity, and biological inheritance. Malden, MA: Blackwell, 2008: 121-145.

[36] Gresham D, Gullone E. Emotion regulation strategy use in children and adolescents: the explanatory roles of personality and attachment[J]. Personality & Individual Differences, 2012, 52: 616-621.

[37] Malik S, Wells A, Wittkowski A. Emotion regulation as a mediator in the relationship between attachment and depressive symptomatology: a systematic review[J]. Journal of Affective Disorders, 2015, 172: 428-444.

[38] Evans G W, Li D, Whipple S S. Cumulative risk and child development[J]. Psychological Bulletin, 2013, 139: 1342-1396.

[39] Wachs T D. Assessing bio-ecological influences[M] //Bornstein M H, Leventhal T, Lerner R M. Handbook of child psychology and developmental science, Vol. 4. Ecological settings and processes. 7th ed. New York: Wiley, 2015: 811-846.

[40] Shrout P E. Commentary: mediation analysis, causal process, and cross-sectional data [J]. Multivariate Behavioral Research, 2011, 46: 852-860.

[41] Waters E, Stewart-Brown S, Fitzpatrick R. Agreement between adolescent self-report and parent reports of health and well-being: results of an epidemiological study[J]. Child: Care, Health and Development, 2003, 29: 501-509.

[42] Lopez F G, Gover M R. Self-report measures of parent-adolescent attachment and separation-individuation: a selective review[J]. Journal of Counseling & Development, 1993, 71: 560-569.

[43] Davis R A. A cognitive-behavioral model of pathological Internet use[J]. Computers in Human Behavior, 2001, 17: 187-195.

[44] Montag C, Bey K, Sha P, et al. Is it meaningful to distinguish between generalized and specific Internet addiction? Evidence from a cross-cultural study from Germany, Sweden, Taiwan and China[J]. Asia-Pacific Psychiatry, 2015, 7: 20-26.

[45] Houck C D, Hadley W, Barker D, et al. An emotion regulation intervention to reduce risk behaviors among at-risk early adolescents[J]. Prevention Science, 2016, 17: 71-82.

[46] Riediger M, Klipker K. Emotion regulation in adolescence[M] //Gross J J. Handbook of emotion regulation. New York, NY: The Guilford Press, 2014: 187-202.

第8章　父母监控与青少年网络成瘾

1.　引言

　　家庭是影响儿童发展最持久、最核心的环境子系统[1]。家庭因素在青少年网络成瘾的产生中也具有重要作用[2]。作为家庭系统的重要方面，父母监控对青少年网络成瘾的影响备受关注[3]。父母监控是指父母对孩子行踪、伙伴和活动的知晓程度[4]。社会控制理论认为，来自传统社会化主体（如父母和老师）的控制有助于减少偏差行为[5]。父母监控使得父母对青少年行为的觉察和了解程度提高，从而产生社会控制的作用[6]。当父母知道青少年的行为时，他们就能对青少年的不良行为作出恰当的回应并进行及时的干预[7]。相反，缺乏父母的必要监控会导致青少年体验"不成熟的自主"，从而增加不良结果的风险[8]。大量证据表明，有效的父母监控与青少年网络成瘾显著负相关[9-12]。例如，许颖等人[11]以大样本中国青少年为被试的研究发现，父母对青少年活动的知晓和了解程度越高，青少年的网络成瘾水平越低。类似地，Yen等人[12]在中国台湾青少年样本中发现，低父母监控是网络成瘾的显著预测因素。

　　尽管感知的父母监控与青少年网络成瘾的直接联系在以往研究中被广泛证实，但该联系背后的中介和调节机制仍少有研究探讨。根据Bronfenbrenner[1]的生态学模型，问题行为的发展是由不同生态因素的相互联系（即一种生态因素可能会影响另一种生态因素，进而与发展结果相联系）和生态因素与个体特征之间的交互作用（即生态因素的影响可能随个体特征的不同而有所不同）所解释。受该理论启发，本书考察了在感知的父母监控与青少年网络成瘾的关系中不良同伴交往（同伴因素）的中介作用以及意志控制（个体因素）的调节作用。中介变量有助于回答某个变量"怎样"或"为什么"可以预测结果变量，而调节变量有助于揭示特定变量的作用"何时"或"对谁"最强[13]。因此，本书有调节的中介效应模型有助于同时回答感知的父母监控"怎样"以及"对哪些"青少年网络成瘾有显著影响。

1.1　不良同伴交往的中介作用

青少年时期是同伴因素对个体发展作用日益凸显的时期[14]。结交不良同伴会显著增加各种问题行为的风险[15,16]。不良同伴交往也是青少年网络成瘾的重要预测因素[17]。根据社会学习理论[18]，处在不良同伴群体中的青少年可能通过观察和模仿同伴的行为从而沉迷网络。更重要的是，他们会受到不良同伴的强化，体验到不良同伴偏差规范的压力。与该观点相符，实证研究发现，结交不良同伴的青少年更可能沉迷网络[19]。

根据Bronfenbrenner的生态学模型，家庭和同伴是青少年直接接触的最近端的两大生态子系统。这两大生态子系统的过程并不是彼此独立的。生态子系统间的相互联系构成了中系统水平。在中系统中，一种不利的家庭环境（如低父母监控）可能会增加个体暴露于不良同伴群体（如结交不良同伴）的风险。父母监控可以看作是父母不在场时对孩子行为所施加的远程控制，父母知情程度较高的青少年更不容易受到不良同伴的影响[20]。相反，如果父母不能及时识别有关警示信号或对孩子的同伴关系进行适当引导，青少年就可能结交不良同伴。与该观点相符，实证研究发现，未被父母必要监控的青少年结交不良同伴的风险显著提高[7,21]。

因此，基于上述理论和文献回顾，我们预期，不良同伴交往能部分中介感知的父母监控与青少年网络成瘾的关系。我们只假设部分中介是因为感知的父母监控有可能直接影响或通过其他中介变量对网络成瘾产生间接影响。

1.2　意志控制的调节作用

虽然偏低的父母监控是青少年适应不良的重要环境因素[22]，但是它并不会导致所有青少年都同等程度地出现问题。生态学模型强调，个体与其所处近端环境之间存在交互作用[23]。换言之，拥有不同个人特征的青少年可能对相似的环境经历有着不同的反应。本书考察了意志控制在父母监控与青少年网络成瘾的间接关系中的调节作用。

意志控制是个体抑制优势反应、激活非优势反应的自我调控能力[24]。它包括注意调控、抑制不当行为以及激活恰当行为等需要意志参与的过程[25]。大量研究表明，低意志控制的青少年要比高意志控制的青少年更可能出现问题行为[24]，包括网络成瘾[26-28]。

更重要的是，意志控制可能调节感知的父母监控与网络成瘾之间的间接联系。多项研究表明，意志控制是环境风险因素产生不利影响时的保护因素。例如，Lengua等人[29]发现，意志控制调节了社会经济风险、母亲风险（即青少年妈妈、母亲抑郁、母亲曾出现健康和法律问题）以及环境风险与青少年内外化问题之间的关系。根据生态学模型，个人特征在个体选择环境以及环境如何影响发展结果的过程中具有重要作用[23]。具体到本研究，意志控制可能通过两种方式起到保护作用。首先，在拥有不良的父母监控时，若青少年意志控制水平高，则不大可能选择结交不良同伴。拥有高意志控制的青少年能够有效调控家庭风险因素所引发的不良情绪和行为[29]。另外，拥有高意志控制的个体更能发展出积极的人际关系[30]，更不可能离开亲社会同伴群体去结交不良同伴。其次，意志控制可能衰减不良同伴交往与网络成瘾之间的联系。在不良同伴群体中，存在各种强化青少年偏差行为的因素[31]。拥有高意志控制的青少年更能恰当评估和应对不良同伴的影响，从而抵制这些不当的强化过程，因此他们更不大可能沉迷网络。

1.3 研究概览

在Bronfenbrenner[1]生态学模型的基础上，本书将父母监控和不良同伴交往作为环境因素、意志控制作为个体因素纳入进来，构建一个有调节的中介效应模型，从而考察网络成瘾形成的潜在机制。具体而言，我们提出以下假设：（a）感知的父母监控与青少年网络成瘾显著负相关，（b）感知的父母监控与青少年网络成瘾的关系会被不良同伴交往所部分中介，（c）感知的父母监控通过不良同伴交往影响网络成瘾的间接路径会被意志控制所调节。

2. 研究方法

2.1 被试

被试随机选自河南省三所普通初中。与重点初中（从不同地区选择学业成绩优异的学生入学）有所不同，普通初中的学生通常来自学校附近的居民区。在每所学校每个年级随机选择两个班，共有754名青少年被邀请参加研究。所有学生都同意参加。最终有747名学生（占最初样本的99.1%，男生382名）正确完成了所有问卷。被试平均年龄13.73岁（标准差1.00，全距10—14）。要求被试填写有关人口学变量、感知的父母监控、不良同伴交往、意志控制以及网络成瘾的测量工具。

2.2 工具

2.2.1 感知的父母监控

采用以往研究使用的6个项目的"父母监控量表"测量青少年对父母监控的感知。这些项目评估了在青少年看来父母在多大程度上知晓他们的行踪（如"你的父母是否真正知道你在空闲时间里做什么？"）。被试在五点量表上作答，1表示"不知道"，5表示"完全知道"，分数越高表示父母监控的水平越高。我们通过青少年来报告父母监控，主要有两方面的理由：①青少年可能是更加准确的信息源，因为他们是父母知情信息的主要提供者[32]；②父母在青少年头脑中的出现要比实际的父母行为更有助于约束偏差行为[33]。验证性因子分析表明，单因子模型对数据拟合良好，$\chi^2/df = 2.76$，CFI $= 0.99$，NNFI $= 0.99$，SRMR $= 0.02$，RMSEA $= 0.05$。该量表与父母行为控制（$r = 0.47$，$p < 0.001$）、饮酒（$r = -0.22$，$p < 0.001$）、吸烟（$r = -0.15$，$p < 0.001$）、违法违纪（$r = -0.19$，$p < 0.001$）等变量的相关均符合理论预期。本次测量中，该量表的Cronbach's α 系数为0.80。

2.2.2 不良同伴交往

采用"青少年不良同伴交往量表"[34]评估个体结交偏差同伴的情况。该量表包含8个项目，评估青少年的好朋友中有多少人经常表现出所列各种偏差行为，如饮酒、偷盗、旷课。要求青少年在五点量表上（1表示"没有"，5表示"全部"）评估他们好朋友卷入每一种偏差行为的人数比例，分数越高表示不良同伴交往越多。该量表在以往中国青少年的研究中表现出良好的信度和效度。本次测量中，该量表的Cronbach's α系数为0.86。

2.2.3 意志控制

采用"早期青少年气质问卷"（修订版）简本中的意志控制分量表[28]测评青少年的意志控制。这些项目评估了意志控制的三个维度：注意控制、激活控制和抑制控制（如"即使不喜欢某门课，但为了取得好成绩我也会努力学习"）。由于时间限制，原量表的16个项目被缩减为9个。为了保留原量表的三因子结构，我们对Zhang等人[28]研究中所用数据进行探索性分析，挑选出每个维度中具有最高因子负荷的三个项目。要求被试在六点量表上评估每个项目在多大程度上符合自身的实际情况，1表示"完全不符合"，6表示"完全符合"，分数越高表示意志控制能力越强。验证性因子分析表明，三因子模型对数据拟合良好，$\chi^2/df = 2.72$, CFI = 0.98, NNFI = 0.97, SRMR = 0.03, RMSEA = 0.05。本次测量中，该量表的Cronbach's α系数为0.76。

2.2.4 网络成瘾

采用改编自Young[35]"网络成瘾诊断问卷"中的10个项目评估青少年的网络成瘾倾向[36]。样题："我将上网作为缓解不良情绪的方法"。采用6点量表（1表示"完全不符合"，6表示"完全符合"）评估青少年的网络成瘾，分数越高表示网络成瘾倾向越明显。该问卷在中国青少年中表现出了良好的信度[34]。本次测量中，问卷的Cronbach's α系数为0.91。

2.2.5 控制变量

考虑到青少年的性别、年龄、家庭经济状况与青少年网络成瘾有关[34,37]，我们在统计分析中对这些人口学变量进行了控制。有关家庭收入的信息是通过"你家每月总收入是多少？"这一项目进行评估，要求青少年在20个类别（1表示"低于500元"，20表示"多于1万元"）中选择相应的答案。

2.3 程序

在研究开始前征得学校管理者同意，并由教师和青少年本人表达了知情同意。由受过训练的专业人员收集数据。在日常班级环境中施测有关问卷。数据收集员采用标准化的指导语向被试介绍整个研究的目的和要求。为确保被试诚实作答，告知所有被试调查是匿名进行的，且答案将会被严格保密。

2.4 分析计划

由于缺失数据少于1%，我们采用均值替代法进行处理[38]。采用SPSS 20.0计算各变量的平均数、标准差和相关矩阵。采用Hayes[39]开发的PROCESS宏（模型4）检验中介效应，并基于1000个Bootstrap样本构建间接效应的置信区间[13]。最后，根据Muller等人[40]的建议来检验有调节的中介效应。

3. 结果

3.1 初步分析

根据Young[35]提出的网络成瘾诊断标准，在本次调查中，网络成瘾青少年所占比例为6.82%。该发生率与我国青少年网络成瘾的全国数据[41]非常接近。表8-1列出了所有研究变量的均值、标准差和零阶相关系数。与预期相符，感知的父母监控与青少年网络成瘾显著负相关，而不良同伴交往与青少年网络成瘾显著正相关。另外，感知的父母监控与不良同伴交往显著负相关。最后，意志控制与青少年不良同伴交往和网络成瘾均显著负相关。

表8-1 各变量的平均数、标准差和相关矩阵（$N = 747$）

变量	M	SD	1	2	3	4	5	6	7
1. 性别	—	—	—						
2. 年龄	13.73	1.00	0.02	—					
3. 家庭收入	6.21	4.26	0.11**	−0.04	—				

变量	M	SD	1	2	3	4	5	6	7
4. 感知的父母监控	3.08	0.99	−0.05	−0.10**	−0.02	—			
5. 不良同伴交往	1.64	0.61	0.22***	0.19***	0.14***	−0.22***	—		
6. 意志控制	4.04	0.89	−0.14***	−0.17***	−0.03	0.32***	−0.39***	—	
7. 网络成瘾	2.14	1.15	0.25***	0.11**	0.16***	−0.23***	0.37***	−0.48***	—

注：性别为虚拟变量，0 = 女生，1 = 男生。**$p < 0.01$，***$p < 0.001$。

3.2 中介效应检验

我们的第一个目的是考察不良同伴交往是否部分中介感知的父母监控与青少年网络成瘾的关系。结果表明，在控制了协变量（性别、年龄、学校、家庭收入）后，感知的父母监控与青少年网络成瘾存在显著的联系，$b = −0.23$, $SE = 0.07$, $p < 0.001$。感知的父母监控与不良同伴交往也存在显著的联系，$b = −0.12$, $SE = 0.02$, $p < 0.001$。此外，不良同伴交往与网络成瘾之间的回归系数也显著，$b = 0.52$, $SE = 0.06$, $p < 0.001$。在控制不良同伴交往后，感知的父母监控与网络成瘾的联系仍然显著，$b = −0.17$, $SE = 0.04$, $p < 0.001$。偏差校正的百分位Bootstrap方法表明，不良同伴交往部分中介了感知的父母监控与青少年网络成瘾之间的联系，间接效应等于−0.06, $SE = 0.02$, 95%置信区间为 [−0.10, −0.04]。

3.3 有调节的中介效应检验

为了检验意志控制是否调节了父母监控通过不良同伴交往到网络成瘾的间接路径，我们采用Muller等人[40]提出的方法对三个回归方程进行估计。具体而言，我们考察了意志控制是否调节了以下变量关系：（a）父母监控与青少年网络成瘾的关系（模型1），（b）父母监控与不良同伴交往的关系（模型2），（c）控制父母监控后，不良同伴交往与网络成瘾的关系（模型3）。三个模型的具体设置情况见表8-2。每个模型均控制了相关的协变量，并将所有预测变量标准化处理以减少不必要的多重共线性[42]。本研究中，如果父母监控与不良同伴交往的关系和/或不良同伴交往与青少年网络成瘾的关系被意志控制所调节，那么有调节的中介效应模型就得到支持。

如表8-2所示，在模型1中，感知的父母监控与网络成瘾的关系显著，$b = -0.07, t = -2.18, p < 0.05$，该关系没有受到意志控制的调节，$b = 0.06, t = 1.89, p > 0.05$。模型中所有预测变量联合解释了网络成瘾29%的变异（$R^2 = 0.29$）。模型2表明，感知的父母监控与不良同伴交往存在显著的联系，$b = -0.10, t = -2.83, p < 0.01$，更重要的是，该关系受到意志控制的调节，$b = 0.06, t = 1.99, p < 0.05$。模型中所有预测变量联合解释了不良同伴交往22%的变异（$R^2 = 0.22$）。出于描述的目的，我们在高、低意志控制两种水平下分别呈现了感知的父母监控与不良同伴交往之间的关系。简单斜率检验表明，对于低意志控制的青少年，感知的父母监控水平越高，不良同伴交往就越少，$b_{简单} = -0.16, t = -3.48, p < 0.001, 95\% \text{ CI} [-0.25, -0.07]$。但是，对于高意志控制的青少年，感知的父母监控与不良同伴交往的关系并不显著，$b_{简单} = -0.03, t = -0.74, p > 0.05, 95\% \text{ CI} [-0.12, 0.07]$。在模型3中，不良同伴交往与网络成瘾之间存在显著的联系，$b = 0.15, t = 4.16, p < 0.001$，该关系没有受到意志控制的调节，$b = -0.05, t = -1.83, p > 0.05$。模型中所有变量联合解释了网络成瘾31%的变异（$R^2 = 0.31$）。

表8-2　有调节的中介效应检验（$N = 747$）

预测变量	模型1（网络成瘾）		模型2（DPA）		模型3（网络成瘾）	
	b	t	B	t	b	t
CO：性别	0.35	5.56***	0.31	4.70***	0.31	4.84***
CO：年龄	0.03	1.06	0.12	3.76***	0.02	0.48
CO：学校1	−0.06	−0.80	0.02	0.23	−0.06	−0.71
CO：学校2	−0.09	−1.18	0.00	0.05	−0.04	−1.20
CO：家庭收入	0.03	4.12***	0.03	3.56***	0.03	3.52***
X：感知的父母监控（PPM）	−0.07	−2.18*	−0.10	−2.83**	−0.06	−1.74
MO：意志控制（EC）	−0.42	−12.47***	−0.31	−8.89***	−0.36	−10.40***
XMO：PPM × EC	0.06	1.89	0.06	1.99*	0.03	0.79

续表

预测变量	模型1（网络成瘾）		模型2（DPA）		模型3（网络成瘾）	
	b	t	B	t	b	t
ME：不良同伴交往（DPA）					0.15	4.16***
MEMO：DPA × EC					−0.05	−1.83
R^2	.29		.22		.31	
F	37.73***		26.51***		33.67***	

注：性别为虚拟变量，0 = 女生，1 = 男生。CO = 控制变量；X = 自变量；MO = 调节变量；XMO = 自变量与调节变量的交互项；ME = 中介变量；MEMO = 中介变量与调节变量的交互项。*$p < 0.05$，**$p < 0.01$，***$p < 0.001$。

4. 讨论

本书在Bronfenbrenner生态学模型指导下构建了有调节的中介效应模型，考察了感知的父母监控怎样以及何时影响青少年网络成瘾，从而扩展了现有文献。结果表明，不良同伴交往部分中介了感知的父母监控与青少年网络成瘾之间的关系，且该间接关系受到意志控制的部分调节。据我们所知，这是首次考察父母监控与青少年网络成瘾之间关系作用机制的研究。

首先，我们发现，不良同伴交往中介了感知的父母监控与青少年网络成瘾之间的关系。以往研究主要考察感知的父母监控与网络成瘾的直接联系[9,10,12]，少有研究考察为什么必要的父母监控有助于预防和减少青少年网络成瘾。生态学模型强调，发展中个体所处环境之间存在相互联系[1]，因此本书选择了不良同伴交往这一同伴因素并考察其在感知的父母监控与网络成瘾之间的中介作用。结果表明，缺乏必要的父母监控会导致青少年结交更多不良同伴，从而更可能沉迷网络。根据社会互动理论[43]，家庭管理秩序的瓦解（如不良的父母监控）不仅会导致偏差行为的增加，还会导致社会和学业技能的受损。在此情况下，青少年更可能被主流同伴所拒绝，并转而结交不良同伴（如网络成瘾者）以获得归属感。通过观察和模仿不良同伴的网络使用行为，他们也更可能沉迷网络。因此，不良同伴交往是联系父母监控与青少年网络成瘾的桥梁。以往研究也证实了不良同伴交往在家庭因素（如纵容教养、家庭和睦、教养方式）与青少年网络成瘾以及青少年内外化问题之间的中介作用[44-46]。因此，一种不利环境（如不良的父母监控）会增加个体暴露于另一种不利环境（如不良同伴交往）的可能性，进而增加个体出现偏差和问题行为的可能性。

值得注意的是，不良同伴交往只部分中介了父母监控与青少年网络成瘾的关系。感知的父母监控与网络成瘾之间的直接负向联系依然显著，表明感知的父母监控可以直接减少青少年的网络成瘾。当父母知道青少年过度使用网络时，他们可能采取措施（如营造开放的交流氛围）来表达他们对青少年网络使用行为的期望或制定相应的行为规则[47]。另外，拥有必要父母监控的青少年会更多体验父母在场的感觉。当父母在自己头脑中出现时，青少年会内化父母的信念，父母的关爱也可以逐渐转化为自我关爱[47]。因此，这些青少年会主动约束自身的网络使用。部分中介效应提示，父母监控还可能通过其他中介变量影响青少年网络成瘾。例如，许颖[11]发现，拒绝自我效能可以部分中介父母监控与青少年新媒体成瘾行为之间的关系。

其次，我们发现，父母监控通过不良同伴交往影响青少年网络成瘾的间接联系被意志控制调节。意志控制的调节作用主要表现在中介链条前半段（即父母监控—不良同伴交往）。对于低意志控制的青少年，缺乏必要的父母监控是他们结交不良同伴的风险因素，进而增加网络成瘾。相比之下，对于高意志控制的青少年，父母监控通过不良同伴交往影响网络成瘾的间接路径并不显著。该发现与风险缓冲假设[48]一致，即意志控制可以充当保护因素削弱风险因素与发展结果之间的联系。该结果也与强调社会控制与自我控制对青少年发展具有交互作用的理论观点[49,50]相符。具体而言，当个体拥有高水平自我控制时，社会控制的作用就不那么重要。相反，当个体自我控制不足时，社会控制所起的作用就至关重要。

与预期相反，我们并未发现意志控制在不良同伴交往与网络成瘾之间具有调节作用。对此有两种可能的解释。第一，许多网络活动均涉及同伴之间的交流与合作[51]。这一特征使得同伴社会感染和同伴影响在网络使用过程中可能尤为突出。因此，即使青少年拥有高意志控制水平，他们也难以避免不良同伴的负面影响。第二，结交不良同伴和卷入偏差行为可能给青少年带来个人或人际方面的奖赏。因此，作为重要的需要满足源，不同同伴交往可能降低了自我控制的有效性[52]。

本研究存在几方面的不足。第一，通过青少年自我报告收集数据。虽然自我报告可以使我们获得相对较大的样本[53]，但未来研究仍应采用多种信息源来评估有关的构念。第二，家庭收入由青少年报告，而他们可能不清楚家庭收入的情况。因此，更加客观的家庭收入测量有助于增强研究结果的可靠性。第三，这项研究是横断研究。虽然横断设计在网络成瘾领域被广泛运用，可以提供变量关系有价值的信息[19,34]，但未来仍应采用纵向研究来更好地检验有调节的中介效应模型。第四，虽然一般性网络成瘾有其研究价值（因为不同网络成瘾亚型都共享某些相同的特征），但未来研究有必要在不同类型网络成瘾中检验我们所提出的模型。第五。不良同伴交往只部分中介了感知的父母监控与网络成瘾的关系。未来研究需要考察其他因素（如无结构社会化的时间）能否解释二者间的关系。例如，Osgood和Anderson[54]发现，无结构社会化可以中介父母监控与青少年违法违纪之间的关系。

尽管存在这些不足，我们的发现仍具有重要的实践意义。首先，这些发现肯定了父母监控与青少年网络成瘾之间的联系。因此，父母有必要提升自身的监控技能，从而帮助减少青少年网络成瘾。实际上，以往的干预研究表明，恰当的父母监控可以减少青少年的偏差行为[55,56]。但是，需要注意的是，过于严苛的父母监控可能被青少年视为具有侵扰性，增加青少年的过度控制感[57]。其次，研究发现揭示了父母监控影响网络成瘾的重要路径：不良同伴交往是联系父母监控与网络成瘾的重要因素。因此，有必要鼓励家长和教师更多关注青少年的同伴交往情况，并采取措施减少不良同伴交往，从而减少网络成瘾。最后，考虑到父母监控通过不良同伴交往影响网络成瘾的间接关系对意志控制较低的个体更加显著，应特别重视开发和实施有针对性的干预（如在低意志控制个体中提升父母监控）。

参考文献

［ 1 ］ Bronfenbrenner U. The ecology of human development［M］. Cambridge, MA: Harvard University Press, 1979.

［ 2 ］ Li W, Garland E L, Howard M O. Family factors in Internet addiction among Chinese youth: a review of English- and Chinese-language studies［J］. Computers in Human Behavior, 2014, 31: 393-411.

［ 3 ］ Wartberg L, Aden A, Tomsen M, et al. Relationships between family interactions and pathological Internet use in adolescents: a review［J］. Z Kinder Jugendpsychiatr Psychother, 2015, 43: 9-17.

［ 4 ］ Fletcher A C, Darling N E, Steinberg L. Parental monitoring and peer influences on adolescent substance use［M］//Mccord J. Coercion and punishment in long-term perspectives. Cambridge, England: Cambridge University Press, 1995: 259-271.

［ 5 ］ Hirschi T. Causes of delinquency［M］. Berkeley: University of California Press, 1969.

［ 6 ］ Longmore M A, Manning W D, Giordano P C. Parent-child relationships in adolescence［M］//Fine M A, Fincham F D. Handbook of family theories: a content-based approach. New York: Routledge, 2013: 28-50.

［ 7 ］ Fosco G M, Stormshak E A, Dishion T J, et al. Family relationships and parental monitoring during middle school as predictors of early adolescent problem behavior［J］. Journal of Clinical Child & Adolescent Psychology, 2012, 41: 202-213.

［ 8 ］ Dishion T J, Nelson S E, Bullock B M. Premature adolescent autonomy: parent disengagement and deviant peer process in the amplification of problem behaviour［J］. Journal of Adolescence, 2004, 27: 515-530.

［ 9 ］ Kwon J H, Chung C S, Lee J. The effects of escape from self and interpersonal relationship on the pathological use of Internet games［J］. Community Mental Health Journal, 2011, 47: 113-121.

［ 10 ］ Lin C, Lin S, Wu C. The effects of parental monitoring and leisure boredom on adolescents' Internet addiction［J］. Adolescence, 2009, 44: 993-1004.

［ 11 ］ 许颖，苏少冰，林丹华. 父母因素、抵制效能感与青少年新媒介依赖行为的关系［J］. 心理发展与教育，2012，28（4）：421-427.

［ 12 ］ Yen C F, Ko C H, Yen J Y, et al. Multi-dimensional discriminative factors for Internet addiction among adolescents regarding gender and age［J］. Psychiatry and Clinical Neurosciences, 2009, 63: 357-364.

［ 13 ］ Holland S J, Shore D B, Cortina J M. Review and recommendations for integrating mediation and moderation [J]. Organizational Research Methods, 2017, 20: 686–720.

[14] Steinberg L, Monahan K C. Age differences in resistance to peer influence [J]. Developmental Psychology, 2007, 43: 1531–1543.

[15] Vitulano M L, Fite P J, Rathert J L. Delinquent peer influence on childhood delinquency: the moderating effect of impulsivity [J]. Journal of Psychopathology and Behavioral Assessment, 2010, 32: 315–322.

[16] Zhu J, Yu C, Zhang W, et al. Peer victimization, deviant peer affiliation and impulsivity: predicting adolescent problem behaviors [J]. Child Abuse & Neglect, 2016, 58: 39–50.

[17] 张锦涛，陈超，刘凤娥，等. 同伴网络过度使用行为和态度、网络使用同伴压力与大学生网络成瘾的关系 [J]. 心理发展与教育，2012，28（6）：634–640.

[18] Bandura A. Social learning theory [M]. Englewood Cliffs: Prentice Hall, 1977.

[19] Zhu J, Zhang W, Yu C, et al. Early adolescent Internet game addiction in context: how parents, school, and peers impact youth [J]. Computers in Human Behavior, 2015, 50: 159–168.

[20] Steinberg L. Latchkey children and susceptibility to peer pressure: an ecological analysis [J]. Developmental Psychology, 1986, 22: 433–439.

[21] Bowman M A, Prelow H M, Weaver S R. Parenting behaviors, association with deviant peers, and delinquency in African American adolescents: a mediated–moderation model [J]. Journal of Youth and Adolescence, 2007, 36: 517–527.

[22] Hoeve M, Dubas J S, Eichelsheim V I, et al. The relationship between parenting and delinquency: a meta–analysis. [J] Journal of Abnormal Child Psychology, 2009, 37: 749–775.

[23] Bronfenbrenner U, Morris P A. The ecology of developmental processes [M] //Bdamon W, Lerner R M. Handbook of child psychology: theoretical models of human development. New York: Wiley, 1998: 993–1028.

[24] Rothbart M K, Bates J E. Temperament [M] //Eisenberg N, Damon W, Lerner R M. Handbook of child psychology, Vol. 3: social, emotional, and personality development. 6th ed. Hoboken, NJ: Wiley, 2006: 99–166.

[25] Kochanska G, Murray K T, Harlan E T. Effortful control in early childhood: continuity and change, antecedents, and implications for social development [J]. Developmental Psychology, 2000, 36: 220–232.

[26] Li C, Dang J, Zhang X, et al. Internet addiction among Chinese adolescents: the effect of parental behavior and self–control [J]. Computers in Human Behavior, 2014, 41: 1–7.

［27］Ozdemir Y, Kuzucu Y, Ak S. Depression, loneliness and Internet addiction: how important is low self-control?［J］. Computers in Human Behavior, 2014, 34: 284-290.

［28］Zhang H, Li D, Li X. Temperament and problematic Internet use in adolescents: a moderated mediation model of maladaptive cognition and parenting styles［J］. Journal of Child and Family Studies, 2015, 24: 1886-1897.

［29］Lengua L J, Bush N R, Long A C, et al. Effortful control as a moderator of the relation between contextual risk factors and growth in adjustment problems［J］. Development and Psychopathology, 2008, 20: 509-528.

［30］David K M, Murphy B C. Interparental conflict and preschoolers' peer relations: the moderating roles of temperament and gender［J］. Social Development, 2007, 16: 1-23.

［31］Gardner T W, Dishion T J, Connell A M. Adolescent self-regulation as resilience: resistance to antisocial behavior within the deviant peer context［J］. Journal of Abnormal Child Psychology, 2008, 36: 273-284.

［32］Stattin H, Kerr M. Parental monitoring: a reinterpretation［J］. Child Development, 2001, 71: 1072-1085.

［33］Laird R D, Pettit G S, Bates J E, et al. Parents' monitoring-relevant knowledge and adolescents' delinquent behavior: evidence of correlated developmental changes and reciprocal influences［J］. Child Development, 2003, 74: 752-768.

［34］Li D, Li X, Wang Y, et al. School connectedness and problematic Internet use in adolescents: a moderated mediation model of deviant peer affiliation and self-control［J］. Journal of Abnormal Child Psychology, 2013, 41: 1231-1242.

［35］Young K S. Internet addiction: the emergence of a new clinical disorder［J］. CyberPsychology & Behavior, 1998, 1: 237-244.

［36］Li D, Zhang W, Li X, et al. Stressful life events and problematic Internet use by adolescent females and males: a mediated moderation model［J］. Computers in Human Behavior, 2010, 26: 1199-1207.

［37］Siomos K E, Dafouli E D, Braimiotis D A, et al. Internet addiction among Greek adolescent students.［J］CyberPsychology & Behavior, 2008, 11: 653-657.

［38］Little R J, Rubin D B. Statistical analysis with missing data［M］. 2nd ed. New Jersey: Wiley, 2002.

［39］Hayes A F. Introduction to mediation, moderation, and conditional process analysis: a regression-based approach［M］. New York: Guilford Press, 2013.

［40］Muller D, Judd C M, Yzerbyt V Y. When moderation is mediated and mediation is moderated［J］. Journal of Personality and Social Psychology, 2005, 89: 852-863.

［41］董奇, 林崇德. 当代中国儿童青少年心理发育特征：中国儿童青少年心理发育特征调查项目总报告［M］. 北京：科学出版社，2011.

［42］Dearing E, Hamilton L C. Contemporary advances and classic advice for analyzing mediating and moderating variables［J］. Monographs of the Society for Research in Child Development, 2006, 71: 88-104.

［43］Patterson G R. A social learning approach, Vol. 3: coercive family process［M］. Eugene, OR: Castalia Publishing, 1982.

［44］Hinnant J B, Erath S A, Tu K M, et al. Permissive parenting, deviant peer affiliations, and delinquent behavior in adolescence: the moderating role of sympathetic nervous system reactivity［J］. Journal of Abnormal Child Psychology, 2016, 44: 1071-1081.

［45］Roosa M W, Zeiders K H, Knight G P, et al. A test of the social development model during the transition to junior high with Mexican American adolescents［J］. Developmental Psychology, 2011, 47: 527-537.

［46］Simons R L, Chao W, Conger R D, et al. Quality of parenting as mediator of the effect of childhood defiance on adolescent friendship choices and delinquency: a growth curve analysis［J］. Journal of Marriage & Family, 2001, 63: 63-79.

［47］Omer H, Satran S, Driter O. Vigilant care: an integrative reformulation regarding parental monitoring［J］. Psychological Review, 2016, 123: 291-304.

［48］Luthar S S, Crossman E J, Small P J. Resilience and adversity［M］//Lerner R M, Lamb M E. Handbook of child psychology and developmental science, Vol. 3: socioemotional processes. 7th ed. New York: Wiley, 2015: 247-286.

［49］Baker J O. The expression of low self-control as problematic drinking in adolescents: an integrated control perspective［J］. Journal of Criminal Justice, 2010, 38: 237-244.

［50］Wright B, Caspi A, Moffitt T, et al. The effects of social ties on crime vary by criminal propensity: a life-course model of interdependence［J］. Criminology, 2001, 39: 321-351.

［51］Leung L. Net-generation attributes and seductive properties of the Internet as predictors of online activities and Internet addiction［J］. CyberPsychology & Behavior, 2004, 7: 333-348.

［52］Kaplan H B, Johnson R J, Bailey C A. Deviant peers and deviant behavior: further elaboration of a model［J］. Social Psychology Quarterly, 1987, 50: 277-284.

［53］Lamborn S D, Mounts N S, Steinberg L, et al. Patterns of competence and adjustment among adolescents from authoritative, authoritarian, indulgent, and neglectful families［J］. Child Development, 1991, 62: 1049-1065.

［54］Osgood D W, Anderson A L. Unstructured socializing and rates of delinquency［J］. Criminology, 2004, 42: 519-550.

［55］Lochman J E, Van Den Steehoven A. Family-based approaches to substance use prevention [J] . Journal of Primary Prevention, 2002, 23: 49–114.

[56] Vitaro F, Brendgen M, Tremblay R E. Preventive intervention: assessing its effects on the trajectories of delinquency and testing for mediational processes [J] . Applied Developmental Science, 2001, 5: 201–213.

[57] Kakihara F, Tilton–Weaver L, Kerr M, et al. The relationship of parental control to youth adjustment: do youths' feelings about their parents play a role? [J] . Journal of Youth and Adolescence, 2010, 39: 1442–1456.

第9章　父母冲突与青少年网络成瘾

1. 引言

家庭因素在青少年网络成瘾中具有重要作用[1]。根据家庭系统理论[2]，家庭成员相互依赖，发生在两个家庭成员间的冲突也会影响到其他家庭成员。青少年尤其易受父母冲突的不利影响[3]。父母之间频繁且严重的冲突预示着不稳定的父母关系，可能威胁青少年的安全感并引发情绪困扰[4]。青少年往往通过沉浸在虚拟网络世界来逃避这种情绪困扰，从而引发网络成瘾[5]。与这种观点相符，越来越多的研究发现，父母冲突是青少年网络成瘾的重要风险因素[5-8]。例如，Ko等人[5]发现，父母冲突是青少年一年后网络成瘾强有力的预测变量。类似地，Terres-Trindade和Mosmann[7]比较了网络成瘾和非网络成瘾的青少年，发现网络成瘾的青少年经历了显著更多的父母冲突。

尽管大量研究发现了父母冲突与青少年网络成瘾的关系，但少有研究采用过程取向的视角探讨这种联系背后的中介和调节机制。中介机制可以回答父母冲突"怎样"和"为什么"与青少年网络成瘾有关的问题，而调节机制可以回答父母冲突与青少年网络成瘾的关系对谁或何时更强的问题[3,9,10]。更具整合性的有调节的中介效应模型则能同时考察这两种机制，从而得出单纯的中介和调节模型所不能提供的丰富信息。为了弥补现有文献的不足，本书检验了一个有调节的中介效应模型，考察了父母冲突是否通过增加青少年的情绪不安全感进而增加网络成瘾，同时也考察了父母冲突影响网络成瘾的间接关系是否受到大五人格特质的调节。

1.1 情绪不安全感的中介作用

情绪安全感理论阐述了父母冲突怎样影响儿童发展的过程。具体而言，情绪安全感是指儿童在家庭中体验到的安全、稳定和幸福水平。暴露于频繁且高强度的父母冲突会导致孩子体验到高水平的情绪不安全感，包括负情绪反应性（如恐惧、愤怒、悲伤）、应激性行为反应（如哭闹和与父母争吵）以及消极的内部表征（如冲突会导致家庭破裂）[10]。这些反应和内部表征对儿童的长远发展具有重要影响[10]。因此，情绪安全感既是父母冲突经历的产物，又是影响未来适应结果的重要预测因素[11]。与该观点相符，大量研究发现，情绪安全感是父母冲突与儿童适应问题如身体问题、学业失败、社交困难以及内化和外化问题之间的中介变量[3]。尽管目前尚不清楚情绪安全感理论是否可应用于青少年网络成瘾，但一些间接证据提示了这种可能性。

一方面，父母冲突会促进青少年的情绪不安全感。维持安全是人类最基本、最重要的目标之一[12]。稳定和良好的父母关系是安全感的重要基础。破坏性的父母冲突可能威胁婚姻和家庭的稳定性，从而增加青少年的情绪不安全感[10]。随着儿童向青少年时期过渡，他们对父母冲突不利影响的易感性有所增加（如拥有更高水平的情绪不安全感）[13]。因此，暴露于高水平的父母冲突会增加他们对安全感的担忧。大量的实证研究表明，父母冲突可以显著预测青少年的情绪不安全感[4,14,15]。

另一方面，具有高水平不安全感的青少年更可能沉迷网络。随着互联网技术成为现代生活不可或缺的组成部分，青少年在遭遇不愉快经历后，很可能转向网络来缓解他们的情绪困扰，或者从在线交流中获得情感支持[16]。因此，来自父母冲突的情绪不安全感可能是推动青少年沉迷网络的重要动力。虽然情绪安全感与网络成瘾的关系尚不清楚，但以往研究表明心理安全感（一个与情绪安全感有关的概念）是青少年网络成瘾的风险因素[17]。因此，可以合理地预期，情绪安全感能显著正向预测青少年网络成瘾。

尽管如此，目前尚没有研究考察情绪安全感在父母冲突与青少年网络成瘾之间的中介作用。

1.2　大五人格特质的调节作用

虽然父母冲突对青少年网络成瘾具有显著的影响，但并非所有青少年都同等程度地受到父母冲突的不利影响。那么，为什么青少年受父母冲突的影响具有个体差异？研究者提出，环境风险因素在多大程度上影响问题行为取决于个体自身的人格特征[18]。受该观点启发，本书考察了父母冲突与网络成瘾之间的直接和/或间接联系是否受到大五人格特质的调节。

大五人格模型是当今人格心理学中的重要理论框架，它认为人格特质包含5个主要维度：外向性、宜人性、谨慎性、经验开放性和神经质[19]。研究一致表明，高神经质和低谨慎性会增加青少年网络成瘾的风险[20]。但是，另外三种人格特质与青少年网络成瘾的关系则存在一定的分歧。

另外，尽管研究证据比较缺乏，但有理由认为人格可能会调节父母冲突与青少年网络成瘾的直接和/或间接联系。根据素质–压力模型，拥有易损特征的个体更可能受到压力环境的不利影响而出现适应不良[21,22]。作为对该理论的支持，Mabbe等人[23]发现，大五人格特质作为易损特质调节了心理控制与青少年问题行为之间的关系。具体而言，心理控制与外化问题的关系在宜人性较低的个体中更加显著，而心理控制与内化问题的关系在外向性较低和神经质较高的个体中更加显著。类似地，Lu等人[24]在聋生样本中考察了大五人格特质对同伴依恋与孤独感之间关系的调节作用。他们发现，不安全同伴依恋对孤独感的正向预测作用在高外向性的个体中显著，而在低外向性的个体中不显著。目前尚缺乏研究考察大五人格特质是否调节父母冲突通过情绪不安全感影响网络成瘾的直接和/或间接路径。

1.3　研究概览

在情绪安全感理论和素质–压力模型的指导下，本书采用过程取向的方法考察情绪不安全感是否在父母冲突与青少年网络成瘾之间具有中介作用，以及父母冲突与网络成瘾的直接和/或间接关系是否受到大五人格特质的调节。这两大研究问题构成了一个有调节的中介效应模型，可以同时解决有关中介（即父母冲突怎样导致网络成瘾）和调节效应（即这种效应何时最强）的问题。

基于上述文献回顾，我们提出以下假设：假设1：父母冲突将通过增加情绪不安全感对青少年网络成瘾产生间接影响。假设2：谨慎性和神经质会调节父母冲突通过情绪不安全感影响网络成瘾的直接和/或间接路径。具体而言，父母冲突与网络成瘾的直接和/或间接联系在谨慎性较低和神经质较高的个体中可能更加显著。由于外向性、宜人性和经验开放性与网络成瘾的关系较为混乱，我们将不对这三种人格特质在父母冲突与网络成瘾的直接和/或间接联系中是否具有调节作用作出明确假设。

2. 研究方法

2.1 被试

被试来自江西省5所初级中学。共有1189名青少年参加研究。其中，男生713名（占60.0%）。被试平均年龄14.43岁（标准差1.41，全距11—18）。与该地区人口学现状相符，41.2%的父亲和30.3%的母亲拥有初中以上的文化水平。

2.2 工具

2.2.1 父母冲突

采用"儿童感知到的父母冲突量表"测量青少年对父母冲突的感知。该量表由Grych等人[25]编制，池丽萍和辛自强[26]在中国文化背景下进行了修订。根据先前的因子分析结果[26]，从原量表19个项目中筛选出因子负荷最高的16个项目评估父母冲突的频率、强度和解决情况。样题："即使当着我的面，父母也经常相互指责"。青少年在四点量表上（1表示"完全不符合"，4表示"完全符合"）对每个项目进行评定。计算所有项目的平均分，分数越高表示感知到的父母冲突越多。在考察父母冲突对儿童的影响时，青少年是比父母更可靠的信息源[25]。本次测量中，该问卷的信度良好（ $\alpha = 0.86$ ）。

2.2.2 情绪不安全感

采用"父母子系统安全感量表"评估青少年在父母冲突时的情绪不安全

感。该量表由Davies等人[27]编制，包含13个项目，用于评估青少年对父母冲突的反应性、在父母冲突时的情绪调节状况以及对父母关系的内部表征。样题："当父母吵架时，我感到很难受"。要求被试在四点量表上（1表示"完全不符合"，4表示"完全符合"）评定每个项目在多大程度上符合自己的实际情况。计算所有项目的平均分，分数越高表示对父母冲突的情绪不安全感越强。本次测量中，该量表的信度良好（$\alpha = 0.83$）。

2.2.3　大五人格特质

采用"大五人格调查表（中文版）"测量青少年的人格特质[28]。该工具包含50个题目，评估了5种人格特质（外向性、宜人性、谨慎性、开放性和神经质）。样题："我很喜欢和同学们一起玩"。要求青少年在五点量表上（1表示"一点也不像我"，5表示"非常像我"）评定每个项目。对每个维度的项目进行平均，分数越高表示在相应人格维度上特征越明显。该工具在中国青少年中表现出了良好的信度和效度[29,30]。本次测量中，5个分量表的信度分别为0.81，0.82，0.82，0.78和0.76。

2.2.4　网络成瘾

采用改编自Young[31]"网络成瘾诊断问卷"的10个项目评估青少年的网络成瘾。Young的问卷最初是参考DSM–IV病理性赌博诊断标准编制而成。根据最近的文献综述，该问卷是中国青少年网络成瘾研究中使用最广的工具。该工具也在"中国儿童青少年心理发育特征调查"这类大型项目中有所使用。样题："我上网的时间经常比预期的要长"。要求青少年在六点量表上（1表示"完全不符合"，6表示"完全符合"）评定每个项目。将所有10个项目进行平均，分数越高表示网络成瘾的可能性越大。该问卷在中国青少年中表现出良好的信度和效度。本次测量中，问卷的信度良好（$\alpha = 0.87$）。

2.3　程序

在数据收集前，征得老师和青少年本人知情同意。由受过训练的研究助手在课堂中采用标准化的指导语进行问卷施测。向被试强调研究的匿名性，并且告知被试自愿参加研究，可以拒绝和随时退出研究，而不会受到任何惩罚。

2.4　分析计划

采用SPSS 21.0进行所有的统计分析。第一，检验了自我报告的数据是否存在严重的共同方法偏差。第二，计算所有研究变量的描述统计量（即平均数、标准差），并进行两两相关分析。第三，采用Hayes[32]开发的PROCESS宏中的Model 4进行中介效应分析。它采用Bootstrap方法检验中介效应，比Baron和Kenny[33]提出的因果步骤法更好。具体而言，Bootstrap方法基于5000个重复抽样样本构建95%的偏差校正的百分位置信区间。如果置信区间不含0，就表示中介效应显著。第四，考察大五人格特质是否调节中介模型的路径。根据Muller等人[34]的建议，检验有调节的中介效应假设。对所有自变量进行标准化，并基于这些标准化后的变量构建交互项。如果发现交互效应显著，就采用Johnson–Neyman技术构建显著性区域来进一步揭示交互效应的实质。传统研究多采用简单斜率检验[35]来分析交互效应的实质，它会选择调节变量的特定取值（如平均数上下一个标准差）来分析自变量对因变量的预测作用。相比之下，显著性区域分析则可以提供结果变量对预测变量进行回归时的斜率在调节变量的哪些区间范围内显著的信息。在所有分析中，我们控制了青少年的性别、年龄、父亲受教育水平、母亲受教育水平和家庭经济状况，因为以往研究表明，这些人口学特征与青少年网络成瘾有关。另外，由于所有变量缺失数据比例极低（少于1%），我们采用均值替代法来处理缺失数据。

3.　结果

3.1　初步分析

所有变量测量均基于青少年自我报告。因此，采用Harmen单因子检验确认研究变量的相关在多大程度上是由共同方法偏差所引起。如果一个全局因子能解释大多数变异，则表明共同方法偏差比较严重。未经旋转的因子分析表明，第一个主成分因子仅解释了9.8%的变异，表明共同方法偏差并不是一个严重问题。

3.2　主要分析

根据Young[31]提出的网络成瘾诊断标准，本次调查中网络成瘾量表得分超出临界分数的被试占比为8.3%。表9-1列出了所有研究变量的平均数、标准差和零阶相关系数。总体而言，主要变量之间存在低度到中度的相关。具体而言，父母冲突与情绪不安全感显著正相关，$r = 0.30, p < 0.001$。此外，父母冲突和情绪不安全感均与青少年网络成瘾显著正相关，分别$r = 0.23, p < 0.001$和$r = 0.19, p < 0.001$。另外，宜人性和谨慎性与青少年网络成瘾显著负相关，分别$r = -0.15, p < 0.001$和$r = -0.21, p < 0.001$，而神经质与网络成瘾显著正相关，$r = 0.23, p < 0.001$。外向性和经验开放性与青少年网络成瘾的相关均未达到统计显著水平，分别$r = 0.00, p > 0.05$和$r = -0.01, p > 0.05$。

表9-1　各变量的平均数、标准差和相关矩阵

变量	1	2	3	4	5	6	7	8	9	10	11	12	13
1. 性别	—												
2. 年龄	0.05	—											
3. 经济状况	−0.04	**−0.17**	—										
4. 父亲文化	−0.05	−0.06	**0.21**	—									
5. 母亲文化	−0.05	**−0.06**	**0.19**	**0.66**	—								
6. 父母冲突	−0.04	0.03	−0.01	**−0.07**	**−0.07**	—							
7. 情绪不安全感	0.00	0.04	−0.03	**−0.09**	−0.03	**0.30**	—						
8. 外向性	0.01	−0.04	**0.09**	**0.12**	**0.11**	**−0.15**	0.06	—					
9. 宜人性	**−0.07**	0.05	**0.11**	**0.08**	**0.07**	**−0.21**	0.05	**0.55**	—				
10. 谨慎性	0.05	0.02	0.02	**0.06**	0.04	**−0.18**	0.07	**0.30**	**0.52**	—			
11. 开放性	**0.06**	0.04	**0.12**	**0.21**	**0.18**	**−0.11**	0.06	**0.52**	**0.53**	**0.47**	—		
12. 神经质	**−0.13**	0.04	−0.05	−0.04	−0.02	**0.26**	**0.29**	−0.06	0.04	−0.05	0.03	—	
13. 网络成瘾	**0.22**	**0.16**	−0.07	−0.01	−0.01	**0.23**	**0.19**	0.00	**−0.15**	**−0.21**	−0.01	**0.23**	—
M	0.60	14.43	3.89	3.45	3.12	2.19	2.27	3.32	3.73	3.08	3.38	3.11	2.65
SD	0.49	1.41	0.79	1.07	1.06	0.54	0.37	0.71	0.62	0.66	0.68	0.73	11.03

注：性别为虚拟变量，1 = 男生，0 = 女生。加粗的相关系数至少在$p < 0.05$水平上显著。

3.3 中介效应检验

在假设1中,我们预期情绪不安全感在父母冲突与网络成瘾之间具有中介作用。为了检验该假设,采用PROCESS宏的模型4进行分析[32]。在控制了青少年性别、年龄、父亲受教育水平、母亲受教育水平和家庭经济状况后,父母冲突显著正向预测情绪不安全感($\beta = 0.20, p < 0.001$),进而显著正向预测网络成瘾($\beta = 0.35, p < 0.001$)。与此同时,残余直接效应也达到统计显著水平($\beta = 0.37, p < 0.001$)。因此,情绪不安全感在父母冲突与青少年网络成瘾之间具有部分中介作用(间接效应 $= 0.07$, 95%的置信区间 $= [0.03, 0.11]$)。中介效应占总效应的比例为18.9%。因此,假设1得到支持。

3.4 有调节的中介效应检验

如前所述,假设2预期谨慎性和神经质会调节父母冲突通过情绪不安全感影响青少年网络成瘾的直接和/或间接路径。为检验该假设,我们估计了三个回归方程的参数。在模型1中,我们估计了人格特质对父母冲突与青少年网络成瘾之间关系的调节作用。在模型2中,我们估计了人格特质对父母冲突与情绪不安全感之间关系的调节作用。在模型3中,我们估计了5种人格特质对情绪不安全感与网络成瘾之间关系的调节作用。三个模型的设置情况见表9-2。

如果回归方程的估计结果满足以下一个或两个条件,则支持有调节的中介模型。第一,父母冲突与情绪不安全感的关系受到某种人格特质的调节,且情绪不安全感对网络成瘾的预测作用显著。第二,父母冲突对情绪不安全感的预测作用显著,且情绪不安全感与网络成瘾之间的关系受到某种人格特质的调节。

表9-2 有调节的中介效应检验

预测变量	模型1（网络成瘾）		模型2（情绪不安全感）		模型3（网络成瘾）	
	β	t	B	t	β	t
性别	0.24	9.13***	0.03	1.01	0.24	9.15***
年龄	0.14	5.31***	0.02	0.61	0.14	5.23***
经济状况	−0.03	−1.08	−0.02	−2.75**	−0.03	−1.06

续表

预测变量	模型1（网络成瘾）		模型2（情绪不安全感）		模型3（网络成瘾）	
	β	t	B	t	β	t
父亲文化	0.02	0.58	−0.10	1.27	0.04	1.00
母亲文化	0.01	0.33	0.05	−0.55	0.00	0.08
父母冲突 (IC)	0.15	5.32***	0.26	8.96***	0.12	4.04***
外向性 (E)	0.13	3.97***	0.09	2.61**	0.13	3.79***
宜人性 (A)	−0.11	−2.85**	−0.02	−0.54	−0.11	−2.87**
谨慎性 (C)	−0.21	−6.65***	0.11	3.36***	−0.23	−7.21***
开放性 (O)	0.07	1.88	0.00	0.07	0.06	1.80
神经质 (N)	0.22	7.97***	0.22	7.95***	0.20	7.16***
IC × E	−0.03	−0.76	0.05	1.45	−0.06	−1.63
IC × A	−0.03	−0.74	0.05	1.26	−0.01	−0.18
IC × C	0.04	1.31	−0.01	−0.13	0.04	1.22
IC × O	−0.03	−0.77	−0.03	−0.96	−0.03	−0.71
IC × N	0.01	0.42	0.06	2.19*	−0.01	−0.33
情绪不安全感 (EI)					0.11	3.95***
EI × E					0.10	2.69**
EI × A					−0.08	−1.87
EI × C					−0.04	−0.99
EI × O					−0.02	−0.50
EI × N					0.04	1.49
R^2	0.22		0.18		0.24	
F	20.72***		15.50***		16.56***	

注：所有连续型预测变量都进行了标准化处理。性别为虚拟变量，$1 =$ 男生，$0 =$ 女生。*$p < 0.05$，**$p < 0.01$，***$p < 0.001$。

如表9–2所示，在模型1中，父母冲突对网络成瘾具有显著的预测作用（β $= 0.15, p < 0.001$），该效应没有受到任何大五人格特质的调节。模型2表明，父母冲突对情绪不安全感的预测作用显著（β $= 0.26, p < 0.001$），且父母冲突与神经质的交互作用显著（β $= 0.06, p < 0.05$）。纳入交互项后，模型的变异解释能力从16.7%提高到了17.5%。为了进一步确认交互效应的实质，我们采用Johnson-Neyman技术进行显著性区域分析。结果表明，显著性区域的下

边界为-30.68，上边界为1.47。该结果表明，情绪不安全感对父母冲突的回归在神经质得分低于-30.68时显著为负，在神经质取值为-30.68—1.47区间不显著，在神经质得分大于1.47时显著为正。考虑到神经质可能的取值范围为1—5，所以显著性区域的上半部分落在了神经质的实际取值范围中，而下半部分没有落入其中。模型3表明，情绪不安全感对网络成瘾的效应显著（$\beta = 0.11$，$p < 0.05$），而且情绪不安全感与外向性的交互项能显著预测青少年网络成瘾（$\beta = 0.10$，$p < 0.05$）。在纳入交互项后，模型的变异解释能力从23.0%提高到23.8%。进一步显著性区域分析表明，显著性区域的下边界为-0.28，上边界为2.92。该结果表明，网络成瘾对情绪不安全感的回归效应在外向性取值为-0.28及以下时显著为负，在外向性取值为-0.28—2.92区间不显著，在外向性取值大于2.92时显著为正。考虑到外向性可能的取值范围为1—5。因此，显著性区域的上半部分落入了外向性的观测范围内，而下半部分并未落入外向性的观测范围内。总体而言，父母冲突对情绪安全感的直接效应受到神经质的调节，情绪不安全感对网络成瘾的直接效应受到外向性的调节。宜人性、谨慎性和经验开放性对中介过程的任何路径都没有起到调节作用。为了进一步确认这些研究结果，我们进行了条件间接效应分析。采用Hayes[32]开发的PROCESS宏模型21进行条件间接效应分析，该方法可以估计神经质调节前半段和外向性调节后半段时的间接效应。结果表明，在神经质和外向性得分较高时（均值以上一个标准差），间接效应较大（间接效应 = 0.04，95%置信区间 =［0.01，0.08］），在神经质和外向性得分较低时（均值以下一个标准差），间接效应取值较小（间接效应 = 0.02，95%置信区间［0.00，0.04］）。因此，假设2得到部分支持。

4.　讨论

父母冲突对青少年网络成瘾的影响得到了大量实证研究的支持[36-38]。但是，少有研究采用过程取向的视角考察父母冲突与青少年网络成瘾背后的中介和调节机制。本书提出了一个有调节的中介效应模型，考察父母冲突是否通过增加情绪不安全感间接影响青少年网络成瘾以及该间接联系是否受到大五人格特质的调节。研究发现深化了我们对父母冲突"怎样"以及"何时"影响青少年网络成瘾的认识。

4.1 情绪不安全感的中介作用

我们发现，情绪不安全感在父母冲突与青少年网络成瘾之间具有中介作用。该发现扩展了以往的理论和实证研究。具体而言，通过将情绪安全感理论应用于成瘾行为，深化了我们对该理论的认识。虽然情绪安全感理论已在多种发展结果（如内化和外化问题）中得到了验证[3]，但我们是首次证实该理论在网络成瘾领域的适用性。另外，我们也初步阐明了父母冲突为什么会促进青少年网络成瘾。尽管以往研究已经发现父母冲突是青少年网络成瘾的风险因素[37,38]，但我们是首次验证情绪不安全感在该关系背后的中介作用。

我们注意到情绪不安全感的间接效应并不是特别大。这与以往考察情绪不安全感作为父母冲突与青少年发展结果之间的中介变量的研究是一致的[39]。这可能是由于情绪不安全感的影响具有一定的长期性，因而在横断研究中不能得到很好的捕捉。事实上，在最近的一项文献综述中，Davies等人[10]发现，在纵向研究中要比在横断研究中更容易得出情绪不安全感较强的中介作用。这种相对较小的效应量提示我们，该关系背后可能还存在其他中介变量（如亲子关系）值得后续研究进一步关注。

除了总的中介效应外，中介模型前、后半段也值得一提。与以往研究一致[10,14,15]，我们发现父母冲突会增加青少年的情绪不安全感。父母冲突会激发青少年的恐惧、愤怒和悲伤感受，甚至诱发出哭闹和言语威胁等行为反应[10]。所有这些过度反应都体现出青少年对父母冲突的情绪不安全感。此外，我们发现情绪不安全感与青少年网络成瘾存在正向联系。互联网可以通过两种主要方式对情绪不安全感的青少年产生吸引力。首先，它为这些青少年提供了逃避情绪困扰的空间[5]。例如，青少年可能沉迷在网络中暂时忘记父母关系和家庭不稳定性带来的悲伤和担忧。其次，网络空间可以为青少年提供父母所没有提供的情绪支持。例如，部分青少年沉迷网络是因为他们觉得线上的朋友能给他们提供支持[16]。

4.2 大五人格特质的调节作用

作为过程取向研究的另一方面，我们也考察了人格特质对父母冲突与网络成瘾之间直接和/或间接关系的调节作用。结果表明，神经质调节了父母冲突对情绪不安全感的预测作用，外向性调节了情绪不安全感对网络成瘾的预测作用。具体而言，父母冲突与情绪不安全感的关系在神经质水平较高的个体中更显著，情绪不安全感与网络成瘾的关系在外向性较高的个体中更强。

这些发现与素质–压力模型相符。该模型认为，人格特质可以充当易损因素放大压力源（如父母冲突）对适应结果（如网络成瘾）的直接和/或间接影响。高神经质的个体倾向于将压力源评估为具有高度的威胁性、更容易体验到强烈的负情绪性[40,41]。这就不难理解，神经质较高的青少年在感知到父母冲突水平较高时会觉得对自己和家庭的威胁更大，从而产生更高水平的情绪不安全感。另外，外向性加剧了情绪不安全感对网络成瘾的不利影响。与以往研究相符，外向性是青少年网络成瘾的风险因素。高外向性有时意味着高冲动性，因此高外向性的个体更容易因为寻求刺激和较低的自控能力而出现适应不良[42]。这样一来，高外向性的青少年在体验到情绪不安全感时尤其容易出现网络成瘾。

根据Cohen[43]提供的标准来看，我们的调节效应相对较小（$\Delta R^2 = 0.008$）。但是，方法学家最近认为，有时小效应也可能有重要意义[44,45]。例如，如果小效应触发的是大结果（如网络成瘾），那么小效应也是重要的。此外，如果小效应会影响到许多个体，则小效应也是重要的。不管怎样，未来研究需要使用严格的心理测量学工具和除自我报告之外的数据源来验证我们的发现。

另外，虽然神经质和外向性放大了父母冲突对网络成瘾的间接效应，但也有研究提出这种易损特征实际上反映的是个体对环境影响的敏感性。例如，不同易感性假设[46]指出，这些易感素质除了会使个体对不利环境的敏感性提高（消极的一面），拥有这些特质的个体也容易对积极环境产生更高的敏感性（积极的一面）。因此，未来研究应当探讨神经质和外向性在积极家庭特征（如建设性父母冲突）与青少年网络成瘾之间的调节作用（即要进一步检验不同易感性模型）。

与预期相反，父母冲突与网络成瘾之间的间接关系并未受到谨慎性的调节。该结果表明，谨慎性并没有充当一种保护因素削弱父母冲突对情绪不安全感以及情绪不安全感对网络成瘾的影响。谨慎性反映的是个体注意、自我控制、成就取向、秩序性和责任心等方面的特征。这些特征可能在任务完成领域而不是人际关系领域具有更为重要的作用[47]。因此，谨慎性没有充当父母冲突与网络成瘾之间直接和/或间接关系的调节变量。不管怎样，该阴性结果仍然存在其他可能的解释，未来研究需要进一步验证该发现。

早在20年前，研究者就已经意识到父母冲突、情绪不安全感与适应不良之间的中介路径可能随个体自身特征的不同而有所不同。但是，有关儿童气质和人格特质调节作用的研究还十分落后[3]。我们首次检验了大五人格特质的调节作用，在一定程度上弥补了该领域的不足。

4.3 局限与展望

本研究也存在以下局限。首先，横断设计在一定程度上制约了因果推断和变量关系方向性的解释。虽然情绪不安全感理论认为父母冲突会导致青少年网络成瘾，但青少年网络成瘾也可能反过来增加父母冲突[5]。未来研究应当采用纵向设计更好地揭示这些变量关系之间的方向。其次，虽然采用自我报告的方式测量父母冲突和情绪不安全感可以提供有价值的信息[25]，但未来研究仍应使用多报告源来测量有关变量，从而提供更为准确的信息。再次，我们考察了每一种人格特质的调节作用，而不是考察这些人格特质的组合所起的调节作用。某些人格特质的组合（如低谨慎性和高外向性，低谨慎性和高神经质）可能对问题行为具有不同的预测效力。最后，结果的推广性可能受到一定的限制。目前尚不清楚研究结果能在多大程度上推广至其他相关的结果（如电视成瘾、视频游戏成瘾）以及网络成瘾亚型中（如在线游戏成瘾）。

4.4　实践意义

尽管存在这些局限，我们的发现仍具有重要的实践意义。第一，我们发现父母冲突是网络成瘾的风险因素，因此，父母应当试图减少他们的冲突，尤其是威胁婚姻质量和家庭稳定性的破坏性婚姻冲突。另外，当父母冲突实在难以避免时，也应尽可能让孩子少暴露在这些冲突面前。实际上，稳定和积极的父母关系是良好发展的基石。第二，我们发现情绪不安全感在父母冲突与网络成瘾之间具有中介作用。该发现有助于实践工作者理解父母冲突与青少年网络成瘾的联系机制。降低青少年的情绪不安全感可能是干预工作应当努力的一个方向。例如，父母可以通过恰当解决父母冲突来降低青少年的情绪不安全感。父母也可以向青少年解释父母分歧的原因，减轻青少年的情绪负担，从而减轻父母冲突对网络成瘾的不利效应。第三，我们也发现部分大五人格特质可以调节父母冲突与网络成瘾之间的间接关系。这提示我们，父母和老师应当注重培养青少年健全的人格特质，且在干预工作中，应当特别关注高神经质和外向性的青少年，因为高水平父母冲突最容易使他们产生高情绪不安全感，且在体验到情绪不安全感时，最容易沉迷网络。

5.　结论

总体而言，本书首次采用过程取向的方法考察父母冲突影响青少年网络成瘾的中介和调节机制。研究发现，情绪不安全感是父母冲突与网络成瘾发生联系的潜在机制。此外，该中介机制可能受到神经质和外向性的调节，使得父母冲突通过情绪不安全感对网络成瘾的不利影响在高神经质和高外向性个体中更加显著。有调节的中介效应模型深化了我们对风险因素怎样以及何时影响网络成瘾的认识，也应在未来研究中加以运用。

参考文献

［1］Li W, Garland E L, Howard M O. Family factors in Internet addiction among Chinese youth: a review of English-and Chinese-language studies［J］. Computers in Human Behavior, 2014, 31: 393–411.

［2］Cox M J, Paley, B. Families as systems［J］. Annual Review of Psychology, 1997, 48: 243–267.

［3］Cummings E M, Davies P T. Marital conflict and children: an emotional security perspective［M］. New York: Guilford Press, 2011.

［4］Cummings E M, George M R W, Mccoy K P, et al. Interparental conflict in kindergarten and adolescent adjustment: prospective investigation of emotional security as an explanatory mechanism［J］. Child Development, 2012, 83: 1703–1715.

［5］Ko C H, Wang P W, Liu T L, et al. Bidirectional associations between family factors and Internet addiction among adolescents in a prospective investigation［J］. Psychiatry and Clinical Neurosciences, 2015, 69: 192–200.

［6］邓林园，张锦涛，方晓义，等. 父母冲突与青少年网络成瘾的关系：冲突评价和情绪管理的中介作用［J］. 心理发展与教育，2012，28（5）：539–544.

［7］Terres-Trindade M, Mosmann C P. Discriminant profile of young Internet dependents: the role of family relationships［J］. Paidéia, 2015, 25: 353–361.

［8］Yang M S, Jo E J. A study on Internet addiction and parental marital conflict, parenting attitudes, and parental monitoring and control as perceived by elementary school children［J］. Korean Journal of Human Ecology, 2011, 20: 339–351.

［9］Cummings E M, Davies P T. Effect of marital discord on children: recent advances and emerging themes in process-oriented research［J］. Journal of Child Psychology and Psychiatry, 2002, 43: 31–63.

［10］Davies P T, Martin M J, Sturge-Apple M L. Emotional security theory and developmental psychopathology［M］//Cicchetti D. Developmental psychopathology, Vol. 1: theory and method. 3rd ed. Hoboken, NJ: Wiley, 2016: 199–264.

［11］Davies P T, Cummings E M. Marital conflict and child adjustment: an emotional security hypothesis［J］. Psychological Bulletin, 1994, 116: 387–411.

［12］Bowlby J. Attachment and loss, Vol. 2: separation［M］. New York: Basic Books, 1973.

［13］Cummings E M, Schermerhorn A C, Davies P T, et al. Interparental discord and child adjustment: prospective investigations of emotional security as an explanatory mechanism［J］. Child Development, 2006, 77: 132–152.

［14］Bergman K N, Cummings E M, Davies P T. Interparental aggression and adolescent adjustment: the role of emotional insecurity and adrenocortical activity［J］. Journal of Family Violence, 2014, 29: 763–771.

［15］王明忠，范翠英，周宗奎，等. 父母冲突影响青少年抑郁和社交焦虑——基于认知-情境理论和情绪安全感理论［J］. 心理学报，2014（1），46：90–100.

［16］Tichon J G, Shapiro M. The process of sharing social support in cyberspace［J］. CyberPsychology & Behavior, 2003, 6: 161–170.

［17］周小燕，白莉莉，庞宝华，等. 延安市中学生网络成瘾状况及心理健康分析［J］. 延安大学学报（医学科学版），2012，10（2）：13–15.

［18］Lerner R M, Lerner J V, Almerigi J, et al. Dynamics of individual–context relations in human development: a developmental systems perspective［M］//Thomas J C, Segal D L, Hersen M, et al. Comprehensive handbook of personality and psychopathology, Vol. 1: personality and everyday functioning. Hoboken, NJ, US: John Wiley & Sons Inc, 2006: 23–43.

［19］Carver C S, Connor–Smith J. Personality and coping［J］. Annual Review of Psychology, 2010, 61: 679–704.

［20］Kuss D J, Van Rooij A J, Shorter G W, et al. Internet addiction in adolescents: prevalence and risk factors［J］. Computers in Human Behavior, 2013, 29: 1987–1996.

［21］Swearer S M, Hymel S. Understanding the psychology of bullying: moving toward a social–ecological diathesis–stress model［J］. American Psychologist, 2015, 70: 344–353.

［22］Zuckerman M. Vulnerability to psychopathology: a biosocial model［M］. Washington: American Psychological Association, 1999.

［23］Mabbe E, Soenens B, Vansteenkiste M, et al. Do personality traits moderate relations between psychologically controlling parenting and problem behavior in adolescents?［J］. Journal of Personality, 2016, 84: 381–392.

［24］Lu A, Yu Y, Hong X, et al. Peer attachment and loneliness among adolescents who are deaf: the moderating effect of personality［J］. Social Behavior and Personality: An International Journal, 2014, 42: 551–560.

［25］Grych J H, Seid M, Fincham F D. Assessing marital conflict from the child's perspective: the Children's Perception of Interparental Conflict Scale［J］. Child Development, 1992, 63: 558–572.

［26］池丽萍，辛自强. 儿童对婚姻冲突的感知量表修订［J］. 中国心理卫生杂志，2003，17（8）：554–556.

［27］Davies P T, Forman E M, Rasi J A, et al. Assessing children's emotional security in the interparental relationship: the security in the interparental subsystem scales［J］. Child Development, 2002, 73: 544–562.

［28］周晖，钮丽丽，邹泓. 中学生人格五因素问卷的编制［J］. 心理发展与教育，2000, 16（1）: 48–54.

［29］李彩娜，邹泓，杨晓莉. 青少年的人格、师生关系与心理健康的关系研究［J］. 中国临床心理学杂志，2005, 13（4）: 440–442.

［30］杨洋，雷雳. 青少年外向/宜人性人格、互联网服务偏好与"网络成瘾"的关系［J］. 心理发展与教育，2007, 23（2）: 42–48.

［31］Young K S. Internet addiction: the emergence of a new clinical disorder［J］. CyberPsychology & Behavior, 1998, 1: 237–244.

［32］Hayes A F. Introduction to mediation, moderation, and conditional process analysis: a regression–based approach. New York: Guilford Press, 2013.

［33］Baron R M, Kenny D A. The moderator–mediator variable distinction in social psychological research: conceptual, strategic, and statistical considerations［J］. Journal of Personality and Social Psychology, 1986, 51: 1173–1182.

［34］Muller D, Judd C M, Yzerbyt V Y. When moderation is mediated and mediation is moderated［J］. Journal of Personality and Social Psychology, 2005, 89: 852–863.

［35］Aiken L S, West S G. Multiple regression: testing and interpreting interactions［M］. Newbury Park, CA: Sage, 1991.

［36］Park S K, Kim J Y, Cho C B. Prevalence of Internet addiction and correlations with family factors among South Korean adolescents［J］. Adolescence, 2008, 43: 895–909.

［37］Yang X, Zhu L, Chen Q, et al. Parent marital conflict and Internet addiction among Chinese college students: the mediating role of father–child, mother–child, and peer attachment［J］. Computers in Human Behavior, 2016, 59: 221–229.

［38］Yen J Y, Yen C F, Chen C C, et al. Family factors of Internet addiction and substance use experience in Taiwanese adolescents［J］. CyberPsychology & Behavior, 2007, 10: 323–329.

［39］Davies P T, Sturge–Apple M L, Bascoe S M, et al. The legacy of early insecurity histories in shaping adolescent adaptation to interparental conflict［J］. Child Development, 2014, 85: 338–354.

［40］Grant S, Langan–Fox J. Personality and the occupational stressor–strain relationship: the role of the big five［J］. Journal of Occupational Health Psychology, 2007, 12: 20–33.

［41］Penley J A, Tomaka J. Associations among the big five, emotional responses, and coping with acute stress［J］. Personality and Individual Differences, 2002, 32: 1215–

1228.

[42] Vollrath M, Torgersen S. Who takes health risks? A probe into eight personality types [J]. Personality and Individual Differences, 2002, 32: 1185–1197.

[43] Cohen J. Statistical power analysis for the behavioral science [M]. 2nd ed. Hillsdale, NJ: Erlbaum, 1988.

[44] Aguinis H, Beaty J C, Boik R J, et al. Effect size and power in assessing moderating effects of categorical variables using multiple regression: a 30–year review [J]. Journal of Applied Psychology, 2005, 90: 94–107.

[45] Prentice D A, Miller D T. When small effects are impressive [J]. Psychological Bulletin, 1992, 112: 160–164.

[46] Belsky J, Bakermans–Kranenburg M J, Van Ijzendoorn M H. For better and for worse: differential susceptibility to environmental influences [J]. Current Directions in Psychological Science, 2007, 16: 300–304.

[47] Caspi A, Shiner R L. PERSONALITY DEVELOPMENT [M] //Eisenberg N, Damon W, Lerner R M. Handbook of child psychology, Vol. 3: social, emotional, and personality development. 6th ed. Hoboken, NJ: Wiley, 2006: 300–365.

第10章　家庭功能与青少年网络成瘾

1.　引言

根据Bronfenbrenner的生态学模型[1]，家庭是影响人类发展最近端、最具影响力的生态子系统。不良的家庭环境可能导致非适应性的发展结果。受该理论启发，许多研究者考察了家庭因素在青少年网络成瘾中的作用[2-4]。在这些因素中，家庭功能的作用尤为重要。家庭功能是指家庭生活的总体质量[5]。理论上讲，和谐的家庭功能具有两大重要功能：情感温暖和社会控制[6,7]。具有不良功能的家庭难以给孩子提供情感温暖，因此，个体可能从其他环境如网络空间中寻求情感支持[6,8]。另外，由于社会控制功能的弱化[9]，功能不良的家庭可能会促进青少年的偏差行为（如网络成瘾），因为这些青少年更可能以违背社会联结的方式做事情。与这些理论观点相符，一些研究发现，良好的家庭功能可以负向预测青少年网络成瘾[10-14]。例如，Shi等人[11]以中学生为被试的大样本研究发现，不良的家庭功能是网络成瘾的重要风险因素。类似地，在一项纵向研究中，Yu和Shek[14]发现，青少年对家庭功能的感知可以显著预测他们两年后的网络成瘾。

尽管以往研究确立了家庭功能与青少年网络成瘾的直接联系[12,14]，但该关系背后的中介机制和调节机制仍鲜有研究探讨。根据生态学模型[1,15]，一种生态因素可能会影响另一种生态因素，进而与问题行为相联系。此外，生态因素的作用可能会随个人特征的不同而有所不同。因此，问题行为的发展可以由不同生态子系统之间的相互联系以及生态系统与个人特征之间的交互作用所解释。在该理论指导下，本书旨在考察家庭功能（一种生态因素）是否会增加不良同伴交往（另一种生态风险因素），进而与青少年网络成瘾有关。本书也将考察该中介过程是否受到社会敏感性（一种个体因素）的调节。这种整合的有调节的中介模型比单纯的中介和调节模型能更全面地描绘真实生活中的现象。

1.1 不良同伴交往的中介作用

不良同伴交往是指结交具有偏差行为（如吸烟、沉迷网络）的朋友[16]。在青少年时期，个体尤其容易受到同伴的影响[17]。许多研究表明，结交不良同伴是青少年问题行为的稳健预测因素[16,17]。研究者最近开始探讨不良同伴交往与青少年网络成瘾的关系。根据社会学习理论[18]，青少年可能因同伴影响（如通过观察和模仿同伴的态度和行为）而沉迷网络。具体而言，同伴可能给青少年提供更多接触上网和玩游戏的机会。青少年也可能因同伴压力而遵从同伴规范。与这些理论观点相符，大量实证研究表明，结交不良同伴的青少年更可能沉迷网络[8,19]。

此外，不良的家庭功能可能促使青少年结交同伴交往。如前所述，功能良好的家庭具有情感温暖和社会控制两大功能[7,8]。当青少年不能从家庭中获得温暖支持或满足基本心理需要时，他们就可能转向同伴（包括偏差同伴）来寻求支持或获得归属感[20]。另外，根据社会控制理论[9]，生活在功能健全家庭的青少年更不可能结交不良同伴，因为他们担心这样做会让父母伤心。与这些观点相符，Fosco等人[21]采用纵向设计发现，良好的家庭关系在防止青少年结交不良同伴中具有重要的作用。类似地，在一项11—24岁的纵向研究中，Dishion等人[22]发现，家庭联结的弱化（如家庭冲突多、家庭关系消极）是青少年结交偏差同伴的风险因素。

总之，这些研究表明，家庭功能可能通过不良同伴交往对网络成瘾产生间接影响。然而，据我们所知，目前尚缺乏研究考察不良同伴交往在家庭功能与青少年网络成瘾之间的中介作用。基于上述文献回顾，我们提出假设1：家庭功能与青少年网络成瘾的关系至少能部分地被不良同伴交往所中介。

1.2 社会敏感性的调节作用

虽然不良家庭功能可能通过不良同伴交往的中介作用增加青少年网络成瘾

的风险，但并非所有结交不良同伴的青少年都沉迷网络。生态学模型认为，生态环境的影响可能随个体特征的不同而有所不同[15]。本书考察了家庭功能通过不良同伴交往影响网络成瘾的中介过程是否受到青少年社会敏感性的调节。

社会敏感性是指个体对他人有关其能力和行为的看法和评价的敏感程度[23]。高社会敏感性的个体在加工有关社会接纳和排斥方面的信息时情绪反应性更高[24]。以往研究表明，社会敏感性是非适应性结果[23,25]包括网络成瘾的风险因素[26,27]。

最近，van Hoorn等人[28]呼吁考察社会敏感性在同伴因素与青少年问题行为之间的调节作用。高社会敏感性的青少年更可能推测同伴对自己的看法和感受，更可能寻求和反思同伴的反馈与评价。这可以解释同伴因素为何对这些青少年的行为具有显著的影响[23,24]。具体而言，社会敏感性的重要特征是害怕被社会排斥（如同伴拒绝），这很可能影响青少年的个人感受和自我价值感，导致其产生消极情绪[29,30]，从而增加网络成瘾的可能性[31]。此外，对同伴评价较为敏感的青少年更可能寻求同伴接纳，这可能使他们更加遵从同伴群体的规范并沉迷网络[32]。

据我们所知，目前尚缺乏研究考察社会敏感性是否调节不良同伴交往与青少年网络成瘾的关系。基于上述文献回顾，我们提出假设2：社会敏感性可以调节家庭功能影响青少年网络成瘾的中介过程的第二段。不良同伴交往与网络成瘾的关系在社会敏感性较高的个体中更强。

1.3 性别差异

大量研究证实，青少年男生比女生更可能沉迷网络[33]，尽管新近的证据表明，由于生活中诸多方面（包括网络的可获得性）越来越相似，女生和男生同样都可能网络成瘾[34]。因此，本书将考察不良同伴交往与社会敏感性交互作用的性别差异。性别刻板印象理论认为，青少年女孩更在意他人的社会评价、更担心被同伴群体拒绝和排斥。因此，她们可能比男生有更强的动机去维系人际关系、遵从同伴规范。与该观点相符，一些研究发现，青少年女生比男生对他人的感受和看法更加敏感，进而影响了自身的行为。相反，心理社会成熟观认为，青少年女生比男生更早成熟、拥有更高的道德判断水平，因此她们更少受同伴因素的影响，而青少年男生对同伴评价的敏感程度更高、更可能遵从同伴规范[35,36]。与该观点相符，Sumter等人[37]发现，青少年男生总体上比女生更在意朋友的看法，拥有更低的同伴影响抵制能力。由于现有研究较为混乱，我们不清楚所构建的有调节的中介模型是否存在性别差异。

1.4　研究概览

本研究的目的有二：①考察不良同伴交往在家庭功能与青少年网络成瘾之间的中介作用；②考察社会敏感性在家庭功能通过不良同伴交往影响网络成瘾的间接过程中的调节作用。这两大假设总体上构成了一个有调节的中介模型。我们将男生和女生的数据分开分析，以探索可能的性别差异。

2.　研究方法

2.1　被试

被试招募自山西省的两所初中和两所高中。根据"2017年中国发展指数"（该指数包括健康指数、教育指数、生活水平指数和社会环境指数四个方面），山西省在全国所有省份中排名处在中等水平。另外，山西省网民数量为2040万，网络普及率为55.5%，略高于全国平均水平[38]。采用整群抽样，在每所学校每个年级（九年级和十二年级因准备升学考试除外）随机抽取两个班。共有863名青少年同意参加研究。青少年的平均年龄为14.34岁（标准差1.66，全距：11—19岁）。样本中45%的青少年为男生，41%为高中生，10.5%来自非完整家庭。就父母受教育水平而言，48.5%的父亲和48.2%的母亲受教育水平低于高中。另外，34.0%的父亲和37.1%的母亲无工作或从事非技术性工作。就家庭收入而言，15.2%的被试报告家庭月收入低于1500元，23.6%报告月收入高于5000元。

2.2 工具

2.2.1 人口学变量

以往研究表明，青少年的年龄、性别、家庭结构、家庭社会经济地位与网络成瘾有关[39]。因此，后续分析将这些变量作为协变量加以控制。对性别进行虚拟编码，0 = 女生，1 = 男生。对家庭结构进行虚拟编码，0 = 非完整家庭，1 = 完整家庭。家庭社会经济地位是通过对父母受教育水平、父母职业和家庭收入进行因子分析得到的因子分（均值为1，标准差为0），分数越高表示社会经济地位越好。

2.2.2 家庭功能

采用李董平[40]改编的"家庭功能量表"评估家庭功能。该量表包含12个项目。样题："发生危机时，我们能相互支持"。要求被试在六点量表上（1 = 完全不符合，6 = 完全符合）评定每个项目在多大程度上符合自己家庭的实际情况。计算所有项目的平均分，分数越高表示家庭功能越好。该量表在中国青少年中具有良好的信度和效度[40]。本次测量中，量表的信度良好（α = 0.88）。

2.2.3 不良同伴交往

采用"不良同伴交往问卷"测量青少年的不良同伴交往。该问卷包含8个项目，样题："过去12个月里，你的好朋友中有多少人吸烟？"要求被试在五点量表上（1 = 没有，5 = 全部）评定自己的好朋友中有多少人在过去一年里出现过所列各种偏差行为。计算所有8个项目的平均分，分数越高表示不良同伴交往越多。该问卷在以往研究中表现出良好的信度。本次测量中，问卷的信度良好（α = 0.85）。

2.2.4 社会敏感性

采用改编自以往研究的项目评估青少年的社会敏感性。给青少年左右呈现四组相反的描述（如"有的青少年很在意他人怎样看待自己"和"有的青少年并不在意他人怎样看待自己"）。要求被试在六点量表上（1 = 左边的描述非常符合自己的实际情况，6 = 右边的描述非常符合自己的实际情况）评估哪一种描述更符合自己的实际情况。计算所有四组项目的平均分，分数越高表示社会敏感性越高。该工具在中国青少年中表现出了良好的信度[23]。本次测量中，问卷的信度良好（ α = 0.71 ）。

2.2.5　网络成瘾

采用改编自Young[41]"网络成瘾诊断问卷"的题目评估青少年的网络成瘾[42]。在中国青少年中，该问卷比其他问卷（如Chen等人开发的网络成瘾量表）更能准确体现网络成瘾的特征[43,44]。我们所使用的题目与"中国儿童青少年心理发育特征调查"中的题目比较接近。样题："我难以减少或控制自己对网络的使用"要求青少年在六点量表上（ 1 = 完全不符合，6 = 完全符合）评估每个项目在多大程度上符合自己的实际情况。计算所有项目的平均分，分数越高表示网络成瘾症状越明显。该工具在中国青少年中表现出了良好的信度。本次测量中，问卷的信度良好（ α = 0.90 ）。

2.3　程序

在研究开始前征得学校领导、班主任和学生本人的知情同意。由受过良好培训的研究助手在常规班级环境中利用一节课的时间施测有关问卷（总计45分钟）。为了最大限度地减少社会称许性，告知被试研究是匿名的，且数据仅用于学术研究。另外，要求所有学生独立完成问卷，不要相互讨论。为了鼓励诚实作答，提醒学生根据自己的实际情况填写问卷，研究者会对他们的答案保密。在调查过程中，研究助手在教室中走动，以便向有需要的学生提供个别帮助。

2.4　统计分析

由于缺失数据比例低于1%，我们采用均值替代法进行处理[45]。数据分析按照以下步骤进行。第一，采用描述性统计和相关分析进行初步分析。分别在男生和女生中计算各变量的均值、标准差和两两相关系数。第二，采用Hayes[46]开发的PROCESS宏（模型14）在男生和女生中分开检验有调节的中介效应模型。根据Hayes的观点，PROCESS模型14可以输出直接效应和间接效应的分析结果。基于随机抽样得到的1000个样本构建偏差校正的百分位Bootstrap置信区间，置信区间不含0表示间接效应显著。在所有分析中，我们控制了人口学协变量（即年龄、家庭结构、家庭社会经济地位）。

3. 结果

3.1 初步分析

根据Young提出的网络成瘾诊断标准[41]，本次调查中网络成瘾发生率为4.9%。另外，表10-1列出了各变量的均值、标准差和相关系数（男女生分开呈现）。总体而言，男生和女生中变量间的两两相关与预期相符。具体而言，良好的家庭功能与网络成瘾显著负相关，而不良同伴交往与网络成瘾显著正相关。另外，家庭功能与越轨同伴交往显著负相关。最后，社会敏感性与网络成瘾显著正相关。

表10-1 各变量的平均数、标准差和相关矩阵（男女生分开呈现）

变量	女生 M (SD)	男生 M (SD)	1	2	3	4	5	6	7
1. 年龄	14.39 (1.67)	14.27(1.65)	—	0.07	-0.10^*	0.04	0.37^{***}	-0.04	0.16^{**}
2. 家庭结构	0.90 (0.31)	0.90 (0.30)	-0.03	—	-0.01	0.24^{***}	0.00	-0.00	0.04
3. 社会经济地位	-0.06 (0.95)	0.08 (0.96)	-0.29^{***}	0.05	—	0.15^{**}	-0.03	0.05	-0.07
4. 家庭功能	4.76 (0.92)	4.70 (0.90)	-0.16^{***}	0.16^{***}	0.22^{***}	—	-0.25^{***}	-0.10	-0.27^{***}
5. 不良同伴交往	1.50 (0.52)	1.67 (0.58)	0.33^{***}	-0.09	-0.11^*	-0.24^{***}	—	0.18^{***}	0.32^{***}
6. 社会敏感性	3.78 (1.05)	3.62 (1.11)	0.04	-0.09^*	0.08	-0.12^{**}	0.15^{***}	—	0.20^{***}
7. 网络成瘾	2.08 (0.99)	2.39 (1.05)	0.30^{***}	-0.10^*	-0.12^*	-0.29^{***}	0.37^{***}	0.29^{***}	—

注：$N = 863$。上三角为男生的相关矩阵，下三角为女生的相关矩阵。$^*p < 0.05$，$^{**}p < 0.01$，$^{***}p < 0.001$。

另外，采用独立样本t检验分析各变量均值水平上的性别差异。与女生相比，男生的越轨同伴交往显著更多，$t(861) = 4.35, p < 0.001, d = 0.16$，网络成瘾水平更高，$t(861) = 4.43, p < 0.001, d = 0.31$，社会敏感性水平更低，$t(861) = -2.19$, $p = 0.029, d = 0.16$。家庭功能不存在显著的性别差异（$p = 0.356$）。

3.2　有调节的中介效应检验

如前所述，假设1预期不良同伴交往在家庭功能与青少年男生和女生网络成瘾之间具有中介作用，假设2预期社会敏感性能调节该中介过程的第二段。我们采用Hayes[46]开发的PROCESS宏（模型14）来检验这一有调节的中介效应模型（男女生分开进行）。具体而言，模型14考察了社会敏感性是否可以调节不良同伴交往与网络成瘾之间的关系。

3.2.1　男生的分析结果

表10-2列出了青少年男生中有调节的中介效应分析的结果。如表10-2所示，在控制了相关的人口学协变量后，家庭功能可以显著预测不良同伴交往（$b = -0.18, t = -5.88, p < 0.001$）。所有预测变量可以联合解释不良同伴交往21%的变异（$R^2 = 0.21$）。在控制了人口学协变量和家庭功能后，不良同伴交往与网络成瘾的关系显著（$b = 0.39, t = 4.04, p < 0.001$）。此外，社会敏感性与网络成瘾显著正相关（$b = 0.14, t = 3.20, p = 0.002$）。但是，不良同伴交往与社会敏感性的交互作用并不显著（$b = -0.12, t = -1.74, p = 0.083$）。整个模型可以解释网络成瘾18%的变异（$R^2 = 0.18$）。

Hayes[46]有调节的中介效应指数不显著（$\omega = 0.02, SE = 0.01, 95\% \text{ CI} = [-0.01, 0.05]$），表明预测变量$X$（即家庭功能）通过中介变量$M$（即不良同伴交往）影响结果变量$Y$（即网络成瘾）的中介效应没有受到调节变量社会敏感性的调节。不管怎样，不良同伴交往在家庭功能与网络成瘾之间具有显著的中介作用，该中介作用不因社会敏感性水平的不同而有所不同。因此，在青少年男生中，假设1得到支持，而假设2未得到支持。

表10-2　有调节的中介效应检验（男生组）

结果变量	预测变量	b	t	95% CI	p
不良同伴交往	CO：年龄	0.13	8.22	[0.10, 0.16]	<0.001
	CO：家庭结构	0.08	0.88	[0.38, −0.10]	0.377
	CO：社会经济地位	0.03	1.00	[−0.03, 0.08]	0.318
	X：家庭功能	−0.18	−5.88	[−0.24, −0.12]	<0.001
	R^2	0.21			
	F	24.89***			
网络成瘾	CO：年龄	0.06	1.71	[−0.01, 0.12]	0.088
	CO：家庭结构	0.29	1.68	[−0.05, 0.62]	0.093
	CO：社会经济地位	−0.03	−0.63	[−0.13, 0.07]	0.530
	X：家庭功能	−0.26	−4.43	[−0.38, −0.15]	<0.001
	ME：不良同伴交往	0.39	4.04	[0.20, 0.58]	<0.001
	MO：社会敏感性	0.14	3.20	[0.06, 0.23]	0.002
	MEMO：不良同伴交往 × 社会敏感性	−0.12	−1.74	[−0.26, 0.02]	0.083
	R^2	0.18			
	F	11.97***			

注：$n = 391$。CO = 控制变量；X = 自变量；ME = 中介变量；MO = 调节变量；MEMO = 中介变量与调节变量的交互项。CI = 置信区间。*** $p < 0.001$。

3.2.2　女生的分析结果

表10-3列出了青少年女生有调节的中介效应分析的结果。具体而言，在控制了人口学协变量后，家庭功能可以显著预测不良同伴交往（$b = −0.11$, $t = −4.29$, $p < 0.001$）。这些预测变量可以联合解释不良同伴交往15%的变异（$R^2 = 0.15$）。此外，在控制了人口学协变量和家庭功能后，不良同伴交往可以显著预测网络成瘾（$b = 0.42$, $t = 5.10$, $p < 0.001$）。更重要的是，不良同伴交往与社会敏感性的交互作用可以显著预测网络成瘾（$b = 0.26$, $t = 3.66$, $p < 0.001$）。该模型总体上可以解释网络成瘾28%的变异（$R^2 = 0.28$）。为了揭示交互效应的实质，我们描绘了网络成瘾随着社会敏感性和不良同伴交往变化而变化的情况。与假设相符，简单斜率检验表明，对于高社会敏感性的女生而言，不良同伴交往与网络成瘾存在显著的正向联系（$b = 0.69$, $t = 6.50$, $p < 0.001$, 95% CI

＝［0.48, 0.90］)。对于中等社会敏感性的女生而言，不良同伴交往与网络成瘾的关系也显著（ $b = 0.42$, $t = 5.10$, $p < 0.001$, 95% CI ＝［0.26, 0.58］)。但是，对于低社会敏感性的女生而言，不良同伴交往与网络成瘾的关系并不显著（ $b = 0.15$, $t = 1.31$, $p = 0.193$, 95% CI ＝［–0.08, 0.38］)。

另外，Hayes[46]有调节的中介效应指数显著（ $\omega = -0.03$, $SE = 0.01$, 95% CI ＝［–0.06, –0.01］)，表明在青少年女生中家庭功能通过不良同伴交往影响网络成瘾的间接路径受到社会敏感性的调节。当社会敏感性在均值以上一个标准差（95% CI ＝［–0.14, –0.04］）或均值水平时（95% CI ＝［–0.09, –0.02］)，不良同伴交往是家庭功能与网络成瘾之间显著的中介变量。当社会敏感性在均值以下一个标准差时，不良同伴交往在家庭功能与网络成瘾之间的中介作用不显著（95% CI ＝［–0.05, 0.01］)。因此，假设1和假设2在青少年女生中都得到了支持。

总体而言，不良同伴交往的中介作用在青少年男生和女生中都得到了支持，但社会敏感性的调节作用仅在青少年女生中得到支持，在青少年男生中未得到支持，该性别差异在统计上显著（ $b = -0.38$, $SE = 0.10$, $t = -3.86$, $p < 0.001$, 95% CI ＝［–0.58, –0.19］)。

表10-3　有调节的中介效应检验（女生组）

结果变量	预测变量	b	t	95% CI	p
不良同伴交往	CO：年龄	0.09	6.75	［0.07, 0.12］	<0.001
	CO：家庭结构	–0.08	–1.10	［–0.22, 0.06］	0.272
	CO：社会经济地位	0.01	0.47	［–0.04, 0.06］	0.637
	X：家庭功能	–0.11	–4.29	［–0.16, –0.06］	<0.001
	R^2			0.15	
	F			20.11***	
网络成瘾	CO：年龄	0.11	4.16	［0.06, 0.16］	<0.001
	CO：家庭结构	–0.08	–0.63	［–0.34, 0.17］	0.528
	CO：社会经济地位	–0.02	–0.56	［–0.11, 0.06］	0.576
	X：家庭功能	–0.19	–4.29	［–0.28, –0.10］	<0.001
	ME：不良同伴交往	0.42	5.10	［0.26, 0.58］	<0.001
	MO：社会敏感性	0.21	5.49	［0.13, 0.28］	<0.001

续表

结果变量	预测变量	b	t	95% CI	p
网络成瘾	MEMO：不良同伴交往 × 社会敏感性	0.26	3.66	[0.12, 0.40]	<0.001
	R^2			0.28	
	F			25.99***	

注：$n = 472$。CO = 控制变量；X = 自变量；ME = 中介变量；MO = 调节变量；MEMO = 中介变量与调节变量的交互项。CI = 置信区间。$***p < 0.001$。

4. 讨论

虽然家庭功能是青少年网络成瘾的重要风险因素[12-14]，但目前对于家庭功能"怎样"和"何时"影响网络成瘾仍知之甚少。本书在生态学模型[1]基础上，拓展了以往有关家庭功能与青少年网络成瘾之间关系的文献。具体而言，我们检验了一个有调节的中介模型，考察家庭功能与青少年网络成瘾的关系是否受到不良同伴交往的中介以及该间接过程的第二段是否受到社会敏感性的调节。研究发现深化了我们对青少年网络成瘾风险因素的认识。

4.1 不良同伴交往的中介作用

与预期相符，不良同伴交往部分解释了家庭功能与青少年网络成瘾之间的关系。因此，不良同伴交往不仅是不良家庭功能的结果，也是网络成瘾的催化剂。据我们所知，这是首次考察不良同伴交往在家庭功能与青少年网络成瘾之间的中介作用。研究发现深化了多个生态子系统如何动态相互联系的认识，强调不同生态子系统通过复杂的相互联系联合塑造青少年网络成瘾。

具体而言，在中介链条第一段，我们发现不良家庭功能与不良同伴交往有关。该发现与以往研究相符[21,22]，表明不良的家庭功能是青少年结交不良同伴的重要促发因素。那些难以在家庭中获得支持和温暖的青少年更可能在同伴处寻求安全和归属感。另外，来自功能不良家庭的青少年难以结交主流同伴，更可能结交不良同伴。在中介链条第二段，我们发现，高水平的不良同伴交往与高水平的网络成瘾有关。该发现与现有文献一致[47]，均表明不良同伴交往是青少年网络成瘾的重要风险因素。青少年时期是个体容易受同伴影响的关键时期[36]。在不良同伴影响下，青少年更容易感知到网络使用的好处、具有更低的减少网络使用的效能感，从而提高他们网络成瘾的风险[48]。此外，同伴压力和强化也可能导致网络成瘾的增加[47]。

值得一提的是，家庭功能与网络成瘾的（残余）直接联系也显著。与以往研究相符[10,12,14]，结果表明，不良的家庭功能与更高的网络成瘾水平有关。当功能不良的家庭难以满足青少年的基本心理需要时，他们就可能转向网络来逃避现实世界[6]。这些发现提示，尽管青少年越来越多地与家庭之外的环境进行互动，但家庭因素在网络成瘾的发展中仍具有重要作用。

4.2 社会敏感性的调节作用

我们还考察了中介链条第二段是否受到社会敏感性的调节。结果发现，不良同伴交往与青少年女生网络成瘾的关系在社会敏感性越高的个体中更加显著。换句话说，拥有高而不是低社会敏感性的女生更可能受到不良同伴交往的影响而沉迷网络。该发现支持了以往的研究[25,26,49]。该发现也与易损性模型的观点相符[50]。该模型强调，拥有高社会敏感性的个体更容易受到不良同伴交往的负面影响。拥有高社会敏感性的个体倾向于努力回避社会排斥（如同伴拒绝），这可能影响到他们的自我价值感、导致更差的心境状态[29,30]。这些负性情绪可能增加他们逃避现实生活的可能性。此外，拥有高社会敏感性的个体更加重视同伴接纳[32]，这可能增加他们遵从偏差同伴规范而沉迷网络的可能。相反，那些拥有低社会敏感性的个体不太在意同伴的看法和社会评价[23]。这些个体在同伴群体中显得更加独立自主，他们更不大可能遵从同伴规范或模仿朋友的态度和行为。这是首次证实社会敏感性在不良同伴交往与网络成瘾之间的风险增强作用。

4.3 性别差异

有趣的是，社会敏感性的调节作用只在青少年女生中显著，在男生中不显著。在青少年女生中，拥有高社会敏感性的个体在受到不良同伴交往影响时更可能出现高的网络成瘾水平，但不良同伴交往与网络成瘾的关系在低社会敏感性的个体中并不显著。相比之下，不良同伴交往不管是对于高还是低社会敏感性的男生都能预测网络成瘾的增加，即没有发现显著的调节效应。一种可能的解释是，社会对于青少年男生和女生的偏差行为（如沉迷网络）的接纳程度有差别。具体而言，社会希望女生更加体贴和遵守规则，因此对女生的偏差行为接受度较低[51,52]。因此，女生中网络成瘾需要不良同伴交往和社会敏感性二者联合而不是单独推动才可能发生。另一种可能的解释是人格发展的性别差异。青少年女生更加自律，有更高的道德判断水平，而男生更可能表现出低水平的自我控制能力、更低的行为抑制能力[35,53,54]。因此，即使个体的社会敏感性很低，不良同伴交往也能增加男生的网络成瘾水平。总体而言。我们的研究与以往研究一致表明，青少年男生比女生拥有更高的网络成瘾水平[14,42]。我们的研究有助于阐明该现象背后的机制。

4.4 局限与展望

尽管我们的研究深化了青少年网络成瘾成因方面的认识，但也存在一些局限。第一，尽管横断研究在网络成瘾领域占据主流[6,10,11]，但横断数据可能高估或低估中介效应[55]。此外，横断数据不能检验家庭功能与网络成瘾之间随时间推移可能发生的双向作用[56]。因此，未来需要采用纵向设计更好地检验有调节的中介效应模型。不管怎样，有理论基础同时也得到实证研究支持的横断关系仍然具有重要的意义[46,57]。例如，研究发现可以为今后的纵向研究和实验研究提供有关变量关系的可能的框架。第二，所有数据来自青少年自我报告。尽管所有问卷信效度都在以往研究中获得支持，未来研究仍应采用多信息源（如父母、老师和同伴）来收集数据，从而更好地检验有关概念模型。第三，研究结果凸显出家庭功能在青少年网络成瘾中的重要作用。受此启发，未来研究可以考察家庭因素的其他方面（如网络教养行为）对青少年网络成瘾的作用[58,59]。第四，没有测量可能影响网络成瘾的其他因素（如长期的医学和精神疾病）。例如，肥胖的青少年更可能出现抑郁和低自尊，从而增加他们的网络成瘾风险[60-62]。第五，研究结果支持了社会敏感性在中介过程第二段的风险增强作用。未来研究也可以考察保护因素如同伴影响抵制能力在不良同伴交往与网络成瘾之间的风险缓冲作用[36]。

4.5　实践意义

尽管存在这些局限，我们的发现仍具有重要的实践启示。首先，与其他研究一样[11,12]，我们发现，家庭功能是青少年网络成瘾的重要风险因素。因此，有必要增强家庭功能以更好地预防青少年网络成瘾。父母应当为青少年营造支持性的家庭环境，如开放的家庭沟通、低水平的家庭冲突和家庭成员间更多的良性互动。改善家庭生活的整体质量是青少年减少互联网依赖的重要途径[6,63]。其次，考虑到不良同伴交往是联系家庭功能与网络成瘾的重要风险因素，减少不良同伴交往将有助于预防青少年网络成瘾。教育工作者和家长应采取行动（如提供父母支持和必要的监控）来减少青少年的不良同伴交往[16]。最后，应当鼓励青少年发展出对同伴评价的独立自主的看法，因为他们容易受到同伴看法的影响。考虑到社会敏感性的调节作用只在青少年女生中显著，尤其有必要在青少年女生中培养她们的自主性看法，培养她们不太在意别人不合理看法和评价的能力。另外，也应重视通过干预方案来培养个体的心理灵活性和有效的应对策略，以减少青少年女生的网络成瘾风险[64]。

5.　结论

总之，我们的发现表明，不良同伴交往是联系家庭功能与网络成瘾的重要中介机制。而且，不良家庭功能通过不良同伴交往影响网络成瘾的间接路径在高社会敏感性的青少年女生中特别显著。这些发现强调了不同生态子系统（即家庭和同伴）之间的相互联系以及个体与环境因素的交互作用在青少年网络成瘾中的重要作用。有调节的中介模型深化了我们对家庭功能怎样和何时影响青少年网络成瘾的认识。

参考文献

[1] Bronfenbrenner U. The ecology of human development [M]. Cambridge, MA: Harvard University Press, 1979.

[2] Li W, Garland E J, Howard M O. Family factors in Internet addiction among Chinese youth: a review of English– and Chinese–language studies [J]. Computers in Human Behaviors, 2014, 31: 393–411.

[3] Wartberg L, Kriston L, Kammerl R, et al. Prevalence of pathological Internet use in a representative German sample of adolescents: results of a latent profile analysis [J]. Psychopathology, 2015, 48: 25–30.

[4] Yen J, Yen C, Chen C, et al. Family factors of Internet addiction and substance use experience in Taiwanese adolescents [J]. CyberPsychology & Behavior, 2007, 10: 323–329.

[5] Olson D H, Russell C S, Sprenkle D H. Circumplex model: systemic assessment and treatment of families [M]. New York, NY: Routledge, 2014.

[6] Chng G S, Li D, Liau A K, et al. Moderating effects of the family environment for parental mediation and pathological Internet use in youths [J]. Cyberpsychology, Behavior, and Social Networking, 2015, 18: 1–7.

[7] Olson D H. Circumplex model of marital and family systems [J]. Journal of Family Therapy, 2000, 22: 144–167.

[8] 陈武，李董平，鲍振宙，等. 亲子依恋与青少年的问题性网络使用：一个有调节的中介模型 [J]. 心理学报，2015，47（5）：611–623.

[9] Hirschi T. Causes of delinquency [M]. Berkeley: University of California Press, 1969.

[10] Jung E S, Shim M S. Family function and Internet addiction in lower grade elementary school students. Journal of Korean Public Health Nursing, 2012, 26: 328–340.

[11] Shi X, Wang J, Zou H. Family functioning and Internet addiction among Chinese adolescents: the mediating roles of self–esteem and loneliness [J]. Computers in Human Behaviors, 2017, 76: 201–210.

[12] Wartberg L, Kammerl R, Rosenkranz M, et al. The interdependence of family functioning and problematic Internet use in a representative quota sample of adolescents [J]. Cyberpsychology, Behavior, and Social Networking, 2014, 17: 14–18.

[13] 徐夫真，张文新. 青少年疏离感与病理性互联网使用的关系：家庭功能和同伴接纳的调节效应检验 [J]. 心理学报，2011，43（4）：410–419.

[14] Yu L, Shek D T L. Internet addiction in Hong Kong adolescents: a three–year longitu-

dinal study[J]. Journal of Pediatric and Adolescent Gynecology, 2013, 26: 10–17.

[15] Bronfenbrenner U, Ceci S J. Nature–nurture reconceptualized in developmental perspective: a bioecological model[J]. Psychological Review, 1994, 101: 568–586.

[16] Ray J V, Frick P J, Thornton L C, et al. Callous–unemotional traits predict self–reported offending in adolescent boys: the mediating role of delinquent peers and the moderating role of parenting practices[J]. Developmental Psychology, 2017, 53: 319–328.

[17] Monahan K C, Steinberg L, Cauffman E. Affiliation with antisocial peers, susceptibility to peer influence, and antisocial behavior during the transition to adulthood[J]. Developmental Psychology, 2009, 45: 1520–1530.

[18] Bandura A, Walters R H. Social learning and personality development[M]. New York: Holt, Rinehart & Winston, 1963.

[19] Ko C H, Yen J Y, Yen C F, et al. The association between Internet addiction and problematic alcohol use in adolescents: the problem behavior model[J]. CyberPsychology & Behavior, 2008, 11: 571–576.

[20] Hummel A, Shelton K H, Heron J, et al.. A systematic review of the relationships between family functioning, pubertal timing and adolescent substance use[J]. Addiction, 2013, 108: 487–496.

[21] Fosco G M, Stormshak E A, Dishion T J, et al. Family relationships and parental monitoring during middle school as predictors of early adolescent problem behavior[J]. Journal of Clinical Child & Adolescent Psychology, 2012, 41: 202–213.

[22] Dishion T J, Ha T, Véronneau M H. An ecological analysis of the effects of deviant peer clustering on sexual promiscuity, problem behavior, and childbearing from early adolescence to adulthood: an enhancement of the life history framework[J]. Developmental Psychology, 2012, 48: 703–717.

[23] Chen X, Liu J, Ellis W, et al. Social sensitivity and adjustment in Chinese and Canadian children[J]. Child Development, 2016, 87: 1115–1129.

[24] Somerville, L. H. The teenage brain: Sensitivity to social evaluation[J]. Current Directions in Psychological Science, 2013, 22: 121–127.

[25] Rudolph K D, Conley C S. The socioemotional costs and benefits of social–evaluative concerns: do girls care too much?[J]. Journal of Personality, 2005, 73: 115–138.

[26] Huang X, Zhang H, Li M, et al. Mental health, personality, and parental rearing styles of adolescents with Internet addiction disorder[J]. Cyberpsychology, Behavior, & Social Networking, 2010, 13: 401–407.

[27] Ko C H, Yen J Y, Yen C F, et al. Factors predictive for incidence and remission of Internet addiction in young adolescents: a prospective study[J]. CyberPsychology & Behavior, 2007, 10: 545–552.

[28] Van Hoorn J, Van Dijk E, Meuwese R, et al. Peer influence on prosocial behavior in adolescence [J] . Journal of Research on Adolescence, 2014, 26: 90–100.

[29] O'Brien S F, Bierman K L. Conceptions and perceived influence of peer groups: interviews with preadolescents and adolescents [J] . Child Development, 1988, 59: 1360–1365.

[30] Sebastian C, Viding E, Williams K D, et al. Social brain development and the affective consequences of ostracism in adolescence [J] . Brain Cognition, 2010, 72: 134–145.

[31] Chang F C, Chiu C H, Lee C M, et al. Predictors of the initiation and persistence of Internet addiction among adolescents in Taiwan [J] . Addictive Behaviors, 2014, 39: 1434–1440.

[32] Blakemore S J, Mills K L. Is adolescence a sensitive period for sociocultural processing? [J] . Annual Review of Psychology, 2014, 65: 187–207.

[33] Kuss D J, Griffiths M D, Karila L, et al. Internet addiction: a systematic review of epidemiological research for the last decade [J] . Current Pharmaceutical Design, 2014, 20: 4026–4052.

[34] Tran B X, Huong L T, Hinh N D, et al. A study on the influence of Internet addiction and online interpersonal influences on health–related quality of life in young Vietnamese [J] . BMC Public Health, 2017, 17: article 138.

[35] Cohn L D. Sex differences in the course of personality development: a meta–analysis [J] . Psychological Bulletin, 1991, 109: 252–266.

[36] Steinberg L, Monahan K C. Age differences in resistance to peer influence [J] . Developmental Psychology, 2007, 43: 1531–1543.

[37] Sumter S R, Bokhorst C L, Steinberg L, et al. The developmental pattern of resistance to peer influence in adolescence: will the teenager ever be able to resist? [J] . Journal of Adolescence, 2009, 32: 1009–1021.

[38] 山西省互联网协会. 2016年山西省互联网发展报告 [EB/OL]. （2017–08–04）[2019–10–26]. http://www.issx.org.cn/qt/articleDetail.html?id＝596&bz＝tjxx.

[39] Ak Ş, Koruklu N, Yilmaz Y. A study on Turkish adolescent's Internet use: possible predictors of Internet addiction [J] . Cyberpsychology, Behavior, and Social Networking, 2013, 16: 205–209.

[40] 李董平. 多重生态学风险因素与青少年社会适应：风险建模与作用机制研究 [D]. 广州：华南师范大学，2012.

[41] Young K S. Internet addiction: the emergence of a new clinical disorder [J] . CyberPsychology & Behavior, 1998, 1: 237–244.

[42] Li D, Zhang W, Li X, et al. Stressful life events and problematic Internet use by adolescent females and males: a mediated moderation model [J] . Computers in Human

Behavior, 2010, 26: 1199–1027.

[43] Lai C M, Mak K K, Watanabe H, et al. Psychometric properties of the Internet Addiction Test in Chinese adolescents [J] . Journal of Pediatric Psychology, 2013, 38: 794–807.

[44] Mak K K, Mphil C M L, Watanabe H, et al. Epidemiology of Internet behaviors and addiction among adolescents in six Asian countries [J] . Cyberpsychology, Behavior, and Social Networking, 2014, 17: 720–728.

[45] Little R J, Rubin D B. Statistical analysis with missing data [M] . 2nd ed. New Jersey: Wiley, 2002.

[46] Hayes A F. Introduction to mediation, moderation, and conditional process analysis: a regression–based approach [M] . 2nd ed. New York, NY: Guilford Press, 2018.

[47] Zhu J, Zhang W, Yu C, et al. Early adolescent Internet game addiction in context: how parents, school, and peers impact youth [J] . Computers in Human Behavior, 2015, 50: 159–168.

[48] Wang Y, Wu A M S, Lau J T F. The health belief model and number of peers with Internet addiction as interrelated factors of Internet addiction among secondary school students in Hong Kong [J] . BMC Public Health, 2016, 16: article 272.

[49] Westenberg P M, Drewes M J, Goedhart A W, et al. A developmental analysis of self–reported fears in late childhood through mid–adolescence: social–evaluative fears on the rise? [J] . Journal of Child Psychology and Psychiatry, 2004, 45: 481–495.

[50] Llewellyn N, Rudolph K D. Individual and sex differences in the consequences of victimization: moderation by approach and avoidance motivation [J] . Developmental Psychology, 2014, 50: 2210–2220.

[51] Ruble D N, Martin C L, Berenbaum S A. Gender development. EISENBERG N, DAMON W, LERNER R M. Handbook of child psychology, Vol. 3. Social, emotional, and personality development. Hoboken, NJ: Wiley, 2006: 858–932.

[52] Zilberman M, Tavares H, El–Guebaly N. Gender similarities and differences: the prevalence and course of alcohol– and other substance–related disorders [J] . Journal of Addictive Diseases, 2003, 22: 61–74.

[53] Duckworth A L, Seligman M E P. Self–discipline gives girls the edge: gender in self–discipline, grades, and achievement test scores [J] . Journal of Educational Psychology, 2006, 98: 198–208.

[54] 王红姣，卢家楣. 中学生自我控制能力问卷的编制及其调查 [J]. 心理科学，2004，27（6）: 1477–1482.

[55] Maxwell S E, Cole D A. Bias in cross–sectional analyses of longitudinal mediation [J] . Psychological Methods, 2007, 12: 23–44.

[56] Ko C H, Wang P W, Liu T L, et al. Bidirectional associations between family factors and Internet addiction among adolescents in a prospective investigation [J]. Psychiatry and Clinical Neurosciences, 2015, 69: 192–200.

[57] Shrout P E. Commentary: mediation analysis, causal process, and cross–sectional data [J]. Multivariate Behavioral Research, 2011, 46: 852–860.

[58] Özdemir Y, Kuzucu Y, Ak Ş. Examining compulsive Internet use of adolescents based on adolescents' and parents' reports [J]. Elementary Education Online, 2016, 15: 330–343.

[59] Valcke M, Bonte S, Wever B D, et al. Internet parenting styles and the impact on Internet use of primary school children [J]. Computers & Education, 2010, 55: 454–464.

[60] Ho R C M, Zhang M W B, Tsang T Y, et al. The association between Internet addiction and psychiatric co–morbidity: a meta–analysis [J]. BMC Psychiatry, 2014, 14: 183–192.

[61] Mak K K, Pang J S, Lai C M, et al. Body esteem in Chinese adolescents: effect of gender, age, and weight [J]. Journal of Health Psychology, 2013, 18: 46–54.

[62] Quek Y H, Tam W W S, Zhang M W B, et al. Exploring the association between childhood and adolescent obesity and depression: a meta–analysis [J]. Obesity Reviews, 2017, 18: 742–754.

[63] Liu Q, Fang X, Yan N, et al. Multi–family group therapy for adolescent Internet addiction: exploring the underlying mechanisms [J]. Addictive Behaviors, 2015, 42: 1–8.

[64] Chou W P, Yen C F, Liu T L. Predicting effects of psychological inflexibility/experiential avoidance and stress coping strategies for Internet addiction, significant depression, and suicidality in college students: a prospective study [J]. International Journal of Environmental Research and Public Health, 2018, 15: article 788.

第11章　师生关系与青少年网络成瘾

1.　引言

阶段-环境匹配理论指出，消极的学校环境不仅会引发学校情境内的问题行为，也会引发学校情境外的问题行为[1]。与该观点一致，最近的研究表明，学校因素对青少年网络成瘾具有重要的作用[2,3]。师生关系作为学校情境的重要组成部分，与青少年网络成瘾密切相关。师生关系是指教师与学生之间的亲密程度，以教师的支持和关怀为特征[4]。良好的师生关系具有温暖和控制两大重要功能[5,6]，从理论上讲，这两大功能均与网络成瘾密切相关。首先，依恋理论指出，当个体在重要他人（如教师）处获得的温暖水平较低时，他们可能会寻求其他途径（如网络）来补偿他们在现实世界中未被满足的情感需要[7,8]。其次，社会控制理论[9]指出，与教师的联系是社会控制的一种。与被社会孤立的个体相比，社会联系紧密的个体出现不良行为（如网络成瘾）的可能性更低。与这些理论一致，大量实证研究表明，良好的师生关系与青少年网络成瘾负相关[10,11]。例如，一项以中国初中生为被试的研究发现，良好的师生关系显著负向预测网络成瘾[12]。类似地，倪花等人[13]发现，良好的师生关系与高中生网络成瘾显著负相关。

现有研究确立了师生关系与青少年网络成瘾的直接联系，但目前少有研究考察潜在的中介机制。因此，我们对师生关系如何影响青少年网络成瘾仍知之甚少。对学校管理者而言，回答这一问题有助于更有效地预防和干预青少年网络成瘾。本书考察了心理安全感和不良同伴交往在师生关系与青少年网络成瘾之间的中介作用。

1.1 心理安全感的中介作用

心理安全感是一种没有威胁、忧虑或困扰的，平静的、安全的、有归属的感觉，是人类的一种基本心理需要[14]。心理安全感对青少年的良好适应至关重要。根据依恋理论[7]，良好的人际关系可以为个体提供安全感。当个体认为重要他人是不可信赖或不可靠时，他们的心理安全感就会受到威胁，进而阻碍他们的健康发展或引发个体的补偿反应，促使个体从其他途径恢复安全感[15,16]。换句话说，心理安全感会中介人际关系与适应不良或补偿反应之间的联系。先前的实证研究支持了这一观点。例如，Mann和Gilliom发现，心理安全感能中介父母冲突与青少年适应结果之间的关系[17]。同样的，Keefer等人[16]发现，与感知到重要他人可信赖的个体相比，感知到重要他人不可信赖的个体报告更低的心理安全感（即依恋焦虑），进而增加个体的物体依恋行为（补偿反应的一种）。由于青少年在学校中大部分时间都与老师在一起，因此，师生关系对青少年来说具有重要意义。

截至目前，尚无研究直接考察心理安全感在师生关系与青少年网络成瘾间的中介作用。但是，部分间接证据支持了心理安全感的中介作用。一方面，师生关系可能影响青少年的心理安全感。先前研究指出，感知到老师的关心和支持与学生的适应结果有关[4]。这是因为与老师关系较差的青少年难以将老师当作社会支持的重要来源，因此，他们更可能体验到心理不安全感[18]。另一方面，研究指出，缺乏心理安全感会导致青少年网络成瘾[19]。这是因为青少年可能通过虚拟网络世界来弥补他们在现实生活中缺失的心理安全感、缓解心理困扰[20,21]。基于这些理论和实证研究，我们提出如下假设：

假设1：良好的师生关系显著正向预测心理安全感，进而降低青少年网络成瘾。也就是说，心理安全感在师生关系与青少年网络成瘾之间具有中介作用。

1.2 不良同伴交往的中介作用

社会控制理论[9]指出，与重要他人的紧密联系可以减少个体与不良同伴交往（因为个体想要迎合重要他人的期待，并且担心与不良同伴交往会破坏自己已建立的良好人际关系），进而减少不良行为的风险（因为暴露在风险情境下的机会减少了）。因此，不良同伴交往是良好人际关系与问题行为之间的重要中介变量。与该理论一致，一项研究发现，不良同伴交往能中介亲子关系与网络游戏成瘾之间的关系[22]。类似地，Li等人[2]发现，不良同伴交往能中介学校联结（学生对学校的归属感）与青少年网络成瘾之间的关系。

尽管没有直接的实证证据，但有理由推断不良同伴交往在师生关系与网络成瘾间也具有中介作用。一方面，社会控制理论指出，亲密的师生关系可能会减少不良同伴交往。与老师关系亲密的青少年常认为自己有义务远离不良同伴[23]。相比之下，与老师关系疏远的青少年则倾向于结交更多的不良同伴，因为老师的期待对他们来说并不重要[24]。另一方面，社会学习理论指出，不良同伴是滋生和强化网络成瘾这类不良行为的土壤[25]。大量实证研究表明，不良同伴交往是青少年网络成瘾的重要风险因素[2,22]。基于这些理论和实证研究，我们提出如下假设：

假设2：良好的师生关系负向预测不良同伴交往，进而影响青少年网络成瘾。也就是说，不良同伴交往在师生关系与青少年网络成瘾间起中介作用。

1.3 多中介模型

本书同时检验了心理安全感与不良同伴交往在师生关系与青少年网络成瘾之间的中介作用。与简单中介模型相比，整合的多中介模型可以检验从前因变量到结果变量的多种中介机制[26]，从而为师生关系如何影响青少年网络成瘾提供更丰富的信息。因此，多中介模型对理论的完善以及青少年网络成瘾的预防和干预都具有重要意义。

由于实证研究的缺乏，研究者对两个中介变量如何共同起作用知之甚少，但是，可能存在以下不同的中介形式[27]。一是并行中介模型。缺乏心理安全感可以解释师生关系与青少年网络成瘾之间的联系，不良同伴交往也能解释这种联系[17]。在这个意义上讲，心理安全感和不良同伴交往以并行的方式中介师生关系与青少年网络成瘾之间的联系。二是链式中介模型。未能与老师建立起良好关系的青少年心理安全感较低，这时他们倾向于与不良同伴建立联结，尝试在不良同伴处获得接纳感和归属感。例如，Ettekal和Ladd指出，师生关系差的青少年往往难以融入主流同伴群体[28]，因此，不良同伴可能成为他们安全感、情绪支持以及归属感的来源[15]。先前的研究表明，结交不良同伴会在某种程度上弥补青少年对接纳感和安全感的渴求[28-31]。因此，在这个意义上，心理安全感与不良同伴交往会以链式的方式中介师生关系与青少年网络成瘾之间的联系。三是混合中介模型。在此模型中，心理安全感与不良同伴交往既并行又链式地中介师生关系与心理安全感之间的联系[27]。我们只对两个中介变量如何共同起作用进行探索性分析，并建立了多中介模型来检验这三种可能的模式（如图11-1所示）。

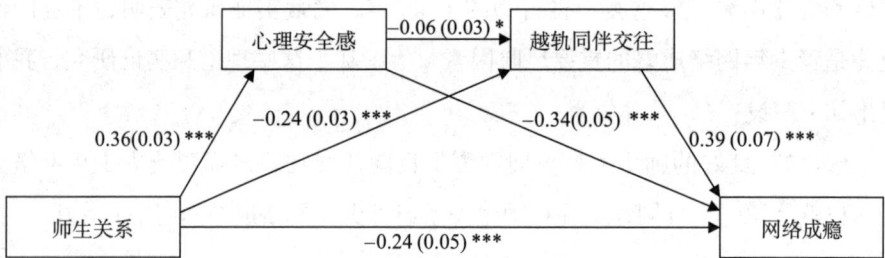

图11-1　多中介模型

1.4　研究概览

总体而言，本研究包含三个目的：①检验心理安全感在师生关系与青少年网络成瘾间的中介作用；②检验不良同伴交往在师生关系与青少年网络成瘾间的中介作用；③探索心理安全感和不良同伴交往如何共同作用于青少年网络成瘾（并行中介、链式中介或是混合中介）。需要注意的是，我们所使用的术语"中介"只是统计学意义上的，因为横断设计无法检验因果关系。尽管如此，研究结果有助于深化我们对师生关系与青少年网络成瘾联系的理解，能够为青少年网络成瘾的预防和干预提供有价值的信息。

2. 研究方法

2.1 被试

来自河南省三所初中的747名学生参加研究。男生占51%，被试平均年龄13.73岁（$SD = 1.00$）。在征得学生和老师知情同意后，要求学生填写测评人口学因素、师生关系、心理安全感、不良同伴交往以及网络成瘾的问卷。就受教育程度而言，在小学及以下的父亲占34%，母亲占41%；获得初中文凭的父亲占56%，母亲占51%；在高中及以上的父亲占10%，母亲占8%。就家庭经济状况而言，33%的学生报告他们家庭月收入低于1500元，29%报告高于3501元。家庭月收入中位数为2861元。样本的社会人口学信息与当地的总体状况相符。

2.2 测量

2.2.1 协变量

由青少年报告自己的年龄、性别、父母受教育程度以及家庭经济状况。在后续分析过程中将这些变量作为协变量进行控制。

2.2.2 师生关系

根据先前研究所使用的方法[32]，我们改编了"父母和同伴依恋问卷（中文版）"来测量师生关系[33]。该问卷包含13个项目，所测师生关系包含信任（如"我的老师相信我的判断"）、沟通（如"对于我关心的事，我喜欢征求老师的意见"）和疏离（如"我的老师不了解我平时的状况"）三个维度。采用五点计分，1表示"从不"，5表示"总是"。计算所有项目的平均分，分数越高表明师生关系越好。原始问卷具有良好的信度[33]。本次测量中，该问卷的Cronbach's α 系数为0.87。

2.2.3 心理安全感

采用"安全感问卷"[34-36]测量青少年的心理安全感。该问卷评定了个体对自己生活中潜在威胁和风险的感知，以及他们对生活的掌控感。该工具包含16个项目，其中8个项目测量个体的人际安全感（如"我从来不敢主动说出自己的看法"；反向计分），另外8个项目测量确定控制感（如"我常常担心自己的思维或情感会失去控制"；反向计分）。五点计分，1代表"非常不符合"，5代表"非常符合"。计算所有项目的平均分，分数越高表示安全感越高。该问卷在中国青少年中表现出良好的信度和效度[34,36]。本次测量中，该问卷的Cron-bach's α 系数为0.87。

2.2.4 不良同伴交往

采用"不良同伴交往问卷"[2,37]测量青少年的不良同伴交往。样题："你的朋友中有多少人吸烟？"五点计分，1代表"没有"，5代表"全部"。计算所有项目的平均分，分数越高表示不良同伴交往越多。该问卷在先前研究中表现出良好的信度和效度[2,37]。本次测量中，该问卷的Cronbach's α 系数为0.86。

2.2.5 网络成瘾

采用改编自Young的"网络成瘾诊断问卷"[38]的10个项目测量青少年网络成瘾。要求被试评定每个项目（如"我将上网作为缓解不良情绪的方法"在多大程度上符合自身的实际情况）。采用六点计分，1表示"完全不符合"，6表示"完全符合"。计算10个项目的平均分，分数越高表示个体的网络成瘾倾向越明显。根据Young的诊断标准[38]，得分大于或等于4.125分的青少年被诊断为网络成瘾[39]。该问卷在我国青少年中表现出良好的信度和效度[2]。本次测量中，该问卷的Cronbach's α 系数为0.91。

2.3 统计分析

由于缺失数据少于1%，我们采用均值替代法进行处理[40]。数据分析过程分为三步。首先，进行描述性统计和相关分析。然后，采用SPSS的PROCESS宏（模型4）分别检验心理安全感和不良同伴交往的中介作用[26]。最后，采用PROCESS宏（模型6）来检验同时包含心理安全感与不良同伴交往的多中介模型[26]。也就是说，采用模型6检验图11-1中从师生关系到网络成瘾的所有可能路径。Hayes指出，PROCESS的模型4和6可以提供直接效应、间接效应的点估计值以及相应的置信区间[26]。如果95%的置信区间不含0，则说明效应显著。所有分析都将人口学因素纳入模型进行控制。

3.　结果

3.1　初步分析

共51名青少年（占6.8%）被识别为网络成瘾。该比例与我国全国代表性样本的数据非常接近（6.3%）[41]。表11-1提供了主要变量的描述统计和两两相关系数。总体而言，变量间的相关符合预期。师生关系与网络成瘾负相关（$r = -0.33, p < 0.001$）。心理安全感与网络成瘾负相关（$r = -0.27, p < 0.001$）。不良同伴交往与网络成瘾正相关（$r = 0.37, p < 0.001$）。另外，师生关系与心理安全感正相关（$r = 0.37, p < 0.001$），与不良同伴交往负相关（$r = -0.35, p < 0.001$）。心理安全感与不良同伴交往负相关（$r = -0.15, p < 0.001$）。

表11-1　主要变量的描述统计量和两两相关

变量	M	SD	最小值	最大值	中位数	偏度	1	2	3	4
1. 师生关系	3.18	0.76	1.00	5.00	3.23	−0.26	—			
2. 心理安全感	3.47	0.76	1.31	5.00	3.50	−0.19	0.37***	—		
3. 不良同伴交往	1.64	0.62	1.00	4.50	1.50	0.94	−0.35***	−0.15***	—	
4. 网络成瘾	2.14	1.15	1.00	6.00	1.80	1.14	−0.33***	−0.27***	0.37***	—

3.2　心理安全感的中介效应

采用PROCESS宏中的模型4检验假设1[26]，即心理安全感在师生关系与网络成瘾之间具有中介作用。结果表明，在控制了所有协变量后（性别、年龄、父母受教育水平以及家庭经济状况），良好的师生关系能正向预测心理安全感（$b = 0.36, p < 0.001$），进而预测网络成瘾（$b = -0.37, p < 0.001$）。同时，残余直接效应显著（$b = -0.34, p < 0.001$）。因此，心理安全感部分中介师生关系与青少年网络成瘾之间的联系（间接效应 $= -0.13, 95\% \text{ CI}[-0.19, -0.09]$）。该模型解释了青少年网络成瘾变异的24%，支持了假设1。

3.3　不良同伴交往的中介效应

采用同样的方法检验假设2，即不良同伴交往在师生关系与网络成瘾之间具有中介作用。结果表明，在控制了所有协变量后，良好的师生关系能负向预测不良同伴交往（$b = -0.26, p < 0.001$），进而预测网络成瘾（$b = 0.43, p < 0.001$）。同时，残余直接效应显著（$b = -0.36, p < 0.001$）。因此，不良同伴交往部分中介师生关系与青少年网络成瘾之间的联系（间接效应 $= -0.11$, 95% CI $[-0.16, -0.07]$）。该模型解释了青少年网络成瘾变异的23%，支持了假设2。

3.4 多中介模型

采用PROCESS宏中的模型6检验多中介模型[26]。如表11-2和图11-1所示，所有路径均显著。第一，中介路径"师生关系—心理安全感—网络成瘾"显著（间接效应 $= -0.13$, 95% CI $[-0.18, -0.08]$）。第二，中介路径"师生关系—不良同伴交往—网络成瘾"显著（间接效应 $= -0.09$, 95% CI $[-0.15, -0.06]$）。因此，心理安全感和不良同伴交往能并行地中介师生关系与青少年网络成瘾之间的联系。第三，链式中介路径"师生关系—心理安全感—不良同伴交往—网络成瘾"也显著（间接效应 $= -0.01$, 95% CI $[-0.02, -0.0007]$）。因此，师生关系越积极，心理安全感越高（$b = 0.36, p < 0.001$），不良同伴交往越少（$b = -0.06, p < 0.05$），最终显著预测网络成瘾（$b = 0.39, p < 0.001$）。在此模型中，残余直接效应"师生关系—网络成瘾"显著（$b = -0.24, p < 0.001$）。因此，心理安全感和不良同伴交往部分中介师生关系与青少年网络成瘾之间的联系。该多中介模型能解释青少年网络成瘾变异的27%。

表11-2 多中介模型的路径检验

效应	B	BCa 95% CI	
		下限	上限
直接效应			
师生关系—心理安全感	0.36***	0.30	0.43
师生关系—不良同伴交往	-0.24***	-0.30	-0.18
心理安全感—不良同伴交往	-0.06*	-0.12	-0.0025
师生关系—网络成瘾	-0.24***	-0.35	-0.14
心理安全感—网络成瘾	-0.34***	-0.45	-0.24
不良同伴交往—网络成瘾	0.39***	0.27	0.52

续表

效应	B	BCa 95% CI	
		下限	上限
间接效应			
师生关系—心理安全感—网络成瘾	−0.13	−0.18	−0.08
师生关系—不良同伴交往—网络成瘾	−0.09	−0.15	−0.06
师生关系—心理安全感—不良同伴交往—网络成瘾	−0.01	−0.02	−0.0007

4.　讨论

师生关系对青少年网络成瘾的保护作用已得到实证研究的支持[10-13]。但是，我们对潜在的中介机制知之甚少。本书基于依恋理论和社会控制理论，考察了心理安全感与不良同伴交往的中介作用。研究结果有助于增进我们对师生关系如何影响青少年网络成瘾的理解。

4.1　心理安全感的中介作用

与假设一致，我们发现，心理安全感是解释师生关系与青少年网络成瘾关系的重要中介变量。Bowlby的依恋理论[7]指出，与重要他人的关系疏远会威胁个体的安全感，进而引发补偿反应或问题行为。尽管该理论已得到大量实证研究的支持[16,17,42]，我们是首次将其用于解释人际关系如何影响网络成瘾这一成瘾行为的研究。结果表明，心理安全感不仅是受师生关系影响的结果，也是诱发不良行为的内部动机。也就是说，网络成瘾可被视为一种补偿反应，以应对由不良师生关系导致的心理不安全感。

除了整个中介结果外，中介模型中的每一段也具有重要意义。就中介模型前半段而言（即师生关系—心理安全感），研究结果支持了Verschueren的观点：师生关系差的青少年难以从老师处获得社会支持，因此更可能产生心理不安全感[18]。就中介模型后半段而言（即心理安全感—网络成瘾），结果发现心理安全感与青少年网络成瘾负相关。该发现与先前研究一致，表明缺乏心理安全感是青少年网络成瘾的风险因素[19]。这可能是因为上网可以为用户提供安全感和舒适感。因此，青少年可以在网上寻求安全以弥补现实生活中的不安全感。

4.2　不良同伴交往的中介作用

与假设一致，我们发现，不良同伴交往是师生关系与青少年网络成瘾之间的另一重要中介变量。该发现与Hirschi提出的社会控制理论[9]相符，表明有良好师生关系的青少年不大可能因为结交不良同伴而出现问题行为。虽然有关物质使用和外化问题的研究已支持了这一理论[2,24]，但少有研究将其应用于网络成瘾领域。我们是首次用该理论来解释师生关系如何影响青少年网络成瘾的研究。消极的师生关系会导致社会控制功能的弱化，进而引发不良同伴交往，最终增进网络成瘾这一不良行为。这一结果表明，一种情境下的人际风险因素（如较差的师生关系）可能会影响青少年在另一情境下的风险暴露情况（如不良同伴交往），最终增加他们问题行为的风险[3]。

此外，中介模型中的每一段路径都具有重要意义。就中介模型前半段而言（即师生关系—不良同伴交往），与以往研究一致[23,32]，结果表明师生关系越和谐，个体结交不良同伴的可能性越低。这可能是因为青少年不愿因此破坏他们与老师的关系。就中介模型后半段而言（即不良同伴交往—网络成瘾），结果发现，较少的不良同伴交往与低水平的网络成瘾有关。这一发现与先前的研究一致[2,3,22]。在同伴压力作用下，青少年可能通过上网来融入他们的同伴群体[43]，同时，不良同伴也会强化他们的网络使用[32]。

4.3　多中介模型

我们发现，心理安全感与不良同伴交往既能以并行的方式又能以链式的方式中介师生关系与网络成瘾之间的联系。一方面，师生关系能同时预测心理安全感与不良同伴交往，进而影响青少年网络成瘾。这可能因为青少年不仅会为了弥补无法从教师处获得满足的心理安全感而上网[20,21]，还会因为观察模仿和不良同伴的强化作用而逐渐沉迷网络[2,3,22]。另一方面，师生关系能够通过影响心理安全来影响不良同伴交往，最终影响网络成瘾，尽管该间接效应相对较小。该结果说明师生关系差的青少年会体验到更多的心理不安全感，进而推动他们从不良同伴处寻求安全感[28]，最终增加他们网络成瘾的风险。总体而言，这些结果说明良好的师生关系能通过温暖和控制两大功能来增加心理安全感、减少不良同伴交往，最终降低网络成瘾的风险。这两种功能并不是各自独立的，而是一种功能（温暖）与另一种功能（控制）存在内在的联系。

尽管先前研究已经在网络成瘾领域考察了心理安全感与不良同伴交往的作用，但少有研究同时考察这两种因素是如何共同作用的。我们通过整合依恋理论和社会控制理论，同时检验了心理安全感与不良同伴交往的中介作用。整合的多中介模型提供了综合过程来解释师生关系如何影响青少年网络成瘾，阐明了学校内的关系如何影响青少年在学校外的问题行为。这种"溢出"效应近年来在发展心理学中备受重视[44,45]。

4.4 局限与展望

我们的研究虽然阐明了师生关系影响青少年网络成瘾的中介机制，但还存在一些局限。第一，由于研究性质为横断研究，所以不能作出因果推断。但是，我们仍能为变量关系提供有价值的信息，因为该中介模型是基于理论和实证研究而构建的。此外，横断研究无法考察变量间的时间序列。例如，尽管关注的是师生关系对网络成瘾的影响，但网络成瘾也可能反作用于师生关系[46]。因此，未来研究可采用纵向设计或干预实验更好地检验多中介模型[47]。第二，主要依赖青少年自我报告收集数据，可能存在共同方法偏差。我们采用Harman单因子检验确认共同方法偏差是否严重[48]。当某一因子可解释的变异超过40%时，说明存在明显的共同方法偏差。结果表明，单个因子可解释的最大变异量为19%，因此，不存在严重的共同方法偏差。不管怎样，未来研究应采用多方法、多信息源收集数据，以更好地解决这一问题。第三，被试为中国青少年，所以尚不清楚研究结果能否推广至其他地区。第四，由于心理安全感和不良同伴交往只是部分中介师生关系与网络成瘾的联系，未来研究应进一步检验其他变量如青少年的自尊是否具有中介作用。第五，尽管我们没有关注这一问题，但是未来研究可以考察师生关系与网络成瘾之间的间接联系是否受到个体因素和环境因素调节。

4.5 实践意义

尽管存在上述局限,我们的结果对青少年网络成瘾的预防和干预仍具有重要启示。首先,与其他研究一致[49],良好的师生关系是青少年网络成瘾的保护因素。因此,致力于降低青少年网络成瘾风险的干预可以关注师生关系质量的改善。最近基于依恋理论的研究表明,师生关系可以通过多种干预方式加以改善[18,50]。其次,由于心理安全感是师生关系影响青少年网络成瘾的重要中介机制,因此,旨在缓解网络成瘾的项目应筛查心理不安全的青少年,并且对教师进行培训以帮助他们与缺乏心理安全感的学生建立联系。再次,由于不良同伴交往也中介师生关系与青少年网络成瘾之间的关系,因此减少不良同伴交往可以帮助降低青少年网络成瘾的风险。由于青少年特别容易受同伴影响,教师应留意青少年的同伴交往情况。这一点尤其需要注意,因为现有的许多干预方案都是在团体背景中实施的,这可能无意间增加青少年与不良同伴交往的机会[2]。最后,师生关系与青少年网络成瘾之间存在多重中介,因此,同时针对两种中介的干预比针对单一中介的干预可能更有效。此外,旨在改变青少年心理不安全感和不良同伴交往的项目应辅以师生关系的改善。这一点很重要,因为不良的师生关系是心理不安全感和不良同伴交往的促发因素,况且心理安全感和不良同伴交往只是部分中介师生关系与青少年网络成瘾之间的联系。

5. 结论

本书在考察师生关系与青少年网络成瘾的中介机制方面迈出了重要一步。我们发现,心理安全感与不良同伴交往不仅并行而且链式地中介师生关系与网络成瘾之间的联系。我们的结果支持了多中介模型,增进了我们对良好师生关系为什么有助于减少青少年网络成瘾的理解。

参考文献

［1］Eccles J S, Midgley C, Wigfield A, et al. Development during adolescence: the impact of stage-environment fit on young adolescents' experiences in schools and in families ［J］. American Psychologist, 1993, 48: 90–101.

［2］Li D, Li X, Wang Y, et al. School connectedness and problematic Internet use in adolescents: a moderated mediation model of deviant peer affiliation and self-control ［J］. Journal of Abnormal Child Psychology, 2013, 41: 1231–1242.

［3］Li D, Zhou Y, Li X, et al. Perceived school climate and adolescent Internet addiction: the mediating role of deviant peer affiliation and the moderating role of effortful control ［J］. Computers in Human Behavior, 2016, 60: 54–61.

［4］Wentzel K R. Student motivation in middle school: the role of perceived pedagogical caring［J］. Journal of Educational Psychology, 1997, 89: 411–419.

［5］Luthar S S. Resilience in development: a synthesis of research across five decades［M］// Cicchetti D, Cohen D J. Developmental psychopathology, Vol. 3. Risk, disorder, and adaptation. 2nd ed. Hoboken, NJ: Wiley, 2006: 739–795.

［6］Verschueren K, Koomen H M. Teacher-child relationships from an attachment perspective［J］. Attachment & Human Development, 2012, 14: 205–211.

［7］Bowlby J. Attachment and loss, Vol. 2. attachment［M］. New York, NY: Basic Books, 1969.

［8］Fredriksen K, Rhodes J. The role of teacher relationship in the lives of students［J］. New Directions for Youth Development: Theory, Practice, Research, 2004: 45–54.

［9］Hirschi T. Causes of delinquency［M］. Berkeley: University of California Press, 1969.

［10］金桂花，刘忠雪，崔文香. 延边地区高中生网络使用与网络成瘾现况调查［J］. 延边大学医学学报，2014，37（1）：31–34.

［11］Wang H, Zhou X, Lu C, et al. Problematic Internet use in high school students in Guangdong Province, China［J］. PLOS ONE, 2011, 6: e19660.

［12］吴贤华，吴汉荣. 人际关系与品行问题对青少年网络成瘾的交互效应［J］. 中国学校卫生，2014，35（4）：481–483.

［13］倪花，张国芳，张伟波，等. 职业高中生网络成瘾现况调查及其影响因素分析［J］. 中国民康医学，2012，24（2）：150–151.

［14］Maslow A H. The dynamics of psychological security-insecurity［J］. Journal of Personality, 1942, 10: 331–344.

［15］Abeyta A A, Routledge C, Roylance C, et al. Attachment-related avoidance and the social content of nostalgic memories [J] . Journal of Social and Personal Relation-ships, 2014, 32: 406–413.

[16] Keefer L A, Landau M J, Rothschild Z K, et al. Attachment to objects as compensation for close others' perceived unreliability [J] . Journal of Experimental Social Psychol-ogy, 2012, 48: 912–917.

[17] Mann B J, Gilliom L A. Emotional security and cognitive appraisals mediate the rela-tionship between parents' marital conflict and adjustment in older adolescents [J] . Journal of Genetic Psychology, 2004, 165: 250–271.

[18] Verschueren K. Middle childhood teacher–child relationships: insights from an attach-ment perspective and remaining challenges [J] . New Directions for Child and Ado-lescent Development, 2015, 148: 77–91.

[19] 周小燕，白莉莉，庞宝华，等. 延安市中学生网络成瘾状况及心理健康分析 [J] . 延安大学学报，2012, 10（2）: 13–15.

[20] Yang X, Zhu L, Chen Q, et al. Parent marital conflict and Internet addiction among Chinese college students: the mediating role of father–child, mother–child, and peer attachment [J] . Computers in Human Behavior, 2016, 59: 221–229.

[21] Ying G, Se J, Zhang J. Research on relationship among Internet–addiction, personality traits and mental health of urban left–behind children [J] . Global Journal of Health Science, 2014, 7: 60–69.

[22] Zhu J, Zhang W, Yu C, et al. Early adolescent Internet game addiction in context: how parents, school, and peers impact youth [J] . Computers in Human Behavior, 2015, 50: 159–168.

[23] Catalano R F, Hawkins J D. The social development model: a theory of antisocial be-havior [M] //Hawkins J D. Delinquency and crime: current theories. New York, NY: Cambridge University Press, 1996: 149–197.

[24] Han Y, Kim H, Ma J. School bonds and the onset of substance use among Korean youth: an examination of social control theory [J] . International Journal of Environ-mental Research and Public Health, 2015, 12: 2923–2940.

[25] Bandura A, Walters R H. Social learning and personality development [M] . New York: Holt, Rinehart & Winston, 1963.

[26] Hayes A F. Introduction to mediation, moderation, and conditional process analysis: a regression–based approach [M] . New York, NY: Guilford Press, 2013.

[27] Liu S, Ling W. Multiple mediation models and their applications [J] . Journal of Psy-chological Science, 2009, 32: 433–435.

[28] Ettekal I, Ladd G W. Developmental pathways from childhood aggression–disruptive-ness, chronic peer rejection, and deviant friendships to early–adolescent rule breaking

［J］. Child Development, 2015, 86: 614–631.

［29］Dewit D J, Offord D R, Sanford M, et al. The effect of school culture on adolescent behavioural problems: self–esteem, attachment to learning, and peer approval of deviance as mediating mechanisms［J］. Canadian Journal of School Psychology, 2000, 16: 15–38.

［30］Soenens B, Vansteenkiste M, Smits I, et al. The role of intrusive parenting in the relationship between peer management strategies and peer affiliation［J］. Journal of Applied Developmental Psychology, 2007, 28: 239–249.

［31］Zhu J, Yu C, Zhang W, et al. Peer victimization, deviant peer affiliation and impulsivity: predicting adolescent problem behaviors［J］. Child Abuse & Neglect, 2016, 58: 39–50.

［32］Roosa M W, Zeiders K H, Knight G P, et al. A test of the social development model during the transition to junior high with Mexican American adolescents［J］. Developmental Psychology, 2011, 47: 527–537.

［33］李董平, 许路, 鲍振宙, 等. 家庭经济压力与青少年抑郁：歧视知觉和亲子依恋的作用［J］. 心理发展与教育, 2015, 31（3）: 342–349.

［34］安莉娟, 冯江平. 农村初中生父母外出务工状况及对其心理安全感的影响［J］. 教育研究与实验, 2015（4）: 82–85.

［35］丛中, 安莉娟. 安全感量表的初步编制及信度、效度检验. 中国心理卫生杂志, 2004, 18（2）: 97–99.

［36］师保国, 许晶晶, 陶晓敏, 等. 少年儿童自尊与主观幸福感的关系：安全感的中介作用［J］. 首都师范大学学报：社会科学版, 2011（5）: 94–99.

［37］Bao Z, Li D, Zhang W, et al. School climate and delinquency among Chinese adolescents: analyses of effortful control as a moderator and deviant peer affiliation as a mediator［J］. Journal of Abnormal Child Psychology, 2015, 43: 81–93.

［38］Young K S. Internet addiction: the emergence of a new clinical disorder［J］. CyberPsychology and Behavior, 1998, 1: 237–244.

［39］陈武, 李董平, 鲍振宙, 等. 亲子依恋与青少年的问题性网络使用：一个有调节的中介模型［J］. 心理学报, 2015, 47（5）: 611–623.

［40］Little R J, Rubin D B. Statistical analysis with missing data［M］. 2nd ed. New Jersey: Wiley, 2002.

［41］Li Y, Zhang X, Lu F, et al. Internet addiction among elementary and middle school students in china: a nationally representative sample study［J］. Cyberpsychology Behavior and Social Networking, 2014, 17: 111–116.

［42］Lindsey E W, Caldera Y M, Tankersley L. Marital conflict and the quality of young children's peer play behavior: the mediating and moderating role of parent–child emotional reciprocity and attachment security [J]. Journal of Family Psychology, 2009, 23: 130–145.

[43] Akers R L, Krohn M D, Lanza–Kaduce L, et al. Social learning and deviant behavior: a specific test of a general theory [J]. American Sociological Review, 1979, 44: 636–655.

[44] Flook L, Fuligni A J. Family and school spillover in adolescents' daily lives [J]. Child Development, 2008, 79: 776–787.

[45] Salamon R, Johnson E I, Swendsen J. Daily life mechanisms of stress spillover among early adolescents experiencing academic difficulty [J]. European Journal of Psychological Education, 2011, 26: 453–463.

[46] Lai C H, Gwung H L. The effect of gender and Internet usage on physical and cyber interpersonal relationships [J]. Computers & Education, 2013, 69: 303–309.

[47] Maxwell S E, Cole D A. Bias in cross–sectional analyses of longitudinal mediation [M]. Psychological Methods, 12: 23–44, 2007.

[48] Podsakoff P M, Organ D W. Self–reports in organizational research: problems and prospects [J]. Journal of Management, 1986, 12: 531–544.

[49] Mcgrath K F, Van Bergen P. Who, when, why and to what end? Students at risk of negative student–teacher relationships and their outcomes [J]. Educational Research Review, 2015, 14: 1–17.

[50] Sabol T J, Pianta R C. Recent trends in research on teacher–child relationships [J]. Attachment & Human Development, 2012, 14: 213–231.

第12章　学校分离与青少年网络成瘾

1. 引言

近年来，研究者越来越多地考察学校因素对青少年网络成瘾的影响[1-3]。学校联结（又称学校联系、学校依恋和学校归属感）是学校经历的核心要素，它与青少年网络成瘾密切相关[4]。学校联结是指学生对学校的总体感受，以及他们与学校中同龄人、教师或其他成年人建立积极关系的情况[5]。由于学校是青少年学习和生活的主要场所，他们很希望能与教师和同龄人建立起充满信任、支持和关爱的人际关系。如果他们感到与学校相分离，他们的心理需要就难以得到满足。相比之下，网络可以满足个体的心理需要（如关系、能力和自主需要）[6]，并且减少他们在学校体验到的孤独和社交焦虑。因此，感到学校分离的青少年可能将网络作为"心灵的港湾"，从而更容易沉迷网络。实证研究支持了该观点[4,7,8]。例如，Yen等人[4]发现，学校分离与青少年网络成瘾存在显著的正向联系。类似地，Chang等人[7]发现，学校联结较弱的学生一年后更容易沉迷网络。这些发现表明，学校分离是青少年网络成瘾的易损因素。然而，能够"解释"（即中介机制）和"改变"这种关系（即调节机制）的潜在机制仍较少有研究进行探讨。本书构建和检验了一个复杂的有调节的中介模型以解决这些问题。首先，我们检验学校分离通过自尊影响网络成瘾的间接路径，考察自尊是否起中介作用。其次，我们检验在不同水平情绪智力时学校分离与网络成瘾的间接关系，考察情绪智力是否具有调节作用。

1.1 自尊的中介作用

自尊是指个体对自己的整体评估[9]。高自尊的个体比低自尊的个体对自己更满意并持有更多积极的自我概念。我们选择自尊作为学校分离与青少年网络成瘾之间的中介变量，主要有三方面的理由。第一，根据Erikson和Erikson的发展理论[10]，自尊是青少年期关键的发展任务。第二，有证据表明，消极的学校环境会导致个体产生消极的自我感知，进而增加各种问题行为的风险[11,12]。第三，自尊具有相对的可塑性，能通过干预加以提升，因此有利于实践工作者通过提升自尊来减轻学校分离对青少年网络成瘾的不利影响[13]。

具体而言，晴雨表理论[14]和依恋理论[15]认为，当个体在群体中感到被拒绝或缺乏归属感时，他们的自尊会降低；低自尊的个体进而会感到沮丧、开始物质滥用、出现进食障碍或卷入其他问题行为中[16]。因此，自尊可能是联系社会归属感（在这里具体体现为学校归属感）与非适应性结果的重要中介变量。截至目前，尚缺乏研究考察自尊是否在学校分离与青少年网络成瘾之间具有中介作用。但是，文献中有初步的证据支持该中介过程。

首先，有证据表明，学校分离的青少年可能有低水平的自尊。具体而言，如果学生的归属感（包括学校归属感）这一基本需要没有得到满足，他们对自尊等更高层次目标的追求将受到极大的阻碍[17]。根据晴雨表理论，自尊是个体受他人重视程度的内部监视器[18]。如果学生与老师和同学之间缺乏良好的关系或没有体验到关爱和归属，他们就可能对自己产生负面感受，从而表现出低自尊。类似地，依恋理论认为，如果个体无法与他人建立良好的关系，他们就可能感到缺乏价值并体验自尊水平的下降。实证研究表明，学校分离与青少年自尊显著负相关[19-21]。例如，Foster等人[19]发现，感到与学校分离的青少年更容易出现低自尊。类似地，一项针对43832名青少年的研究表明，学校依恋水平越低，个体的自尊就越低[22]。

其次，有证据表明，低自尊的青少年更可能沉迷网络。低自尊的青少年往往会努力弥补低自尊，而网络恰能为其提供暂时性的积极自我感知，并且提升自主和能力需要的满足水平[6]，这使青少年有信心在网上展示自己[23]。这种动力过程可能产生恶性循环，最终导致网络成瘾。以往研究支持了自尊在青少年网络成瘾形成中具有重要作用的观点[7,24]。例如，Chang等人[7]发现，低自尊能够预测中国台湾青少年一年后的网络成瘾发生率。类似地，一项纵向研究表明，与高自尊青少年相比，低自尊青少年更可能沉迷网络。

1.2 情绪智力的调节作用

虽然学校分离可以直接和/或间接地（通过自尊）影响青少年网络成瘾，但它并非对所有青少年都产生同等程度的影响。根据风险与保护因素框架[25]，网络成瘾是风险和保护因素动态交互作用的结果：虽然风险因素会使个体沉迷网络，但保护因素却能增强个体的韧性、降低网络成瘾的可能性。所以，保护因素的出现可以削弱风险因素对网络成瘾的不利影响。因此，有必要考察哪些因素能够调节学校分离与网络成瘾之间的直接和/或间接关系。我们将考察情绪智力在其中的调节作用，主要理由如下。首先，情绪智力是一种值得拥有的且具有个人重要性的保护性资本，它能增强个体在面对风险时的心理韧性[26]。其次，以往研究表明，情绪智力可以调节风险因素（如压力性生活事件）与发展结果（如主观幸福感）之间的关系[27,28]。最后，有证据表明，情绪智力的改善可以促进青少年的健康发展（如自尊水平的提高）[29]。

情绪智力是一种对自己和他人的情绪进行监控、区分并利用这些信息指导自己的思考和行动的社会智力[30]。与低情绪智力的青少年相比，高情绪智力的青少年拥有广泛的情绪调节策略，更可能选择适应性的策略[31,32]。因此，在遇到问题时，高情绪智力的个体能有效调节自己的情绪，而低情绪智力的个体则更多采用外部资源（如网络）缓解消极情绪[33,34]。截至目前，已有研究发现，情绪智力对网络成瘾有主效应[35,36]。例如，Yanesari等人[36]发现，较高的情绪智力与较低的网络成瘾有关。除了情绪智力的主效应，也有证据表明，情绪智力（或有关概念）与风险因素（如压力性生活事件）可能交互预测青少年网络成瘾[37]。截至目前，尚缺乏研究考察青少年学校分离与情绪智力是否交互影响自尊和网络成瘾。高情绪智力青少年具有良好的自我调节能力，这有助于增强他们的发展韧性并降低消极结果的可能性。因此，情绪智力或能调节学校分离与自尊和网络成瘾的关系。而且，低自尊的青少年也可能受自身情绪智力的保护，使得他们在遇到问题时能够有效调节自身情绪。因此，情绪智力也可能作为保护因素削弱低自尊对网络成瘾的不利影响。

虽然上述发现表明，情绪智力可能调节学校分离与青少年网络成瘾的直接和/或间接联系，但是理论家对情绪智力调节作用的模式持有不同意见。风险缓冲模型指出，个人资本可以削弱环境风险因素对个体发展的不利影响。根据该模型，环境风险因素的不利效应在个人资本水平越高时会更弱[38]。相反，反转的风险缓冲模型认为，当环境风险达到某个水平后，个人资本就会失去其对抗环境风险因素的作用（高水平环境风险会损伤个体资本的保护作用）。在此情况下，环境风险因素的不利效应在个人资本水平越高时反而越强[38]。

根据风险缓冲模型，在学校分离（环境风险因素）水平较高时，拥有高情绪智力（个人资本）的青少年要比拥有低情绪智力的青少年表现出更好的适应（即低水平网络成瘾）（如图12-1a所示）。相反，根据反转的风险缓冲模型，在学校分离水平较低时，高情绪智力青少年要比低情绪智力青少年适应更好（即低水平网络成瘾），但是，在学校分离水平较高时，高情绪智力青少年与低情绪智力青少年将同样表现出适应不良（如图12-1b所示）。截至目前，尚没有研究考察学校分离与情绪智力怎样交互影响青少年网络成瘾。一方面，情绪智力可能作为保护因素削弱学校分离对网络成瘾的不利影响。因此，调节模式可能与风险缓冲模型一致。另一方面，考虑到学校分离对青少年非常不利[39,40]，所以，情绪智力可能不足以保护个体免受学校分离的影响。因此，调节效应也可能符合反转的风险缓冲模型。调节效应模式的区分是关键的研究问题，因为不同的调节模式蕴含着不同的实践意义。如果风险缓冲模型成立，注重培养青少年情绪智力的干预对高学校分离的青少年非常有帮助。相反，如果反转的风险缓冲模型成立，则不应该过分夸大情绪智力的积极作用，也不应忽视学校分离的不利影响。

(a) 风险缓冲模型

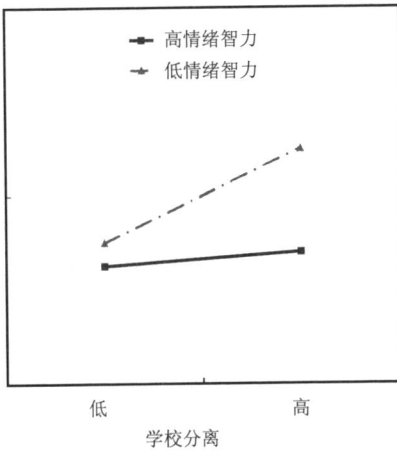

(b) 反转的风险缓冲模型

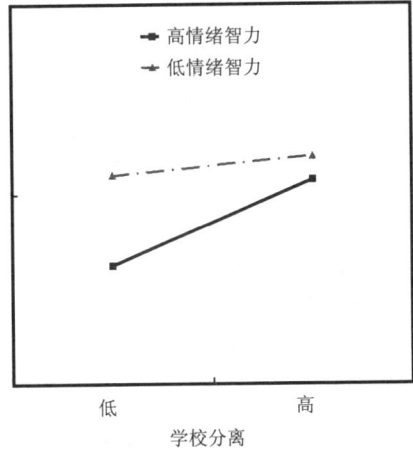

图12-1 不同的调节作用模式

1.3 研究概览

在晴雨表理论、依恋理论以及风险与保护因素框架的指导下，本书将考察情境因素（即学校分离）和个体因素（即自尊和情绪智力）对青少年网络成瘾的影响。我们检验了两大假设：第一，自尊能够中介学校分离与青少年网络成瘾的关系（假设1）。第二，情绪智力能够调节学校分离与青少年网络成瘾的直接和/或间接关系（假设2）。综合起来，我们检验了一个有调节的中介模型（如图12-2所示）。与单纯的中介和调节模型相比，有调节的中介模型能更好地解释发展过程的复杂性。过去10年里，各种心理社会疗法（如认知行为疗法、家庭治疗和团体辅导）和药物疗法（如抗抑郁药和精神振奋药）已被开发用于网络成瘾治疗[41,42]。最近，针对网络成瘾风险因素的预防性干预也开始受到重视。然而，该领域的研究还处于起步阶段，通常忽视了重要的环境和个体因素所起的作用[43]。例如，虽然学校是青少年网络成瘾的重要形成环境之一，但是目前没有系统的以学校为基础的改善学校因素以减少网络成瘾的预防性干预。我们的结果将突显学校因素在青少年网络成瘾中的重要作用，并强调同时关注环境（如学校）和个体因素（如自尊和情绪智力）的复杂的预防性干预对降低网络成瘾的重要性。

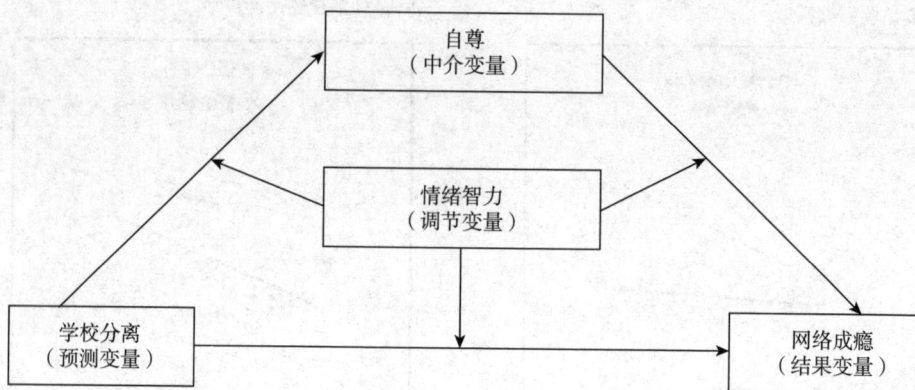

图12-2　概念框架

值得一提的是，我们是在青少年期考察情境（学校分离）和个体因素（自尊和情绪智力）对网络成瘾的影响。为何选择关注这一发展阶段？首先，青少年是互联网（"电子海洛因"）的重要使用群体。研究发现，网络成瘾在青少年期相当普遍[44]，且对个体当前和未来发展都十分不利[1,45]。其次，青少年期是挑战和机遇并存的时期。与后来的发展阶段相比，青少年期经历风险因素可能会导致更严重的不良后果。同时，青少年期又是可塑性很强的时期，在此时期情境（学校分离）和个体因素（自尊和情绪智力）也具有较高的可塑性。因此，可以在设计干预项目时从这种可塑性入手来减少网络成瘾。

2. 研究方法

2.1 被试

数据来自一个更大的研究项目（"生态风险与青少年社会适应"[46]）。采用分层随机整群抽样，从广东省10所中学招募被试。这些学校包括重点学校和普通学校。被试学生总共2758名，包括七年级（34.99%）、八年级（32.49%）和九年级（32.52%）。被试平均年龄13.53岁（$SD = 1.06$, 全距10—19），54%的被试是女生。父母受教育水平与我国最新的人口普查数据非常接近：31%的母亲和40%的父亲受过高中或高中以上教育。总体而言，本样本具有多样性且能在一定程度上代表广东省中学生的总体情况。

2.2 程序

在数据采集前，征得所有参与学校的管理者和学生本人的知情同意。在学校正常上课时间施测。学生花20分钟完成包括人口学变量、学校分离、自尊、情绪智力和网络成瘾的匿名问卷。所有施测过程都由受过专门培训的专业人员采用标准化的指导语主持和进行。

2.3 测量

2.3.1 学校分离

采用李董平开发的"学校分离量表"[38]测量青少年的学校分离。该量表包含6个项目，评估学生与所就读学校的关系（如"我希望我能转到别的学校"）。采用4点计分，1表示"从不"，4表示"总是"。所有项目平均计分，分数越高表示感知到的学校分离越强。本次测量中，该工具的内部一致性良好（ $\alpha = 0.85$ ）。

2.3.2 情绪智力

采用李霓霓等人[47]修订的"情绪智力量表"测量青少年的情绪智力。该量表包含19个项目，评估情绪智力的4个维度：情绪自我管理、社交技能、共情和情绪运用（如"我能控制自己的情绪"）。采用5点计分，1表示"完全不符合"，5表示"完全符合"。计算所有项目的平均分，分数越高表示情绪智力越高。该量表在我国青少年中具有良好的信效度[48]。本次测量中，该量表的内部一致性良好（ $\alpha = 0.90$ ）。

2.3.3 自尊

采用"Rosenberg自尊量表"（中文版）[49]测量青少年的自尊。该量表包含10个项目，测量个体的整体自尊水平（如"我感到我是一个有价值的人，至少与其他人在同一水平上"）。采用4点计分，1表示"很不符合"，4表示"很符合"。所有项目平均计分，分数越高表示个体的自尊水平越高。中文版自尊量表已被广泛运用且表现出良好的信效度[50]。本次测量中，该量表的内部一致性良好

（ $\alpha = 0.84$ ）。

2.3.4 网络成瘾

采用"网络成瘾诊断问卷"[51]（最初由Young编制[52]）测量青少年的网络成瘾。该问卷包含10个项目，评估青少年网络成瘾的程度（如"我将上网作为缓解不良情绪的方法"）。采用6点计分，1表示"完全不符合"，6表示"完全符合"。所有项目平均计分，分数越高表示网络成瘾倾向越强。本次测量中，该问卷内部一致性良好（ $\alpha = 0.89$ ）。

2.3.5 协变量

以往研究表明，网络成瘾与青少年性别、年龄以及家庭社会经济地位有关[53,54]。因此，在统计分析中控制了这些人口学变量。性别是二分类别变量，对其进行虚拟编码（ $0 = $ 女生， $1 = $ 男生）。家庭社会经济地位是由父亲受教育水平、母亲受教育水平、父亲职业、母亲职业以及家庭收入进行因子分析后得到的因子分（ $M = 0, SD = 1$ ）。因子分析是将以上5个指标得分转化为标准分，进行主成分分析，然后采用以下公式计算合成分数[55]：家庭社会经济地位 $= （ \beta 1 \times Z1 + \beta 2 \times Z2 + \beta 3 \times Z3 + \beta 4 \times Z4 + \beta 5 \times Z5 ） / \varepsilon f$ ，其中 $\beta 1$ 、 $\beta 2$ 、 $\beta 3$ 、 $\beta 4$ 、 $\beta 5$ 为因子负荷， εf 为第一个因子的特征值， $Z1$ 、 $Z2$ 、 $Z3$ 、 $Z4$ 、 $Z5$ 为5个指标的标准分。合成分数越高表示家庭社会经济地位越好。家庭功能由单个项目（"我们不能和睦相处"，反向计分）进行测量。采用四点计分（ $1 = $ 完全不像我家， $4 = $ 很像我家），分数越高表示家庭功能越好。同伴关系采用单个项目（"朋友很少关注我"，反向计分）进行测量。采用五点计分（ $1 = $ 从不， $5 = $ 总是），分数越高表示同伴关系越好。社会支持由单个项目（"我觉得在发生困难时，我可以依靠周围的人"）进行测量。采用五点计分（ $1 = $ 从不， $5 = $ 总是），分数越高表示社会支持越多。抑郁症状由单个项目（"过去几周，你对生活的感受是无望的/充满希望的？"）进行测量。采用七点计分，分数越高表示抑郁症状越严重。最后，考虑到数据具有嵌套性质（即学生嵌套于学校），采用固定效应方法对此进行处理[55]，即对学校进行虚拟编码，并在后续分析中加以控制。

2.4　分析计划

所有分析都在SPSS 22.0中进行。在初步分析中，对所有变量进行描述性分析。我们采用自我报告法收集数据，可能存在共同方法偏差。因此，采用Harman单因子检验确认共同方法偏差的严重性[57]。

在主要分析中，采用加载于SPSS的PROCESS宏检验假设模型[58]。PROCESS是SPSS的一个计算程序，它简化了条件过程模型（包括有调节的中介模型）的分析。PROCESS的优点是它能够自动生成Bootstrap置信区间，从而考虑样本分布的非正态性。Bootstrap方法能通过有放回的重复抽样，构造95%的偏差校正的置信区间，以检验间接效应的显著性。与其他方法相比，该方法能更好地平衡Ⅰ类和Ⅱ类错误，并且为间接效应生成最为准确的置信区间[59]。

具体而言，为了检验假设，我们进行了一系列分析。首先，采用PROCESS宏（模型4）检验中介模型，考察自尊在学校分离与网络成瘾之间的中介作用。当置信区间不含0时，中介模型成立。其次，采用PROCESS宏（模型59）检验有调节的中介模型，考察情绪智力在已确立的中介过程中是否具有调节作用。有调节的中介模型涉及学校分离与情绪智力交互影响网络成瘾（残余直接路径）、学校分离与情绪智力交互影响自尊（中介过程的前半段）以及自尊与情绪智力交互影响网络成瘾（中介过程的后半段）。当置信区间不含零时，交互效应显著。我们采用Johnson–Neyman（J–N）技术考察显著交互效应的显著性区域[60]。该技术通过Bootstrap置信区间探讨在不同水平的情绪智力上相应变量间的关系是否显著。所有分析均控制了相关的协变量。

3.　结果

3.1　初步分析

表12-1列出了各变量的描述统计量和皮尔逊积差相关系数。具体而言，学校分离与网络成瘾显著正相关（$r = 0.22$, $p < 0.001$），而自尊（$r = -0.24$, $p <$

0.001）和情绪智力（$r = -0.15, p < 0.001$）均与网络成瘾显著负相关。因此，学校分离是网络成瘾的风险因素，而自尊和情绪智力是网络成瘾的保护因素。此外，学校分离与自尊显著负相关（$r = -0.33, p < 0.001$）。最后，情绪智力与自尊显著正相关（$r = 0.33, p < 0.001$）。

采用自我报告法收集数据，结果可能存在共同方法偏差。因此，采用Harman单因子检验确认共同方法偏差的严重性[57]。对所有项目进行探索性因子分析。如果单个或全局因子能解释大部分变异，则共同方法偏差严重。结果表明，有10个因子特征值大于1。第一个因子仅能解释总变异的14.25%（不超过40%）。因此，共同方法偏差问题并不严重。

表12-1　各变量的描述统计和两两相关

变量	1	2	3	4	5	6	7	8	9	10	11
1. 性别	—										
2. 年龄	0.00	—									
3. 社会经济地位	**0.05**	**−0.19**	—								
4. 家庭功能	**−0.07**	**−0.08**	**0.16**	—							
5. 同伴关系	−0.00	**−0.07**	**0.21**	**0.15**	—						
6. 社会支持	−0.01	**−0.06**	**0.16**	**0.13**	**0.24**	—					
7. 抑郁症状	−0.03	**0.09**	**−0.14**	**−0.19**	**−0.18**	**−0.27**	—				
8. 学校分离	0.01	**0.15**	**−0.17**	**−0.18**	**−0.19**	**−0.27**	**0.33**	—			
9. 情绪智力	**−0.07**	−0.03	**0.23**	**0.22**	**0.20**	**0.35**	**−0.26**	**−0.26**	—		
10. 自尊	**0.08**	**−0.08**	**0.21**	**0.24**	**0.25**	**0.25**	**−0.42**	**−0.33**	**0.33**	—	
11. 网络成瘾	**0.28**	0.04	−0.02	**−0.19**	**−0.11**	−0.05	**0.21**	**0.22**	**−0.15**	**−0.24**	—
M	0.46	13.53	0.00	3.39	3.91	3.05	3.14	2.09	3.73	2.83	2.47
SD	0.50	1.06	1.00	0.73	0.99	1.08	1.63	0.76	0.57	0.51	1.02

注：$N = 2758$。性别为虚拟变量，0 = 女生，1 = 男生。加粗的相关系数表示至少在$p < 0.05$水平上显著。

3.2　假设1：检验自尊的中介作用

目的1旨在考察自尊在学校分离与青少年网络成瘾之间的潜在中介作用。采用PROCESS宏（模型4）生成中介模型的Bootstrap置信区间。Bootstrap分析表明，中介模型得到支持。如图12-3所示，在控制协变量后，自尊在学校分离与网络成瘾之间具有中介作用。具体而言，学校分离负向预测自尊（$B = -0.11, p < 0.001$），进而负向预测网络成瘾（$B = -0.34, p < 0.001$）。学校分离与网络成瘾的残余直接联系仍显著（$B = 0.20, p < 0.001$）。因此，假设1成立：自尊部分中介学校分离与网络成瘾的关系（$B = 0.04, 95\%$置信区间 $= [0.03, 0.05]$）。中介效应占总效应的19.69%[61]。

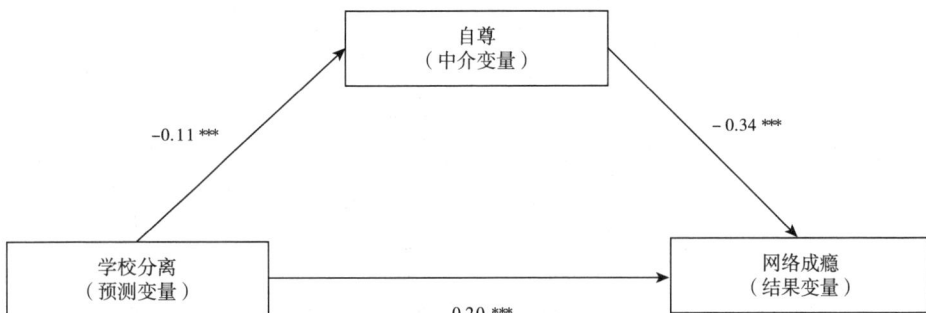

图12-3 中介效应检验

3.3 假设2：有调节的中介效应检验

目的2旨在考察情绪智力在学校分离通过自尊影响网络成瘾的直接和/或间接关系中的调节作用。采用PROCESS宏（模型59）生成不同情绪智力水平上中介效应的Bootstrap置信区间。具体而言，对两个回归模型的参数进行估计。模型1估计情绪智力对学校分离与自尊之间关系的调节作用。模型2估计情绪智力对自尊与网络成瘾以及学校分离与网络成瘾之间关系的调节作用。两个回归模型的结果均呈现在表12-2中。

表12-2 有调节的中介效应检验

模型	预测变量	B	SE	t	95% CI
模型1（自尊）	性别	0.10***	0.02	5.75	[0.06, 0.13]
	年龄	−0.00	0.01	−0.12	[−0.02, 0.01]
	社会经济地位	0.05***	0.01	4.96	[0.03, 0.07]
	家庭功能	0.07***	0.01	5.92	[0.05, 0.09]
	同伴关系	0.06***	0.01	6.38	[0.04, 0.07]

续表

模型	预测变量	B	SE	t	95% CI
模型1（自尊）	社会支持	0.02*	0.01	2.39	[0.00, 0.04]
	抑郁症状	−0.08***	0.01	−15.40	[−0.10, −0.07]
	学校分离（SD）	−0.10***	0.01	−8.39	[−0.13, −0.08]
	情绪智力（EI）	0.14***	0.02	8.84	[0.11, 0.17]
	SD × EI	−0.04*	0.02	−2.10	[−0.07, −0.00]
	R^2			0.30	
	F			62.91***	
模型2（网络成瘾）	性别	0.58***	0.04	16.02	[0.50, 0.65]
	年龄	0.01	0.02	0.37	[−0.03, 0.04]
	社会经济地位	0.02	0.02	0.97	[−0.02, 0.07]
	家庭功能	−0.13***	0.03	−4.95	[−0.18, −0.08]
	同伴关系	−0.04*	0.02	−1.99	[−0.08, −0.00]
	社会支持	0.08***	0.02	4.23	[0.04, 0.11]
	抑郁症状	0.06***	0.01	4.92	[0.04, 0.09]
	学校分离（SD）	0.20***	0.03	7.33	[0.14, 0.25]
	情绪智力（EI）	−0.06	0.04	−1.58	[−0.13, 0.01]
	SD × EI	0.12**	0.04	2.82	[0.04, 0.20]
	自尊（SE）	−0.32***	0.04	−7.88	[−0.41, −0.24]
	SE × EI	0.01	0.06	0.16	[−0.11, 0.12]
	R^2			0.20	
	F			32.63***	

注：分析前对所有连续性预测变量进行了中心化处理。*$p < 0.05$, **$p < 0.01$, ***$p < 0.001$。

如表12-2所示，在控制协变量后，模型1表明，学校分离显著负向预测自尊（$B = -0.10, p < 0.001$）。而且，学校分离与情绪智力交互预测自尊（$B = -0.04, p = 0.036$）。为了揭示调节效应的实质，我们采用Johnson–Neyman技术考察显著性区域[60]。如图12-4所示，当情绪智力取值大于或等于1.90时，置信区间不含0，学校分离与自尊的关系显著；当情绪智力取值小于1.90时，置信区间含0，学校分离与自尊的关系不显著，因此，学校分离对自尊的不利影响在情绪智力较高的个体中更强，这与反转的风险缓冲模型一致。整个模型可以解

释自尊变异的30%（$R^2 = 0.30, p < 0.001$）。模型2表明，自尊显著负向预测网络成瘾（$B = -0.32, p < 0.001$），但是该关系不受情绪智力调节（$B = 0.01, 95\%$置信区间 $= [-0.11, 0.12]$）。另外，学校分离显著正向预测网络成瘾（$B = 0.20$，$p < 0.001$），且学校分离与情绪智力交互预测网络成瘾（$B = 0.12, p = 0.005$）。如图12-5所示，当情绪智力取值大于或等于2.78时，置信区间不含0，学校分离与网络成瘾的关系显著；当情绪智力取值小于2.78时，置信区间含0，学校分离与网络成瘾的关系不显著。因此，学校分离对网络成瘾的不利影响在情绪智力较高的个体中更强，这与反转的风险缓冲模型[38]一致。整个模型可以解释网络成瘾变异的20%（$R^2 = 0.20, p < 0.001$）。

总之，情绪智力能够调节中介过程的前半段（学校分离对自尊的影响）以及学校分离与网络成瘾的残余直接路径。但是，中介过程的后半段（自尊对网络成瘾的影响）不能被情绪智力调节。因此，假设2仅得到部分支持。

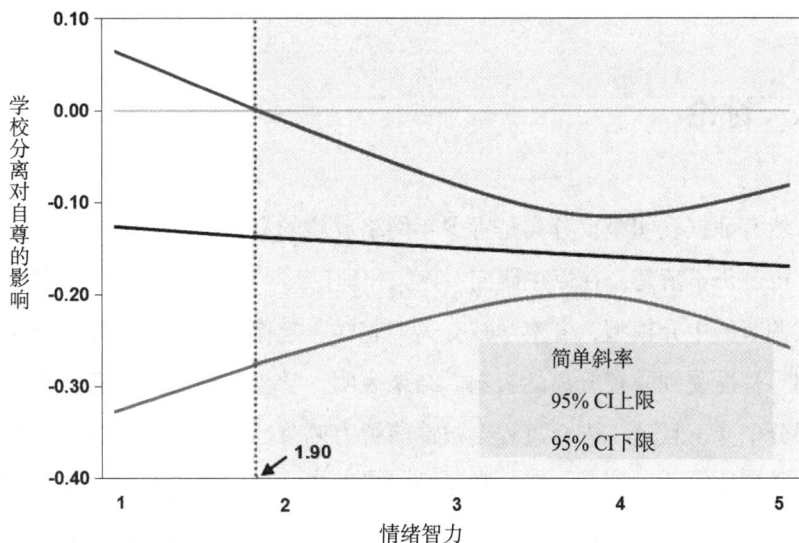

图12-4 情绪智力在学校分离与自尊之间关系中的调节作用

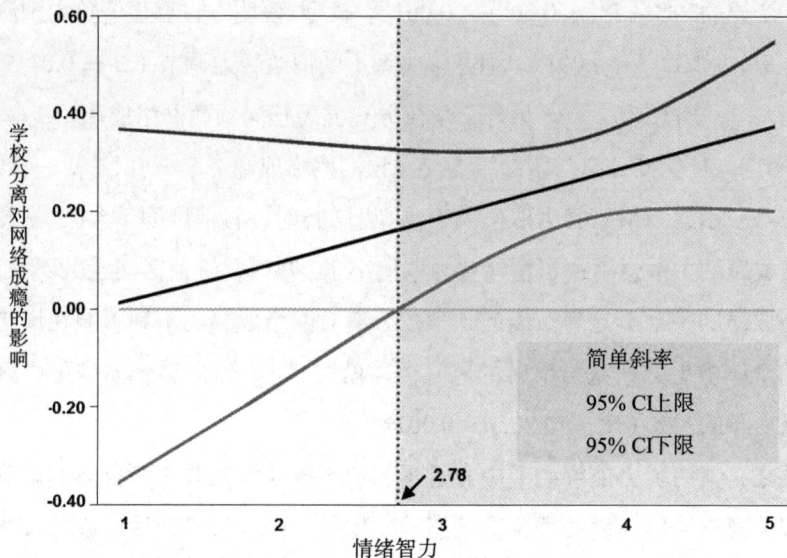

图12-5 情绪智力在学校分离与网络成瘾之间关系中的调节作用

4. 讨论

虽然有证据表明学校分离是青少年网络成瘾的易损因素，但是潜在的中介和调节机制仍不清楚。在以往研究[7,19,24]和理论[14,15,25]的指导下，本书构建了一个有调节的中介模型，考察学校分离"怎样"起作用以及"是否"所有青少年都同等程度受到学校分离的影响。结果表明，学校分离与网络成瘾的关系被自尊部分中介，且这一中介过程会被情绪智力调节。这些发现不仅与晴雨表理论和依恋理论一致，而且与风险和保护因素框架吻合。这些发现表明，影响网络成瘾的情境和个体因素不是彼此独立而是相互联系的。与简单的中介和调节模型相比，复杂的有调节的中介模型能更有效地反映出学校分离引发青少年网络成瘾的机制和条件。

4.1 假设1：自尊的中介作用

结果表明，学校分离负向预测自尊，进而增加青少年网络成瘾的可能性。

该发现支持了假设1，表明自尊是学校分离与青少年网络成瘾之间的重要解释机制。该结果与晴雨表理论一致[14]。该理论认为，如果个体不被他人重视，个体的"内部监视器"（自尊）就会下降，进而引发问题行为。该结果也与依恋理论相符[15]，即温暖的关系对青少年自我感知尤为重要，进而影响他们的发展结果。当青少年感到在学校缺乏归属感时，他们会感到自尊的下降，进而增加他们网络成瘾的可能性[23]。值得一提的是，学校分离与网络成瘾之间的残余直接关系也显著。因此，自尊仅能部分解释学校分离与网络成瘾的关系。也就是说，可能还存在其他值得考虑的中介因素（如越轨同伴交往）。综上所述，我们依据晴雨表理论和依恋理论，首次发现自尊是解释学校分离与青少年网络成瘾之间关系的关键中介变量。

除了上述总的中介链条，该中介模型前后半段也值得一提。

首先，结果表明，感到学校分离的个体会有较低的自尊水平。该发现与以往研究一致[19,21]，强调了学校经历在青少年自尊形成中的重要作用。具体而言，感知到学校分离会使得学生与学校逐渐疏远，使他们在学校里感到不被喜欢和关心，从而增加消极的自我感知[12]。此外，马斯洛的需要层次理论表明，归属感是积极自我表征的基础[17]。因此，如果学生对归属感（如学校归属感）的基本需要得不到满足，他们对更高目标（如自尊）的追求将受到阻碍。这一发现在中国文化背景下具有特殊的意义。我国是一个强调人际联结的集体主义国家[40]。在此背景下，学校分离对个体的自尊可能更具不利影响。

其次，我们也发现，有较低自尊的青少年更可能沉迷网络。这一结果与以往研究相一致[7,24]，表明自尊在青少年网络成瘾的形成过程中起着至关重要的作用。一个可能的解释是，低自尊的青少年通常缺乏自信并且会频繁经历消极情绪。因此，他们倾向于在网上寻求他人的肯定和认可。事实上，以往研究发现，青少年可以通过与他人的交流感到自信，并且在虚拟环境中获得成就感和价值感[23]。这些网络使用经历可能最终导致网络成瘾。

综上，研究结果弥补了现有文献的不足，强调了低自尊可能是学校分离的消极后果和青少年网络成瘾的关键风险因素。这些发现也支持了发展可塑性的观点：学校分离和自尊是可塑的，可以通过改善这两种因素来降低青少年的网络成瘾。

4.2 假设2：情绪智力的调节作用

除了间接路径，研究结果也部分支持了假设2。具体而言，情绪智力能够调节中介过程的前半段（学校分离对自尊的影响）和学校分离与网络成瘾的残余直接联系。这些调节模式均与反转的风险缓冲模型一致[38]，表明虽然情绪智力在学校分离水平较低时是一个重要的保护因素，但其积极作用在学校分离水平较高时就不明显了。对此有两种可能的解释。第一，在中国这样的集体主义文化背景中，联结感至关重要[40]。因此，即使是高水平的情绪智力也不足以抵消学校分离对自尊和网络成瘾的不利影响。第二，理论（如依恋理论）和实证研究均表明，当青少年在一个情境中具有不紧密的联结时，需要其他情境来提供必要的归属感[62]。因此，可能是其他情境因素（如亲子关系）而不是情绪智力这样的个体因素才能更好地保护青少年免受学校分离对自尊和网络成瘾的消极影响。不过，Sabatine等人[63]发现，低学校归属感（学校分离）与青少年违法违纪的正向联系在亲子关系越好的个体中更强，也符合反转的风险缓冲模型。我们是首次在控制重要的人口学、个体和情境因素的情况下考察情绪智力对学校分离所起作用的调节作用。未来研究需要考察综合了多个不同领域的保护因素的累积保护指数能否起到风险缓冲作用。这类研究对于全面的青少年网络成瘾预防和干预方案的开发至关重要。

然而，与研究假设相反，情绪智力不能调节自尊与青少年网络成瘾的关系。该发现表明，低自尊是青少年网络成瘾的重要风险因素，情绪智力不能缓冲低自尊的不利影响。可能的原因在于，在此过程中，情绪智力并不能"有的放矢"地起作用。具体而言，低自尊会导致消极的自我感知，这使得青少年渴望树立自信并获得自我认同。上网是低自尊个体常用的"止痛药"。相比之下，情绪智力（即监控自己的情绪和采取有用的策略来指导自己的思考和行为）虽然是一个有积极作用的因素，但它不能有效削弱低自尊的消极影响。未来仍需考察其他可能缓冲低自尊与网络成瘾之间关系的保护因素。例如，良好的亲子关系和师生关系使得青少年可以依靠父母和老师来应对低自尊这类压力源。因此，它们或许能保护青少年免受低自尊的不利影响。

近年来，方法学家和研究者非常关注调节效应的模式[38]。根据这一趋势，我们区分和考察了情绪智力调节作用的不同模式。对这些调节模式的深入探讨能增强对调节变量的优势和不足以及青少年在不同风险情境（高 VS 低学校分离）中所面临挑战的理解，这对开发有针对性的预防干预措施具有重要意义[38]。反转的风险缓冲效应提示，不仅要认识到情绪智力的保护作用是有限的，而且也要对感到学校分离的青少年进行有针对性的预防和干预。

4.3　局限与展望

本研究存在以下几点不足，在解读结果时需要加以注意。第一，尽管有理论基础的横断研究具有一定的价值[64]，但这种设计仍存在局限[65]。例如，学校分离、自尊和网络成瘾之间可能存在双向的动态相互作用。此外，中介和调节过程往往需要时间逐渐展开[66]。因此，未来研究需要采用纵向设计（尤其是在每个时点测量所有变量的交叉滞后面板设计）来收集和分析数据，为相互作用以及纵向中介和调节效应提供更强的证据。第二，采用自我报告法收集数据，这可能带来社会称许性和回忆偏差等局限。未来研究应当采用多报告者（如自我报告、父母报告、教师报告和同伴报告）收集数据以增强研究结果的可靠性。第三，我们以中国的普通中学生为样本，因此仍需谨慎地将研究发现推广至其他文化和临床样本中。例如，集体主义文化强调归属感和人际关系，而个体主义文化多关注个人自尊的增强。因此，未来研究应探讨在个体主义文化背景中（如美国）能否得到类似的结果。第四，未来研究应当考虑其他的中介和调节变量。具体而言，自尊在学校分离与网络成瘾的关系中仅起部分中介而不是完全中介作用。因此，未来研究应在更大范围内考察其他中介变量（如心理需要满足和积极结果预期）可能的作用。另外，如前所述，也应当考虑其他可能的调节变量（如亲子关系和师生关系）。最后，虽然Young的网络成瘾诊断问卷在这一领域被广泛使用[44]，但该工具是筛查性工具而非诊断性工具，且该工具对筛查结果没有清晰的界限划分。由于目前仍没有堪称"金标准"的有效工具，未来研究应尽量采用多报告者以获取更准确的网络成瘾信息。

4.4 实践意义

尽管存在这些不足，我们的发现仍具有重要的实践启示。第一，鉴于学校分离是网络成瘾的风险因素，而且我国青少年高度重视学校联结[40]，因此，对学校管理者、教师和家长而言，提高青少年的学校归属感非常重要。然而，令人遗憾的是，目前仍没有系统的基于学校的旨在增强学校归属感以减少青少年网络成瘾的干预项目[67]。第二，由于自尊是联系学校分离与网络成瘾的重要机制，所以干预项目应侧重干预因学校分离而受损的自尊。虽然自尊往往在较早时期就已经建立起来，但它在青少年时期仍具有一定的可塑性。最近的元分析表明，体育活动干预能成功改善青少年自尊，并进一步改善心理健康[13]。第三，因为中介过程被情绪智力调节，所以关注情绪智力的项目可以进一步提高干预的有效性。值得注意的是，情绪智力只起到反转的风险缓冲作用。因此，不应过分夸大情绪智力的积极作用，也不应忽视学校分离的不利影响。最后，整合模型提示我们，应同时考虑环境因素（如学校归属感）和个体资本（如自尊和情绪智力）以降低青少年的网络成瘾。

5. 结论

尽管研究者高度重视学校分离与青少年网络成瘾之间的关系，但少有研究探讨潜在的中介和调节机制，更少有研究在整合的模型中同时考察情境资源（学校归属感）和个体资本（自尊和情绪智力）对青少年网络成瘾的影响。结果表明，学校分离可以通过降低自尊进而增加青少年网络成瘾。该间接过程在情绪智力不同水平上有所不同。因此，针对青少年网络成瘾的干预必须是整合性的，既要考虑情境因素（学校分离），又要考虑个体因素（自尊和情绪智力）。

参考文献

［1］Jun S, Choi E. Academic stress and Internet addiction from general strain theory framework［J］. Computers in Human Behavior, 2015, 49: 282-287.

［2］梁传山，田新华，侯宗银，等. 枣庄市中学生网络使用及网络依赖调查分析［J］. 精神医学杂志，2015，28（2）：130-134.

［3］Stavropoulos V, Kuss D, Griffiths M, et al. A longitudinal study of adolescent Internet addiction: the role of conscientiousness and classroom hostility［J］. Journal of Adolescent Research, 2016, 31: 442-473.

［4］Yen C F, Ko C H, Yen J Y, et al. Multi-dimensional discriminative factors for Internet addiction among adolescents regarding gender and age［J］. Psychiatry and Clinical Neurosciences, 2009, 63: 357-364.

［5］Libbey H P. Measuring student relationships to school: attachment, bonding, connectedness, and engagement［J］. Journal of School Health, 2004, 74: 274-283.

［6］Ryan R M, Rigby C S, Przybylski A. The motivational pull of video games: a self-determination theory approach［J］. Motivation and Emotion, 2006, 30: 344-360.

［7］Chang F C, Chiu C H, Lee C M, et al. Predictors of the initiation and persistence of Internet addiction among adolescents in Taiwan［J］. Addictive Behaviors, 2014, 39: 1434-1440.

［8］刘玉媛. 长沙市初中生网络成瘾的心理社会因素调查［J］. 中国临床心理学杂志，2007，15（4）：422-423.

［9］Harter S. Causes, correlates and functional role of global self-worth: a life span perspective［J］. Pädiatrie Und Pädologie, 1990, 9: 28-30.

［10］Erikson E H, Erikson J M. The life cycle completed (extended version)［M］. New York: Norton, 1998.

［11］Park S, Kang M, Kim E. Social relationship on problematic Internet use (PIU) among adolescents in South Korea: a moderated mediation model of self-esteem and self-control［J］. Computers in Human Behavior, 2014, 38: 349-357.

［12］Spencer M B. Phenomenology and ecological systems theory: development of diverse groups［M］//Lerner R M, Damon W. Handbook of Child Psychology, Vol. 1: theoretical models of human development. 6th ed. Hoboken, NJ: Wiley, 2006: 829-893.

［13］Liu M, Wu L, Ming Q. How does physical activity intervention improve self-esteem and self-concept in children and adolescents? Evidence from a meta-analysis［J］. PLOS ONE, 2015, 10: e0134804.

［14］Leary M R, Tambor E S, Terdal S K, et al. Self-esteem as an interpersonal monitor: the sociometer hypothesis［J］. Journal of Personality and Social Psychology, 1995, 68: 518-530.

［15］Rothbard J C, Shaver P R. Continuity of attachment across the life span［M］//Sperling M B, Berman W H. Attachment in adults: clinical and developmental perspectives. New York: Guilford Press, 1994: 31-71.

［16］Leary M R, Schreindorfer L S, Haupt A L. The role of low self-esteem in emotional and behavioral problems: why is low self-esteem dysfunctional?［J］. Journal of Social and Clinical Psychology, 1995, 14: 297-314.

［17］Maslow A H. Motivation and personality［M］. New York: Harper & Row, 1954.

［18］Leary M R, Baumeister R F. The nature and function of self-esteem: sociometer theory［J］. Advances in Experimental Social Psychology, 2000, 32: 1-62.

［19］Foster C E, Horwitz A, Thomas A, et al. Connectedness to family, school, peers, and community in socially vulnerable adolescents［J］. Children and Youth Services Review, 2017, 81: 321-331.

［20］Hagborg W J. An exploration of school membership among middle- and high-school adolescents［J］. Journal of Psychoeducational Assessment, 1994, 12: 312-323.

［21］Pachucki M C, Ozer E J, Barrat A, et al. Mental health and social networks in early adolescence: a dynamic study of objectively-measured social interaction behaviors［J］. Social Science & Medicine, 2015, 125: 40-50.

［22］Tracy A J, Erkut S. Gender and race patterns in the pathways from sports participation to self-esteem［J］. Sociological Perspectives, 2002, 45: 445-466.

［23］Ross C, Orr E S, Sisic M, et al. Personality and motivations associated with Facebook use［J］. Computers in Human Behavior, 2009, 25: 578-586.

［24］张国华，戴必兵，雷雳. 初中生病理性互联网使用的发展及其与自尊的关系：同学关系的调节效应［J］. 心理学报，2013，45（12）：1345-1354.

［25］Masten A S. Ordinary magic: resilience processes in development［J］. American Psychologist, 2001, 56: 227-238.

［26］Mayer J D. What is emotional intelligence?［EB/OL］. (2004-01-01)［2019-10-26］. https://scholars.unh.edu/personality_lab/8.

［27］Abdollahi A, Carlbring P, Khanbani M, et al. Emotional intelligence moderates perceived stress and suicidal ideation among depressed adolescent inpatients［J］. Personality and Individual Differences, 2016, 102: 223-228.

［28］傅俏俏，叶宝娟，温忠麟. 压力性生活事件对青少年主观幸福感的影响机制［J］. 心理发展与教育，2012，28（5）：516-523.

［29］Ruiz-Aranda D, Salguero J M, Cabello R, et al. Can an emotional intelligence program improve adolescents' psychosocial adjustment? Results from the INTEMO project [J] . Social Behavior and Personality, 2012, 40: 1373–1379.

[30] Salovey P, Mayer J D. Emotional intelligence [J] . Imagination, Cognition and Personality, 1990, 9: 185–211.

[31] Côté S, Miners C T, Moon S. Emotional intelligence and wise emotion regulation in the workplace [M] //Zerbe W J, Ashkanasy N M, Härtel C E J. Individual and organizational perspectives on emotion management and display. Emerald Group Publishing Limited, 2006: 1–24.

[32] Resurrección D M, Salguero J M, Ruiz–Aranda D. Emotional intelligence and psychological maladjustment in adolescence: a systematic review [J] . Journal of Adolescence, 2014, 37: 461–472.

[33] Khoshakhlagh H, Faramarzi S. The relationship of emotional intelligence and mental disorders with Internet addiction in Internet users university students [J] . Addiction and Health, 2012, 4: 133–141.

[34] Kun B, Demetrovics Z. Emotional intelligence and addictions: a systematic review [J] . Substance Use and Misuse, 2010, 45: 1131–1160.

[35] Kun B, Demetrovics Z. The role of emotional intelligence in addiction disorders [J] . Psychiatria Hungarica: A Magyar Pszichiatriai Tarsasag Tudomanyos Folyoirata, 2010, 25: 503–524.

[36] Yanesari M K, Homayouni A, Gharib K. Can emotional intelligence predicts addiction to Internet in university students? [J] . European Psychiatry, 2010, 25: 748.

[37] Wang W, Li D, Li X, et al. Parent–adolescent relationship and adolescent Internet addiction: a moderated mediation model [J] . Addictive Behaviors, 2018, 84: 171–177.

[38] 李董平. 多重生态学风险因素与青少年社会适应：风险建模与作用机制研究 [D]. 广州：华南师范大学，2012.

[39] Bonny A E, Britto M T, Klostermann B K, et al. School disconnectedness: identifying adolescents at risk [J] . Pediatrics, 2000, 106: 1017–1021.

[40] Zhang Y B, Lin M C, Nonaka A, et al. Harmony, hierarchy and conservatism: a cross–cultural comparison of Confucian values in China, Korea, Japan, and Taiwan [J]. Communication Research Reports, 2005, 22: 107–115.

[41] Nakayama H, Mihara S, Higuchi S. Treatment and risk factors of Internet use disorders [J] . Psychiatry and Clinical Neurosciences, 2017, 71: 492–505.

[42] Shen L. Treatment of Internet addiction [M] //Bozoglan B. Psychological, social, and cultural aspects of Internet addiction. Hershey, PA: IGI Global, 2018: 284–309.

[43] Vondráčková P, Gabrhelík R. Prevention of Internet addiction: a systematic review [J] . Journal of Behavioral Addictions, 2016, 5: 568–579.

［44］Petry N M, Zajac K, Ginley M K. Behavioral addictions as mental disorders: to be or not to be?［J］. Annual Review of Clinical Psychology, 2018, 14: 399–423.

［45］Ostovar S, Allahyar N, Aminpoor H, et al. Internet addiction and its psychosocial risks (depression, anxiety, stress and loneliness) among Iranian adolescents and young adults: a structural equation model in a cross–sectional study［J］. International Journal of Mental Health and Addiction, 2016, 14: 257–267.

［46］陈武，李董平，鲍振宙，等. 亲子依恋与青少年的问题性网络使用：一个有调节的中介模型［J］. 心理学报，2015，47（5）：611–623.

［47］李霓霓，张卫，李董平，等. 青少年的依恋、情绪智力与攻击性行为的关系［J］. 心理发展与教育，2009，25（2）：91–96.

［48］Che D, Hu J, Zhen S, et al. Dimensions of emotional intelligence and online gaming addiction in adolescence: the indirect effects of two facets of perceived stress［J］. Frontiers in Psychology, 2017, 8: article 1206.

［49］Rosenberg M. Society and the adolescent self–image［M］. Princeton, NJ: Princeton University Press, 1965.

［50］杨雪，王艳辉，李董平，等. 校园氛围与青少年的自杀意念/企图：自尊的中介作用［J］. 心理发展与教育，2013，29（5）：541–551.

［51］Li D, Zhang W, Li X, et al. Stressful life events and problematic Internet use by adolescent females and males: a mediated moderation model［J］. Computers in Human Behavior, 2010, 26: 1109–1207.

［52］Young K S. Internet addiction: the emergence of a new clinical disorder［J］. CyberPsychology and Behavior, 1998, 1: 237–244.

［53］Li Y, Zhang X, Lu F, et al. Internet addiction among elementary and middle school students in China: a nationally representative sample study［J］. Cyberpsychology, Behavior, and Social Networking, 2014, 17: 111–116.

［54］Mei S, Yau Y H, Chai J, et al. Problematic Internet use, well–being, self–esteem and self–control: data from a high–school survey in China［J］. Addictive Behaviors, 2016, 61: 74–79.

［55］任春荣. 学生家庭社会经济地位（SES）的测量技术［J］. 教育学报，2010，6（5）：77–82.

［56］Cohen J, Cohen P, West S G, et al. Applied multiple regression/correlation analysis for the behavioral sciences［M］. Mahwah, NJ: Erlbaum, 2003.

［57］Podsakoff P M, Organ D W. Self–reports in organizational research: problems and prospects［J］. Journal of Management, 1986, 12: 531–544.

［58］Hayes A F. Introduction to mediation, moderation, and conditional process analysis: a regression–based approach［M］. 2nd ed. New York: Guilford Press, 2018.

［59］MacKinnon D P, Lockwood C M, Hoffman J M, et al. A comparison of methods to test mediation and other intervening variable effects［J］. Psychological Methods, 2002, 7: 83-104.

［60］Carden S W, Holtzman N S, Strube M J. CAHOST: an excel workbook for facilitating the Johnson-Neyman technique for two-way interactions in multiple regression［J］. Frontiers in Psychology, 2017, 8: 1-7.

［61］Wen Z, Fan X. Monotonicity of effect sizes: questioning kappa-squared as mediation effect size measure［J］. Psychological Methods, 2015, 20: 193-203.

［62］Bretherton I. In pursuit of the internal working model construct and its relevance to attachment relationships［M］//Grossmann K E, Grossmann K, Waters E. Attachment from infancy to adulthood: the major longitudinal studies. New York, NY: Guilford Press, 2005: 13-47.

［63］Sabatine E, Lippold M, Kainz K. The unique and interactive effects of parent and school bonds on adolescent delinquency［J］. Journal of Applied Developmental Psychology, 2017, 53: 54-63.

［64］Shrout P E. Commentary: mediation analysis, causal process, and cross-sectional data ［J］. Multivariate Behavioral Research, 2011, 46: 852-860.

［65］Maxwell S E, Cole D A, Mitchell M A. Bias in cross-sectional analyses of longitudinal mediation: partial and complete mediation under an autoregressive model［J］. Multivariate Behavioral Research, 2011, 46: 816-841.

［66］Selig J P, Preacher K J. Mediation models for longitudinal data in developmental research［J］. Research in Human Development, 2009, 6: 144-164.

［67］Uysal G, Balci S. Evaluation of a school-based program for Internet addiction of adolescents in Turkey［J］. Journal of Addictions Nursing, 2018, 29: 43-49.

第13章 校园氛围与青少年网络成瘾

1. 引言

过去的20年间，个体因素（如神经质、冲动性、感觉寻求）[1]和家庭因素（如家庭功能、亲子关系、教养行为）[2]对青少年网络成瘾的影响受到广泛重视，但我们对学校因素（尤其是校园氛围感知）怎样影响青少年网络成瘾仍知之甚少。这是一个重要的疏忽，因为青少年绝大多数时间都是在学校中度过[3]，学校对于他们发展的影响是巨大的、潜移默化的[4]。积极的校园氛围具有两大重要功能：安全空间（safe space）和社会控制（social control），可以为青少年提供必要的心理安全感（个体系统）和恰当的社会控制（交往系统），使得个体较少依赖网络世界来满足这些个体和人际需要。为弥补现有文献的不足，本书采用前瞻性纵向设计，考察校园氛围感知"是否"以及"怎样"影响青少年网络成瘾。具体而言，本书在中国青少年大样本中首先考察了校园氛围感知与青少年网络成瘾的直接联系。本书也基于校园氛围感知的两大重要功能，分别考察了心理不安全感（个体系统因素）与消极同伴交往（交往系统因素）在上述联系中的中介作用。由于个体系统和交往系统之间可能存在扩散效应[5]以及校园氛围感知两大功能间具有内在联系，本书还通过构建多中介模型以进一步揭示青少年网络成瘾发展的复杂本质。

1.1 校园氛围感知与网络成瘾

校园氛围是指学校生活的质量和特征，包括学校里的规范、人际关系、教学与学习风气[6]。校园氛围感知旨在捕捉学生自身视角中的校园氛围。由于学生能够选择和改变他们的微环境，即使在同一所学校，不同学生的校园氛围感知也可能有所不同[7]。因此，青少年的校园氛围感知是一个值得研究的重要构念。实际上，目前已有不少研究证实了校园氛围感知在个体发展中的作用[3,7-9]。根据"阶段-环境匹配理论"（stage-environment fit theory），个体能否达到最优发展取决于自身发展需要与所处环境所提供支持的平衡情况。若青少年认为学校不能满足他们的发展需要，或环境所能提供的资源与个体发展需要不匹配时，他们的行为适应将受到不利影响[10]。由于校园氛围感知的两大重要功能（安全空间和社会控制）能满足青少年重要的心理需要，因此它能降低青少年网络成瘾的风险。具体而言，学校作为安全空间可以满足青少年的安全需要，使他们不用到网络世界中寻求满足；学校作为社会控制源可以降低青少年网络成瘾，因为个体更可能以与社会联系和学校规范相契合的方式来行动。与这些理论观点相符，实证研究也支持了校园氛围感知在降低青少年网络成瘾方面的重要作用[11-15]。例如，倪花等人[13]以554名职高生为样本发现，校园氛围感知的多个方面（如学习风气、师生关系以及同学关系）与青少年网络成瘾有同时期的相关。类似地，梁传山等人[12]以2135名中学生为样本发现，良好的校园氛围感知（健康的师生关系、支持性同学关系以及优良的学风）与青少年网络成瘾显著负相关。

这些发现强调了校园氛围感知在青少年网络成瘾发展中的作用，但仍有几方面需要完善。首先，在变量的测量方面，以往研究在校园氛围感知（对所有学生而言的学校总体特征；如"老师关心学生"）的测量中混淆了学生个人的在校经历（如"老师关心我"）[11,14]。这两个概念虽有联系但在本质上有所不同，若不加以区分，将难以捕捉纯粹的校园氛围感知对青少年网络成瘾的作用[7,16]。因此，根据Morin等人[7]的建议，我们采用了能准确反映校园氛围感知而不是个人在校经历的量表作为测量工具。其次，一些研究由于学校数量不足以进行多水平分析而没有考虑数据的嵌套性质（即学生嵌套于学校）[11,14]。然而，多水平分析并非处理嵌套数据的唯一方法。为解决这一问题，我们采用固定效应的方法来处理数据的嵌套性质[17]。最后，现有研究均为横断研究，横断研究只能考察变量间同时期的联系，不能揭示校园氛围感知对青少年网络成瘾相对长期的影响。我们采用纵向设计，纳入结果变量的自回归路径以更加严格地检验校园氛围感知对青少年网络成瘾相对长期的前瞻性联系[18]。由于中学第一年是校园氛围感知形成和发展的关键期，并且对个体整个中学期间的发展具有重要作用，我们关注中学第一年校园氛围感知对随后网络成瘾的影响。如果校园氛围感知能影响随后的青少年网络成瘾，则有必要进一步揭示它"怎样"或"为何"会起作用。因此，基于校园氛围感知的两大功能，我们检验了以下两种可能的作用机制。

1.2　心理不安全感的中介作用

由于校园氛围感知的安全空间功能最主要的作用就是为学生提供安全庇护，保护他们免受心理不安全的影响，我们假设心理不安全感会在校园氛围感知与网络成瘾间起中介作用。心理不安全感反映了重要心理需要未被满足的情况，是指被拒绝、被孤立、焦虑以及恐惧的感受。心理不安全的个体往往会有一种被排斥、被轻视的感觉，他们会持续渴望力量与安全感，甚至不惜追求错误的目标[19]。根据情绪安全感理论（emotional security theory, EST）[20]，获得和维持安全感是人类最重要的目标之一。个体可能采取多种策略来获得和维持安全感。消极的校园氛围感知会使个体担忧自身的安全感，进而驱使他们通过特定途径如网络使用来重新获得和维持安全感。

一方面，校园氛围感知的安全空间功能能为学生提供心理安全感。具体而言，校园氛围感知积极的学生会将学校作为安全空间，安全空间这种支持性的微环境能够满足、发展和维持个体的安全感。相反，消极的校园氛围感知会威胁个体的心理安全感。具体而言，经常出现打架斗殴、欺骗等问题的秩序混乱的学校可能引发学生对学校的不信任以及对自身安全的担忧。同时，在这类学校中，社会联系的弱化和人际困扰的增加（以师生之间、同学之间的冷漠为特征）会让学生感到重要他人的缺乏，从而阻碍他们从学校中获得和恢复安全感。与这些观点一致，实证研究发现校园氛围感知与青少年心理安全感密切相关。例如，最近的质性研究发现，当学生认为学校是一个秩序良好的环境，校内各种人际关系（如师生关系、同学关系）良好时，他们的安全需要能够被满足[21]。另一方面，当个体的心理安全感未被学校满足时，他们就可能出现网络成瘾等问题行为。这是因为未被满足的安全需要会促使个体哪怕付出代价也要努力满足安全需要[20]。因此，网络成瘾作为一种非适应性的应对方式或许是心理不安全的产物。实证研究的发现支持了该观点，即心理不安全的学生会通过网络来寻求心理安全感的满足，这会增加他们网络成瘾的风险。

根据情绪安全感理论[20]，良好的校园氛围感知可以促进青少年的心理安全感，进而降低其网络成瘾的风险。然而，目前尚无研究直接检验这一中介模型。相反，现有研究主要关注不安全感在父母冲突[22]与其他问题行为（如社交问题）[23]之间的中介作用。这是一个极大的遗憾，因为随着个体年龄增长，他们会花更多时间在学校而不是在家庭[8]，这提示我们学校因素对个体发展的重要影响。为解决这一问题，我们考察了心理不安全感在校园氛围感知与青少年网络成瘾间所起的中介作用。

1.3　消极同伴交往的中介作用

由于学校的社会控制功能有助于限制、约束青少年的不良同伴交往和问题行为，我们假设消极同伴交往是解释校园氛围感知与网络成瘾之间联系的重要机制。在我们的研究中，消极同伴交往包括一般性（即与行为不良的同伴交往）与特殊性（即同伴网络使用压力）两个方面，它们都会增加青少年网络成瘾的风险[24,25]。社会控制理论（social control theory）提出，强有力的社会联系以及对学校规范的信仰和认同可以约束青少年的不良行为[26]。拥有积极校园氛围感知的青少年会努力融入主流同伴群体、遵从学校规范、监控自身行为是否与积极校园氛围相契合，从而降低问题行为（如网络成瘾）的风险。

一方面，积极的校园氛围感知有助于减少消极同伴交往。具体而言，校风良好的学校通常具有较少的偏差同伴，也能为学生提供恰当指导以增加他们对同伴压力的抵制技能[27]，从而减少他们消极同伴交往的机会[28]。相比之下，校风不良学校的社会控制功能有限，无形之中增加了学生与不良同伴交往的机会。与这些观点一致，Li等人[27]以2758名中学生为被试发现，消极的校园氛围感知与更多的不良同伴交往有关。另一方面，消极同伴交往可能增加青少年网络成瘾[29]。具体而言，不良同伴会给青少年提供模仿他们行为模式（如网络成瘾）的机会[8]。同伴愉快的上网经历也会强化青少年的网络使用。此外，为了与不良同伴保持一致，个体会在无形的同伴压力之下被动沉迷网络。更重要的是，同伴群体的存在会使青少年对网络成瘾的代价去敏感化。越来越多的证据支持了上述观点[24,30,31]。例如，Yen等人[30]以8941名青少年为被试发现，与不良同伴交往的青少年比与主流群体交往的青少年更可能沉迷网络。

虽然社会控制理论支持消极同伴交往在校园氛围感知与青少年网络成瘾间的中介作用，但少有实证研究直接检验这一中介过程。例外的是，Li等人[27]的横断研究发现，良好的校园氛围感知可以减少不良同伴交往，进而减少青少年网络成瘾。然而，横断设计不能像纵向设计那样捕捉间接效应随时间展开的过程[18]。因此，我们采用纵向设计，使假设的预测变量、中介变量以及因变量符合时间顺序，通过捕捉随时间发展的中介过程来为间接效应的检验提供更强的证据[18]。

1.4　心理不安全感与消极同伴交往的中介作用

学校是一个复杂的系统，校园氛围感知的多种功能共同作用于青少年发展。即便单中介变量的模型显著，也只为校园氛围感知与网络成瘾之间的发展路径提供了部分见解。由于校园氛围不仅具有安全空间的功能，也能发挥社会控制的作用，只关注其中一个中介变量而忽略另外一个将是重要的疏忽。因此，仍有必要考察上述两种机制如何共同起作用。并行、链式抑或混合中介？澄清该问题有助于整合现有研究，有助于更全面地考察多重中介路径，从而更好地理解这一潜在过程。此外，不同的多中介模式也可能对青少年网络成瘾的预防和干预具有不同的启示[32]。

首先，鉴于心理不安全感与消极同伴交往在单中介模型中各自可能的中介作用，也许在多中介模型中二者将以并行的模式起作用。其次，正如Masten和Cicchetti[5]强调的那样，一个系统到另一个系统的扩散效应可能对个体发展产生深远的影响。鉴于校园氛围感知的两大功能对应不同系统（心理安全感对应个体系统，消极同伴交往对应交往系统）且具有相互联系的性质，两个中介变量可能以链式中介的方式起作用。不安全的青少年可能通过默认选择（default selection）和同质性选择（homophily selection）进入不良同伴群体[33]。具体而言，不安全的个体会感到与主流同伴群体相疏远，并通过默认选择过程结交消极同伴，因为他们没有其他同伴可供选择。另外，不安全个体往往持续渴望力量与安全感[19]，他们可能通过同质性选择与看似攻击性强、具有力量优势的不良同伴为伍，以获得其庇护的方式满足安全需要。事实上，即使是不良同伴也能为青少年提供情感温暖，满足其重要的心理需要，如安全感[34]。实证研究发现，不安全的个体的确会为了满足安全需要，不惜牺牲其交往系统（如与不良同伴交往）[23]。因此，消极校园氛围感知这样一种不利的微环境也许会像慢性压力一样随时间推移逐渐侵蚀青少年的安全感，推动个体与不良同伴交往，最终增加他们网络成瘾的风险。最后，鉴于以上两种可能，这两个中介变量也许能以混合中介的形式起作用。尽管从理论上看，这三种中介作用模式都有可能，但目前尚无实证研究在一项研究中同时考察二者的中介作用。因此，为解决这一关键问题，我们通过构建一个纵向多中介模型来检验这三种可能性。纵向测量可以为假设的发展路径提供较为严苛的检验。

1.5　研究概览

采用为期三年的纵向设计，本书考察了校园氛围感知"是否"以及"怎样"对两年后青少年网络成瘾产生影响。首先，考察了中学（初中/高中）入学第一年校园氛围感知在多大程度上能预测两年后的青少年网络成瘾。我们假设在控制了基线水平网络成瘾后，校园氛围感知能负向预测两年后的青少年网络成瘾（假设1）。其次，基于校园氛围感知的双重功能，我们分别检验了两个单中介模型，一个以心理不安全感为中介变量，另一个以消极同伴交往为中介变量。我们假设心理不安全感与消极同伴交往将在上述纵向关系中分别起中介作用（假设2和假设3）。最后，鉴于校园氛围感知双重功能间可能存在内在联系，我们考察了一个多中介模型（如图13-1所示），以探讨心理不安全感与消极同伴交往如何协同起作用（假设4）。此外，根据以往研究的结果，我们控制了一系列重要的协变量（如性别、年龄、家庭结构、家庭社会经济地位、先前的网络成瘾水平）[35,36]。我们是首次采用纵向设计考察校园氛围感知与青少年网络成瘾的联系，并同时检验心理不安全感与消极同伴交往的中介作用。

生态文化理论家强调，文化传承对个体发展具有引导作用。在中国传统文化（如儒家思想）影响下，国人高度重视学校教育并尊重学校老师[3]。因此，校园氛围可能对中国学生具有重要影响。另外，集体主义文化也强调自我完善、井然有序以及个体与群体间的相互联系。因此，中国文化也重视学生内心世界的和谐（如心理安全感）和对不恰当行为（如消极同伴交往）的约束。另外，过去20年间，我国互联网高速发展。据中国互联网络信息中心报道，截至2019年2月，中国有1.45亿青少年网民[37]。研究表明，中国青少年网络成瘾现象比较突出，引起了学者的广泛关注[31,38-40]。鉴于我国青少年网民数量日益攀升、网络成瘾风险有所增加、网络成瘾后果相当严重以及我国文化背景下学校对学生发展的重要作用，考察我国青少年网络成瘾的风险因素和潜在机制至关重要。我们通过在中国青少年中采用纵向设计以及大样本数据来解决这一关键问题。

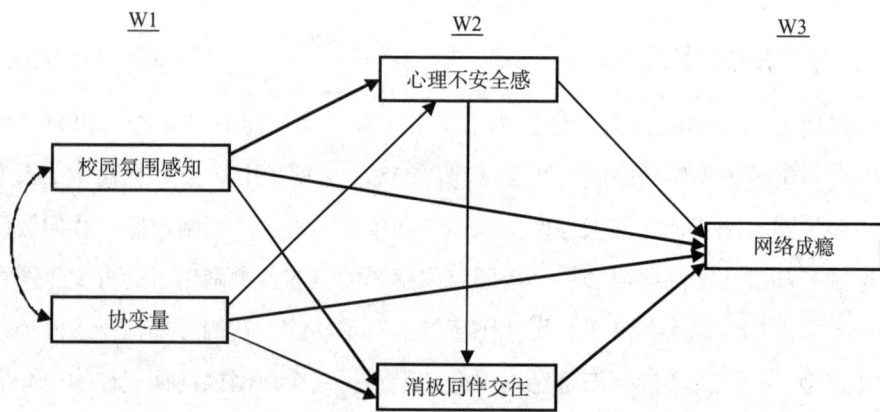

图13-1 多中介概念框架

2. 研究方法

2.1 被试

研究数据来自一项纵向研究项目——"累积风险对青少年网络成瘾的影响及心理机制研究"。该项目旨在考察重要的个体与环境因素对青少年网络成瘾的影响。从武汉市四所中学招募被试，同时追踪两个队列（即初中生、高中生）：初中生队列从七年级追踪至九年级，高中生队列从十年级追踪至十二年级。最初样本包含1365名青少年，其中40.6%为初中生，53.2%为男生。具体的人口学信息见表13-1。值得一提的是，本样本中53.1%的被试父母受教育水平低于高中，32.0%具有高中文凭，14.9%高于高中，这与我国城市人口平均受教育水平相当接近[41]。

表13-1 人口学信息表（$N = 1365$）

人口学变量	M (SD) or N (%)
性别	
男	726 (53.2%)
女	639 (46.8%)
学段	
初中	554 (40.6%)
高中	811 (59.4%)
年龄	14.68 (1.56)
家庭结构	
完整家庭	1208 (88.5%)
非完整家庭	157 (11.5%)
父母受教育水平	
低于高中	725 (53.1%)
高中或职高	437 (32.0%)
高于高中	203 (14.9%)
父母职业	
非技术型	733 (53.7%)
准技术型	597 (43.7%)

续表

人口学变量	$M\ (SD)$ or $N\ (\%)$
技术型	35 (2.6%)
家庭经济水平	
低	121 (8.9%)
中	1025 (75.1%)
高	219 (16.0%)

注：所有人口学变量均在第一批次测量，M表示平均数，SD为标准差，N为人数。

2.2　程序

采用纵向设计，每年收集一次数据，共收集了三年数据。施测前向被试介绍本次研究，并强调研究的保密性。如果被试不愿意参加，可随时退出研究。所有施测均在教室中进行，由训练有素的研究助手采用统一的指导语，根据测试指导手册进行施测。在每次数据收集完，每名被试均获得一份精美的礼品（如中性笔）作为回报。

2.3　测量

2.3.1　校园氛围感知

在W1采用"校园氛围感知问卷"测量青少年感知到的校园氛围[42]。该问卷包含教师支持、同学支持、教学氛围、学习氛围以及学校安全5个方面，共6个项目，例如"这所学校的老师不关心学生"。采用六点计分，1表示"完全不符合"，6表示"完全符合"。根据以往研究的建议[7,42]，对分数进行组均值中心化处理，以得到扣除学校水平效应后的学生水平效应，最终得分越高表示感知到的校园氛围越积极。本次测量中，该问卷信度良好（$\alpha = 0.68$）。

2.3.2　心理不安全感

在W2采用"安全感问卷"测量青少年的心理不安全感[43]。该问卷包含人际安全感和确定控制感两个维度，共16个项目，例如"我总是担心太好的朋友关系以后会变坏"与"我常常担心自己的思维或情感会失去控制"。采用五点计分，1表示"完全不符合"，5表示"完全符合"。计算所有项目的平均分，分数越高表示心理不安全程度越高。该问卷在青少年样本中被广泛使用并表现出良好的信度与效度[44]。本次测量中，该问卷信度良好（ $\alpha = 0.93$ ）。

2.3.3 消极同伴交往

在W1和W2采用改编自先前研究[24]的11个项目测量消极同伴交往，这些项目测量了消极同伴交往的两个方面——同伴网络使用压力（特殊性方面）和越轨同伴交往（一般性方面）。其中，同伴网络使用压力包含3个项目，测量了被试在同伴压力下进行网络使用的频率，例如"你曾因同伴的要求或邀请而过度上网吗？"采用五点计分，1表示"从不"，5表示"总是"。越轨同伴交往包含8个项目，测量了被试的朋友中有多少人抽烟、考试作弊、逃学或旷课等，这些项目的指导语为"这些问题是关于你现在的朋友的"。采用五点计分，1表示"没有"，5表示"全部"。计算每个维度所有项目的平均分，分数越高表示越多的消极同伴交往。由于两个维度呈中高度相关（ $r\mathrm{W1} = 0.39, r\mathrm{W2} = 0.33,$ $ps < 0.001$ ），且它们均能增加网络成瘾[24,25]，将每批次这两个维度的分数平均得到合成分数。合成分数能增加信度并减少 I 类错误。本次测量中，该工具信度良好（ $\alpha \mathrm{W1} = 0.84, \alpha \mathrm{W2} = 0.85$ ）。

2.3.4 网络成瘾

在W1和W3采用改编自Young的"网络成瘾诊断问卷"[45]的10个项目测量青少年网络成瘾。最近的文献综述表明，该工具是评估青少年网络成瘾最常用的工具[46,47]。样题为"当我准备下网的时候，我感到烦躁不安、无所适从"。要求青少年评定每个项目在多大程度上符合他们自身的实际情况。采用六点计分，1表示"完全不符合"，6表示"完全符合"。在每个测量时点均计算10个项目的平均分，分数越高表示个体的网络成瘾倾向越明显。本次测量中，该问卷信度良好（ $\alpha \mathrm{W1} = 0.91, \alpha \mathrm{W3} = 0.91$ ）。

2.3.5 协变量

以往研究表明，网络成瘾与青少年性别、年龄、家庭结构以及家庭社会经济地位有关[36]，因此，在W1测量这些变量并将其作为控制变量纳入后续分析中。对类别型协变量进行虚拟编码：在对性别的虚拟编码中，0表示女生，1表示男生；在对家庭结构的虚拟编码中，0表示非完整家庭，1表示完整家庭。社会经济地位是由父亲受教育水平、母亲受教育水平、父亲职业、母亲职业以及家庭收入因子分析后得到的因子分（$M = 0, SD = 1$），分数越高表示家庭社会经济地位越好。采用固定效应方法考虑数据的嵌套性质（即学生嵌套于学校）并控制学校层面的变异[17]。具体而言，构建了3个学校虚拟变量，并将它们作为协变量纳入后续分析。值得一提的是，我们还控制了消极同伴交往与青少年网络成瘾的基线水平，以评估核心变量的变化量，从而检验更严苛的纵向关系。由于心理不安全感只在W2进行了测量，因此后续分析没有控制心理不安全感的基线水平。

2.4 损耗分析

众所周知，纵向研究中被试损耗问题在所难免。幸运的是，我们的纵向数据损耗率非常低。在W1共有1365名被试，其中，1228名被试（90.0%）继续参加了W2的研究，1027名被试（83.6%）完成了所有批次的测量。损耗原因主要是被试向学校请假、高年级被试课业繁重以及被试家庭搬离目标学区。进行损耗分析以检验完成所有批次测量的被试（即完整被试）与没有完成所有批次测量的被试（即非完整被试）在各个变量上是否有差异。具体而言，在Logistic回归中，W1的核心变量与所有人口学协变量均被用来预测被试是否损耗。结果发现，与完整被试相比，非完整被试在研究刚开始时更年长（$OR = 0.75, 95\%$ CI $[0.69, 0.83]$，$p < 0.001$），更可能来自非完整家庭（$OR = 1.52, 95\%$ CI $[1.05, 2.20]$，$p < 0.05$），更多与消极同伴交往（$OR = 0.57, 95\%$ CI $[0.44, 0.74]$，$p < 0.001$），二者在其他变量上并无显著差异。由于数据缺失与纳入分析的变量有关，数据缺失类型为随机缺失（missing at random, MAR）[48]。为充分利用所有可用数据，采用全息极大似然估计（full information likelihood, FIML）处理缺失数据。FIML是一种强大而灵活的缺失数据处理方法，它不需要删除任一批次或多批次的数据或者缺失的变量，避免了参数估计的偏差，是一种比对删法、列删法更好的缺失数据处理方法。此外，它利用所有可用信息来提供极大似然估计，而不是估算出实际缺失值[48]。

2.5　分析计划

首先，计算各个变量的描述统计量和两两相关系数。其次，为回答核心研究问题，在Mplus 7.4[49]中采用路径分析检验变量间的关系，并控制所有人口学变量以及结果变量（消极同伴交往和网络成瘾）的自回归路径。具体而言，数据分析分以下三步：①检验校园氛围感知预测青少年网络成瘾的直接路径；②分别检验心理不安全感和消极同伴交往在上述路径中所起的中介作用；③同时检验心理不安全感与消极同伴交往的联合中介作用。此外，采用Bootstrap法估计间接效应的效应量与显著性[50]。Bootstrap方法的好处是它不需要样本分布形态为正态分布，统计检验力高。采用稳健极大似然估计（robust maximum-likelihood estimators）处理数据可能存在的非正态性。值得注意的是，虽然我们采用了统计上惯用的术语（如直接效应、间接效应），可能存在因果关系暗示[32]，但研究设计属于非实验设计，不能进行因果推断。采用下列拟合指数来评估模型拟合情况：卡方检验、比较拟合指数（comparative fit index，CFI）、塔克–刘易斯指数（Tucker–Lewis index，TLI）、近似误差均方根（root mean square error of approximation，RMSEA）与标准化误差均方根（standardized root mean square residual，SRMR）。当CFI与TLI大于或等于0.95，RMSEA与SRMR小于或等于0.05时表明拟合良好[51]。采用稳健极大似然估计来处理数据的非正态性。

3.　结果

3.1　描述统计与相关分析

根据Young提出的网络成瘾诊断标准[45]，本样本中5.6%的青少年在W1具有网络成瘾倾向，5.1%的青少年在W3具有网络成瘾倾向，这些发生率与我国代表性样本的数据（6.3%）比较接近[52]。表13-2呈现了各变量的均值、标准差、偏度、峰度以及两两相关。所有连续变量的偏度与峰度均在可接受范围内[53]。

核心变量间两两相关方向符合预期且均达到统计显著水平。具体而言，校园氛围感知与心理不安全感（$r = -0.20, p < 0.001$）、消极同伴交往（$r = -0.20, p < 0.001$）以及网络成瘾（$r = -0.21, p < 0.001$）均显著负相关。心理不安全感与消极同伴交往显著正相关（$r = 0.22, p < 0.001$）。心理不安全感（$r = 0.37, p < 0.001$）、消极同伴交往（$r = 0.24, p < 0.001$）与网络成瘾均显著正相关。此外，性别、年龄、基线消极同伴交往、基线网络成瘾均与消极同伴交往和网络成瘾显著正相关（$ps < 0.05$），因此，将它们作为协变量纳入后续分析中。

表13-2　各变量的描述统计量和两两相关

变量	1	2	3	4	5	6	7	8	9	10
1. 性别（W1）	—									
2. 年龄（W1）	0.11***	—								
3. 家庭结构（W1）	−0.02	−0.03	—							
4. 社会经济地位（W1）	−0.07*	0.10***	−0.01	—						
5. 消极同伴交往（W1）	0.33***	0.34***	−0.05	−0.05	—					
6. 网络成瘾（W1）	0.21***	0.23***	−0.00	0.03	0.46***	—				
7. 校园氛围感知（W1）	−0.06*	0.00	0.03	0.01	0.29***	−0.28***	—			
8. 心理不安全感（W2）	−0.01	0.20***	−0.01	−0.05	0.17***	0.34***	−0.20***	—		
9. 消极同伴交往（W2）	0.34***	0.29***	−0.03	0.01	0.57***	0.34***	−0.20***	0.22***	—	
10. 网络成瘾（W3）	0.10***	0.07*	0.02	0.02	0.24***	0.49***	−0.21***	0.37***	0.24***	—
M	0.53	14.68	0.88	0.00	2.29	1.69	0.00	2.61	1.73	2.36
SD	0.50	1.56	0.32	1.00	1.05	0.57	0.84	1.02	0.59	1.02
偏度	—	−0.30	—	0.84	0.80	0.83	−0.32	0.23	0.86	0.67
峰度	—	−1.47	—	1.39	0.38	0.34	0.35	−0.41	0.73	0.17

注：W1表示第一批次测量，W2表示第二批次测量，W3表示第三批次测量。$^*p < 0.05$，$^{***}p < 0.001$。

3.2 校园氛围感知对网络成瘾的直接效应检验

在Mplus中采用路径分析检验校园氛围感知与两年后青少年网络成瘾的直接联系。在控制相关协变量后，结果表明，校园氛围感知能负向预测两年后的网络成瘾（$b = -0.08$, 95% CI $[-0.14, -0.01]$），支持了关于直接路径的假设。

3.3 心理不安全感的中介效应检验

我们预期，心理不安全感在校园氛围感知与网络成瘾之间具有中介作用。为了检验该假设，采用路径分析构建了一个单中介模型。结果表明，积极的校园氛围感知能负向预测一年后的心理不安全感（$b = -0.15$, $p < 0.001$），进而正向预测随后的网络成瘾（$b = 0.24$, $p < 0.001$），残余直接效应不显著（$b = -0.05$, $p = 0.134$）。因此，心理不安全感在校园氛围感知与青少年网络成瘾间具有完全中介作用（间接效应为-0.04, 95% CI $[-0.05, -0.02]$）。该单中介模型能解释心理不安全感16%的变异以及青少年网络成瘾32%的变异。由于该模型恰好被识别，不能通过拟合指数对该模型进行评价。将模型中所有不显著的路径约束为0，构建了一个更简洁的模型。该简洁模型拟合良好，$\chi^2(9) = 12.26$, $p = 0.199$, CFI $= 0.99$, TLI $= 0.98$, RMSEA $= 0.02$, SRMR $= 0.01$。

3.4 消极同伴交往的中介效应检验

我们也预期，消极同伴交往在校园氛围感知与网络成瘾之间具有中介作用。为了检验该假设，采用路径分析构建了另一个单中介模型。结果表明，积极的校园氛围感知能负向预测一年后的消极同伴交往（$b = -0.05$, $p = 0.005$），进而正向预测随后的网络成瘾（$b = 0.20$, $p = 0.001$），残余直接效应显著（$b = -0.08$, $p = 0.036$）。因此，消极同伴交往在校园氛围感知与青少年网络成瘾间具有部分中介作用（间接效应为-0.01, 95% CI $[-0.02, -0.003]$）。该单中介模型能解释消极同伴交往37%的变异以及青少年网络成瘾28%的变异。同样，将所有不显著路径约束为0后的简洁模型拟合良好，$\chi^2(8) = 8.52$, $p = 0.385$, CFI $= 1.00$, TLI $= 1.00$, RMSEA $= 0.01$, SRMR $= 0.01$。

3.5 多中介模型检验

为了探讨心理不安全感和消极同伴交往在校园氛围感知与网络成瘾之间的联合中介作用，我们在Mplus中构建了一个多中介模型（见图13-2和表13-3）。结果表明，在多中介模型中，两个中介变量以链式中介的模式起作用。具体而言，积极的校园氛围感知能显著负向预测心理不安全感（$b = -0.13, p < 0.001$），心理不安全感又与消极同伴交往正相关（$b = 0.12, p < 0.001$），最终正向预测青少年网络成瘾（$b = 0.08, p < 0.05$）。该链式中介路径在统计上达到显著水平（$b = -0.002, 95\% \text{ CI} [-0.004, -0.001]$）。此外，还有一条显著的间接路径，即校园氛围感知—心理不安全感—网络成瘾（$b = -0.04, 95\% \text{ CI} [-0.05, -0.02]$）。然而，类似的间接路径，即校园氛围感知—消极同伴交往—网络成瘾不显著（$b = -0.004, 95\% \text{ CI} [-0.01, 0.00]$）。校园氛围感知—网络成瘾的残余直接效应也不显著。因此，心理不安全感与消极同伴交往完全中介了校园氛围感知与网络成瘾之间的联系，并以链式中介的模式起作用。该多中介模型能解释心理不安全感16%的变异，消极同伴交往39%的变异以及青少年网络成瘾32%的变异。约束不显著路径为0后，简洁模型拟合良好，$\chi^2(7) = 7.03, p = 0.426, \text{CFI} = 1.00, \text{TLI} = 1.00, \text{RMSEA} = 0.002, \text{SRMR} = 0.01$。

表13-3　多中介路径分析

效应	B	95% CI		β
		下限	上限	
直接效应				
校园氛围感知—心理不安全感	-0.16^{***}	-0.22	-0.10	-0.13^{***}
校园氛围感知—消极同伴交往	-0.03	-0.06	0.003	-0.05
校园氛围感知—网络成瘾	-0.04	-0.10	0.03	-0.03
心理不安全感—消极同伴交往	0.07^{***}	0.05	0.10	0.12^{***}
心理不安全感—网络成瘾	0.23^{***}	0.18	0.29	0.23^{***}
消极同伴交往—网络成瘾	0.13^{*}	0.02	0.23	0.08^{*}
间接效应				
校园氛围感知—心理不安全感—网络成瘾	-0.04^{***}	-0.05	-0.02	
校园氛围感知—消极同伴交往—网络成瘾	-0.004	-0.01	0.00	

续表

效应	B	95% CI		β
		下限	上限	
校园氛围感知—心理不安全感—消极同伴交往—网络成瘾	−0.002*	−0.004	−0.001	

注：表中呈现的结果均为控制了所有协变量之后的最终结果。*$p < 0.05$，***$p < 0.001$。

接下来，对以上三个拟合良好的简洁模型（即两个单中介模型与一个多中介模型）进行一系列的敏感性分析。首先，检验这些模型是否受性别调节。对模型进行跨组比较（以性别定义组别）。结果发现，所有路径均不受性别调节（$ps > 0.05$）。其次，进行同样的分析来探讨学段的调节作用。结果也未发现学段的调节作用。因此，这些结果模式具有跨性别、跨学段的稳健性。

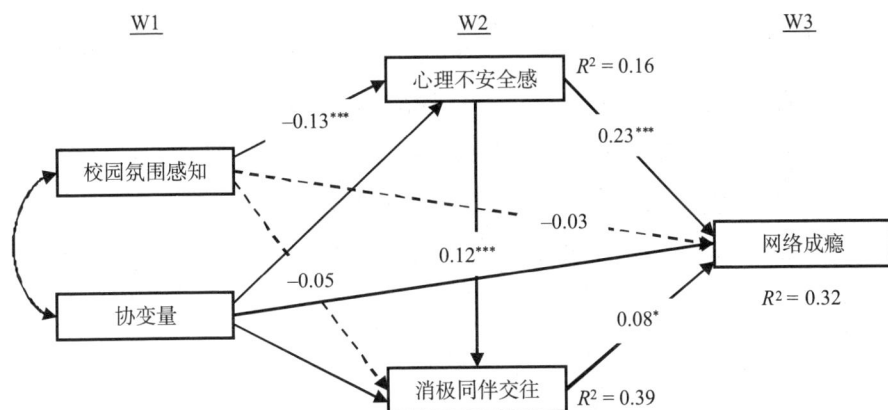

图13-2　心理不安全感和消极同伴交往在校园氛围感知与青少年网络成瘾之间的
中介效应检验

注：图中实线表示达到显著水平的路径，虚线表示未达到显著水平的路径。图中所列数字为标准化解（详见表13-3）。*$p < 0.05$，***$p < 0.001$。

综上所述，模型检验的结果部分支持了我们的假设，表明校园氛围感知能影响随后的青少年网络成瘾，心理不安全感与消极同伴影响在其中具有中介作用，这些结果模式不因性别与学段（即男生和女生，初中生和高中生）的不同而不同。

4. 讨论

本书为校园氛围感知"是否"以及"怎样"影响中国青少年网络成瘾提供了重要信息。首先，纵向数据表明，在中学入学年份感知到消极的校园氛围将会是两年后青少年网络成瘾的风险因素。其次，与校园氛围感知有双重功能（安全空间和社会控制）的观点一致，在控制了基线水平网络成瘾后，心理不安全感（个体系统因素）与消极同伴交往（交往系统因素）均能在校园氛围感知与网络成瘾的前瞻性联系中起中介作用。最后，根据对不同系统间的联系进行考察的建议[5]以及校园氛围感知的双重功能间可能具有内在联系，我们构建了一个多中介模型来探讨心理不安全感与消极同伴交往如何联合发挥作用。路径分析结果支持了链式中介模型，即在中学入学第一年积极的校园氛围感知能够促进一年后青少年心理安全感的建立与维持，进而保护他们不与消极同伴交往，最终降低他们在中学毕业年份的网络成瘾风险。这说明校园氛围感知的两种功能间确实存在内在联系，在理解网络成瘾的发展过程时不应忽略其中任何一种机制。此外，我们还发现这些间接路径在控制了基线水平网络成瘾后依然具有跨性别、跨学段的稳健性。我们为青少年网络成瘾发展的复杂本质提供了新见解。

4.1 校园氛围感知与网络成瘾

与直接效应假设一致，我们发现，在控制了协变量与基线水平网络成瘾后，校园氛围感知能负向预测两年后的青少年网络成瘾。该结果与"阶段-环境匹配理论"[10]一致，积极的校园氛围感知通常能鼓励学生参与学校活动，给学生提供必要的帮助以达到期望的目标，因此学生的各种需要能在学校中得到满足，这有助于学生良好行为的发展，如远离网络成瘾。我们的结果不仅与以往研究一致[12,13,15,27]，更重要的是在以下几方面拓展了现有研究。从概念层面来看，尽管先前研究倡导检验青少年感知的校园氛围对网络成瘾的影响，但在以往网络成瘾研究中，"校园氛围感知"概念常常与"学生个人在校经历"相混淆[11,14]。我们通过采用能准确反映该概念的项目解决了这一问题。从方法层面来看，以往部分研究未能恰当考察数据的嵌套性质[11,14]，我们通过采用固定效应的方法解决了这一问题，为今后类似的研究提供了重要的角度。此外，鉴于以往研究均为横断研究，我们通过采用纵向设计为校园氛围感知对青少年网络成瘾的长期保护作用提供了实证证据。在着手解决这些概念和方法问题后，我们考察并揭示了中学入学年份的校园氛围感知能对两年后青少年网络成瘾起到长期保护作用，为校园氛围感知在青少年网络成瘾发展中的作用提供了重要信息。

4.2 心理不安全感的中介作用

与假设2一致，我们的结果表明，消极的校园氛围感知会威胁青少年随后的心理安全感，进而增加其网络成瘾的风险。该发现支持了校园氛围感知能为学生提供安全空间的观点，同时也与最近的质性研究发现一致[21]。情绪安全感理论提出，当安全需要不能被学校微环境所满足时，未被满足的安全感会促使个体不惜代价采取行动进行应对[20]。我们的结果与该理论一致，即在网络世界寻求安全感可能是危险的应对方式，因为它会增加青少年网络成瘾的风险。然而，以往考察不安全感对网络成瘾影响的研究均为横断研究，只能为不安全感对网络成瘾的长期影响提供较弱的支持。我们通过采用纵向设计解决了这一问题，强调了心理不安全感所带来的真实的行为代价。此外，我们的结果不仅支持了情绪安全感理论，还将这一重要理论拓展到了新的领域。具体而言，该理论以及以往研究主要关注家庭环境中的安全感[20,22]。对年幼儿童而言，家庭环境的影响确实重要，但随着年龄增长，个体会从家庭中寻求独立，而更多地融入学校环境中。基于这一观点，我们将情绪安全感理论应用到学校环境中，深化了我们对这一重要理论的认识。我们认为，校园氛围感知的安全空间功能能给青少年提供安全感，进而减少其网络成瘾。

4.3 消极同伴交往的中介作用

发展心理学家和犯罪学家早已提出青少年阶段是同伴影响的敏感期[29]。我们的结果支持了假设3，即具有消极校园氛围感知的青少年处于消极同伴交往的风险之中，这会增加他们网络成瘾的风险。一方面，我们的结果与以往研究一致[27]，消极的校园氛围感知会使学生暴露于学校的破坏性特征（如秩序混乱、频繁的暴力事件）中，逐渐损伤学校对于监管与控制消极同伴交往的社会控制功能。另一方面，我们的发现与以往研究一致[24,31]，消极同伴交往与青少年网络成瘾的风险增加有关，这也许不足为奇。正如发展心理学家指出的那样，处于同伴群体中的青少年会忽视掉他们不良行为的代价[29]。在青少年阶段，同伴影响比任何一个阶段都更突出，因为这一阶段的个体还不够成熟，在同伴社会化的作用下难以抵抗同伴压力。一项以中国青少年为样本的纵向研究发现，当个体消极同伴交往的抵抗力下降时，其网络成瘾的风险显著增加[25]。Li等人[27]的横断研究是目前唯一考察并为消极同伴交往在校园氛围感知与青少年网络成瘾间具有中介作用提供实证支持的研究。我们通过为期三年的纵向设计，在不同时点测量了预测变量、中介变量以及结果变量从而拓展了该研究。通过识别出消极同伴交往作为青少年网络成瘾的风险机制，我们为校园氛围感知对网络成瘾的影响提供了新见解。

4.4 多中介模型

与假设4一致，我们揭示了校园氛围感知与网络成瘾间两条间接路径：①校园氛围感知—心理不安全感—消极同伴交往—网络成瘾（链式中介路径）；②校园氛围感知—心理不安全感—网络成瘾（心理不安全感的单中介路径）。这些结果表明，消极校园氛围感知对青少年而言可能是一种慢性应激源，会逐渐损伤其安全感。这些在现实生活中不安全的个体又会不惜以错误的方式来满足未被满足的安全需要，比如过度依赖网络世界获取安全感，从而增加了网络成瘾的风险，他们也有可能错误地将不良同伴当成安全感的来源，而与消极同伴交往过密又会增加他们网络成瘾的风险。因此，消极的校园氛围感知能使青少年发展出消极的个人特征与不健康的同伴关系，这些都为网络成瘾的发展打下了基础。

在回答校园氛围感知的两种功能如何协同发挥作用时，研究结果总体支持了链式中介模型，即青少年的心理不安全感与消极同伴交往有关，这与以往研究是一致的[23]。这一结果也支持了有关个体系统会对交往系统具有扩散效应的理论观点一致，表明校园氛围感知两大功能之间存在着内在联系。具体而言，当安全空间（如学校）无法为个体提供心理安全感时，个体就会感觉被排斥、被轻视以及被主流同伴群体所疏离[19]。鉴于不安全的个体与越轨同伴群体面临着相同的困境，即既渴望安全感又被主流群体所排斥，不安全的个体往往会与越轨同伴为伍。此外，研究表明即使是越轨同伴也能为不安全个体提供情感温暖[34]。简言之，当青少年不能将学校作为安全空间来汲取安全感时，他们可能从次要选择（如不良同伴群体）中获取安全感的满足。这一应对策略往往是非适应性的，因为消极同伴交往会以前文所述多种方式增加网络成瘾的风险。值得注意的是，在我们的多中介模型中，从校园氛围感知到消极同伴交往的这一路径不再显著。该结果表明，消极的校园氛围感知也许不会直接损伤其社会控制功能，但是会通过损伤安全空间功能来间接影响社会控制功能。因此，校园氛围感知的这些功能可以被隐喻为一系列多米诺骨牌，其中代表安全空间功能的多米诺骨牌的倒塌会引发代表社会控制功能的骨牌倒塌。因此，我们在回答校园氛围感知的两个功能如何协同起作用这个问题上提供了新的见解。此外，由于不同系统间的扩散效应会对青少年发展产生持久影响[5]，同时纳入个体（即心理不安全感）与社会因素（即消极同伴交往）的多中介模型能更准确地反映青少年发展的全貌。因此，通过构建一个纵向多中介模型，我们拓展了先前的研究，强调考察多中介模型的必要性[32]。需要注意的是，模型中有些间接效应的效应量相对较小（间接效应 = −0.002），然而，对网络成瘾的个体而言，任何微小的风险都是不受欢迎的，因此，我们的间接效应虽小却有意义[54]。

4.5 优势与局限

本研究具有以下几点优势。首先，我们的样本量大，在社会经济特征等重要人口学变量上具有多样性且具有一定的代表性。其次，我们不仅为中国文化背景下校园氛围感知与青少年网络成瘾间的直接关系提供了新的信息，还揭示了其中起作用的重要中介机制。最后，我们采用了纵向设计，能够为以上直接、间接过程如何随时间展开提供比横断研究更为有力的实证证据[18]。

虽然具有以上优势，但仍然存在一些不足。第一，尽管采用了纵向设计，在一定程度上比横断设计更具优势，但我们不能检验变量间可能存在的双向关系。例如，在我们的研究中发现了同伴社会化效应（消极同伴交往—青少年网络成瘾），但也有可能存在同伴选择效应（青少年网络成瘾—消极同伴交往）。此外，由于未在更多时点测量心理不安全感，导致心理不安全感与消极同伴交往之间的时间先后顺序存在一定的模糊性。还好的是，在我们分析的模型中，W1消极同伴交往不能预测W2心理不安全感，这在一定程度上支持了心理安全感预测消极同伴交往的路径。此外，我们的分析模型是以情绪安全感理论为基础[20]，并且也与先前研究结果[23]相一致，这些都认为不安全感会损伤友谊交往系统。尽管如此，未来研究仍应采用更完整的纵向设计（如在每个时间点测量每个变量或者收集更多批次的数据）来澄清变量间的关系。

第二，我们的数据均为青少年自我报告。尽管我们关注的核心变量与青少年自身感受（心理不安全感）和经历（消极同伴交往、网络成瘾）有关，适合青少年自我报告[8,55]，但未来研究仍需同时从多个报告源（如青少年本人、父母、老师和同伴）收集数据，以减少报告者偏差并更好地确认我们的结果在不同信息源的数据中是否都成立。

第三，样本为中国青少年被试，尽管在中国青少年中开展研究具有其独特价值，但研究结果可能不能推广到其他国家或文化背景中，未来研究应该检验在不同国家中结果模式是否相同。

第四，尽管我们依据校园氛围感知的两种功能考察了校园氛围感知与网络成瘾间可能的两种中介机制，但考察其他可能的中介机制或调节机制对于揭示青少年网络成瘾发展的复杂本质仍具有重要的意义[56]。例如，未来研究可以探讨父母知情的调节作用：由于父母知情的减少，消极校园氛围感知对消极同伴交往的影响也许会增加。

4.6 实践意义

尽管存在这些不足，我们的发现对制订青少年网络成瘾的预防和干预方案仍具有重要的启示。首先，鉴于校园氛围感知具有可塑性且对青少年网络成瘾有长期影响，在中学入学时致力于改善青少年校园氛围感知的方案能使其长期受益。事实上，针对校园氛围的干预研究发现，改善总体校园氛围能有效减少学生的不良行为[57]。然而，相比于对总体校园环境的干预，对学生所处微环境进行干预可能更加可行、有效和重要，尤其是当总体校园环境难以被改善时。因此，努力训练学生选择和改善其所处的微环境（如记录与调整其对校园氛围的感受）能够帮助他们营造积极的校园氛围感知，并最终有效预防与改善他们网络成瘾的情况。其次，我们的结果表明减少学生的心理不安全感也许能有效降低其网络成瘾的风险。因此，当识别出具有消极校园氛围感知的学生时，应该及早进行干预，为他们提供支持性的环境，以提升其安全感。事实上，以往干预研究初步发现，当为学生提供安全的环境时，有助于增强他们的安全感，最终能够有效促进他们的发展[58]。再次，我们的结果也强调消极同伴交往对青少年网络成瘾的影响，从这个意义上讲，努力帮助他们融入主流同伴群体，同时增加其对消极同伴影响的抵抗力也许能为他们提供帮助。因为主流同伴群体不仅能为青少年提供必要的情感温暖，也能为他们提供良好的行为榜样。最后，我们发现，心理不安全感与消极同伴交往或许存在着联合中介作用。这一结果为我们提供了多管齐下的干预思路（如同时干预这两个中介变量）。如果条件允许，多管齐下的方法比只干预某一种因素可能更为有效。综上所述，网络成瘾的出现不是一个随机事件，我们不能武断地采用强制手段将其遏制，而是需要厘清来龙去脉有针对性地进行预防和干预。唯有理解学生面临的挑战，提高学校和教师识别学生各种需要的能力，同时提供一些必要的支持和帮助，才能真正帮助处于风险中的青少年。

5. 结论

总之，我们在考察校园氛围感知"是否"以及"怎样"与青少年网络成瘾发生联系方面迈出了重要一步。与阶段–环境匹配理论一致，结果表明，消极的校园氛围感知是随后青少年网络成瘾的风险因素。基于校园氛围感知的双重功能，我们分别考察了心理不安全感与消极同伴交往的中介作用，结果分别与情绪安全感理论和社会控制理论一致，即心理不安全感与消极同伴交往分别是上述前瞻性联系的重要中介机制。此外，由于单中介模型难以反映青少年发展的全貌，我们考察了这两个变量的联合中介作用，结果发现，消极的校园氛围感知会通过增加青少年的心理不安全感推动其与消极同伴进行交往，最终增加网络成瘾的风险。这是一个重要的发展过程[5]，强调了环境对个人发展的持久影响在于它可以通过满足个体必要的心理需求，促进各个系统的发展，久而久之对个体行为产生长期影响。识别特定文化背景下可能起作用的风险因素及潜在发展过程对于制订青少年网络成瘾的预防和干预方案至关重要。

参考文献

[1] Fumero A, Marrero R J, Voltes D, et al. Personal and social factors involved in Internet addiction among adolescents: a meta–analysis[J]. Computers in Human Behavior, 2018, 86: 387–400.

[2] Li W, Garland E L, Howard M O. Family factors in Internet addiction among Chinese youth: a review of English–and Chinese–language studies[J]. Computers in Human Behavior, 2014, 31: 393–411.

[3] Jia Y, Way N, Ling G, et al. The influence of student perceptions of school climate on socioemotional and academic adjustment: a comparison of Chinese and American adolescents[J]. Child Development, 2009, 80: 1514–1530.

[4] Eccles J S, Roeser R W. Schools as developmental contexts during adolescence[J]. Journal of Research on Adolescence, 2011, 21: 225–241.

[5] Masten A S, Cicchetti D. Developmental cascades[J]. Development and Psychopathology, 2010, 22: 491–495.

[6] Cohen J, Mccabe L, Michelli N M, et al. School climate: research, policy, practice, and teacher education[J]. Teachers College Record, 2009, 11: 180–213.

[7] Morin A J, Maïano C, Marsh H W, et al. School life and adolescents' self–esteem trajectories[J]. Child Development, 2013, 84: 1967–1988.

[8] Wang M T, Dishion T J. The trajectories of adolescents' perceptions of school climate, deviant peer affiliation, and behavioral problems during the middle school years[J].

Journal of Research on Adolescence, 2011, 22: 40–53.

[9] Way N, Reddy R, Rhodes J. Students' perceptions of school climate during the middle school years: associations with trajectories of psychological and behavioral adjustment [J] . American Journal of Community Psychology, 2007, 40: 194–213.

[10] Eccles J S, Midgley C, Wigfield A, et al. Development during adolescence: the impact of stage–environment fit on young adolescents' experiences in schools and in families [J] . American Psychologist, 1993, 48: 90–101.

[11] 鲍学峰, 张卫, 喻承甫, 等. 初中生感知校园氛围与网络游戏成瘾的关系: 学业自我效能感的中介效应与父母学业卷入的调节效应 [J]. 心理发展与教育, 2016, 32 (3): 358–368.

[12] 梁传山, 田新华, 侯宗银, 等. 枣庄市中学生网络使用及网络依赖调查分析 [J]. 精神医学杂志, 2015, 28 (2): 130–134.

[13] 倪花, 张国芳, 张伟波, 等. 职业高中生网络成瘾现况调查及其影响因素分析 [J]. 中国民康医学, 2012, 24 (2): 150–151.

[14] 马娜, 张卫, 喻承甫, 等. 初中生感知学校氛围与网络游戏障碍: 一个有调节的中介效应模型 [J]. 中国临床心理学杂志, 2017, 25 (1): 65–74.

[15] 张伟波, 蔡军, 张国芳, 等. 上海市徐汇区554名职校学生网瘾倾向调查及其影响因素分析 [J]. 现代预防医学, 2012, 39 (18): 4657–4659.

[16] Marsh H W, Lüdtke O, Nagengast B, et al. Classroom climate and contextual effects: conceptual and methodological issues in the evaluation of group–level effects [J] . Educational Psychologist, 2012, 47: 106–124.

[17] Cohen J, Cohen P, West S G, et al. Applied multiple regression/correlation analysis for the behavioral sciences [M] . 3rd ed. Mahwah, NJ: Erlbaum, 2003.

[18] Maxwell S E, Cole D A, Mitchell M A. Bias in cross–sectional analyses of longitudinal mediation: partial and complete mediation under an autoregressive model [J] . Multivariate Behavioral Research, 2011, 46: 816–841.

[19] Maslow A H. The dynamics of psychological security–insecurity [J] . Journal of Personality, 1942, 10: 331–344.

[20] Davies P T, Martin M J, Sturge–Apple M L. Emotional security theory and developmental psychopathology [M] //Cicchetti D. Developmental psychopathology, Vol. 1: theory and method. 3rd. ed. Hoboken, NJ: Wiley, 2016: 199–264.

[21] Bosworth K, Ford L, Hernandaz D. School climate factors contributing to student and faculty perceptions of safety in select Arizona schools [J] . Journal of School Health, 2011, 81: 194–201.

[22] Cummings E M, Davies P T. Marital conflict and children: an emotional security perspective [M] . New York, NY: Guilford Press, 2011.

［23］Davies P T, Martin M J, Cummings E M. Interparental conflict and children's social problems: insecurity and friendship affiliation as cascading mediators［J］. Developmental Psychology, 2017, 54: 83–97.

［24］Li D, Li X, Wang Y, et al. School connectedness and problematic Internet use in adolescents: a moderated mediation model of deviant peer affiliation and self–control［J］. Journal of Abnormal Child Psychology, 2013, 41: 1231–1242.

［25］孙莹，刘阳，安静，等. 风险决策同伴影响抵抗对青少年问题网络使用预测效应的随访研究［J］. 中国学校卫生，2014，35（9）：1334–1337.

［26］Hirschi T. Causes of delinquency［M］. Berkeley: University of California Press, 1969.

［27］Li D, Zhou Y, Li X, et al. Perceived school climate and adolescent Internet addiction: the mediating role of deviant peer affiliation and the moderating role of effortful control［J］. Computers in Human Behavior, 2016, 60: 54–61.

［28］Reinke W M, Herman K C. Creating school environments that deter antisocial behaviors in youth［J］. Psychology in the Schools, 2002, 39: 549–559.

［29］Gardner M, Steinberg, L. Peer influence on risk taking, risk preference, and risky decision making in adolescence and adulthood: an experimental study［J］. Developmental Psychology, 2005, 41: 625–635.

［30］Yen C F, Ko C H, Yen J Y, et al. Multi–dimensional discriminative factors for Internet addiction among adolescents regarding gender and age［J］. Psychiatry and Clinical Neurosciences, 2009, 63: 357–364.

［31］Zhou N, Fang X Y. Beyond peer contagion: unique and interactive effects of multiple peer influences on Internet addiction among Chinese adolescents［J］. Computers in Human Behavior, 2015, 50: 231–238.

［32］Hayes A F. Introduction to mediation, moderation, and conditional process analysis: a regression–based approach［M］. 2nd ed. New York, NY: Guilford Press, 2018.

［33］Sijtsema J J, Lindenberg S M, Veenstra R. Do they get what they want or are they stuck with what they can get? Testing homophily against default selection for friendships of highly aggressive boys. The TRAILS study［J］. Journal of Abnormal Child Psychology, 2010, 38: 803–813.

［34］Benson M J, Buehler C. Family process and peer deviance influences on adolescent aggression: longitudinal effects across early and middle adolescence［J］. Child Development, 2012, 83: 1213–1228.

［35］Kuss D, Griffiths M, Karila L, et al. Internet addiction: a systematic review of epidemiological research for the last decade［J］. Current Pharmaceutical Design, 2014, 20: 4026–4052.

［36］Lai F T, Kwan J L. Socioeconomic influence on adolescent problematic Internet use through school-related psychosocial factors and pattern of Internet use［J］. Computers in Human Behavior, 2017, 68, 121-136.

［37］中国互联网络信息中心. 第43次中国互联网络发展状况统计报告［R/OL］.（2019-02-28）［2019-10-26］. http://www.cnnic.cn/gywm/xwzx/rdxw/20172017_7056/201902/t20190228_70643.htm

［38］Lei L, Wu Y. Adolescents' paternal attachment and Internet use［J］. CyberPsychology & Behavior, 2007, 10: 633-639.

［39］Tao R, Huang X, Wang J, et al. Proposed diagnostic criteria for Internet addiction［J］. Addiction, 2010, 105: 556-564.

［40］Zhang L, Amos C, Mcdowell W C. A comparative study of Internet addiction between the United States and China［J］. CyberPsychology & Behavior, 2008, 11: 727-729.

［41］中国国家统计局. 中国第六次全国人口普查结果摘要［EB/OL］.（2011）［2019-10-26］. http://www.stats.gov.cn/tjsj/pcsj/rkpc/6rp/indexch.htm

［42］Li D, Bao Z, Li X, et al. Perceived school climate and Chinese adolescents' suicidal ideation and suicide attempts: the mediating role of sleep quality［J］. Journal of School Health, 2016, 86: 75-83.

［43］丛中，安莉娟. 安全感量表的初步编制及信度、效度检验［J］. 中国心理卫生杂志，2004，18（2）：97-99.

［44］安莉娟，冯江平. 农村初中生父母外出务工状况及对其心理安全感的影响［J］. 教育研究与实验，2015（4）：82-85.

［45］Young K S. Internet addiction: the emergence of a new clinical disorder［J］. CyberPsychology & Behavior, 1998, 1: 237-244.

［46］Moon S J, Hwang J S, Kim J Y, et al. Psychometric properties of the Internet Addiction Test: a systematic review and meta-analysis［J］. Cyberpsychology, Behavior, and Social Networking, 2018, 21: 473-484.

［47］苏文亮，林小燕. 网络成瘾量表在国内应用的文献统计［J］. 中国健康心理学杂志，2014，22（5）：793-796.

［48］Enders C K. Applied missing data analysis［M］. New York, NY: Guilford Press, 2010.

［49］Muthén L K, Muthén B O. Mplus user's guide［M］. 7th ed. Los Angeles, CA: Muthén & Muthén, 1998-2015.

［50］Shrout P E, Bolger N. Mediation in experimental and nonexperimental studies: new procedures and recommendations［J］. Psychological Methods, 2002, 7: 422-445.

［51］Hu L, Bentler P M. Cutoff criteria for fit indexes in covariance structure analysis: conventional criteria versus new alternatives［J］. Structural Equation Modeling, 1999, 6:

1–55.

[52] Li Y, Zhang X, Lu F, et al. Internet addiction among elementary and middle school students in China: a nationally representative sample study [J] . Cyberpsychology, Behavior, and Social Networking, 2014, 17: 111–116.

[53] Kline R B. Principles and practice of structural equation modeling [M] . 4th ed. New York: Guilford publications, 2016.

[54] Cortina J M, Landis R S. When small effect sizes tell a big story, and when large effect sizes don't [M] //Lance C E, Vandenberg R J. Statistical and methodological myths and urban legends: doctrine, verity, and fable in the organizational and social sciences. New York, NY: Routledge, 2009: 287–308.

[55] Chan D. So why ask me? Are self–report data really that bad? [M] //Lance C E, Vandenberg R J. Statistical and methodological myths and urban legends: doctrine, verity, and fable in the organizational and social sciences. New York, NY: Routledge: 2009: 309–336.

[56] Rucker D D, Preacher K J, Tormala Z L, et al. Mediation analysis in social psychology: current practices and new recommendations [J] . Social and Personality Psychology Compass, 2011, 5: 359–371.

[57] Catalano R F, Oesterle S, Fleming C B, et al. The importance of bonding to school for healthy development: findings from the social development research group [J] . Journal of School Health, 2004, 74: 252–261.

[58] Osher D, Kidron Y, Decandia C J, et al. Interventions to promote safe and supportive school climate [M] //Wentzel K R, Ramani G B. Handbook of social influences in school contexts, emotional, motivation, and cognitive outcomes. New York: Routledge, 2016: 384–404.

第14章　友谊质量与青少年网络成瘾

1. 引言

同伴因素（尤其是友谊质量）对青少年网络成瘾有重要影响。良好的友谊具有较多的亲密和亲社会行为等积极特征以及较少的冲突和竞争等消极特征[1]。有关成瘾行为的人际理论指出，个体对人际关系和成瘾行为的反应模式有诸多相似之处。当个体与依恋对象（如好朋友）相聚时会感到快乐和兴奋，而没有依恋对象时则感到痛苦不安并老想着他们。类似地，当个体有机会实施成瘾行为时会感到快乐和兴奋，而没有机会时则感到痛苦不安并老想着它们。人际关系不良的个体很可能将成瘾行为作为调控负性情绪的外部手段。换句话说，不安全的人际关系可能是成瘾行为的风险因素[2,3]。友谊质量差的青少年在现实生活中可能缺乏亲密朋友，因此，他们倾向于在网上寻找朋友以满足社交需要、缓解孤独和抑郁等消极情绪，最后可能沉迷网络[4]。与该观点一致，不少研究表明，友谊质量差是青少年网络成瘾的风险因素[4-11]。

最近，研究者呼吁考察友谊质量影响青少年网络成瘾的中介机制和调节机制[12]。在中介机制方面，现有研究发现，较高水平的友谊质量可以通过促进自我效能感[13]、归属需要满足[5]、自我认同完成[11]、功能性网络使用[8]来减少网络成瘾。然而，这些中介变量只起到部分中介作用，表明仍有其他中介变量值得探讨。在调节机制方面，现有研究探讨了性别[14]、年龄[14]和心理症状严重性[15]是否能够调节友谊质量差与网络成瘾之间的关系。然而，少有研究发现显著的调节效应。更重要的是，以往研究大多分开考察中介过程和调节过程（个别研究例外[5]），不能揭示网络成瘾发展的复杂本质。为了解决现有文献的不足，本书将探讨两个问题：第一，友谊质量差是否通过降低自尊进而增加青少年网络成瘾。第二，友谊质量差与青少年网络成瘾之间的直接和/或间接联系（通过自尊）是否能够被家庭功能所调节。

1.1　自尊的中介作用

自尊对青少年适应具有重要的作用[16]。自尊是指个体对自己是否有价值、有能力、在群体中是否受欢迎以及是否有归属感的主观评价[17]。根据依恋理论[18,19]，较差的依恋关系如友谊质量差可能影响青少年自尊，进而影响情绪和行为问题。也就是说，自尊可能在友谊质量与青少年网络成瘾之间起中介作用。同样的，社会晴雨表假设提出[20]，自尊是监控个体人际关系质量的社会晴雨表。在遭遇人际关系困难或威胁时，个体的自尊也会受到威胁，进而引发各种情绪和行为问题[20]。考虑到网络成瘾可以看作是一种情绪和行为问题，自尊也可能在友谊质量差与网络成瘾之间具有中介作用。

首先，友谊质量差可能降低个体的自尊。理论家认为，与同伴的消极经历可能影响个体对自我的感受和期望[21]。个体可能把人际困难看作是个人能力差和低自我价值的表现[22]。因此，友谊质量差的青少年可能把自己的行为看作无能的表现，对自己不满意；而友谊质量好的青少年可能在社会交往中获得支持并肯定自我价值[23]。实证研究表明，良好的友谊质量与青少年自尊负相关[24-27]。

其次，低自尊可能增加青少年网络成瘾[28-30]。这是因为低自尊个体在现实生活中难以获得他人认可和自我肯定，他们倾向于从网上获得认可和肯定。也就是说，网络使用可能是青少年弥补自卑感、获得短暂积极评价的一种方式。然而，这类网络使用容易导致个体沉迷网络。大量研究表明，低自尊是青少年网络成瘾的风险因素[29,31,32,33]。例如，Ko等人[34]发现，低自尊可以显著正向预测青少年网络成瘾。综上，友谊质量差与低自尊有关，低自尊又与青少年网络成瘾有关。因此，有理由预期，自尊在友谊质量差与青少年网络成瘾之间具有中介作用。

1.2　家庭功能的调节作用

尽管不少研究发现友谊质量差与青少年网络成瘾存在正向联系[8-10]，但也有研究发现，友谊质量差与网络成瘾并不存在显著的联系[14,15,35]，甚至存在负向联系[12]。这些结果表明，友谊质量对网络成瘾的影响具有异质性，可能受其他因素的调节。然而，如前所述，现有研究主要考察性别[14]、年龄[14]和心理症状严重性[15]的调节作用。目前尚未有研究考察家庭功能这一因素的调节作用。根据韧性理论[36,37]，保护因素可能调节友谊质量差对青少年网络成瘾的影响，而家庭功能可能起到保护作用。家庭功能是指家庭生活的整体质量[38]。尽管在青少年时期，同伴因素的作用逐渐增加，但家庭因素对个体发展仍具有重要影响。研究表明，家庭功能在青少年网络成瘾中有重要作用[39-41]。例如，一项针对中学生的研究表明，高质量家庭功能与青少年较少的网络成瘾有关[42]。类似地，Shi等人[43]发现，良好的家庭功能与青少年网络成瘾显著负相关。

尽管尚不清楚家庭功能与友谊质量差或低自尊如何交互影响网络成瘾，但有两个理论模型可以提供指导。这两个模型都假设风险因素（如友谊质量差）与发展结果（如网络成瘾）之间的关系会被保护因素（如家庭功能）所调节，但调节的模式可能有所不同。具体而言，压力缓冲模型[44]指出，保护因素可以削弱风险因素的不利影响。根据该模型，友谊质量差的消极影响可能被高质量家庭功能所缓冲（如图14-1a所示），提高家庭功能对友谊质量差的青少年尤其有益。相比之下，反转的压力缓冲模型认为，保护因素增强而不是削弱风险因素的不利影响。这是因为当风险因素水平较低时，保护因素的积极作用显著；但当风险因素水平较高时，保护因素的积极作用不再显著。根据该模型，友谊质量差的消极影响对于家庭功能好的而不是差的青少年可能更显著（如图14-1b所示），提高家庭功能对友谊质量较差的青少年可能帮助不大。

据我们所知，目前尚无研究考察友谊质量差是否与家庭功能交互作用于青少年网络成瘾。这恰好是一个关键的问题。如果调节模式符合压力缓冲模型，说明良好的家庭功能对友谊质量很差的青少年尤其有益。相反，如果反转的压力缓冲模型得到支持，良好的家庭功能可能对友谊质量较好的个体更为有利。不同的调节模式意味着不同的干预思路。因此，有必要澄清具体的调节模式。

(a) 压力缓冲模型   (b) 反转的压力缓冲模型

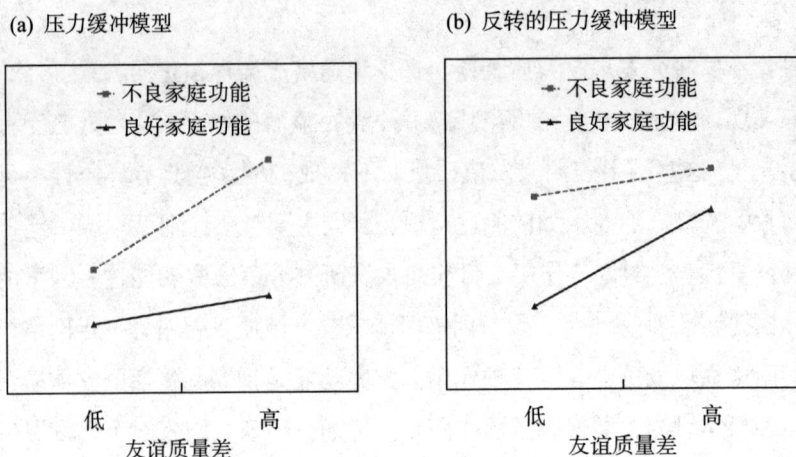

图14-1　压力缓冲模型 VS 反转的压力缓冲模型

1.3　研究概览

本书基于依恋理论[18,19]和韧性理论[36,37]检验了一个有调节的中介模型（见图14-2所示），即友谊质量差通过自尊影响网络成瘾的间接路径被家庭功能所调节。具体而言，本书考察了两个问题。第一，自尊是否在友谊质量差与青少年网络成瘾之间具有中介作用。第二，检验上述直接和/或间接路径是否受到家庭功能的调节。基于以往的理论和实证研究，我们假设：第一，友谊质量差通过自尊影响青少年网络成瘾；第二，友谊质量差与青少年网络成瘾之间的直接和/或间接路径受到家庭功能的调节。

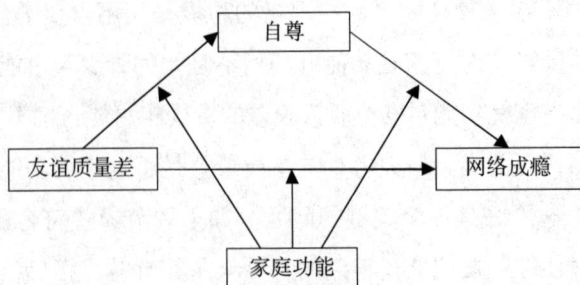

图14-2　概念模型

2. 研究方法

2.1 被试

采用随机整群抽样，选取华南地区10所中学的青少年作为研究对象。被试为七年级（35.0%）、八年级（32.5%）、九年级（32.5%）的2758名中学生，54%为女生。被试平均年龄13.53岁（标准差1.06，全距10—19）。从家庭社会经济地位来看，40%的父亲和31.5%的母亲有高中及以上的受教育水平。这与我国人口普查数据大体一致[45]。更多样本信息可参考Li等人[46]的研究。

2.2 程序

数据收集前征得青少年和学校领导知情同意。数据收集员告知被试整个研究是匿名的，并可以随时退出研究。由训练有素的研究助手在教室里以标准化的指导语进行问卷施测。

2.3 测量

2.3.1 友谊质量

采用李董平[47]改编的"父母和同伴依恋问卷"[48]的"同伴依恋分问卷"测量青少年感知到的友谊质量。该问卷包含13个项目（如"我信任我的朋友"），测量同伴信任、同伴沟通、同伴疏离。采用四点计分，1表示"从不"，5表示"总是"。计算所有项目的平均分，分数越高表示友谊质量越好。本次测量中，该问卷的内部一致性良好（α = 0.85）。

2.3.2 自尊

采用"自尊量表"[49]测量青少年对自我价值和自我接纳的总体感受。该问卷包含10个项目（如"我觉得自己是一个有价值的人，至少与其他人在同一水平上"）。采用四点计分，1表示"很不符合"，4表示"很符合"。计算所有项目的平均分，分数越高表示自尊水平越高。该量表是自尊研究领域中使用最广的工具，在中国青少年中也被广泛运用[50]。本次测量中，该量表的内部一致性良好（ $\alpha = 0.84$ ）。

2.3.3 家庭功能

采用"家庭功能问卷"的整体家庭功能分问卷测量家庭功能[51]。该问卷包含6个项目（如"我们彼此信任"）。采用4点计分，1表示"完全不像我家"，4表示"很像我家"。计算所有项目的平均分，分数越高表示家庭功能越好。本次测量中，该问卷的内部一致性良好（ $\alpha = 0.82$ ）。

2.3.4 网络成瘾

采用由Young[52]编制、Li等人[53]改编的"网络成瘾诊断问卷"测量青少年网络成瘾。该问卷包含10个项目（如"我难以减少或控制自己对网络的使用"）。采用六点计分，1表示"完全不符合"，6表示"完全符合"。计算所有项目的平均分，分数越高表示个体的网络成瘾水平越高。该问卷在中国青少年中信效度良好[54]。本次测量中，该问卷的内部一致性良好（ $\alpha = 0.89$ ）。

2.3.5 协变量

鉴于青少年的性别、年龄、家庭社会经济地位与网络成瘾有关[55]，我们将这些人口学变量作为协变量。对青少年性别进行虚拟编码，0 = 女生，1 = 男生。社会经济地位是父母受教育水平、父母职业以及家庭收入经因子分析后得到的因子分，分数越高表示家庭社会经济地位越好。初步分析表明，家庭社会经济地位与网络成瘾无关，因此，我们后续不再将其作为协变量纳入分析中。

2.4 统计分析

采用SPSS 19.0进行所有分析。首先，由于所有变量都是青少年自我报告，可能存在共同方法偏差，我们采用Harmen单因子检验[56]来确认共同方法偏差的严重性。其次，我们呈现了所有变量的描述统计和相关系数。再次，采用SPSS的PROCESS宏（模型59）[57]检验自尊是否在友谊质量差与网络成瘾之间起中介作用。采用Bootstrap程序估计偏差校正的95%的置信区间。Bootstrap是通过有放回的随机抽样来生成大量相同容量的数据集，其优势在于不要求数据呈正态分布且能提高间接效应检验的统计功效。若置信区间不含0，则表示中介效应显著。最后，我们检验友谊质量差与网络成瘾的直接和/或间接关系是否受到家庭功能的调节。图14-2呈现了完整的有调节的中介模型。通过纳入交互项（友谊质量差 × 家庭功能、自尊 × 家庭功能）进行有调节的中介分析。构建交互项之前先对有关变量进行均值中心化处理。采用Johnson–Neyman技术揭示友谊质量差与自尊和网络成瘾在家庭功能不同水平上是否存在显著联系。此外，研究中缺失数据少于1%，因此通过均值替代法进行处理。

3. 结果

3.1 初步分析

我们采用Harmen单因子检验考察共同方法偏差是否严重。对所有原始项目进行探索性因子分析。若单个或全局因子能解释大部分变异，则存在明显的共同方法偏差。结果表明，第一个因子仅解释28.70%的变异（远低于40%的临界标准）。因此，共同方法偏差并不严重。

表14-1列出了各变量的描述统计量（平均数和标准差）以及两两相关系数。具体而言，友谊质量差与网络成瘾显著正相关（$r = 0.17, p < 0.001$）。自尊（$r = -0.24, p < 0.001$）和家庭功能（$r = -0.25, p < 0.001$）均与网络成瘾显著负相关。此外，友谊质量差与自尊显著负相关（$r = -0.32, p < 0.001$）。

表14-1 各变量的描述统计量和两两相关

变量	M	SD	1	2	3	4	5	6	7
1. 性别	0.46	0.50	—						
2. 年龄	13.53	1.06	0.00	—					
3. 社会经济地位	0.00	1.00	0.05*	-0.19***	—				
4. 友谊质量差	3.63	0.65	0.09***	0.08***	-0.17***	—			
5. 自尊	2.83	0.51	0.08***	-0.08***	0.21***	-0.32***	—		
6. 家庭功能	3.04	0.54	-0.04	-0.11***	0.24***	-0.26***	0.40***	—	
7. 网络成瘾	2.47	1.02	0.28***	0.04*	-0.02	0.17***	-0.24***	-0.25***	—

3.2 中介效应检验

采用PROCESS的模型4检验假设1，即自尊在友谊质量差与网络成瘾之间具有中介作用。如图14-3所示，在控制协变量后，自尊在友谊质量差与网络成瘾之间具有中介作用。具体而言，友谊质量差与自尊负相关（$B = -0.24$, $p < 0.001$），自尊与网络成瘾负相关（$B = -0.49$, $p < 0.001$）。同时，友谊质量差与网络成瘾的残余直接联系显著（$B = 0.11$, $p < 0.001$）。因此，自尊在友谊质量差与网络成瘾之间起部分中介作用（$B = 0.12$, 95% CI = [0.09, 0.14]）。自尊的间接效应占总效应的52.17%。因此，假设1得到支持。

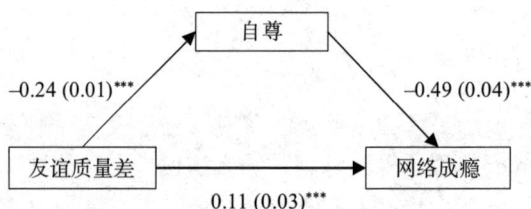

图14-3 自尊在友谊质量差与网络成瘾之间的中介作用

3.3 有调节的中介效应检验

假设2预期家庭功能可能调节友谊质量差通过自尊影响网络成瘾的直接和/或间接路径（如图14-2所示）。为了检验该假设，我们将家庭功能纳入进来进行有调节的中介效应分析（见表14-2）。具体而言，我们纳入两个交互项（友谊质量差 × 家庭功能、自尊 × 家庭功能）建立两个回归模型。在模型1中，家庭功能调节友谊质量差与自尊之间的关系。在模型2中，家庭功能调节自尊与网络成瘾的关系以及友谊质量差与网络成瘾的残余直接关系。

结果表明，在模型1中，友谊质量差显著负向预测自尊，$B = -0.18$, $SE = 0.01$, 95% CI = [-0.21, -0.16]，且家庭功能的调节作用显著，$B = -0.05$, $SE = 0.02$, 95% CI = [-0.10, -0.01]。为了揭示交互效应的实质，我们采用John-son-Neyman技术描绘显著性区域。结果表明，自尊对友谊质量差的回归在家庭功能大于1.94时显著，在家庭功能小于1.94时不显著（如图14-4所示）。模型2表明，自尊与家庭功能的交互项不能预测网络成瘾，$B = -0.03$, $SE = 0.06$, 95% CI $=[-0.15, 0.09]$，但友谊质量差与网络成瘾的残余直接联系受家庭功能调节，$B = 0.16$, $SE = 0.05$, 95% CI $=[0.07, 0.26]$。显著性区域分析表明，网络成瘾对友谊质量差的回归在家庭功能大于2.79时显著，在家庭功能小于2.79时不显著（如图14-5所示）。因此，假设2得到支持，两个交互模式均与反转的压力缓冲模型相符，均体现出健康环境悖论的思想。

表14-2　有调节的中介效应检验

模型	预测变量	B	SE	t	95% CI
模型1（自尊）	性别	0.11***	0.02	6.42	$[0.08, 0.15]$
	年龄	−0.01	0.01	−0.68	$[-0.02, 0.01]$
	社会经济地位	0.05***	0.01	4.77	$[0.03, 0.07]$
	友谊质量差	−0.18***	0.01	−13.31	$[-0.21, -0.16]$
	家庭功能	0.30***	0.02	17.52	$[0.26, 0.33]$
	友谊质量差 × 家庭功能	−0.05*	0.02	−2.25	$[-0.10, -0.01]$
	R^2			0.23	
	F			55.63***	
模型2（网络成瘾）	性别	0.57***	0.04	15.82	$[0.50, 0.65]$
	年龄	0.02	0.02	1.01	$[-0.02, 0.05]$
	社会经济地位	0.04	0.02	1.66	$[-0.01, 0.08]$
	友谊质量差	0.08**	0.30	2.74	$[0.02, 0.14]$
	家庭功能	−0.30***	0.04	−8.16	$[-0.38, -0.23]$
	友谊质量差 × 家庭功能	0.16**	0.05	3.30	$[0.07, 0.26]$
	自尊	−0.38***	0.04	−9.57	$[-0.46, -0.30]$
	自尊 × 家庭功能	−0.03	0.06	−0.44	$[-0.15, 0.09]$
	R^2			0.18	
	F			36.19***	

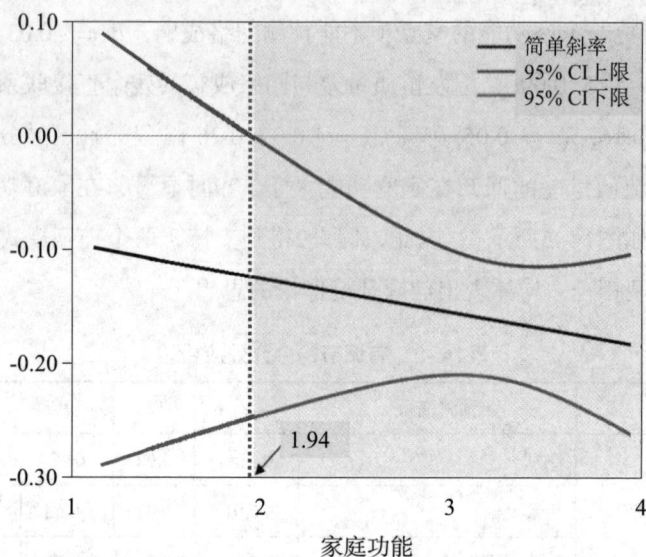

图14-4　家庭功能在友谊质量差与自尊关系中的调节作用

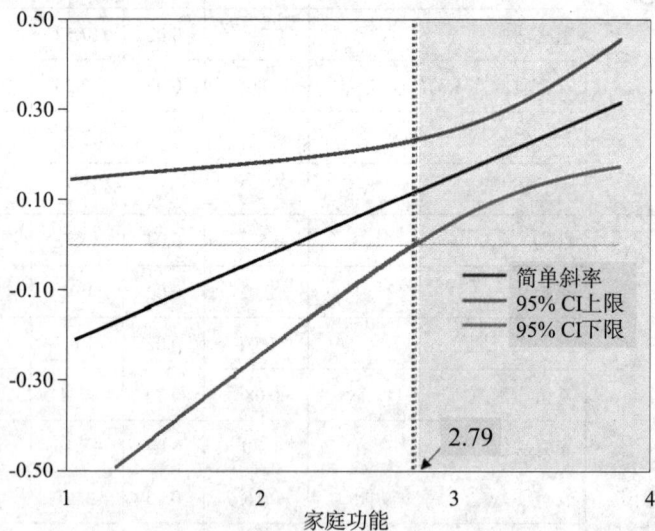

图14-5　家庭功能在友谊质量差与网络成瘾残余直接关系中的调节作用

4. 讨论

在成瘾行为的人际理论[2,3]、依恋理论[18,19]、社会情绪表假设[20]和韧性理论[36,37]基础上，我们考察了自尊是否在友谊质量差与青少年网络成瘾之间具有中介作用以及上述直接和/或间接路径是否受到家庭功能的调节。结果表明，友谊质量差通过降低个体自尊进而增加个体的网络成瘾。此外，家庭功能调节友谊质量差与自尊、友谊质量差与网络成瘾之间的关系，这些关系在家庭功能越好时反而更强（与反转的压力缓冲模型相符）。这些结果凸显出同时考察同伴、个体和家庭因素对理解青少年网络成瘾的重要意义，同时对青少年网络成瘾的预防和干预有重要启示。

4.1　自尊的中介作用

与依恋理论和社会晴雨表假设一致[18-20]，我们假设自尊在友谊质量差与网络成瘾之间具有中介作用。该假设得到支持。具体而言，友谊质量差降低自尊，进而增加青少年网络成瘾。该结果支持Sullivan[58]的主张，即消极同伴关系导致青少年产生缺乏感（低自尊），这种缺乏感不利于健康发展。我们是首次发现自尊在友谊质量差与网络成瘾之间具有中介作用。

首先，我们发现，友谊质量差与自尊的损伤显著相关。不难理解，消极的同伴经历可能使青少年产生挫败感。他们可能不自信甚至对自己不满意（低自我接纳），并把人际交往差看作低自我价值和无能的表现[22]。这些经历破坏了自尊的正常发展。我们的结果与先前研究一致，即拥有低质量友谊的青少年的自尊水平也较低[27]。

其次，我们发现，自尊的降低会增加青少年网络成瘾。低自我评价和自我价值的青少年在现实生活中可能缺乏认同和支持。他们渴望弥补受损的自尊和自卑感，而网络恰好满足了他们的多种心理需要[59]。总之，自尊是解释友谊质量差增加青少年网络成瘾的潜在机制。

值得注意的是，即使在控制自尊后，友谊质量差对网络成瘾的残余直接效应依然显著。友谊质量差与网络成瘾的正向联系与依恋理论相符[18,19]。友谊质量差的青少年在现实生活中可能缺乏亲密感。他们倾向于从网上寻求积极友谊和情感支持，久而久之可能沉迷网络[4]。我们的结果与先前研究一致[11]，并拓展了现有研究。

4.2 家庭功能的调节作用

基于韧性理论[36,37]，我们考察了家庭功能的调节作用。结果表明，家庭功能调节友谊质量差与自尊之间的关系：友谊质量差对自尊的不利影响在家庭功能越好时更强（反转的压力缓冲）。这种结果具有"健康环境悖论"的特征（参见Garandeau和Salmivalli在其他领域得出的类似结果[60]）。可能的解释是，青少年逐渐远离父母且同伴的作用日益凸显。当个体被同伴拒绝和排斥时，很容易对自身产生负面评价，即使是良好的家庭功能也难以起到保护作用。另一种可能的解释是，当家庭功能较差时，青少年的自尊已经处于很低的水平，此时友谊质量的恶化难以带来自尊的大幅下降。相反，当家庭功能较好时，自尊随友谊质量恶化而变化的空间仍相对较大。

类似地，家庭功能调节友谊质量差与网络成瘾的残余直接关系：友谊质量差增加网络成瘾的残余直接效应在家庭功能越好时越强（反转的压力缓冲）。这种结果也具有"健康环境悖论"的特征。一种解释是当家庭功能很差时，青少年网络成瘾已处于较高的水平，此时友谊质量的恶化难以带来网络成瘾的大幅增长。相反，当家庭功能较好时，网络成瘾随友谊质量恶化而增加的空间相对较大。另一种解释是大多数父母不知道青少年的人际交往，因为青少年可能不会告诉父母自己的交友情况。因此，可能需要其他因素（如师生关系）而非家庭功能来缓冲友谊质量差与网络成瘾的关系。该结果提示，随着友谊质量的恶化，家庭功能的积极作用不断下降，它的保护作用在友谊质量达到一定程度时变得相当有限。因此，在青少年网络成瘾的干预工作中，不应过分夸大家庭功能的保护作用，也不应低估友谊质量差所带来的不利影响。

与假设相反，家庭功能没有调节自尊与网络成瘾之间的关系。一种解释是自尊受损会严重破坏个体的心理健康[61]，它所带来的负面影响难以被单一环境资源（如家庭功能）所削弱。未来研究应考察跨多个领域的累积保护因素是否能够起到保护作用。

4.3 局限与展望

我们的研究有诸多优势：基于大样本进行研究，通过有调节的中介模型考察变量间的复杂关系，从生态学的角度同时考察同伴、个体和家庭因素，以及对多个相关理论进行了整合。当然，本研究也存在几方面的不足。首先，我们采用横断设计检验复杂的有调节的中介模型并不完美[62]。横断设计不能确定变量间的时间顺序，也不能推断变量间的因果关系。未来研究需要采用纵向设计来更好地探究变量间的关系，以提高研究结果的内部效度。其次，尽管采用自我报告具有一定的优势（更符合青少年的实际情况），但可能存在共同方法偏差。幸运的是，我们的共同方法偏差并不明显。不管怎样，未来研究仍应纳入多个信息源（如青少年、父母、老师和同伴）和多种方法收集数据，以提供更加全面和有效的信息。再次，尽管我们考察了自尊的中介作用，但仍可能有其他中介因素（如心理不安全感）值得探讨。此外，家庭功能只起到杯水车薪的保护作用。未来研究应努力探索更为有力的保护因素。最后，我们的样本是华南地区的青少年，研究结果能否推广至其他文化背景仍有待探讨。

4.4　实践意义

我们的研究深化了对青少年网络成瘾形成机制的理解，对青少年网络成瘾的预防和干预有重要启示。首先，我们强调了高质量友谊对减少网络成瘾的重要性。考虑到人际关系对中国青少年尤为重要（集体主义文化重视人际互倚性），旨在改善同伴关系的干预方案可能有助于减少青少年网络成瘾。其次，我们发现了自尊在友谊质量差与网络成瘾关系间的中介作用。因此，在设计干预方案时，有必要关注由友谊质量差引发的自尊损伤。考虑到自尊在青少年期具有可塑性[63,64]，并且可以通过特定的训练方案加以提升[65]，因此，通过提高青少年的自尊来降低青少年网络成瘾具有一定的可行性。最后，考虑到家庭功能只能杯水车薪式地缓冲友谊质量差带来的消极影响，因此，在青少年网络成瘾的实际干预中不应过分夸大家庭功能的保护作用。当然，家庭功能的主效应仍然显著，表明青少年仍然能从温暖和支持性的家庭氛围中受益。总之，我们的结果强调，在设计干预方案时，应考虑同伴、个体和家庭因素的联合作用，而不只是关注其中某一个方面的作用。

5. 结论

总之，有调节的中介模型综合考察了同伴、个体和家庭因素，深化了我们对青少年网络成瘾发展过程的认识。我们首次发现自尊是友谊质量差与青少年网络成瘾之间的中介因素，且友谊质量差对网络成瘾的直接和间接影响在家庭功能越好时越强（具有"健康环境悖论"的特征）。研究结果强调了有调节的中介模型对理解网络成瘾潜在机制的重要性，且对青少年网络成瘾的预防和干预具有重要启示。

参考文献

［1］Berndt T J. Friendship quality and social development［J］. Current Directions in Psychological Science, 2002, 11: 7–10.

［2］Fairbairn C E, Briley D A, Kang D, et al. A meta–analysis of longitudinal associations between substance use and interpersonal attachment security［J］. Psychological Bulletin, 2018, 144: 532–555.

［3］Liu C Y, Kuo F Y. A study of Internet addiction through the lens of the interpersonal theory［J］. CyberPsychology & Behavior, 2007, 10: 799–804.

［4］雷雳，伍亚娜. 青少年的同伴依恋与其互联网使用的关系［J］. 心理与行为研究，2009，7（2）：81–86.

［5］陈云祥，李若璇，张鹏，等. 同伴依恋对青少年网络成瘾的影响：有调节的中介效应［J］. 中国临床心理学杂志，2018，26（6）：1091–1095.

［6］Kamal N N, Mosallem F A E. Determinants of problematic Internet use among El-Minia high school students, Egypt［J］. International Journal of Preventive Medicine, 2013, 4: 1429–1437.

［7］刘宇，闫志英. 中学生同伴关系对网络成瘾的影响——基于孤独感的中介作用分析［J］. 集美大学学报，2016，17（3）：37–40.

［8］Reiner I, Tibubos A N, Hardt J, et al. Peer attachment, specific patterns of Internet use and problematic Internet use in male and female adolescents［J］. European Child & Adolescent Psychiatry, 2017, 26: 1257–1268.

［9］Savc M, Aysan F. The role of attachment styles, peer relations, and affections in predicting Internet addiction［J］. Addicta: The Turkish Journal on Addictions, 2016, 3: 416–432.

［10］Soh P C, Charlton J P, Chew K. The influence of parental and peer attachment on Internet usage motives and addiction［J］. First Monday, 2014, 19.

［11］张国华，伍亚娜，雷雳. 青少年的同伴依恋、网络游戏偏好与"网络成瘾"的关系［J］. 中国临床心理学杂志，2009，17（3）：354–356.

［12］Zhou N, Cao H, Li X, et al. Internet addiction, problematic Internet use, nonproblematic Internet use among Chinese adolescents: individual, parental, peer, and sociodemographic correlates［J］. Psychology of Addictive Behaviors, 2018, 32: 365–372.

［13］叶艳晖，李秋琼. 同伴关系自我效能感与青少年网络成瘾的关系［J］. 中国学校卫生，2015，36（3）：384–386.

［14］Yen C F, Ko C H, Yen J Y, et al. Multi-dimensional discriminative factors for Internet addiction among adolescents regarding gender and age［J］. Psychiatry and Clinical Neurosciences, 2009, 63: 357–364.

［15］Ballarotto G, Volpi B, Marzilli E, et al. Adolescent Internet abuse: a study on the role of attachment to parents and peers in a large community sample［J］. BioMed Research International, 2018: 1–10.

［16］Maslow A H. Motivation and personality［M］. New York: Harper & Row, 1954.

［17］Leary M R, Baumeister R F. The nature and function of self-esteem: sociometer theory［J］. Advances in Experimental Social Psychology, 2000, 32: 1–62.

［18］Bowlby J. Attachment and loss, Vol. 1: attachment［M］. 2nd ed. New York: Basic Books, 1982.

［19］Cassidy J, Shaver P R. Handbook of attachment: theory, research, and clinical applications［M］. 2nd ed. New York: Guilford, 2008.

［20］Leary M R, Tambor E S, Terdal S K, et al. Self-esteem as an interpersonal monitor: the sociometer hypothesis［J］. Journal of Personality and Social Psychology, 1995, 68: 518–530.

［21］Rubin K H, Bukowski W M, Bowker J C. Children in peer groups［M］//Bornstein M H, Leventhal T, Lerner R M. Handbook of child psychology and developmental science, Vol. 4: ecological settings and processes. 7th ed. Hoboken, NJ: Wiley, 2015: 175–222.

［22］Siegel D J. The developing mind: how relationships and the brain interact to shape who we are［M］. 2nd ed. New York, NY: Guilford, 2015.

［23］Keefe K, Berndt T J. Relations of friendship quality to self-esteem in early adolescence［J］. Journal of Early Adolescence, 1996, 16: 110–129.

［24］Berndt T J, Keefe K. Friends' influence on adolescents' adjustment to school［J］. Child Development, 1995, 66: 1312–1329.

[25] Gorrese A, Ruggieri R. Peer attachment and self-esteem: a meta-analytic review[J]. Personality and Individual Differences, 2013, 55: 559-568.

[26] Kingery J N, Erdley C A, Marshall K C. Peer acceptance and friendship as predictors of early adolescents' adjustment across the middle school transition[J]. Merrill-Palmer Quarterly, 2011, 57: 215-243.

[27] Raboteg-Saric Z, Sakic M. Relations of parenting styles and friendship quality to self-esteem, life satisfaction and happiness in adolescents[J]. Applied Research in Quality of Life, 2014, 9: 749-765.

[28] Armstrong L, Phillips J G, Saling L L. Potential determinants of heavier Internet usage [J]. International Journal of Human Computer Studies, 2000, 53: 537-550.

[29] Aydin B, Sari S V. Internet addiction among adolescents: the role of self-esteem[J]. Procedia Social and Behavioral Sciences, 2011, 15: 3500-3505.

[30] Sobell L C. The phenomenon of self-change: overview and key issues[M]//Klingeman H, Sobell C. Promoting self-change from addictive behaviors. New York, NY: Springer, 2007: 1-30.

[31] Sariyska R, Reuter M, Bey K, et al. Self-esteem, personality and Internet addiction: a cross-cultural comparison study[J]. Personality and Individual Differences, 2014, 61: 28-33.

[32] Yen C F, Chou W J, Liu T L, et al. The association of Internet addiction symptoms with anxiety, depression and self-esteem among adolescents with attention-deficit/hyperactivity disorder[J]. Comprehensive Psychiatry, 2014, 55: 1601-1608.

[33] Mei S, Yau Y H, Chai J, et al. Problematic Internet use, well-being, self-esteem and self-control: data from a high-school survey in China[J]. Addictive Behaviors, 2016, 61: 74-79.

[34] Ko C H, Yen J Y, Yen C F, et al. Factors predictive for incidence and remission of Internet addiction in young adolescents: a prospective study[J]. CyberPsychology & Behavior, 2007, 10: 545-551.

[35] Rasmussen M, Meilstrup C R, Bendtsen P, et al. Perceived problems with computer gaming and Internet use are associated with poorer social relations in adolescence[J]. International Journal of Public Health, 2015, 60: 179-188.

[36] Luthar S S. Resilience in development: a synthesis of research across five decades[M]//Cicchetti D, Cohen D J. Developmental psychopathology: risk, disorder, and adaptation. Hoboken, NJ: Wiley, 2006: 739-795.

[37] Luthar S S, Lyman E L, Crossman E J. Resilience and positive psychology[M]//Lewis M, Rudolph K D. Handbook of developmental psychopathology. New York, NY: Springer, 2014: 125-140.

［38］Olson D H, Russell C S, Sprenkle D H. Circumplex model: systemic assessment and treatment of families［M］. New York, NY: Routledge, 2014.

［39］Şenormanc Ö, Şenormanc G, Güçlü O, et al. Attachment and family functioning in patients with Internet addiction［J］. General Hospital Psychiatry, 2014, 36: 203–207.

［40］Wartberg L, Kammerl R, Rosenkranz M, et al. The interdependence of family functioning and problematic Internet use in a representative quota sample of adolescents［J］. Cyberpsychology, Behavior, and Social Networking, 2014, 17: 14–18.

［41］Yen J Y, Yen C F, Chen C C, et al. Family factors of Internet addiction and substance use experience in Taiwanese adolescents［J］. CyberPsychology & Behavior, 2007, 10: 323–329.

［42］Yu L, Shek D T L. Family functioning, positive youth development, and Internet addiction in junior secondary school students: structural equation modeling using AMOS［J］. International Journal on Disability & Human Development, 2014, 13: 227–238.

［43］Shi X, Wang J, Zou H. Family functioning and Internet addiction among Chinese adolescents: the mediating roles of self–esteem and loneliness［J］. Computers in Human Behavior, 2017, 76: 201–210.

［44］Rueger S Y, Malecki C K, Pyun Y, et al. A meta–analytic review of the association between perceived social support and depression in childhood and adolescence［J］. Psychological Bulletin, 2016, 142: 1017–1067.

［45］中国国家统计局. 中国第六次全国人口普查结果摘要［EB/OL］.（2011）［2019–10–26］. http://www.stats.gov.cn/tjsj/pcsj/rkpc/6rp/indexch.htm

［46］Li D, Li X, Wang Y, et al. School connectedness and problematic Internet use in adolescents: a moderated mediation model of deviant peer affiliation and self–control［J］. Journal of Abnormal Child Psychology, 2013, 41: 1231–1242.

［47］李董平. 多重生态学风险因素与青少年社会适应：风险建模与作用机制研究［D］. 广州：华南师范大学，2012.

［48］Armsden G C, Greenberg M T. The inventory of parent and peer attachment: individual differences and their relationship to psychological well–being in adolescence［J］. Journal of Youth and Adolescence, 1987, 16: 427–454.

［49］Rosenberg M. Society and the adolescent self–image［M］. Princeton, NJ: Princeton University Press, 1965.

［50］杨雪，王艳辉，李董平，等. 校园氛围与青少年的自杀意念/企图：自尊的中介作用［J］. 心理发展与教育，2013，29（5）：541–551.

［51］张惠敏，宁丽，陶然，等. 网瘾青少年所在家庭的家庭功能状况探析［J］. 中国药物依赖性杂志，2012，21（4）：307–311.

［52］Young K S. Internet addiction: the emergence of a new clinical disorder. Paper presented at the 104th Annual Meeting of American Psychological Association［C］. Toronto, Ontario, Canada, 1998.

［53］Li D, Zhang W, Li X, et al. Stressful life events and problematic Internet use by adolescent females and males: a mediated moderation model［J］. Computers in Human Behavior, 2010, 26: 1109–1207.

［54］陈武，李董平，鲍振宙，等. 亲子依恋与青少年的问题性网络使用：一个有调节的中介模型［J］. 心理学报，2015，47（5）：611–623.

［55］Li Y, Zhang X, Lu F, et al. Internet addiction among elementary and middle school students in China: a nationally representative sample study［J］. Cyberpsychology, Behavior, and Social Networking, 2014, 17: 111–116.

［56］Podsakoff P M, Organ D W. Self–reports in organizational research: problems and prospects［J］. Journal of Management, 1986, 12: 531–544.

［57］Hayes A F. Introduction to mediation, moderation, and conditional process analysis: a regression–based approach［M］. 2nd ed. New York, NY: Guilford Press, 2018.

［58］Sullivan H S. The interpersonal theory of psychiatry［M］. New York, NY: Norton, 1953.

［59］Park S, Kang M, Kim E. Social relationship on problematic Internet use (PIU) among adolescents in south Korea: a moderated mediation model of self–esteem and self–control［J］. Computers in Human Behavior, 2014, 38: 349–357.

［60］Garandeau C F, Salmivalli C. Can healthier contexts be harmful? A new perspective on the plight of victims of bullying［J］. Child Development Perspectives, 2019, 13: 147–152.

［61］Thoits P A. Self, identity, stress, and mental health［M］//Aneshensel C, Phelan J, Bierman A. Handbook of the sociology of mental health. Dordrecht, Netherlands: Springer, 2013: 357–377.

［62］Maxwell S E, Cole D A, Mitchell M A. Bias in cross–sectional analyses of longitudinal mediation: partial and complete mediation under an autoregressive model［J］. Multivariate Behavioral Research, 2011, 46: 816–841.

［63］Ditzfeld C P, Showers C J. Self–structure: the social and emotional contexts of self–esteem［M］//Zeigler–Hill V. Self–esteem. New York: Psychology Press, 2013: 21–42.

［64］Haney P, Durlak J A. Changing self–esteem in children and adolescents: a meta–analytical review［J］. Journal of Clinical Child Psychology, 1998, 27: 423–433.

［65］King K A, Vidourek R A, Davis B, et al. Increasing self–esteem and school connectedness through a multidimensional mentoring program［J］. Journal of School Health, 2002, 72: 294–299.

第15章　同伴侵害与青少年网络成瘾

1.　引言

同伴因素在青少年期具有重要作用[1]。越来越多的研究开始关注同伴经历对青少年网络成瘾的影响[2-4]。同伴侵害是指遭受同伴攻击的经历。它是一种常见且具有重要发展影响的同伴交往经历[5]。最近的研究表明，同伴侵害与青少年网络成瘾密切相关[6-9]。例如，Strittmatter等人[8]发现，德国青少年的同伴侵害与网络成瘾显著相关。张燡和潘晓群[9]在中国青少年大样本中发现，遭受更多同伴侵害的青少年更可能沉迷网络。这些研究表明，遭受同伴侵害的青少年可能依赖互联网来应对这种令人不安和突出的压力源[10]。

尽管同伴侵害与青少年网络成瘾已受到广泛关注，但至少有两个问题尚未解答清楚。问题一：同伴侵害是通过何种过程增加青少年网络成瘾？问题二：是否存在一些保护因素（如师生关系）可以减少同伴侵害对青少年网络成瘾的不利影响？对这两个问题的回答至关重要，因为它们可以揭示同伴侵害与网络成瘾之间隐蔽而复杂的关系，也能为青少年网络成瘾的预防和干预指明方向[11]。为了弥补以往文献的不足，本书旨在考察同伴侵害、心理安全感与青少年网络成瘾之间的关系，以及良好的师生关系能否缓冲同伴侵害通过心理安全感对网络成瘾的间接效应。

1.1　心理安全感的中介作用

心理安全感反映了人类对于平静、安全、归属和被他人关心关爱的基本需要[12]。具体而言，心理安全感是指对生活的控制感，它反映了处理生活中问题的能力以及自己被他人所喜欢和接受的信念[13]。心理安全感低的人会保持警惕，感到孤立，表现出紧张和内向[12]。情绪安全感理论有助于阐明心理安全感在同伴侵害与青少年网络成瘾之间的中介作用[14-16]。根据该理论，恢复或保持安全感是人类最重要的目标之一。当充满敌意、暴力、冲突或攻击的消极人际关系经历破坏安全感时，个体会采取各种措施（包括做出偏差行为）来化解或避免这些威胁以维持心理安全感[17]。换言之，心理不安全可能是负面人际经历与青少年问题行为之间的重要中介变量。

同伴侵害作为一种普遍的负性人际经历，会使青少年担忧自己的安全[18]。在同伴侵害的威胁下，青少年会表现出心理不安全感[15]。为维护心理安全，他们可能会利用互联网来逃避同伴侵害的威胁。互联网为他们营造了一个匿名的虚拟环境作为安全港湾来暂时保护他们[19]。因此，心理安全感可能是同伴侵害与青少年网络成瘾之间的重要中介机制。虽然尚无研究对此观点进行直接检验，但仍有一些证据间接支持心理安全感在同伴侵害与网络成瘾之间的中介作用。

首先，青少年在遭受同伴侵害时心理安全感可能受到损伤。研究者认为，同伴是青少年获得社会支持的重要来源[20,21]。遭受同伴侵害的青少年将会失去这种支持来源，从而感受到威胁并表现出较低的心理安全感[22]。而且，同伴侵害会使青少年对同伴群体产生不信任，并对自己的处境持消极态度，从而增加心理不安全感[18]。此外，青少年在遭受同伴侵害时可能会感到无力保护自己，因此增加心理不安全感[18,23]。与这些观点一致，实证研究表明，遭受同伴侵害的青少年通常伴有较高的心理不安全感[24,25]。

其次，心理不安全感可能会推动青少年沉迷网络。具体而言，为了阻止心理安全感的下降，青少年可能会使用互联网以减轻伤痛、分散注意力或避免麻烦[19]。此外，由于网络匿名性和虚拟性使青少年可以在无压力的状态下联系他人，在网上寻求社会支持以弥补他们在现实生活中未被满足的心理需要[26]。不幸的是，这种暂时性的逃避和来自虚拟网络世界的支持并没有真正解决问题，反而会导致这些青少年沉溺于这种虚假的安全感之中，最终导致其网络成瘾[19]。与这些观点一致，实证研究表明，缺乏心理安全感的青少年更易沉迷网络[27,28]。基于以上文献回顾，有理由推断，同伴侵害可能与心理安全感有关，进而与青少年网络成瘾有关。

1.2　师生关系的调节作用

尽管同伴侵害可能通过心理安全感间接增加青少年网络成瘾的风险，但并非所有青少年在遭受同伴侵害后都同等程度地降低心理安全感进而同等程度地沉迷网络。这种结果的异质性可能是由于保护因素（如师生关系）调节了不利环境对适应问题的影响[29,30]。教师是给青少年提供安慰、指导和支持的最重要的成年人之一[31]。由于青少年大部分时间都在学校度过，老师有大量机会与青少年相处。因此，教师在青少年学习和生活中扮演着十分关键的角色[32]。实证研究表明，以信任、沟通和疏离为特征的师生关系[31]是影响青少年学业、情感以及社会结果的关键因素[32,33]。最近的研究也表明，良好的师生关系（如信任水平高、沟通良好和疏离感低）是青少年网络成瘾的保护因素[34-36]。

此外，师生关系可能调节同伴侵害对青少年网络成瘾的直接和/或间接效应。根据韧性理论[29,37]，情境中的保护因素可以缓冲不良生活环境对学生适应的不利影响，师生关系就是这类保护因素之一。教师可以在逆境中为青少年提供安全和支持[38-40]。在良好的师生关系中，学生更有可能感到安全，这有助于改善他们对消极生活事件的反应[41]。此外，在更积极的师生关系中，教师与学生的互动更频繁，更有可能理解和满足学生因压力而受挫的需求，从而减轻压力性生活事件的不利影响[42]。与这些观点一致，一项研究在大型且具有代表性的明尼苏达州青少年样本中发现，当青少年与老师具有良好的关系时，童年不良经历与滥用处方药的关系就会减弱[43]。类似地，Cai和Li[44]发现中学生与教师的亲密关系能弱化校园欺凌对学生学校投入的负面影响。因此，可以合理地推测，良好的师生关系可以减轻同伴侵害对网络成瘾的直接和/或间接影响。

1.3　研究概览

综上所述，本书将考察心理安全感是否在同伴侵害与青少年网络成瘾之间具有中介作用，以及师生关系能否调节同伴侵害与网络成瘾之间的直接和/或间接联系（如图15-1所示）。我们将检验一个有调节的中介模型。我们假设，同伴侵害水平越高，心理安全感就越低，进而与高水平的网络成瘾有关。此外，师生关系调节该中介过程，对于师生关系越积极的青少年而言，中介模型中的直接和/或间接效应会更小。

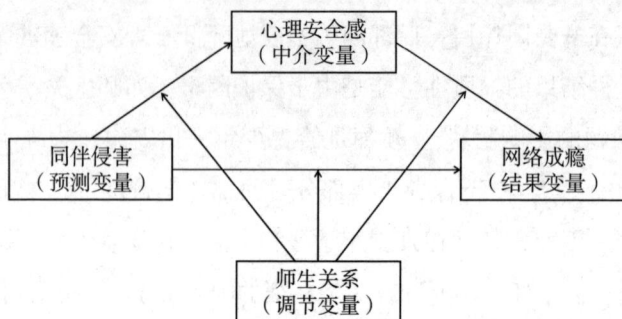

图15-1　概念框架

2.　研究方法

2.1　被试

被试招募自河南省三所初级中学。在征得学生本人和教师知情同意后，共有747名青少年（382名男生和365名女生）参加研究。在人口学信息方面，被试平均年龄13.73岁（$SD = 1.00$）；34%的父亲和41%的母亲接受过小学及以下教育，56%的父亲和51%的母亲接受过初中教育，其余接受过高中及以上的教育。此外，家庭每年收入平均为34456元（约合5609美元），与当地平均收入水平33119元（约合5391美元）大体相当。最后，样本中青少年有各种途径（如个人电脑、智能手机或社区网吧）访问互联网。

2.2　测量

2.2.1　同伴侵害

采用"青少年同伴侵害问卷"来测量同伴侵害。该问卷包含7个项目，主要测量青少年遭受身体、言语和关系攻击的频率（如"在过去12个月里，我在学校受到威胁或恐吓"）。采用Likert五点计分（从"0次"到"5次及以上"分别计1—5分）。计算所有项目的平均分，分数越高表示遭受同伴侵害的频率越高。本次测量中，问卷的Cronbach's α系数良好（α = 0.78）。

2.2.2 心理安全感

采用"安全感问卷"[45-47]测量青少年的心理安全感。该问卷包含16个项目，其中8题测量人际安全维度（如"我害怕与他人建立和保持亲密的关系"；反向计分），另外8题测量确定控制感维度（如"我感到生活总是充满了不确定性和不可预测性"；反向计分）。Likert五点计分，从1（非常不符合）到5（非常符合）。计算所有项目的平均分，分数越高表示心理安全感水平越高。本次测量中，问卷的Cronbach's α系数良好（α = 0.87）。

2.2.3 师生关系

采用13题的问卷来测量师生关系。该问卷改编自"父母和同伴依恋问卷"（中文版）。该问卷包含三个维度：信任（如"我信任我的老师"），沟通（如"对于我关心的事情，我喜欢征求老师的意见和建议"）和疏远（如"我的老师很少关注我"；反向计分）。5点计分，从1（从不）到5（总是）。计算所有项目的平均分，得分越高表示与教师关系越亲近。本次测量中，问卷的Cronbach's α系数良好（α = 0.87）。

2.2.4 网络成瘾

采用由Young[48]编制、Li等人[49]修订的"网络成瘾诊断问卷"测量青少年网络成瘾。该问卷包含10个项目，例如"我难以减少和控制自己的网络使用"。采用六点计分，1表示"完全不符合"，6表示"完全符合"。计算10个项目的平均分，分数越高表示个体的网络成瘾倾向越明显。该问卷在我国青少年样本中表现出良好的信度和效度[2]。最近的文献综述[50]表明，该问卷是我国青少年网络成瘾研究中使用最广的工具。在"中国儿童青少年心理发育特征调查"等大型项目中也采用了类似的工具[51]。本次测量中，该问卷的Cronbach's α系数为0.91。

2.2.5 协变量

以往研究表明，网络成瘾与青少年性别、年龄、父母受教育程度以及家庭社会经济地位有关[52,53]。我们将这些变量作为控制变量纳入分析中。对青少年性别进行虚拟编码，0＝女生，1＝男生。

2.3 程序

研究过程获得了青少年本人和教师的知情同意。我们未直接征求父母的知情同意，因为这类研究（如具有保密性和匿名性的调查研究）被认为是低风险的，且这样操作更能提高被试的应答率[54,55]。不过，为了确保青少年不受研究影响（如被试可能会感到尴尬或促进不良行为），我们有征得比父母同意更可行的教师同意[56]。为了规范整个数据收集过程，由训练有素的主试对研究进行介绍、回答学生的问题并监控整个测查过程。学生在常规课堂环境中完成问卷。为了鼓励被试诚实和准确作答，主试向他们强调研究的匿名性和保密性。

3. 结果

3.1 统计分析

数据筛查表明，数据中没有异常值。缺失数据比例低于1%，因此采用均值替代法进行处理。首先，进行描述性分析并检验变量间的两两相关。其次，采用Hayes[57]开发的PROCESS宏（模型4）来检验心理安全感的中介效应。最后，采用PROCESS宏（模型59）来检验师生关系是否调节了中介模型中的所有路径。模型59能检验同伴侵害与网络成瘾之间的直接和间接效应是否被调节变量所调节。PROCESS能通过有放回的随机抽样构建Bootstrap样本，为模型4中间接效应和模型59中有调节的中介效应提供准确的置信区间（CIs）。如果95%的置信区间不含0，则效应显著。此外，所有协变量都被纳入分析，模型59中有关变量都在分析前进行了均值中心化处理。

3.2　初步分析

从偏度和峰度来看，研究数据呈正态分布（偏度 < |2.0|，峰度 < |7.0|）[58]。根据Young[48]的网络成瘾诊断标准，样本中6.6%的青少年具有网络成瘾倾向。该比例与我国具有全国代表性的样本中的比例非常接近（6.3%）[51]。表15-1列出了所有研究变量的描述统计量（平均数和标准差）以及两两相关系数。所有主要变量都显著相关且方向符合预期。具体而言，同伴侵害与网络成瘾正相关（$r = 0.14, p < 0.001$），心理安全感与网络成瘾负相关（$r = -0.27, p < 0.001$）。此外，师生关系与网络成瘾负相关（$r = -0.33, p < 0.001$）。最后，同伴侵害与心理安全感显著负相关（$r = -0.35, p < 0.001$）。需要注意的是，虽然所有相关系数都是显著的，但只有中小效应量[59]。因此在解释结果时需加以注意。

表15-1　各变量的描述统计量和两两相关

变量	M	SD	1	2	3	4	5	6	7	8	9
1. 性别	0.51	0.50	—								
2. 年龄	13.73	1.00	0.02	—							
3. 父亲文化	1.79	0.71	0.01	−0.02	—						
4. 母亲文化	1.68	0.67	−0.01	−0.06	0.55	—					
5. 家庭经济状况	6.21	4.26	0.11**	−0.04	0.18**	−0.23***	—				
6. 同伴侵害	1.71	0.74	0.12**	−0.09*	−0.06	−0.08*	−0.05	—			
7. 心理安全感	3.47	0.76	0.11**	−0.08*	0.01	0.08*	0.14***	−0.35***	—		
8. 师生关系	3.18	0.76	−0.02	−0.22***	−0.00	0.02	0.00	−0.22**	0.37***	—	
9. 网络成瘾	2.14	1.15	0.25***	0.11	0.05	0.09*	0.16***	0.14***	−0.27***	−0.33***	—

3.3　中介效应检验

我们的假设1预期，心理安全感在同伴侵害与青少年网络成瘾之间具有中介作用。采用Hayes[57]开发的PROCESS宏（模型4）来检验该假设。如图15-2所示，在控制所有协变量后，同伴侵害显著负向预测心理安全感（$b = -0.38$，$p < 0.001$），进而显著负向预测网络成瘾（$b = -0.48, p < 0.001$）。该模型中，残余直接效应不显著（$b = 0.02, p > 0.05$）。该结果表明，心理安全感完全中介了同伴侵害与网络成瘾的关系（间接效应 = 0.18, 95% CI [0.14, 0.25]）。该模型解释了青少年网络成瘾变异的20%。因此，研究结果支持了假设1。

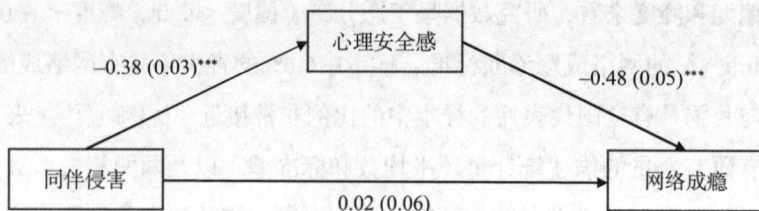

图15-2　心理安全感的中介作用

3.4　有调节的中介效应检验

我们的假设2预期，师生关系可能调节同伴侵害通过心理安全感影响网络成瘾的所有路径。为了检验这一有调节的中介效应假设，我们采用Hayes[57]开发的PROCESS宏（模型59）来进行检验。如表15-2所示，只有同伴侵害与师生关系的交互作用能显著预测心理安全感（$b = 0.11, p < 0.01$）。考虑到发表在心理学重要期刊上调节效应的平均效应量只有0.094[60]，我们的调节效应应视为中等大小[61]。简单斜率检验表明，随着师生关系质量的提高，同伴侵害与心理安全感的关系有所减弱。如图15-3所示，对与老师关系疏远的青少年而言，高水平的同伴侵害显著预测低水平的心理安全感，$b = -0.38, p < 0.001$。相比之下，对与老师关系良好的青少年而言，同伴侵害对心理安全感的效应有所减弱，$b = -0.21, p < 0.001$。最后，师生关系也调节了同伴侵害通过心理安全感对青少年网络成瘾的间接效应。由表15-3可知，条件间接效应是显著的，师生关系质量偏低时（低于平均数一个标准差）的效应最强（条件间接效应 = 0.14），师生关系质量居中时（平均数）的效应稍弱（条件间接效应 = 0.11），师生关系质量偏高时（高于平均数一个标准差）的效应最弱（条件间接效应 = 0.08）。根据Gerard和Buehler对保护因素的分类[62]，这种调节模式为"保护-反应模式"，这种模式表明该保护因素只能部分而不能完全缓冲风险因素带来的负面影响。该模型解释了青少年网络成瘾变异的24%。因此，该结果部分支持假设2。

表15-2 有调节的中介效应检验

	b	SE	LLCI	ULCI
心理安全感				
常数项	0.20	0.36	−0.50	0.90
性别	0.21***	0.05	0.11	0.31
年龄	−0.29	0.03	−0.08	0.02
父亲文化	−0.07	0.04	−0.15	0.01
母亲文化	0.06	0.04	−0.02	0.15
家庭经济状况	0.02***	0.01	0.01	0.03
同伴侵害（PV）	−0.30***	0.03	−0.36	−0.23
师生关系（TSR）	0.29***	0.03	0.22	0.35
PV × TSR	0.11**	0.04	0.03	0.19
	$R^2 = 0.26$			
	$F(8, 738) = 32.02$***			
网络成瘾				
常数项	0.65	0.55	−0.43	1.72
性别	0.59***	0.08	0.44	0.74
年龄	0.06	0.04	−0.02	0.13
父亲文化	−0.05	0.06	−0.18	0.07
母亲文化	0.17*	0.07	0.04	0.30
家庭经济状况	0.04***	0.01	0.02	0.06
同伴侵害（PV）	−0.02	0.06	−0.13	0.09
心理安全感（PS）	−0.38***	0.06	−0.49	−0.27
师生关系（TSR）	−0.34***	0.05	−0.44	−0.23
PV × TSR	0.02	0.06	−0.11	0.14
PS × TSR	−0.03	0.06	−0.15	0.10
	$R^2 = 0.24$			
	$F(10, 736) = 23.00$***			

表15-3 条件间接效应

师生关系水平	间接效应	Boot SE	LLCI	ULCI
低（平均数以下一个标准差）	0.14	0.04	0.07	0.21
中等（平均数）	0.11	0.02	0.07	0.16
高（平均数以上一个标准差）	0.08	0.03	0.04	0.16

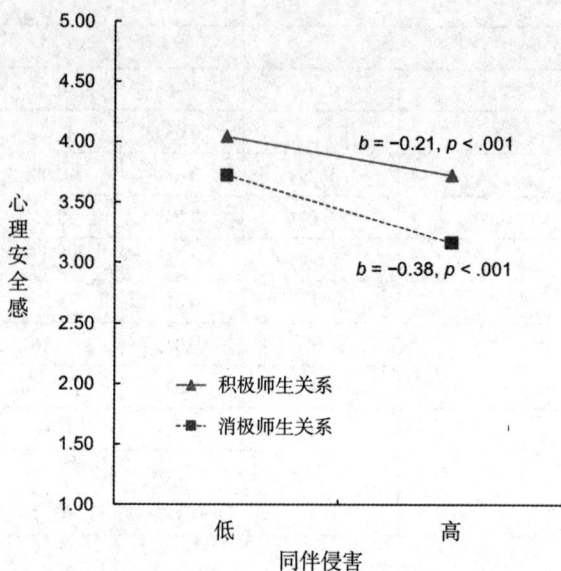

图15-3　师生关系在同伴侵害与心理安全感之间关系中的调节作用

4. 讨论

我们是较早探讨同伴侵害影响青少年网络成瘾潜在机制的少数研究之一[6,8]。与研究假设一致，我们发现，同伴侵害通过心理安全感与青少年网络成瘾间接相关，而良好的师生关系能削弱这一间接效应。我们的核心贡献是增进了对同伴侵害"如何"以及"何时"与青少年网络成瘾有关的理解。此外，有调节的中介模型为青少年网络成瘾的预防和干预提供了一个新的思路。

4.1　心理安全感的中介作用

与假设一致，我们发现，同伴侵害与心理安全感负相关，低心理安全感进而又与青少年网络成瘾有关。因此，心理安全感是同伴侵害与青少年网络成瘾的重要中介机制。这一发现支持了情绪安全感理论[14,16]，即在有压力的人际关系情境下，适应不良可能是保持安全感所付出的代价。具体而言，同伴侵害作为青少年期重要的人际压力源，可以威胁和破坏青少年的心理安全感[63]。心理安全感水平下降后，青少年就可能通过上网为自己提供一个不具威胁的虚拟空间[19]，以便阻止或弥补他们下降的心理安全感。该发现也与Zimmer-Gembeck[64]提出的关系自我系统过程模型一致。该模型认为，同伴排斥和侵害会导致消极的关系自我系统信念，如对人际关系的消极感知和对人际逆境的低控制感，从而增加随后的适应不良。虽然大量研究考察了同伴侵害与儿童发展之间的中介变量，但少有研究关注心理安全感的重要作用[63]。我们首次揭示心理安全感是青少年同伴侵害对网络成瘾产生负面影响的重要中介。

除了上述总的中介链条，中介模型中每条路径都值得一提。首先，我们发现，同伴侵害负向预测心理安全感。该结果与以往研究一致[24,25]且支持同伴是社会支持的重要来源的观点[20]。遭受同伴侵害的青少年可能感到孤立，无法控制自己的生活，因此心理安全感较低。其次，中介模型后半段支持了心理安全感与青少年网络成瘾之间的关系[27]。具体而言，心理安全感较低的青少年更容易沉迷网络，因为他们可能通过上网来弥补安全感的降低。另一种可能的解释是，长期的不安全警戒状态会消耗他们的心理资源，削弱他们的自控能力[65]。因此，他们难以有效应对网上的诸多诱惑，网络成瘾的风险便会增加。最后，值得注意的是，虽然同伴侵害与网络成瘾的关系是间接的（被心理安全感完全中介），但同伴侵害对网络成瘾的不良影响是毋庸置疑的。如果没有同伴侵害，该中介模型就不会被发起。

4.2 师生关系的调节作用

有趣的是，同伴侵害通过心理安全感对网络成瘾的影响被师生关系所调节。具体而言，我们发现，良好的师生关系缓冲了同伴侵害对心理安全感的负面影响。该发现支持了韧性理论[29,37]，即良好的师生关系是心理韧性的重要来源，能够减轻逆境的负面影响。一种可能的解释是，教师是青少年安全基础的重要来源之一[38,39]。因此，拥有良好师生关系的青少年可以从教师那里获得心理支持和安全感，以弥补同伴侵害所致的不安全感。相反，在师生关系不良的情况下，当学生遭受同伴侵害时，教师很难创造一个支持和安全的环境，学生可能会失去重要的安全来源，而这一来源本可以弥补未被满足的安全需要[42]。因此，良好的师生关系可以起到保护作用，缓冲同伴侵害对青少年心理安全感的负面影响。

然而，我们未发现师生关系在心理安全感与青少年网络成瘾之间具有调节作用（第二段调节效应）。可能的解释是，心理安全感在人的一生中扮演着非常重要的角色。根据Maslow的需要层次理论[66]，心理安全感是个体生存和发展所必需的最基本、最普遍的需要之一。因此，如果缺乏足够的安全感，即使他们有良好的师生关系，青少年也难以适应良好。另一种可能的解释是，即使社会环境是中性的，有不安全感的青少年依然可能对社会环境高度警惕和敏感，在社会交往中容易感知到高水平的敌意、威胁和恶意。这些消极的社会经历可能进一步导致不安全感的扩散[17]。当青少年陷入由不安全感引发的恶性循环时，其健康发展就可能受到限制。第三种解释是，亲子关系而非师生关系能调节心理安全感与青少年网络成瘾的关系，因为在发生同伴侵害的学校环境中，教师确实是突出的权威人物，但网络成瘾有时发生在家里，这时父母可能具有更重要的作用。未来研究可以检验良好的亲子关系是否能调节心理安全感对网络成瘾的影响。

总体而言，我们通过检验心理安全感的中介作用和师生关系的调节作用，将情绪安全感理论[14-16]和韧性理论[29,37]拓展至网络成瘾的研究。为了响应对同伴侵害与心理病理问题之间的关联机制给予更多关注的呼吁[11]，我们有调节的中介模型丰富了对青少年同伴侵害影响网络成瘾机制的理解。结果表明，同伴侵害可以通过改变个体的心理安全感间接影响青少年网络成瘾。此外，同伴侵害这一风险因素很可能不是孤立起作用，而是与师生关系等其他因素交互作用从而影响青少年网络成瘾。

4.3　局限与展望

在解释研究结果时，需要考虑以下几点不足。第一，由于我们采用了横断性质的相关研究，无法进行因果推断。虽然我们有调节的中介模型是在理论和实证研究指导下构建的，但变量之间可能存在双向关系。此外，虽然我们控制了部分协变量（年龄、性别、父母受教育程度、家庭经济地位），但无法排除所有协变量的混淆作用。因此，未来研究应采用纵向或实验设计，以更好地验证我们发现的路径。第二，我们主要依靠青少年自我报告来收集数据。虽然使用自我报告法测量有关变量是常见和可靠的[67,68]，且根据Harman单因子检验的结果（第一个因素只解释了18%的变异）[69]和调节效应达到统计显著水平（共同方法偏差往往会降低调节效应分析的敏感性）[70]，共同方法偏差并不严重，未来研究仍应采用自我、同伴和教师报告的方法来更准确地测量有关变量。第三，我们只关注了现实生活中发生的同伴侵害。随着互联网的发展和普及，网络侵害行为也对青少年的发展有重要影响[11]。例如，Gámez-Guadix等人[71]发现，遭受网络欺凌的青少年容易沉迷网络。因此，还需更多研究来检验研究结果在网络侵害中是否成立。第四，我们未收集青少年网络使用经验的信息。无论有无其他因素影响，只有较少网络使用经验的青少年都不大可能沉迷网络。因此，未来研究应测量和控制青少年的网络使用经验。第五，我们的结果可能仅适用于来自中国的青少年。未来研究应检验研究结果能否推广至其他发展阶段、地区和文化背景中。

4.4　实践意义

尽管存在这些不足，我们的发现对青少年网络成瘾的预防和干预仍具有重要意义。首先，考虑到同伴侵害在青少年网络成瘾中具有重要作用，减少同伴侵害的发生可能是减少网络成瘾的有效途径。以往的研究表明，帮助家长、教师和管理者识别同伴侵害，使个体认识到同伴侵害的严重性，制定学校反欺凌政策以及开设有关社交技巧的课程，都有助于减少同伴侵害的发生[72]。因此，实践工作者可以利用这些方法来减少青少年的同伴侵害和网络成瘾。其次，考虑到心理安全感是同伴侵害与网络成瘾之间的重要中介机制，识别并关注缺乏心理安全感的青少年，可以帮助实践工作者提高网络成瘾干预的有效性。再次，我们发现，师生关系缓冲了同伴侵害对网络成瘾的间接效应。因此，营造良好的师生关系是干预青少年网络成瘾的重要途径。由于青少年一天中大部分时间都在学校度过，教师有许多机会发展或重建良好的师生关系以减少网络成瘾。此外，与以学生或家长为中心的干预方法相比，培养教师与学生建立融洽的关系可能更有利，因为这种方法面向大量学生、能让更多学生受益。最后，有调节的中介模型表明，同伴、个体和教师因素之间存在复杂的交互作用，因此，仅仅关注单个风险因素可能不足以达到最佳的效果。相反，应该针对青少年网络成瘾的多种风险因素制订系统且全面的干预计划。

5. 结论

总之，我们通过检验有调节的中介模型为现有文献作出了贡献。该模型提供了独特的视角来理解同伴侵害"如何"以及"何时"与青少年网络成瘾有关。结果表明，心理安全感完全中介了同伴侵害与青少年网络成瘾的关系。此外，良好的师生关系有助于减轻同伴侵害对心理安全感的负面影响，进而降低网络成瘾的风险。

参考文献

[1] Parker J G, Rubin K H, Erath S A, et al. Peer relationships, child development, and adjustment: a developmental psychopathology perspective[M]//Cicchetti D, Cohen D J. Developmental psychopathology, Vol. 1: theory and methods. New York: Wiley, 2006: 419–493.

[2] Li D, Li X, Wang Y, et al. School connectedness and problematic Internet use in adolescents: a moderated mediation model of deviant peer affiliation and self–control [J]. Journal of Abnormal Child Psychology, 2013, 41: 1231–1242.

[3] Park S, Kang M, Kim E, et al. Social relationship on problematic Internet use (PIU) among adolescents in South Korea: a moderated mediation model of self–esteem and self–control[J]. Computers in Human Behavior, 2014, 38: 349–357.

[4] Zhou N, Fang X Y, et al. Beyond peer contagion: unique and interactive effects of multiple peer influences on Internet addiction among Chinese adolescents[J].

Computers in Human Behavior, 2015, 50: 231–238.

［5］Salmivalli C, Peets K. Bullies, victims, and bully-victim relationships in middle childhood and early adolescence［M］//Rubin K H, Bukowski W M, Laursen B. Handbook of peer interactions, relationships, and groups. New York, NY: Guilford Press, 2009: 322–340.

［6］Hsieh Y P, Shen A C T, Wei H S, et al. Multidimensional victimization and Internet addiction among Taiwanese children［J］. Chinese Journal of Psychology, 2016, 58: 217–231.

［7］刘佳佳，曹枫林，陈倩倩，等. 青少年行为问题与多重侵害的相关性研究［J］. 中国儿童保健杂志，2010，18（6）：487–501.

［8］Strittmatter E, Brunner R, Fischer G, et al. The relationship between bullying experiences, coping style and pathological Internet use among adolescents［J］. Zeitschrift fur Kinder-und Jugendpsychiatrie und Psychotherapie, 2014, 42: 85–94.

［9］张嫚，潘晓群. 江苏省中学生受欺侮行为与网络成瘾的相关性［J］. 中国学校卫生，2012，33（6）：689–690.

［10］Choukas-Bradley S, Prinstein M. Peer relationships and the development of psychopathology［M］//Lewis M, Rudolph K. Handbook of developmental psychopathology. New York, NY: Springer, 2014: 185–204.

［11］Prinstein M J, Giletta M. Peer relations and developmental psychopathology［M］// Cicchetti D. Developmental psychopathology, Vol. 1: theory and methods. New York, NY: Wiley, 2016: 527–579.

［12］Maslow A H. The dynamics of psychological security-insecurity［J］. Journal of Personality, 1942, 10: 331–344.

［13］Jourard S M, Remy R M. Perceived parental attitudes, the self, and security［J］. Journal of Consulting Psychology, 1955, 19: 364–366.

［14］Cummings E M, Davies P T. Marital conflict and children: an emotional security perspective［M］. New York, NY: Guilford Press, 2011.

［15］Cummings E M, Miller-Graff L E. Emotional security theory: an emerging theoretical model for youths' psychological and physiological responses across multiple developmental contexts［J］. Current Directions in Psychological Science, 2015, 24: 208–213.

［16］Davies P T, Martin M J. The reformulation of emotional security theory: the role of children's social defense in developmental psychopathology［J］. Development and Psychopathology, 2013, 25: 1435–1454.

［17］Davies P T, Martin M J, Sturge-Apple M L. Emotional security theory and developmental psychopathology［M］//Cicchetti D. Developmental psychopathology, Vol. 1:

theory and methods. New York, NY: Wiley, 2016: 199–264.

[18] Juvonen J, Graham S. Peer harassment in school: the plight of the vulnerable and victimized[M]. New York: Guilford Press, 2001.

[19] Young K S, Yue X D, Ying L. Prevalence estimates and etiologic models of Internet addiction[M]//Young K S, De Abreu C N. Internet addiction: a handbook and guide to evaluation and treatment. Hoboken, NJ US: John Wiley & Sons Inc, 2011: 3–17.

[20] Duncan S C, Duncan T E, Strycker L A. Sources and types of social support in youth physical activity[J]. Health Psychology, 2005, 24: 3–10.

[21] Wang M T, Eccles J S. Social support matters: longitudinal effects of social support on three dimensions of school engagement from middle to high school[J]. Child Development, 2012, 83: 877–895.

[22] Nansel T R, Overpeck M, Pilla R S, et al. Bullying behaviors among US youth: prevalence and association with psychosocial adjustment[J]. Journal of the American Medical Association, 2001, 285: 2094–2100.

[23] Schmidt M E, Bagwell C L. The protective role of friendships in overtly and relationally victimized boys and girls[J]. Merrill–Palmer Quarterly, 2007, 53: 439–460.

[24] Baly M W, Cornell D G, Lovegrove P. A longitudinal investigation of self– and peer reports of bullying victimization across middle school[J]. Psychology in the Schools, 2014, 51: 217–240.

[25] Nylund K, Bellmore A, Nishina A, et al. Subtypes, severity, and structural stability of peer victimization: what does latent class analysis say?[J]. Child Development, 2007, 78: 1706–1722.

[26] Kardefelt–Winther D. A conceptual and methodological critique of Internet addiction research: towards a model of compensatory Internet use[J]. Computers in Human Behavior, 2014, 31: 351–354.

[27] 段佳丽, 孙颖, 韩霄, 等. 北京市大中学生网络成瘾及其与伤害行为相关性分析[J]. 中国学校卫生, 2013, 34(6): 646–650.

[28] 周小燕, 白莉莉, 庞宝华, 等. 延安市中学生网络成瘾状况及心理健康分析[J]. 延安大学学报, 2012, 10(2): 13–15.

[29] Luthar S S. Resilience in development: a synthesis of research across five decades[M]//Cicchetti D, Cohen D J. Developmental psychopathology, Vol. 3: risk, disorder, and adaptation. Hoboken, NJ: Wiley, 2006: 739–795.

[30] Masten A S. Ordinary magic: resilience in development[M]. New York: The Guilford Press, 2014.

[31] Wentzel K R. Teacher–student relationships[M]//Wentzel K R, Miele D. Handbook of motivation at school. New York: Routledge, 2016: 211–230.

［32］Pianta R C, Hamre B, Stuhlman M. Relationships between teachers and children［M］//Reynolds W M, Miller G E, Weiner I B. Handbook of psychology, Vol. 7: educational psychology. Hoboken, NJ: Wiley, 2003: 199–234.

［33］Davis H A. Conceptualizing the role and influence of student–teacher relationships on children's social and cognitive development［J］. Educational Psychologist, 2003, 38: 207–234.

［34］Esen B K, Gündoğdu M. The relationship between Internet addiction, peer pressure and perceived social support among adolescents［J］. International Journal of Educational Researchers, 2010, 2: 29–36.

［35］金桂花，刘忠雪，崔文香. 延边地区高中生网络使用与网络成瘾现况调查［J］. 延边大学医学学报，2014，37（1）：31–34.

［36］Wang H, Zhou X, Lu C, et al. Problematic Internet use in high school students in Guangdong Province, China［J］. PLOS ONE, 2011, 6: 19660.

［37］Luthar S S, Lyman E L, Crossman E J. Resilience and positive psychology［M］//Lewis M, Rudolph K D. Handbook of developmental psychopathology. New York, NY: Springer, 2014: 125–140.

［38］Bowlby J. Attachment and loss: attachment［M］. New York, NY: Basic Books, 1969.

［39］Verschueren K, Koomen H M. Teacher–child relationships from an attachment perspective［J］. Attachment & Human Development, 2012, 14: 205–211.

［40］Wang M T, Brinkworth M, Eccles J. Moderating effects of teacher–student relationship in adolescent trajectories of emotional and behavioral adjustment［J］. Developmental Psychology, 2013, 49: 690–705.

［41］Hughes J N. Longitudinal effects of teacher and student perceptions of teacher–student relationship qualities on academic adjustment［J］. Elementary School Journal, 2011, 112: 38–60.

［42］O'Connor E E, Dearing E, Collins B A. Teacher–child relationship and behavior problem trajectories in elementary school［J］. American Educational Research Journal, 2011, 48: 120–162.

［43］Forster M, Gower A L, Borowsky I W, et al. Associations between adverse childhood experiences, student–teacher relationships, and non–medical use of prescription medications among adolescents［J］. Addictive Behaviors, 2017, 68: 30–34.

［44］Cai J, Li L. School bullying and student engagement: the moderating effect of teacher–student relationship［J］. International Journal of Psychology, 2016, 51: 490.

［45］安莉娟，冯江平. 农村初中生父母外出务工状况及对其心理安全感的影响［J］. 教育研究与实验，2015（4）：82–85.

［46］丛中，安莉娟. 安全感量表的初步编制及信度、效度检验［J］. 中国心理卫生

杂志，2004，18（2）：97-99.

［47］师保国，徐玲，许晶晶. 流动儿童幸福感、安全感及其与社会排斥的关系［J］. 心理科学，2009，32（6）：1452-1454.

［48］Young K S. Internet addiction: The emergence of a new clinical disorder［J］. CyberPsychology and Behavior, 1998, 1: 237-244.

［49］Li D, Zhang W, Li X, et al. Stressful life events and problematic Internet use by adolescent females and males: a mediated moderation model［J］. Computers in Human Behavior, 2010, 26; 1199-1207.

［50］苏文亮，林小燕. 网络成瘾量表在国内应用的文献统计［J］. 中国健康心理学杂志，2014，22（5）：793-796.

［51］Li Y, Zhang X, Lu F, et al. Internet addiction among elementary and middle school students in China: a nationally representative sample study［J］. Cyberpsychology Behavior and Social Networking, 2014, 17: 111-116.

［52］Mei S, Yau Y H, Chai J, et al. Problematic Internet use, well-being, self-esteem and self-control: data from a high-school survey in China［J］. Addictive Behaviors, 2016, 61: 74-79.

［53］张琴，王耘，苑春永，等. 网络成瘾与青少年不良情绪行为关系的性别效应研究［J］. 中国临床心理学杂志，2014，22（6）：1004-1009.

［54］Collogan L, Fleshman A. Adolescent research and parental permission［M］//Kodish E. Ethics and research with children: a case-based approach. New York, NY: Oxford University Press, 2005: 77-99.

［55］Flicker S, Guta A. Ethical approaches to adolescent participation in sexual health research［J］. Journal of Adolescent Health, 2008, 42: 3-10.

［56］Santelli J S, Rogers A S, Rosenfeld W D, et al. Guidelines for adolescent health research: a position paper of the Society for Adolescent Medicine［J］. Journal of Adolescent Health, 2003, 33: 396-409.

［57］Hayes A F. Introduction to mediation, moderation, and conditional process analysis: a regression-based approach［M］. New York, NY: Guilford Press, 2013.

［58］Hancock G R, Mueller R O. The reviewer's guide to quantitative methods in the social sciences［M］. New York, NY: Routledge, 2010.

［59］Cohen J. Statistical power analysis for the behavioral sciences［M］. 2nd ed. New York: Academic, 1988.

［60］Aguinis H, Beaty J C, Boik R J, et al. Effect size and power in assessing moderating effects of categorical variables using multiple regression: a 30-year review［J］. Journal of Applied Psychology, 2005, 90: 94-107.

［61］Kenny D A. Moderator variables［EB/OL］.（2018-09-15）［2019-10-26］. http://

davidakenny.net/cm/moderation.htm.

［62］Gerard J M, Buehler C. Cumulative environmental risk and youth maladjustment: the role of youth attributes［J］. Child Development, 2004, 75: 1832–1849.

［63］Kretschmer T. What explains correlates of peer victimization? A systematic review of mediating factors［J］. Adolescent Research Review, 2016, 1: 341–356.

［64］Zimmer–Gembeck M J. Peer rejection, victimization, and relational self–system processes in adolescence: toward a transactional model of stress, coping, and developing sensitivities［J］. Child Development Perspectives, 2016, 10: 122–127.

［65］Davies P T, Sturge–Apple M L, Martin M J. Family discord and child health: an emotional security formulation［M］//Landale N S, Mchale S M, Booth A. Families and child health. New York, NY: Springer, 2013: 45–74.

［66］Maslow A H. Motivation and personality［M］. New York: Harper & Row, 1954.

［67］Ladd G W, Kochenderferladd B. Identifying victims of peer aggression from early to middle childhood: analysis of cross–informant data for concordance, estimation of relational adjustment, prevalence of victimization, and characteristics of identified victims［J］. Psychological Assessment, 2002, 14: 74–96.

［68］Solberg M E, Olweus D. Prevalence estimation of school bullying with the Olweus Bully/Victim Questionnaire［J］. Aggressive Behavior, 2003, 29: 239–268.

［69］Podsakoff P M, Organ D W. Self–reports in organizational research: problems and prospects［J］. Journal of Management, 1986, 12: 531–544.

［70］Siemsen E, Roth A, Oliveira P. Common method bias in regression models with linear, quadratic, and interaction effects［J］. Organizational Research Methods, 2010, 13: 456–476.

［71］Gámez–Guadix M, Orue I, Smith P K, et al. Longitudinal and reciprocal relations of cyberbullying with depression, substance use, and problematic Internet use among adolescents［J］. Journal of Adolescent Health, 2013, 53: 446–452.

［72］Card N A, Hodges E V E. Peer victimization among schoolchildren: correlations, causes, consequences, and considerations in assessment and intervention［J］. School Psychology Quarterly, 2008, 23: 451–461.

第16章　累积生态风险与青少年网络成瘾

1. 引言

本书将在累积风险模型和动机心理学理论基础上，考察家庭、学校、同伴等主要发展背景中诸多风险因素的累积对青少年网络成瘾的影响以及基本心理需要满足和积极结果预期在其中的中介作用，以期更系统地揭示青少年网络成瘾的病因学机制，为科学预防和有效控制青少年网络成瘾提供依据。

1.1 累积生态风险与青少年网络成瘾的关系

生物生态学理论[1]认为，人类发展受家庭、学校、同伴等多个生态子系统的影响。受该理论启发，大量实证研究发现，家庭、学校和同伴因素在青少年网络成瘾中发挥重要作用[2-4]。但是，这些研究往往关注单一或少数生态风险因素所起的作用。

具体而言，首先，以往研究发现，家庭风险因素对青少年网络成瘾具有显著的不利影响。青少年正值叛逆期，心智尚未成熟，此时若缺乏必要的父母监控和足够的温暖支持，他们就可能出现过度的网络使用[5-7]。此外，消极的亲子关系可能促使个体到网络世界中寻求心灵慰藉，也是网络成瘾的风险因素[8-11]。再者，青少年感知的父母婚姻冲突可能阻碍其情绪管理能力的发展，进而增加网络成瘾的风险[5,12,13]。

其次，学校因素对青少年网络成瘾的作用也不容小视。研究表明，不良的师生关系和同学关系都是网络成瘾的风险因素[14]。此外，学生与学校的联结程度（指学生在学校感知到被关怀的程度以及对学校的归属感）偏低时，其网络成瘾的可能性也越高[8,15,16]。

最后，同伴是影响青少年网络成瘾的重要社会背景。根据社会学习理论，青少年可能通过观察和模仿友伴的行为而做出类似行为[17]。实证研究发现，结交越轨同伴是青少年网络成瘾的重要风险因素[15,18]。此外，遭受同伴侵害可能导致青少年产生负性情绪体验，进而到网络中寻求缓解[19]。

尽管如此，以往研究多是考察单一或少数生态风险因素与青少年网络成瘾的关系，较少关注多领域风险因素的累积对青少年网络成瘾的影响。事实上，同时对多重风险因素进行考察至关重要。首先，不同领域的风险因素往往具有协同发生性，个体面临一个领域的风险因素的同时也面临另一领域的风险因素。只有同时关注多领域风险因素对发展结果的影响才更加符合个体的生活实际。其次，如果一个风险因素与其他风险因素有关系，则只考察一个风险因素的作用时，其效应往往被高估。最后，没有任何单一风险因素对网络成瘾的形成具有决定性作用，且针对单一风险进行干预的效果会打折扣[20]。

在现有文献中，研究者使用了多种方法对多重风险进行建模（如累积风险、多元回归、汇总总分、因子得分等）。其中，累积风险模型（cumulative risk model）是迄今为止使用最广的方法。具体做法是，先对每个风险因素进行二分编码（1＝有风险，0＝无风险），再将所有风险因素的得分相加，得到累积风险指数。Evans等人[20]首次系统总结和比较了40年来文献中出现的多重风险建模方法，结果表明，每种方法都有优缺点，必须辩证地加以看待。许多在理念上颇具吸引力的方法往往在实际的数据分析中并不可行。相比之下，累积风险模型虽然存在某些缺点（如未对风险因素进行加权、对连续型风险因素进行二分类别转换会丢失信息等），但也具备一些突出的优点：①在理论上与Bronfenbrenner[21]的"生物生态学模型"（强调多重风险因素的累积对有机体和环境之间持续的能量交换的破坏，而这种能量交换是个体健康发展的必备条件）、McEwen[22]的"非稳态负荷理论"（强调多重风险因素的累积对有机体躯体反应系统的损耗尤为严重）以及Ellis等人[23]的"进化发展理论"（强调多重风险因素的累积会使生存环境变得资源短缺和不可预测，促使个体选择某些短视的生命历史策略）相契合；②只有风险分布的高分段被计入累积风险指数，中低端风险不被纳入进去，因而可以捕捉对人类真正重要的高端风险；③可以相对简洁地构造出严重逆境并对发展结果产生一致的预测作用；④不对风险因素进行加权，可提供稳健的参数估计；⑤对于风险因素的相关程度不作假定，因而对风险因素的共变性没有特定要求；⑥累积风险效应容易解释，方便与老百姓和政策制定者交流。截至目前，已有超过300项研究探讨了累积风险对儿童生理应激、学业成就、社交能力、外化问题、内化问题、物质滥用等的影响[20]。

当青少年同时面临多重生态风险因素时，他们在现实生活中将严重缺乏"舒适场所"（arena of comfort），因而很可能转向虚拟网络世界寻求补偿。虽然累积风险模型更好地反映了个体所处环境的复杂性、更有利于系统地审视青少年网络成瘾的病因学因素，但目前国内外尚缺乏研究探讨累积生态风险对青少年网络成瘾的影响。为了弥补上述不足，我们将系统地选取对青少年网络成瘾影响较大且具有典型性和代表性的生态风险因素，考察累积生态风险对网络成瘾的影响。具体而言，我们将探讨累积生态风险对网络成瘾的预测作用是否比单一生态风险因素更强。另外，我们也将探讨累积生态风险与网络成瘾的关系的函数形式。研究者指出，累积风险与儿童发展之间的关系可能表现出以下不同的函数形式[24-26]。一是"线性模式"（linear model）。该模式假定，风险因素每增加一个，心理病理学问题就相应地增长一个单位，表现出所谓的"梯度效应"（gradient effect）。二是"正加速模式"（positive acceleration model）。该模式假定，每个风险因素与发展结果的联系在其他风险因素同时出现的情况下要比没有其他风险因素同时出现时更强，符合"各风险的总效应大于各风险的效应之和"的观点。三是"负加速模式"（negative acceleration model）。该模式假定，随着累积风险数目的增加，新增风险因素对个体发展的效应越来越小。对函数形式进行探讨非常重要，因为不同函数形式往往蕴含着明显不同的实践意义。如果呈"线性模式"，则需要开展全面的预防工作，因为针对特定风险因素进行干预的有效性不受其他因素的影响，不存在某个临界点之后干预工作就很难奏效，因此每减少一个风险因素都至关重要。如果呈"正加速模式"，则意味着多重风险因素特别难以对付，因为网络成瘾在风险数目的某个临界点后加速增长，达到不易挽回的地步[27]。最后，如果呈"负加速模式"，则针对生态风险因素总数目为中等的个体进行干预更有效果，因为此时每减少一个风险因素的收益要比在个体遭遇大量风险因素时减少单一风险的收益更明显[26]。

1.2　累积生态风险影响青少年网络成瘾的中介机制

尽管累积生态风险可能导致青少年沉迷网络，但累积生态风险与网络成瘾之间的联系在很大程度上可能是间接的。累积生态风险可能通过个体自身的某些中介变量，进而影响网络成瘾。然而，目前尚缺乏研究探讨累积生态风险影响青少年网络成瘾的中介机制。实际上，这类研究对于深入理解累积生态风险怎样影响青少年网络成瘾以及有效帮助暴露于累积生态风险之中的青少年摆脱网络成瘾都有重要的参考价值。动机心理学研究表明，人类在特定环境下的行为表现（如网络成瘾）往往有相应的动机基础。这种动机通常涉及两个方面[28]：一是内部需要，它是有机体感到某种缺乏而力求获得满足的心理倾向，是推动行为的内在力量；二是外部诱因，它是能引起个体行为的外部刺激或个体经由学习获得的有关该外部刺激的价值的认识。动机性行为正是在内部需要和外部条件—"推"—"拉"的合力下持续进行的。需要说明的是，虽然在某些情况下，内部需要和外部诱因相统一（有机体内部所缺乏因而起推动作用的事物恰好是外部环境所存在并起拉动作用的事物）。但是，在其他许多情况下，二者却相对分离[29,30]。同一动机行为可能只受需要未被满足所推动，或者只受外部诱因所拉动。动机行为至少需要一种因素来激发，当两种因素的作用都很强大时，从事该行为的动机可能最强。我们将以此为基础，探讨与这两种力量分别具有一定联系的两个变量（基本心理需要满足和积极结果预期）在累积生态风险与青少年网络成瘾之间的中介作用。

1.2.1　基本心理需要满足的中介作用

自我决定理论（self-determination theory）认为，人类拥有三种根本性的心理需要：自主需要（希望自己决定自己的行为，不受他人强迫）、关系需要（希望与他人建立和保持亲密的联系）和能力需要（希望自己有能力完成重要的事情）[31]。这些基本心理需要的满足是个体健康发展所必需的营养元素。如果个体赖以生存的现实环境不能满足这些心理需要，个体将出现适应不良或转向其他背景寻求满足。由此看来，基本心理需要满足不仅是环境背景所影响的"结果"（outcome），同时也是需要未被满足时推动个体做出补偿行为的内部"动力"（motive）[32,33]。换句话说，基本心理需要满足可以看作是环境因素怎样影响个体行为的关键性动机机制。与该观点相符，大量实证研究表明，基本心理需要满足不仅在良好环境（如父母支持、积极教养、教师支持等）与积极发展结果（如高幸福感、高自尊、积极主动、较高的学业成就等）之间具有中介作用[34,35]，也在不利环境（如逆境、高压力、控制教养等）与消极发展结果（如心理困扰、抑郁、焦虑、行为问题等）之间具有中介作用[35,36]。

基于上述文献分析，我们推测，基本心理需要满足作为一种重要的内驱力，可能是累积生态风险与网络成瘾之间的中介变量，理由有二：首先，多领域风险因素的累积可能阻碍青少年基本心理需要的满足（需要作为结果变量）。自我决定理论强调个体心理需要与环境因素相匹配，即心理需要满足与否取决于环境能否提供充足的支持性资源[31]。不同领域均存在风险因素的环境必然是控制的、拒绝的和批评性的，这将直接阻碍心理需要的满足[35]。实证研究支持了该观点[36,37]。例如，Corrales等人[36]发现，青少年在面临严重逆境（多种风险因素的累积）时，会导致基本心理需要得不到满足。又如，夏扉和叶宝娟[37]的研究表明，在面临较多严重的风险事件时，青少年的基本心理需要难以得到满足。其次，基本心理需要未被满足是推动个体使用网络的动力（需要作为动机变量）。当青少年不能在现实世界中满足基本心理需要时，他们可能转向网络世界寻求补偿[38,39]。实际上，网络本身的诸多特点（如丰富的网络游戏）恰好迎合了青少年的自主、关系和能力需要[40]。在网络中，伴随着一次心理需要的满足，这种逃避现实生活中的不愉快、到网上寻求补偿的行为往往得到强化，继而使上网成为个体主要的生活方式[41]，对网络的过度依赖最终导致网络成瘾。实证研究支持了上述观点[42-44]。例如，研究者发现，现实生活中三大心理需要未被满足时，青少年更可能沉迷网络游戏[43,44]。

上述理论分析和实证研究均表明，累积生态风险可能通过阻碍青少年在现实生活中基本心理需要的满足，进而推动个体沉迷网络。然而，从查阅的资料来看，目前尚缺乏实证研究直接检验基本心理需要满足在累积生态风险与青少年网络成瘾之间的中介作用。

1.2.2 积极结果预期的中介作用

尽管需要满足的视角有助于理解累积生态风险影响青少年网络成瘾的潜在机制，但仍不够全面。动机的产生不仅是内部需要的"推动"，还有来自外部诱因（如目标刺激是否有吸引力）的"拉动"。我们将关注在一定程度上标示了外部诱因作用大小的变量——积极结果预期（又称网络偏好性认知）可能的中介作用。积极结果预期（positive outcome expectancy）是指对网络使用可能带来的积极结果的判断。这种判断在个体接触网络的初期得以产生，并在网络使用过程中不断被强化，最终变得自动化。由于外界诱因通常需要通过个体的认知解释起作用，因此，相对于客观的网络环境而言，个体感知到的网络积极方面对其行为可能具有更重要的影响。Davis[45] 提出的"认知–行为"模型认为，积极结果预期受到个体所处生态背景的影响，同时又是网络成瘾形成和保持的关键因素。也就是说，积极结果预期可能是生态风险因素影响青少年网络成瘾的中介变量。

一方面，累积生态风险会塑造个体的积极结果预期，强化个体对网络世界积极方面的认识。累积生态风险偏高本质上反映的是个体所处生态背景的无结构化和支持性资源的匮乏，而这些特征是个体产生虚拟网络世界比现实世界更好的认知的风险因素。具体而言，当个体所处环境结构化程度偏低时（如父母监控不足、越轨同伴交往偏多），青少年更可能在同伴邀约下接触和使用网络，暂时逃避现实生活的压力和不良的人际交往。另外，当个体所处环境缺乏支持性资源时（如与父母和老师缺乏亲密情感联结时），个体在网络与现实的对比中更容易感到网络可以暂时逃避现实生活中无力应对的压力、可以在一定程度上给予其支持[46]。尽管目前尚缺乏实证研究直接探讨累积生态风险与积极结果预期的关系，但间接证据表明，青少年所经历的负性生活事件（可以近似看作多种风险事件的累积）越多，个体对网络的积极预期也越多[47]。

另一方面，积极结果预期作为网络成瘾的近端因素，对网络成瘾产生重要影响。结果预期模型（outcome expectancy model）认为，个体对特定行为所带来的积极结果预期会导致成瘾行为，这种预期可以是活动带来的愉悦体验，也可以是消极情绪的缓解[48]。大量实证研究支持了这一观点[49-51]。例如，Lee等人[50]的研究表明，积极结果预期是网络成瘾者的重要特征，并且在中国台湾中学生中验证了积极结果预期在网络成瘾中的重要作用。又如，Wu等人[51]发现，积极结果预期是青少年网络成瘾的风险因素，并且在同伴因素与网络成瘾之间具有中介作用。

上述理论分析和实证研究均表明，累积生态风险可能通过促进青少年对网络使用的积极结果预期，进而拉动个体沉迷网络。然而，目前尚缺乏实证研究直接检验积极结果预期在累积生态风险与网络成瘾之间的中介作用。

1.2.3 两种中介机制的整合

我们将同时考察基本心理需要满足和积极结果预期在累积生态风险与青少年网络成瘾之间的中介作用。需要注意的是，基本心理需要满足是个体在现实生活中心理需要被满足的情况，积极结果预期则是个体对虚拟网络世界可能带来积极结果的判断。在某些情况下，个体在现实生活中无法满足的心理需要可能正好是网络世界所能提供的诱因，此时"推""拉"力量所激发的动机行为指向相同的目标物。但是，在其他许多情况下，心理需要满足和积极结果预期则更加分离，两者不总是"一个硬币的两面"。例如，个体可能在现实生活中心理需要已经得到较好满足，但网络世界中出现高吸引力目标物，从而拉动个体做出动机行为。又如，个体可能在现实生活中心理需要未被满足，而在网络世界中同样缺乏好的目标物。

整合性研究将具有特殊的意义和价值。从统计学角度来看，多重中介模型要比简单中介模型更有优势：可以确定总的中介效应的大小；可以在控制一个中介变量（如基本心理需要满足）的前提下，探讨另一个中介变量（如积极结果预期）的作用是否显著；可以减少被忽略的变量所带来的参数估计偏差；可以进行不同中介效应相对大小的对比[52]。从实质性角度来看，多重中介模型能够整合现有研究，展示具有互补性的中介路径，从而更加完善地理解自变量影响因变量的复杂过程和作用机制。

尽管基本心理需要满足和积极结果预期均可能解释累积生态风险与网络成

瘾的关系，但现有文献对两个变量究竟是同时相对独立地起作用（并行中介效应）还是存在一先一后的关系（链式中介效应）却并不明确。一方面，青少年可能不总是由于现实心理需要未被满足而沉迷网络，而是因为网络本身的特点就具有很强的吸引力，让个体形成了对网络使用积极结果的预期，这种预期作为诱因激发了个体的网络使用行为。这种情况似乎符合Davis[45]在解释网络成瘾成因时提出的"认知–行为"模型，即个体对网络使用积极结果的预期足以导致青少年网络成瘾。在这个意义上，青少年心理需要未被满足和积极结果预期可能各自独立地对网络成瘾起作用（并行中介）。另一方面，Suler[53]认为，最初个体通过网络来满足现实生活中无法满足的心理需要，随后这种需要满足过程被重复，网络世界比现实世界更好的认知也日益固化，从而引致网络成瘾。据此推测，现实生活中基本心理需要满足程度越低，个体的积极结果预期就越高，且现实中基本心理需要未被满足可能先于积极结果预期而产生，二者以"串行"的方式对网络成瘾产生影响（链式中介）。

　　不同中介模式背后蕴含着明显不同的实践意义。如果链式中介模型得到支持，那么两个中介变量则串行地起作用，对一个中介变量进行充分干预即可阻断累积生态风险到网络成瘾的整个路径。同时，对近端中介变量进行干预可能要比对远端中介变量进行干预更加有效。相比之下，如果并行中介模型得到验证，那么两个中介变量则相对独立地起作用，干预其中任一中介变量都有助于降低累积生态风险背景下青少年网络成瘾的风险，且同时干预两者会有更明显的收益。

1.3　研究概览

　　综上，我们拟考察累积生态风险与青少年网络成瘾的关系，以及基本心理需要满足和积极结果预期在其中的中介作用。我们提出如下假设。假设H1：累积生态风险对青少年网络成瘾具有显著的正向预测作用。假设H2：累积生态风险通过降低现实生活中基本心理需要的满足，进而显著正向预测网络成瘾。假设H3：累积生态风险通过促进积极结果预期，进而显著正向预测网络成瘾。鉴于以往有关累积生态风险与儿童发展之间关系的函数形式的研究仍存在分歧[20]，以及基本心理需要满足与积极结果预期的相对关系仍不明确，我们只对这些内容进行探索性分析，而不提出具体假设。

2. 研究方法

2.1 被试

采用随机整群抽样，选取武汉和上海5所普通中学作为研究对象。在每所学校每个年级随机抽取两个班，共有998名中学生参加研究（高三年级因复习备考未参加，4名智力落后儿童无法完成问卷而被排除在外）。所有被试均能正常参加学校学习和活动，没有显著的身心疾病。其中，男生471人（占47.2%），女生527人（占52.8%）；初一179人（占17.9%），初二173人（占17.3%），初三132人（占13.2%），高一257人（占25.8%），高二257人（占25.8%）。被试平均年龄15.15岁（$SD = 1.57$，全距为12—19）。从家庭社会经济地位来看，被试父亲、母亲受教育水平在"小学及以下"水平者分别为53人（占5.3%）和115人（占11.5%），"初中"水平者分别为317人（占31.8%）和334人（占33.5%），"高中/职高/中专"水平者分别为409人（占41.0%）和354人（占35.5%），"大学专科/本科及以上"水平者分别为219人（占21.9%）和195人（占19.5%）；父亲、母亲从事准技术/非技术职业者分别为215人（占21.5%）和277人（27.8%）。从网络可获得性来看，805名青少年（占81.7%）自家有电脑且能上网，732名青少年（占73.3%）拥有自己的手机且能上网。除3名学生外（即使剔除也不影响结果），所有被试都有网络使用经验，平均网龄5.45年（$SD = 2.48$）。

2.2 工具

2.2.1 累积生态风险

生态系统理论提出，个体心理发展受相互嵌套的环境影响。发展的个体处在直接环境（如家庭）到间接环境（如社会文化）的几个环境系统的核心[1]。按环境因素与发展结果不同的关联性，可以将环境因素区分为近端和远端因素。家庭、学校、同伴因素通常被视为近端因素，社区环境、社会文化等通常被视为远端因素[25]。另外，按环境因素性质的不同，可以将其区分为物理环境和心理社会环境。理论上讲，所有的生态因素都可以纳入累积生态风险的测量中。但是，从研究的必要性和可行性而言，应当或者只能纳入与发展结果密切相关的重要风险因素。从查阅的资料来看，目前几乎没有研究涉及远端因素和物理因素在青少年网络成瘾中的作用，相比之下，生态环境中的近端、心理社会因素是当前青少年网络成瘾研究关注的焦点。在无法穷尽所有生态风险因素的情况下，我们立足于生态系统理论和以往青少年网络成瘾的研究，对生态风险因素的范围进行适度限定。当然，在解释累积生态风险这一宽泛术语时应对其内在成分保持谨慎。

文献计量学假设认为，如果一种生态风险因素对青少年网络成瘾具有重要影响，那么现有文献中就应当有研究涉及该风险因素。根据这一假定，我们在设计阶段对过去三年（2012年、2013年、2014年）有关青少年网络成瘾的学术文献进行系统检索和研读，从中筛选有关生态风险因素。选取风险因素时总体遵循以下原则：①系统性：在生态系统理论指导下，纳入家庭、学校、同伴等近端生态子系统中的社会风险因素。②典型性：所选风险因素应被较多研究所使用，且能较好地代表所在领域的风险因素。例如，父母教养方式、师生关系、越轨同伴交往分别是家庭、学校、同伴领域的典型因素，而父母沉迷网络色情、是否在女子中学就读、被同伴开色情玩笑等就不是上述领域的典型因素，我们未将其纳入。③关联性：风险因素的选择不可能面面俱到，因而应尽可能选择与网络成瘾密切相关的因素，效应偏小或分歧明显的因素不予纳入。例如，父母受教育水平、父母职业声望、家庭经济状况、家庭结构、父母网络使用、父母是否对青少年进行网络使用指导、父母对青少年的教育期望、学校层次等变量在以往研究中或在我们前期数据处理中与网络成瘾相关不显著因而未被纳入。④发展性：所选风险因素应紧扣青少年期的发展特点，舍弃不太适合青少年的风险因素。例如，成人依恋不大适合中学生群体，因而未被纳入进来。⑤独特性：尽量保持各生态风险因素的独特性，舍弃包含在已选风险因素中（如亲子沟通包含在亲子关系的测量中）且不如所选风险因素典型的因素。另外，有些变量属于比较上位的概念而我们已纳入了其具体因素，因而不再将其纳入。例如，我们已涉及温暖接纳、父母监控、亲子关系、婚姻冲突等变量，就不再纳入家庭功能这一更具整体性的上位概念。再如，我们已在亲子关系、师生关系、同学关系中涉及重要他人的社会支持成分，就不再纳入社会支持这一因素。⑥可行性：切实保证生态风险数目和测量工具在大样本调查中的可行性，以便在有限的时间内获取相对丰富的信息。虽然某些生态风险因素（如以往研究也未曾涉及的通过同伴提名法建构青少年社交网络进而探究其与网络成瘾的关系）可能具有潜在的价值，但不易通过自我报告法进行测查，因而未将其纳入。另外，由于学校数目偏少，因此不适合考察学校水平的变量（如学校管理是否严格、学校是否开设网络安全课程）所起的作用。综合而言，尽管由此得到的9种生态风险因素并未穷尽所有可能的生态风险因素，但在一定程度上代表了现有文献中被研究者相对认可的较为重要的因素。各生态风险因素的测查情况具体说明如下。

第一，温暖接纳。采用"温暖接纳问卷"[54]进行测量。主要测查父母教养方式中对青少年的情感温暖和支持程度（例如，"当我遇到困难时，父母会帮助或支持我"）。本次测量中，问卷的Cronbach's α系数为0.85。

第二，父母监控。采用"父母知情量表"[55]测查父母教养方式中对青少年的行为监控程度（例如，"你父母是否真正知道谁是你的好朋友"）。本次测量中，量表的Cronbach's α系数为0.88。

第三，亲子关系。采用"社会关系网络问卷"中亲子关系分问卷[56]进行测量（例如，"你对你和父母的关系感到满意吗？"）。本次测量中，问卷的Cronbach's α系数为0.86。

第四，婚姻冲突。采用池丽萍和辛自强[57]修订的"儿童对婚姻冲突的感知量表"进行测量。包含儿童感知到父母婚姻冲突的强度、频率和解决三个方面（例如，"父母争吵时，他们会动手打对方"）。本次测量中，量表的Cronbach's α系数为0.70。

第五，学校联结。采用"学校联结问卷"[58]进行测量（例如，"我喜欢这所学校"）。本次测量中，问卷的Cronbach's α系数为0.90。

第六，师生关系。采用"社会关系网络问卷"中师生关系分问卷[56]进行测量（例如，"你对你和老师的关系感到满意吗？"）。本次测量中，问卷的Cronbach's α系数为0.85。

第七，同学关系。采用"社会关系网络问卷"中同学关系分问卷[56]进行测量（例如，"你对你和同学的关系感到满意吗？"）。本次测量中，问卷的Cronbach's α系数为0.81。

第八，越轨同伴交往。采用"越轨同伴交往问卷"[15,59]测查青少年好朋友的偏差行为的多少（例如，"你的好朋友中有多少人抽烟？"）。本次测量中，问卷的Cronbach's α系数为0.82。

第九，同伴侵害。采用"青少年同伴侵害问卷"[60]进行测量（例如，"最近12个月以来，我在学校里受到威胁或恐吓"）。本次测量中，问卷的Cronbach's α系数为0.72。

这9种生态风险因素中，4个属于家庭因素，3个属于学校因素，2个属于同伴因素。不同领域生态风险因素的数目并不对等，可能的原因在于：家庭是影响个体发展最近端、最持久的生态子系统，因而目前有许多研究关注家庭风险因素对青少年网络成瘾的影响。随着年龄增长，青少年待在学校或与同伴相处的时间不断增加，学校和同伴因素的作用也日益凸显。但是，现有文献目前仍较少关注学校和同伴因素对青少年网络成瘾的作用。因此，按照前述标准选取生态风险因素时，不同领域风险因素的个数不完全对等。当然，尽管学校和同伴领域的风险因素相对较少，但仍在一定程度上涵盖了对青少年网络成瘾具有重要作用的因素。另外，由于同伴交往通常发生在学校背景中，使得同伴因素与学校因素不容易截然区分开来，但考虑到发展心理学研究通常将二者视为不同领域，我们也就不对其进行合并。最后，与以往研究相一致，9种生态风险因素之间确实存在中等程度的正相关，表现出一定的协同发生性。正是由于不同风险因素的协同发生性，单独考察单一风险因素所起作用的研究才相对不那么恰当，因为单一风险因素的作用可能混杂了与其相伴发生的其他风险因素的作用，从而导致该风险因素的作用被高估。当然，尽管这些风险因素具有一定的协同发生性，但彼此之间仍具有相对的独立性，相关系数并未达到可以用一种风险因素代替其他风险因素的程度。

我们使用文献中普遍接受和广泛采用的建模方法来构建累积生态风险指数[20,24,27,61,62]。如表16-1所示，先将每个风险变量得分的25或75百分位点作为临界值，对每个风险因素进行二分编码（1＝有风险，0＝无风险），再将所有风险因素的分数相加，得到累积生态风险指数。结果表明，在我们的样本中，大约25.4%的青少年经历了四个或以上的生态风险因素。

表16-1　生态风险描述和累积生态风险的界定

风险指标		领域	M (SE)	项目	评分	风险界定标准
温暖接纳		家庭	3.70 (0.03)	9	1（完全不符合）至5（完全符合）	低于第25百分位数
父母监控		家庭	3.40 (0.03)	6	1（不知道）至5（完全知道）	低于第25百分位数
亲子关系		家庭	3.48 (0.03)	8	1（从不）至5（总是）	低于第25百分位数
婚姻冲突		家庭	2.49 (0.03)	6	1（完全不符合）至6（完全符合）	高于第75百分位数
学校联结		学校	3.40 (0.02)	6	1（从不）至5（总是）	低于第25百分位数
师生关系		学校	4.25 (0.04)	8	1（从不）至5（总是）	低于第25百分位数
同学关系		学校	3.83 (0.02)	6	1（从不）至5（总是）	低于第25百分位数
越轨同伴交往		同伴	1.50 (0.02)	8	1（没有）至5（全部）	高于第75百分位数
同伴侵害		同伴	1.24 (0.01)	7	1（没有）至5（5次及以上）	高于第75百分位数
风险数	2.46 (0.07)	0	1	2	3	4	5	6	7	8+
百分比		27.6	19.2	16.8	11.0	8.2	8.6	5.1	2.3	1.1

2.2.2　基本心理需要满足

该变量的测量改编自国内外同类问卷[63,64]。包含关系需要、能力需要和自主需要三个维度，共9个项目（例如，"现实生活中，我有很多机会自主选择和决定自己的事情"）。其中，2个项目采用四级计分（从"完全不同意"到"完全同意"分别计1—4分），7个项目采用六级计分（从"完全不符合"到"完全符合"分别计1—6分）。先将各项目的得分标准化，再计算所有项目的均分，分数越高表示现实生活中基本心理需要的满足程度越高。本次测量中，问卷的Cronbach's α系数为0.75。

2.2.3　积极结果预期

采用Li等人[47]编制的"青少年网络偏好性认知量表"进行测量。包含10个项目，主要包含社交便利（反映青少年对网络社交补偿功能的积极预期）和压力应对（反映青少年对网络压力管理功能的积极预期）。两个维度的样题分别为"网络中的朋友比现实中的更值得信赖"和"上网的时候，人们可以从压力中暂时解脱出来"。采用六级计分，从"完全不符合"到"完全符合"分别计1—6分。计算所有项目的平均分，分数越高表示偏好网络的积极结果预期越明显。该量表在以往研究中表现出良好的信效度[65]。本次测量中，量表的Cronbach's α系数为0.90。

2.2.4　网络成瘾

采用Young[66]编制、Li等人[47]修订的"青少年网络成瘾诊断问卷"进行测量。包含10个项目（例如"我难以减少或控制自己对网络的使用"）。采用六级计分，从"完全不符合"到"完全符合"分别计1—6分。计算所有项目的平均分，分数越高表示网络成瘾程度越高。该问卷在以往研究中表现出良好的信效度[15,18,67]。本次测量中，问卷的Cronbach's α系数为0.90。

2.3　研究程序

在征得学校领导和青少年本人知情同意后，以班级为单位进行团体施测。每班配备两名主试。主试向被试详细讲解指导语和例题。在指导语中说明本次调查的意义，并强调对调查结果的保密，要求被试根据自己的实际情况独立作答。被试完成全部问卷约需45分钟。所有被试均获得一份小礼物（中性笔和橡皮擦）。

2.4　分析思路

本次调查数据缺失率极低（小于1%），因此采用均值替换法对缺失数据进行处理。当数据缺失比例很小时，各种缺失数据处理方法所得结果非常接近。数据分析按以下步骤进行：①对潜在的共同方法偏差进行检验；②对主要变量进行描述性分析；③采用结构方程模型检验累积生态风险对网络成瘾的直接作用以及基本心理需要满足和积极结果预期在其中的中介作用。模型拟合的评价指标包括NNFI, CFI, GFI, RMSEA, SRMR和χ^2/df等。

3. 结果

3.1 共同方法偏差的控制与检验

所有数据均来自青少年自我报告，结果可能受到共同方法偏差的影响。因此，在研究设计与数据采集过程中采取了将不同问卷分开编排、部分题目反向计分、强调数据的保密性等措施进行事前的程序控制。另外，我们也采用Harman单因子检验[68]对共同方法偏差进行事后的统计检验。结果表明，19个因子特征根大于1，第一个因子解释的变异为17.91%，远小于40%的临界值，说明共同方法偏差并不明显。

3.2 各变量的平均数、标准差和相关系数

表16-2列出了各变量的平均数、标准差和皮尔逊积差相关矩阵。首先，根据Young[66]的网络成瘾诊断标准，样本中网络成瘾总体检出率为6.1%（$n = 61$）。该比例与全国性样本[69]以及最近的文献回顾[70,71]很接近。相关分析表明，累积生态风险与网络成瘾呈显著正相关。其次，累积生态风险与基本心理需要满足呈显著负相关，与积极结果预期呈显著正相关。再次，基本心理需要满足与网络成瘾呈显著负相关，而积极结果预期与网络成瘾呈显著正相关。最后，基本心理需要满足与积极结果预期呈显著但微弱的负相关。

表16-2 各变量的平均数、标准差和相关系数

变量	1	2	3	4	5	6	7
1. 性别[a]	—						
2. 年龄	−0.03	—					
3. 社会经济地位[b]	−0.07*	0.18***	—				
4. 累积生态风险	0.11***	0.10**	−0.13***	—			

变量	1	2	3	4	5	6	7
5. 心理需要满足	0.01	0.01	0.12***	−0.42***	—		
6. 积极结果预期	0.09**	0.16***	0.07*	0.21***	−0.11***	—	
7. 网络成瘾	0.13***	0.19***	0.04	0.30***	−0.25***	0.61***	—
M	0.47	15.15	0.00	2.18	0.00	2.77	2.36
SD	0.50	1.57	1.00	2.07	0.57	1.09	1.04

注：$N = 998$。变量1—3为控制变量。a性别为虚拟变量，女生 $= 0$，男生 $= 1$，均值表示男生所占比例。b社会经济地位是由父母受教育水平、父母职业声望、家庭经济状况等变量经因子分析得到的因子分。鉴于社会经济地位与青少年网络成瘾的联系在以往研究中分歧明显，且在本样本中并未达到统计显著水平，我们未将其纳入累积生态风险指数。$^{*}p < 0.05,^{**}p < 0.01,^{***}p < 0.001$。

3.3 测量模型检验

我们所关心的累积生态风险、基本心理需要满足、积极结果预期和网络成瘾都是潜变量。根据结构方程模型的建模要求，我们先构建测量模型。首先，累积生态风险由累积生态风险指数作为观测变量。其次，按照基本心理需要满足和积极结果预期两个问卷本身的维度归属模式，潜变量的观测变量设置如下：关系需要、能力需要和自主需要3个观测变量构成基本心理需要满足；社交便利和压力应对两个观测变量构成积极结果预期。最后，由于网络成瘾问卷是单维测验，因此采用了因子法中的平衡法，将10个项目打包成3个项目小组[72]。这样，测量模型包含4个潜变量和9个观测变量。对测量模型的参数估计和检验采用协方差结构模型的极大似然法，得到拟合指数如下：NNFI = 0.97，CFI = 0.98，GFI = 0.97，RMSEA = 0.067，SRMR = 0.038，$\chi^2/df = 5.44$。根据模型拟合良好的标准，RMSEA和SRMR均小于0.08，NNFI、CFI和GFI均大于0.90，拟合良好。一般认为，χ^2/df小于5表示模型拟合良好，不过，当样本量较大时，该指标会有增大的倾向[73]。在本模型中，χ^2/df稍大于5，仍在可接受的范围内。因此，总体而言，该测量模型拟合良好。另外，数据分析也支持了基本心理需要满足和积极结果预期两个概念之间的区分。具体而言，验证性因子分析表明，当两个概念的题目各自负荷到所对应的因子上时，模型对数据的拟合可以接受，各项拟合指数如下：NNFI = 0.93，CFI = 0.94，GFI = 0.91，

RMSEA = 0.077, SRMR = 0.062。但是，当两个概念的题目全部负荷到一个因子上时，模型无法拟合数据，各项拟合指数如下：NNFI = 0.75, CFI = 0.78, GFI = 0.68, RMSEA = 0.170, SRMR = 0.140，表明两个概念具有一定的区分性。

3.4 直接效应检验

我们首先检验累积生态风险对网络成瘾的直接预测作用。根据统计学家的建议，在累积生态风险一次项基础上纳入相应的二次项，以检验变量关系的函数形式[74]。结果表明，在控制学校、性别、年龄和社会经济地位的影响后，模型对数据拟合良好，NNFI = 0.98, CFI = 0.99, GFI = 0.99, RMSEA = 0.034, SRMR = 0.011, χ^2/df = 2.15。由于该模型中部分人口学变量到网络成瘾的路径系数不显著，于是将其删除，得到简洁模型。该模型对数据的拟合依然良好，各项拟合指数如下：NNFI = 0.98, CFI = 0.99, GFI = 0.99, RMSEA = 0.032, SRMR = 0.013, χ^2/df = 2.03。尽管部分拟合指标略有变化，但模型拟合未显著恶化，$\Delta\chi^2$ = 3.94, Δdf = 3, p > 0.05。在简洁模型中，累积生态风险（一次项）显著正向预测网络成瘾，标准化路径系数 γ = 0.35, p < 0.001。另外，累积生态风险（二次项）对网络成瘾具有显著的负向预测作用，γ = –0.10, p < 0.01。因此，与假设H1相一致，累积生态风险对网络成瘾具有显著的不利影响，且这种不利影响呈"负加速模式"（如图16-1a所示）。

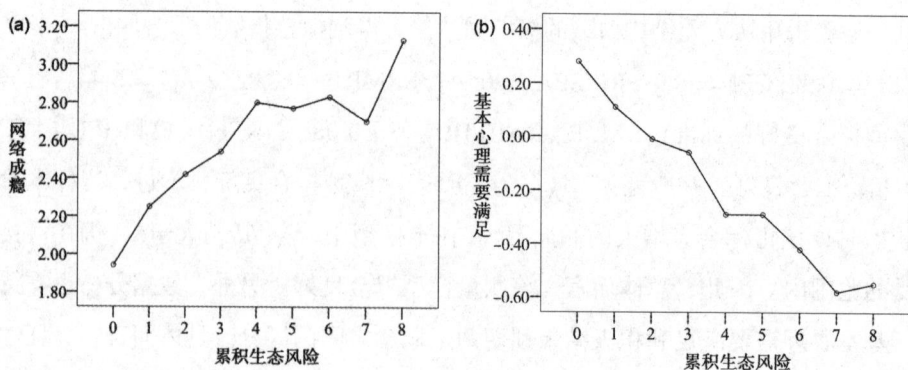

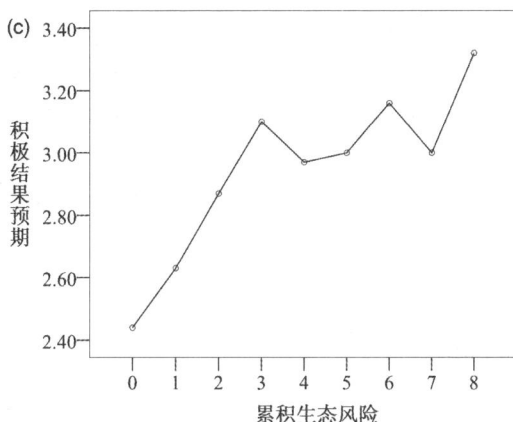

图16-1 累积生态风险与网络成瘾、基本心理需要满足和积极结果预期的函数形式

另外，参考MacKenzie等人[75]的做法，我们将每种生态风险因素先单独纳入回归方程，再将其与不包含该生态风险因素的累积生态风险指数同时纳入回归方程，通过比较每种生态风险因素在前后两种情况下回归系数的变化，可以确定每种生态风险因素对网络成瘾的影响在多大程度上是由该生态风险因素自身所提供，在多大程度上由与该生态风险因素相伴发生的其他风险因素所提供。如表16-3所示，在控制了其他生态风险因素的总数目后，原本全部显著的9种生态风险因素中，只有3种因素（师生关系、越轨同伴交往、同伴侵害）的预测作用依然显著。但是，此时没有任何单一风险因素对网络成瘾的预测作用超过累积生态风险。因此，累积生态风险对青少年网络成瘾的预测作用要比单一生态风险更显著。

表16-3 9种生态风险因素对网络成瘾的预测作用（控制其他生态风险因素总数目前后对比）

预测变量	控制其他生态风险因素总数目前			控制其他生态风险因素总数目后		
	B	SE	β	b	SE	β
温暖接纳	0.27	0.07	0.11***	−0.06	0.08	−0.03
父母监控	0.27	0.07	0.11***	0.04	0.08	0.02
亲子关系	0.40	0.07	0.17***	0.06	0.09	0.03
婚姻冲突	0.24	0.08	0.10**	0.03	0.08	0.01
学校联结	0.31	0.08	0.13***	0.05	0.08	0.02

预测变量	控制其他生态风险因素总数目前			控制其他生态风险因素总数目后		
	B	SE	β	b	SE	β
师生关系	0.52	0.08	0.21***	0.30	0.08	0.12***
同学关系	0.33	0.08	0.14***	0.09	0.08	0.04
越轨同伴交往	0.55	0.08	0.23***	0.45	0.08	0.19***
同伴侵害	0.43	0.08	0.17***	0.30	0.08	0.12***

3.5 中介效应检验

在直接效应检验的基础上，我们进一步检验基本心理需要满足和积极结果预期在累积生态风险与网络成瘾之间的中介作用。

3.5.1 基本心理需要满足的中介效应检验

采用协方差结构模型的极大似然法检验基本心理需要满足在累积生态风险与网络成瘾之间的中介作用，得到饱和模型（包含学校、性别、年龄和社会经济地位等人口学变量的饱和模型）。该模型对数据拟合良好，各项拟合指数如下：NNFI = 0.93, CFI = 0.97, GFI = 0.98, RMSEA = 0.058, SRMR = 0.034, χ^2/df = 4.37。由于该模型中部分变量到基本心理需要满足和网络成瘾的路径系数不显著，于是将其删除，得到简洁模型M1（如图16-2所示）。该模型对数据的拟合同样良好，各项拟合指数如下：NNFI = 0.94, CFI = 0.97, GFI = 0.97, RMSEA = 0.053, SRMR = 0.035, χ^2/df = 3.85。尽管部分拟合指标略有变化，但模型拟合没有显著恶化，$\Delta\chi^2$ = 11.61, Δdf = 9, $p > 0.05$。

如图16-2所示，累积生态风险（一次项）显著正向预测网络成瘾，标准化路径系数 γ = 0.17, $p < 0.001$，累积生态风险（二次项）显著负向预测网络成瘾，γ = –0.09, $p < 0.01$。另外，累积生态风险（一次项）显著负向预测基本心理需要满足，γ = –0.61, $p < 0.001$，其函数形式符合"梯度效应"（如图16-1b所示）。最后，基本心理需要满足显著负向预测网络成瘾，β = –0.30, $p < 0.001$。因此，与假设H2相一致，基本心理需要满足在累积生态风险（一次项）与网络成瘾之间具有部分中介作用，中介效应占总效应的52.29%。累积生态风险和基本心理需要满足联合起来可以解释网络成瘾20%的变异。

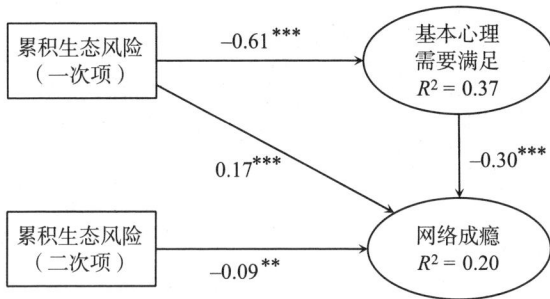

图16-2　累积生态风险通过基本心理需要满足对网络成瘾起作用的简洁模型（M1）

注：图中所列数字为完全标准化解，数据分析时已对无关变量（学校、性别、年龄、社会经济地位）进行控制，但出于简洁目的未在图中列出。下同。

3.5.2　积极结果预期的中介作用检验

检验积极结果预期在累积生态风险与网络成瘾之间的中介作用。饱和模型对数据拟合良好，各项拟合指数如下：NNFI = 0.95, CFI = 0.98, GFI = 0.98, RMSEA = 0.056, SRMR = 0.019, χ^2/df = 4.05。由于该模型中部分变量到积极结果预期和网络成瘾的路径系数不显著，于是将其删除，得到简洁模型M2（如图16-3所示）。该模型对数据的拟合依然良好，各项拟合指数如下：NNFI = 0.96, CFI = 0.98, GFI = 0.98, RMSEA = 0.049, SRMR = 0.022, χ^2/df = 3.36。尽管模型更加简洁，但模型拟合没有显著恶化，$\Delta\chi^2$ = 9.04, Δdf = 9, p > 0.05。相反，NNFI、RMSEA和χ^2/df等拟合指数有所改善。

如图16-3所示，累积生态风险（一次项）显著正向预测网络成瘾，标准化路径系数 γ = 0.14, p < 0.001。另外，累积生态风险（一次项）显著正向预测积极结果预期，γ = 0.30, p < 0.001，累积生态风险（二次项）显著负向预测积极结果预期，γ = –0.13, p < 0.01。因此，累积生态风险对积极结果预期的促进作用呈"负加速模式"（如图16-1c所示）。最后，积极结果预期对网络成瘾具有显著的正向预测作用，β = 0.69, p < 0.001。因此，与假设H3相一致，积极结果预期在累积生态风险（一次项）与网络成瘾之间具有部分中介作用，中介效应占总效应的59.14%；积极结果预期也在累积生态风险（二次项）与网络成瘾之间具有完全中介作用。累积生态风险和积极结果预期联合起来可以解

释网络成瘾55%的变异。

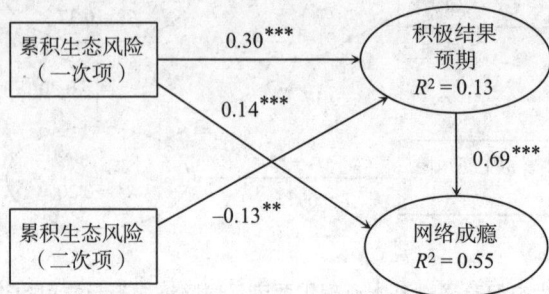

图16-3　累积生态风险通过积极结果预期对网络成瘾起作用的简洁模型（M2）

3.5.3　基本心理需要满足和积极结果预期的中介作用检验

接下来，我们将综合检验基本心理需要满足和积极结果预期在累积生态风险与网络成瘾之间的中介作用。在同时包含两个中介变量的模型中，如果基本心理需要满足对积极结果预期的预测作用显著，且累积生态风险对基本心理需要满足以及积极结果预期对网络成瘾的预测作用显著，则表明链式中介效应得到支持。相反，如果基本心理需要满足对积极结果预期的预测作用不显著，而两者各自的中介作用显著，则表明并行中介效应得到支持。具体分析过程如下。

模型检验表明，饱和模型对数据拟合良好，NNFI = 0.93, CFI = 0.97, GFI = 0.97, RMSEA = 0.061, SRMR = 0.035, χ^2/df = 4.71。考虑到模型简洁性，对饱和模型中不显著的路径按逐步删除原则进行修正。首先，删除人口学变量到核心变量的不显著路径，得到简洁模型（M3-1）。模型M3-1的各项拟合指数如下：NNFI = 0.94, CFI = 0.97, GFI = 0.96, RMSEA = 0.056, SRMR = 0.037, χ^2/df = 4.13。与饱和模型相比，简洁模型M3-1没有出现显著的恶化，$\Delta\chi^2$ = 17.98, Δdf = 13, $p > 0.05$。不过，该模型中累积生态风险（一次项、二次项）到网络成瘾、累积生态风险（二次项）到基本心理需要满足以及基本心理需要满足到积极结果预期等多条路径系数依然不显著。于是，先删除累积生态风险到基本心理需要满足和网络成瘾的不显著路径，得到简洁模型（M3-2）。模型

M3-2的各项拟合指数如下：NNFI = 0.94, CFI = 0.97, GFI = 0.96, RMSEA = 0.055, SRMR = 0.037, χ^2/df = 3.99。与简洁模型M3-1相比，简洁模型M3-2没有出现显著的恶化，$\Delta\chi^2$ = 1.32, Δdf = 3, $p > 0.05$。同时，在其他系数保持基本不变的前提下，χ^2/df仍有所下降，模型进一步改善。虽然模型M3-2拟合良好，但基本心理需要满足到积极结果预期的路径系数依然不显著，于是将其删除，得到简洁模型M3（如图16-4所示）。模型M3的各项拟合指数如下：NNFI = 0.95, CFI = 0.97, GFI = 0.96, RMSEA = 0.054, SRMR = 0.038, χ^2/df = 3.96。与模型M3-2相比，模型M3没有出现显著的恶化，$\Delta\chi^2$ = 1.79, Δdf = 1, $p > 0.05$。同时，模型M3中χ^2/df的值仍有所下降，模型进一步改善，成为拟合最佳的模型。变量之间的标准化路径系数如图16-4所示。其中，基本心理需要满足和积极结果预期完全中介了累积生态风险对网络成瘾的影响。各变量联合起来可以解释网络成瘾57%的变异。

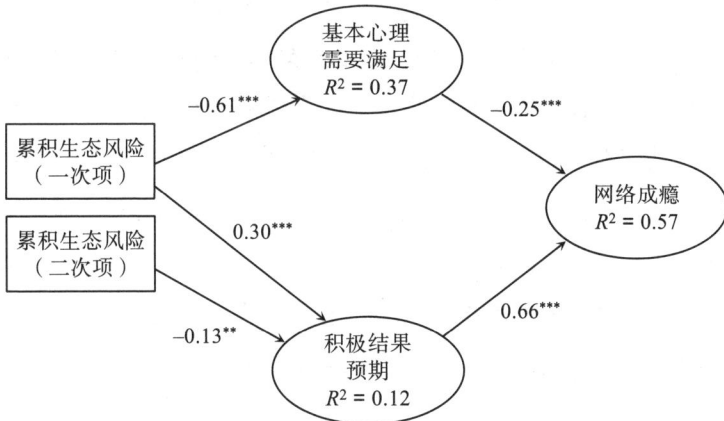

图16-4　累积生态风险通过基本心理需要满足和积极结果预期对网络成瘾
起作用的简洁模型（M3）

　　从拟合指标来看，模型M1、M2和M3都是拟合良好的模型。但是，在只有一个中介变量的模型（M1和M2）中，累积生态风险对网络成瘾的影响都只是被部分中介，而在模型M3中，累积生态风险对网络成瘾的影响被完全中介。该模型更好地解释了累积生态风险怎样影响网络成瘾的内在机制，即网络成瘾的形成不仅是内在需要的"推动"，也有诱因的"拉动"。因此，模型M3为最终接受的模型。从模型M3可以看出，基本心理需要满足对积极结果预期没有显著的预测作用，即"累积生态风险—基本心理需要满足—积极结果预期—网络成瘾"的链式中介假设并未得到支持。相反，累积生态风险分别通过基本心理需要满足和积极结果预期两条并行中介路径对网络成瘾产生间接影响，即"累积生态风险—基本心理需要满足—网络成瘾"和"累积生态风险—积极结果预期—网络成瘾"的并行中介假设得到支持。两条并行中介路径的效应分解情况见表16-4。检验发现，两条并行中介路径的效应没有显著差异，$Z = -1.06, p > 0.05$。

表16-4　累积生态风险对网络成瘾的效应分解

影响路径	标准化效应值	比例
累积生态风险—基本心理需要满足—网络成瘾	$-0.61 \times (-0.25) = 0.153$	43.57%
累积生态风险—积极结果预期—网络成瘾	$0.30 \times 0.66 = 0.197$	56.43%
总效应	0.35	—

当然，从理论上讲，积极结果预期可能调节累积生态风险影响网络成瘾的直接和/或间接路径，也即累积生态风险通过降低基本心理需要满足进而促进网络成瘾的中介路径可能在高积极结果预期的个体中要比在低积极结果预期的个体中更显著。为了检验这种可能性，我们在对有关变量进行标准化的基础上，构造了"累积生态风险×积极结果预期"以及"基本心理需要满足×积极结果预期"的乘积项，考察其对网络成瘾的预测作用。结果表明，所有交互效应均未达到统计显著水平（$ps > 0.05$）。因此，积极结果预期更适合作为累积生态风险与青少年网络成瘾之间的中介变量而非调节变量。

4. 讨论

青少年网络成瘾并非在真空中产生，而是与个体所处的生态背景密切相关。现有研究往往关注单一或少数生态风险对青少年网络成瘾的作用。相比之下，我们在较为全面地选取具有典型性和代表性的生态风险因素的基础上，首次运用累积风险模型考察了累积生态风险对青少年网络成瘾的影响及其内在作用机制，获得了一些有意义的发现。

4.1 累积生态风险与青少年网络成瘾的关系

我们发现，累积生态风险对青少年网络成瘾具有显著的不利影响，且这种不利影响比任何单一生态风险因素的作用都更显著。该结果支持了以往有关累积生态风险与其他心理病理学问题的研究[61,76]，说明累积生态风险对青少年心理病理学问题的不利影响具有跨领域的一般性。该发现可以这样来解释，累积生态风险本质上反映了青少年所处环境支持性资源的匮乏以及无结构社会化特征的突出性。对青少年而言，来自家庭、学校和同伴的支持是其健康成长的关键。如果各领域均充斥大量的不利因素，个体在现实生活中将缺少必要的"舒适场所"[77]，这将推动他们到其他背景中（如虚拟的网络世界）寻求满足。另外，环境的无结构化意味着青少年网络使用较少受家长和老师监督，这种监督既可以是重要他人直接的行为监控，又可以是他们间接的社会控制（如青少年担心沉迷网络及其不良后果会导致重要他人伤心因而减少了网络使用）。此外，环境的无结构化也意味着同伴因素（如越轨同伴交往）在增加网络的可获得性、增强网络使用普遍性的信念、对网络使用的示范和强化等方面作用突出。这些因素均是青少年沉迷网络的重要风险因素。我们的发现提示，具有协同发生特点的多重风险因素所构成的生态风险因素网络是诱发青少年沉迷网络的重要土壤。

尽管累积风险模型并不识别生态背景中哪一因素最容易导致青少年网络成瘾，但该模型确实表明，没有任何单一生态风险因素对网络成瘾的形成具有决定性作用。相反，多重生态风险因素的累积对个体的影响最为不利。这一理念源自心理病理学研究中风险因素与发展结果之间的"殊途同归性"（equifinality），即不同生态风险因素均可能引致相同的发展结果，没有任何单一风险因素是心理病理学问题的必要条件[78]。事实上，McMahon等人[79]对不同领域风险因素与儿童青少年问题行为之间是否具有特异性联系的文献进行回顾发现，目前很少有证据支持特异性联系，而更多支持"一果多因"的非特异性联系。

另外，我们也发现，累积生态风险与青少年网络成瘾之间并不是简单的线性关系，而是呈现"负加速模式"。换言之，随着生态风险因素总数目的增加，青少年网络成瘾的可能性也随之增加，但是，当生态风险因素总数目达到某个临界值（4个）时，上述增长趋势有所放缓。在累积生态风险与发展心理病理学领域，不少研究往往假定二者呈线性关系因而未对非线性关系进行检验。在为数不多进行了正式检验的研究中，所得结论仍有较大分歧。例如，有研究发现了"线性模式"[24,27]，也有研究发现了"正加速模式"[80,81]，还有研究发现了"负加速模式"[82,83]。由于不同研究在研究设计、数据来源、亚群体身份、结果指标（以往没有研究关注网络成瘾）等方面差异较大，难以直接地进行比较。我们的研究中，累积生态风险对网络成瘾的影响呈"负加速模式"，可能是由于少数生态风险因素的累积足以推动个体接触和使用网络，因而这些风险因素的作用达到了相对"饱和"的状态，更多风险因素加入进来时所起作用就不那么突出。这在当前互联网技术迅猛发展、青少年容易接触和使用网络的新形势下似乎不难理解。

总之，上述发现提示，采用系统和综合的眼光审视青少年网络成瘾的病因学因素十分必要。实际上，这种超越简化的单一风险模型的理念近年来在发展心理病理学研究中备受重视[75]。运用累积风险模型考察青少年网络成瘾是我们较之以往单一或少数生态风险与网络成瘾研究的重要拓展。

4.2 基本心理需要满足的中介作用

我们发现，基本心理需要满足在累积生态风险与青少年网络成瘾之间具有中介作用，即累积生态风险通过降低基本心理需要满足，进而增加青少年网络成瘾。因此，基本心理需要满足是累积生态风险影响青少年网络成瘾的重要中介机制。

具体而言，累积生态风险会导致青少年基本心理需要得不到满足，其结果模式符合"梯度效应"。也就是说，随着生态风险因素总数目的增加，青少年基本心理需要满足的程度随之下降。但是，生态风险因素的总数目并不存在某一临界值，在此之后风险因素数目增加对基本心理需要满足的阻碍急剧恶化（"正加速模式"）或者趋于平缓（"负加速模式"）。尽管这种"线性模式"在解释累积生态风险与网络成瘾的"负加速模式"方面似乎作用不大，但它确实表明当个体所处生态背景充满多重风险因素时，青少年基本心理需要难以得到满足。该结果支持了以往的实证研究[36,37,84]。因此，在实践工作中，能减少的每一种风险因素都至关重要，都有助于促进青少年基本心理需要的满足。

另外，青少年在现实生活中基本心理需要未被满足是网络成瘾的风险因素。自我决定理论认为，人类的基本动力就是寻求心理需要的满足[31]。如果青少年在现实生活中长期不能满足基本心理需要，他们很可能转向网络寻求补偿，最终导致网络成瘾。近年来，随着互联网技术的发展，各种网络应用在满足青少年基本心理需要方面扮演着越来越重要的角色。例如，社交网站有助于满足个体的关系需要，网络游戏（特别是大型多人联机游戏）有助于满足个体的自主、能力和关系等多种需要[40]。我们的发现也与以往研究相一致[85]。例如，Shen等人[85]发现，网络最能吸引那些在现实生活中只有较低心理需要满足而在网络中则获得较高满足的青少年。由于青少年在现实生活中不能满足的需要可以在网络中获得满足，这种愉悦体验可以强化个体对网络的过度依赖[86,87]。

4.3　积极结果预期的中介作用

本研究发现，积极结果预期在累积生态风险与青少年网络成瘾之间具有中介作用，即累积生态风险通过增加青少年的积极结果预期导致青少年网络成瘾。该发现与Davis[45]提出的"生态风险因素—积极结果预期—网络成瘾"的理论模型相一致。

具体而言，累积生态风险会导致个体对网络使用产生积极结果预期，这种作用遵循"负加速模式"。随着生态风险因素总数目的增加，青少年的积极结果预期也随之增长，但是，当生态风险因素总数目达到某个临界值（3个）时，这种增长趋势有所放缓。该结果较好地解释了累积生态风险与网络成瘾之间关系的"负加速模式"。一般来说，积极结果预期的产生是基于一定的网络使用经历以及对网络和现实世界的对比之后[45]。在多重生态风险因素累积的现实环境下，能帮助青少年有效应对压力的支持性资源十分有限，往往使青少年感到压力重重。与之形成鲜明对比的是，网络能帮助青少年逃避现实生活中的压力，甚至给予其现实生活中没有的支持[46]。在此情况下，青少年容易形成偏好网络的积极结果预期。

另外，积极结果预期是网络成瘾形成和保持的关键风险因素。该结果证实了结果预期模型[48]，同时也与以往实证研究相一致[50,51]。青少年认为网络世界比现实好的不恰当认知，作为一种强大的拉动力量驱使青少年更多地使用网络，而网络使用又在一定程度上强化积极结果预期，使其更加稳固，如此循环下去，容易导致网络成瘾。

4.4 两种中介机制的整合

总体而言，研究结果支持了基本心理需要满足和积极结果预期在累积生态风险与青少年网络成瘾之间的并行中介作用，没有支持二者的链式中介作用。该结果主要是因为基本心理需要满足并不能显著预测个体对网络使用的积极结果预期。该结果可以从两个方面进行解释：一方面，现实生活中的基本心理需要未被满足是导致积极结果预期的远端（VS 近端）因素，也就是说，现实生活中的基本心理需要未被满足，并不能直接预测对网络使用的积极结果预期，而是基本心理需要在网络世界被满足之后，才能形成对网络使用的积极结果预期。另一方面，从动机理论来看，尽管诱因是与个体需要相适宜的目标物，但"需要"本身并不能直接预测或者引起"诱因"。也就是说，基本心理需要满足对积极结果预期的作用不显著，可能具有一定的合理性。当然，考虑到两者的关系属于不显著的阴性结果，未来仍需更多研究在不同背景下加以验证。

基于上述发现，我们尝试建构累积生态风险影响青少年网络成瘾的"动机双机制模型"。该模型提出，累积生态风险偏高本质上隐含着个体生存环境中支持性资源的缺乏以及高度的非结构化。这些特征既可能导致个体基本心理需要难以在现实生活中得到满足，从而"推动"个体沉迷网络；也可能导致个体有更多机会接触本身极具吸引力的网络世界，从而"拉动"个体沉迷网络。通常情况下，两种机制联合作用更可能导致青少年网络成瘾。这两种动机机制具有相对的互补性，更好地整合了以往有关需要满足和积极结果预期作为网络成瘾影响因素的研究，能更有效地解释累积生态风险影响网络成瘾的内在过程，还能在一定程度上澄清以往研究中的争议。例如，以往有研究者提出网络成瘾是一种"补偿性应对行为"[39]，但也有研究者主张网络成瘾是一种"冲动控制障碍"[88]。我们的动机双机制模型提示，这两种观点可能并不矛盾。网络成瘾现象既可以看作是个体心理需要未得到满足时的"补偿性应对"行为，又可以理解为个体过分专注网络使用积极结果而相对忽视其负面效应时的"冲动控制障碍"[89-91]。只有综合考虑两类机制，才能更加完善地理解网络成瘾形成过程的复杂性和多面性，才能更有效地开展相关的预防和干预工作。

4.5　实践意义

我们的发现对青少年网络成瘾的预防和干预仍具有重要的启示。首先，青少年网络成瘾深深根植于个体所处的生态背景，随着生态风险因素数目的增加，青少年网络成瘾也随之增加，并呈现"负加速模式"。因此，采用兼具系统性和复杂性的眼光，综合考虑家庭、学校、同伴等生态子系统中的多重风险因素，有助于准确识别和筛选网络成瘾高风险群体，尤其应对面临四种或以上生态风险因素的个体保持高度关注。此外，应尽可能全面减少家庭、学校、同伴等多个生态子系统中过高风险因素的总数目，营造有利于青少年健康成长的高结构化、高支持性生态背景。虽然综合性干预方案任务艰巨，但却有利于从源头上降低青少年网络成瘾的风险。事实上，这类方案近年来在青少年网络成瘾干预中备受重视且已初见成效[92]。

其次，考虑到基本心理需要满足和积极结果预期都是累积生态风险影响网络成瘾的内在机制，实践工作中同时针对两大因素进行干预就十分必要。在现有青少年网络成瘾预防和干预方案中，针对积极结果预期进行"认知行为治疗"比较有效且占据主导地位[93]。这类方案具有一定的优越性，但我们的发现也提示，仅仅改变对网络使用的非适应性认知仍不足以充分阻断累积生态风险与网络成瘾的联系。相比之下，提升青少年在现实生活中基本心理需要的满足，虽然更加困难，但却同等重要。因此，一方面，家长和教师应重视培养青少年对网络使用结果的合理认知，在强调互联网好处和重要性的同时，让他们认识到网络使用潜在的不利后果，如过度使用网络可能导致不良的时间管理、不健康的生活方式以及心理健康问题；另一方面，应尽可能营造良好的现实生活环境，满足青少年的多种心理需要。综合运用上述干预思路好比"疏堵结合、标本兼治"，可能更富有成效。

4.6 局限和展望

本研究也存在一些不足，需要在今后的研究中加以改进。首先，研究设计属于横断研究，不能推断变量间的因果关系。未来研究可采用追踪研究和干预实验，更好地检验我们建立的并行中介模型。其次，所有数据均来自青少年自我报告。尽管基本心理需要满足和积极结果预期适合青少年自我报告，尽管共同方法偏差并不明显且已在多元统计分析中得到校正[94]，未来的研究仍应从多个信息源（父母、教师、青少年）收集数据，更好地测查有关变量。再次，尽管我们所选生态风险因素具有一定的典型性和代表性，但并未纳入所有潜在的风险因素，未来研究可在纳入这些风险因素的基础上更好地检验我们的发现。最后，我们只检验了生态风险因素对青少年网络成瘾的直接和间接影响，未考虑个体自身保护性因素对累积生态风险的缓冲作用。虽然有研究指出，在青少年面临累积生态风险时，个体因素只能起到有限的保护作用[56]，未来研究仍应同时关注生态风险因素与个人因素的联合作用，从而回答"为什么部分青少年尽管面临累积生态风险却并未网络成瘾"的心理韧性问题。

5. 结论

我们得出以下结论：

第一，累积生态风险对青少年网络成瘾具有显著的正向预测作用（呈"负加速模式"）。

第二，累积生态风险通过显著降低基本心理需要满足（表现出"梯度效应"），进而促进青少年网络成瘾。

第三，累积生态风险通过显著提升积极结果预期（呈"负加速模式"），进而促进青少年网络成瘾。

第四，累积生态风险对青少年网络成瘾的影响被基本心理需要满足和积极结果预期两条并行路径完全中介。

参考文献

［1］Bronfenbrenner U, Morris P A. The ecology of developmental processes［M］//Lerner R. Handbook of child psychology, Vol. 1: theoretical models of human development. 5th ed. New York, NY: Wiley, 1998: 993–1028.

［2］何念，洪建中. 生态系统理论视角下青少年网络成瘾原因及对策浅论［J］. 教育观察，2013，2（7）：5–8.

［3］雷雳. 青少年"网络成瘾"探析［J］. 心理发展与教育，2010，26（5）：554–560.

［4］Weinstein A, Feder L C, Rosenberg K P, et al. Internet addiction disorder: overview and controversies［M］//Rosenberg K P, Feder L C. Behavioral addictions: criteria, evidence, and treatment. New York, NY: Academic Press, 2014: 99–117.

［5］Ko C H, Wang P W, Liu T L, et al. Bidirectional associations between family factors and Internet addiction among adolescents in a prospective investigation［J］. Psychiatry and Clinical Neurosciences, 2015, 69: 192–200.

［6］Li W, Garland E L, Howard M O. Family factors in Internet addiction among Chinese youth: a review of English–and Chinese–language studies［J］. Computers in Human Behavior, 2014, 31: 393–411.

［7］Van Den Eijnden R J, Spijkerman R, Vermulst A A, et al. Compulsive Internet use among adolescents: bidirectional parent–child relationships［J］. Journal of Abnormal Child Psychology, 2010, 38: 77–89.

［8］Chang F C, Chiu C H, Lee C M, et al. Predictors of the initiation and persistence of Internet addiction among adolescents in Taiwan［J］. Addictive Behaviors, 2014, 39: 1434–1440.

［9］Wartberg L, Aden A, Thomsen M, et al. Relationships between family interactions and pathological Internet use in adolescents: an overview［J］. Zeitschrift fur Kinder– und Jugendpsychiatrie und Psychotherapie, 2015, 43: 9–19.

［10］张锦涛，刘勤学，邓林园，等. 青少年亲子关系与网络成瘾：孤独感的中介作用［J］. 心理发展与教育，2011，27（6）：641–647.

［11］Zhu J, Zhang W, Yu C, et al. Early adolescent Internet game addiction in context: how parents, school, and peers impact youth［J］. Computers in Human Behavior, 2015, 50: 159–168.

［12］邓林园，张锦涛，方晓义，等. 父母冲突与青少年网络成瘾的关系：冲突评价和情绪管理的中介作用［J］. 心理发展与教育，2012，28（5）：539–544.

［13］Yen J Y, Yen C F, Chen C C, et al. Family factors of Internet addiction and substance use experience in Taiwanese adolescents［J］. Cyberpsychology, Behavior, and Social Networking, 2007, 10: 323–329.

［14］Wang H, Zhou X L, Lu C Y, et al. Problematic Internet use in high school students in Guangdong province, China［J］. PLOS ONE, 2011, 6: e19660.

［15］Li D, Li X, Wang Y, et al. School connectedness and problematic Internet use in adolescents: a moderated mediation model of deviant peer affiliation and self–control［J］. Journal of Abnormal Child Psychology, 2013, 41: 1231–1242.

［16］Yen C F, Ko C H, Yen J Y, et al. Multi–dimensional discriminative factors for Internet addiction among adolescents regarding gender and age［J］. Psychiatry and Clinical Neurosciences, 2009, 63: 357–364.

［17］Bandura, A. Social learning theory［M］. New York, NY: General Learning Press, 1977.

［18］陈武，李董平，鲍振宙，等. 亲子依恋与青少年的问题性网络使用：一个有调节的中介模型［J］. 心理学报，2015，47（5）：611–623.

［19］张熳，潘晓群. 江苏省中学生受欺侮行为与网络成瘾的相关性［J］. 中国学校卫生，2012，33（6）：689–690，693.

［20］Evans G W, Li D, Whipple S S. Cumulative risk and child development［J］. Psychological Bulletin, 2013, 139: 1342–1396.

［21］Bronfenbrenner U. Contexts of child rearing: problems and prospects［J］. American Psychologist, 1979, 34: 844–850.

［22］Mcewen B S. Stress, adaptation, and disease: allostasis and allostatic load［J］. Annals of the New York Academy of Sciences, 1998, 840: 33–44.

［23］Ellis B J, Figueredo A J, Brumbach B H, et al. Fundamental dimensions of environmental risk［J］. Human Nature, 2009, 20: 204–268.

［24］Gerard J M, Buehler C. Cumulative environmental risk and youth problem behavior［J］. Journal of Marriage and Family, 2004, 66: 702–720.

［25］金灿灿，邹泓，李晓巍. 青少年的社会适应：保护性和危险性因素及其累积效应［J］. 北京师范大学学报（社会科学版），2011（1）：12–20.

［26］Rauer A J, Karney B R, Garvan C W, et al. Relationship risks in context: a cumulative risk approach to understanding relationship satisfaction［J］. Journal of Marriage and Family, 2008, 70: 1122–1135.

[27] Appleyard K, Egeland B, Van Dulmen M H, et al. When more is not better: the role of cumulative risk in child behavior outcomes[J]. Journal of Child Psychology and Psychiatry, 2005, 46: 235–245.

[28] Plotnik R, Kouyoumdjian H. Introduction to psychology[M]. 10th ed. Belmont, CA: Wadsworth, 2013.

[29] Kalat J W. Introduction to psychology[M]. 8th ed. Belmont, CA: Thomson, 2008.

[30] Weiten W. Psychology: themes and variations[M]. 10th ed. Boston, MA: Cengage Learning, 2016.

[31] Deci E L, Ryan R M. The "what" and "why" of goal pursuits: human needs and the self–determination of behavior[J]. Psychological Inquiry, 2000, 11: 227–268.

[32] Sheldon K M, Abad N, Hinsch C. A two–process view of Facebook use and relatedness need–satisfaction: disconnection drives use, and connection rewards it[J]. Journal of Personality and Social Psychology, 2011, 100: 766–775.

[33] Sheldon K M, Gunz A. Psychological needs as basic motives, not just experiential requirements[J]. Journal of Personality, 2009, 77: 1467–1492.

[34] Taylor I M, Lonsdale C. Cultural differences in the relationships among autonomy support, psychological need satisfaction, subjective vitality, and effort in British and Chinese physical education[J]. Journal of Sport and Exercise Psychology, 2010, 32: 655–673.

[35] Vansteenkiste M, Ryan R M. On psychological growth and vulnerability: basic psychological need satisfaction and need frustration as a unifying principle[J]. Journal of Psychotherapy Integration, 2013, 23: 263–280.

[36] Corrales T, Waterford M, Goodwin–Smith I, et al. Childhood adversity, sense of belonging and psychosocial outcomes in emerging adulthood: a test of mediated pathways[J]. Children and Youth Services Review, 2016, 63: 110–119.

[37] 夏扉, 叶宝娟. 压力性生活事件对青少年烟酒使用的影响: 基本心理需要和应对方式的链式中介作用[J]. 心理科学, 2014, 37（6）: 1385–1391.

[38] 高文斌, 陈祉妍. 网络成瘾病理心理机制及综合心理干预研究[J]. 心理科学进展, 2006, 14（4）: 596–603.

[39] Kardefelt–Winther, D. Problematizing excessive online gaming and its psychological predictors[J]. Computers in Human Behavior, 2014, 31: 118–122.

[40] Ryan R M, Rigby C S, Przybylski A. The motivational pull of video games: a self–determination theory approach[J]. Motivation and Emotion, 2006, 30: 347–363.

[41] Tzavela E C, Karakitsou C, Dreier M, et al. Processes discriminating adaptive and maladaptive Internet use among European adolescents highly engaged online[J]. Journal of Adolescence, 2015, 40: 34–47.

［42］Wong T Y, Yuen K S, Li W O. A basic need theory approach to problematic Internet use and the mediating effect of psychological distress［J］. Frontiers in Psychology, 2014, 5: article 1562.

［43］Yu C, Li X, Zhang W. Predicting adolescent problematic online game use from teacher autonomy support, basic psychological needs satisfaction, and school engagement: a 2-year longitudinal study［J］. Cyberpsychology, Behavior, and Social Networking, 2015, 18: 228-233.

［44］喻承甫，张卫，曾毅茵，等. 青少年感恩、基本心理需要与病理性网络使用的关系［J］. 心理发展与教育，2012，28（1）：83-90.

［45］Davis R A. A cognitive-behavioral model of pathological Internet use［J］. Computers in Human Behavior, 2001, 17: 187-195.

［46］Bozoglan B, Demirer V, Sahin I. Problematic Internet use: functions of use, cognitive absorption, and depression［J］. Computers in Human Behavior, 2014, 37: 117-123.

［47］Li D, Zhang W, Li X, et al. Stressful life events and problematic Internet use by adolescent females and males: a mediated moderation model［J］. Computers in Human Behavior, 2010, 26: 1199-1207.

［48］Kouimtsidis C, Reynolds M, Drummond C, et al. Cognitive-behavioural therapy in the treatment of addiction［M］. Chichester, UK: Wiley, 2007.

［49］Caplan S E. Preference for online social interaction: a theory of problematic Internet use and psychosocial well-being［J］. Communication Research, 2003, 30: 625-648.

［50］Lee Y H, Ko C H, Chou C. Re-visiting Internet addiction among Taiwanese students: a cross-sectional comparison of students' expectations, online gaming, and online social interaction［J］. Journal of Abnormal Child Psychology, 2015, 43: 589-599.

［51］Wu J Y, Ko H C, Wong T Y, et al. Positive outcome expectancy mediates the relationship between peer influence and Internet gaming addiction among adolescents in Taiwan［J］. Cyberpsychology, Behavior, and Social Networking, 2016, 19: 49-55.

［52］Preacher K J, Hayes A F. Asymptotic and resampling strategies for assessing and comparing indirect effects in multiple mediator models［J］. Behavior Research Methods, 2008, 40: 879-891.

［53］Suler J R. To get what you need: healthy and pathological Internet use［J］. CyberPsychology and Behavior, 1999, 2: 385-393.

［54］Li D, Li X, Wang Y, et al. Parenting and Chinese adolescent suicidal ideation and suicide attempts: the mediating role of hopelessness［J］. Journal of Child and Family Studies, 2016, 25: 1397-1407.

［55］Steinberg L, Lamborn S D, Dornbusch S M, et al. Impact of parenting practices on adolescent achievement: authoritative parenting, school involvement, and encouragement to succeed [J]. Child Development, 1992, 63: 1266–1281.

[56] 鲍振宙，李董平，张卫，等. 累积生态风险与青少年的学业和社交能力：子女责任感的风险补偿与调节效应 [J]. 心理发展与教育，2014，30（5）：482–495.

[57] 池丽萍，辛自强. 儿童对婚姻冲突的感知量表修订 [J]. 中国心理卫生杂志，2003，17（8）：554–556.

[58] 鲍振宙，张卫，李董平，等. 校园氛围与青少年学业成就的关系：一个有调节的中介模型 [J]. 心理发展与教育，2013，29（1）：61–70.

[59] Bao Z, Li D, Zhang W, et al. School climate and delinquency among Chinese adolescents: analyses of effortful control as a moderator and deviant peer affiliation as a mediator [J]. Journal of Abnormal Child Psychology, 2015, 43: 81–93.

[60] 李董平，何丹，陈武，等. 校园氛围与青少年问题行为的关系：同伴侵害的中介作用 [J]. 心理科学，2015，38（4）：896–904.

[61] Doan S N, Fuller–Rowell T E, Evans G W. Cumulative risk and adolescent's internalizing and externalizing problems: the mediating roles of maternal responsiveness and self–regulation [J]. Developmental Psychology, 2012, 48: 1529–1539.

[62] Wade M, Moore C, Astington J W, et al. Cumulative contextual risk, maternal responsivity, and social cognition at 18 months [J]. Development and Psychopathology, 2015, 27: 189–203.

[63] Johnston M M, Finney S J. Measuring basic needs satisfaction: evaluating previous research and conducting new psychometric evaluations of the Basic Needs Satisfaction in General Scale [J]. Contemporary Educational Psychology, 2010, 35: 280–296.

[64] 尼格拉·阿合买提江，夏冰，闫昱文，等. 父母控制对青少年抑郁的直接和间接效应 [J]. 中国临床心理学杂志，2015，23（3）：494–497.

[65] 李丹黎，张卫，王艳辉，等. 母亲心理控制与青少年问题性网络使用：非适应性认知的中介作用 [J]. 心理科学，2013，36（2）：411–416.

[66] Young K S. Internet addiction: the emergence of a new clinical disorder. Paper presented at the 104th Annual Meeting of the American Psychological Association [C]. Toronto, Ontario, Canada, 1996.

[67] Zhang H, Li D, Li X. Temperament and problematic Internet use in adolescents: a moderated mediation model of maladaptive cognition and parenting styles [J]. Journal of Child and Family Studies, 2015, 24: 1886–1897.

[68] Podsakoff P M, Mackenzie S B, Lee J, et al. Common method biases in behavioral research: a critical review of the literature and recommended remedies [J]. Journal of Applied Psychology, 2003, 88: 879–903.

[69] Li Y, Zhang X, Lu F, et al. Internet addiction among elementary and middle school

students in china: a nationally representative sample study［J］. Cyberpsychology, Behavior, and Social Networking, 2014, 17: 111–116.

［70］Cheng C, Li A Y. Internet addiction prevalence and quality of (real) life: a meta–analysis of 31 nations across seven world regions［J］. Cyberpsychology, Behavior, and Social Networking, 2014, 17: 755–760.

［71］Kuss D J, Griffiths M D, Karila L, et al. Internet addiction: a systematic review of epidemiological research for the last decade［J］. Current Pharmaceutical Design, 2014, 20: 4026–4052.

［72］吴艳，温忠麟. 结构方程建模中的题目打包策略［J］. 心理科学进展，2011，19（12）：1859–1867.

［73］侯杰泰，温忠麟，成子娟. 结构方程模型及其应用［M］. 北京：教育科学出版社，2004.

［74］Cohen J, Cohen P, West S G, et al. Applied multiple regression/correlation analysis for the behavioral sciences. 3rd ed. Mahwah, NJ: Lawrence Erlbaum Associates, Inc, 2003.

［75］Mackenzie M J, Kotch J B, Lee L C. Toward a cumulative ecological risk model for the etiology of child maltreatment［J］. Children and Youth Services Review, 2011, 33: 1638–1647.

［76］Trentacosta C J, Hyde L W, Shaw D S, et al. The relations among cumulative risk, parenting, and behavior problems during early childhood［J］. Journal of Child Psychology and Psychiatry, 2008, 49: 1211–1219.

［77］Mortimer J T, Call K T. Arenas of comfort in adolescence: a study of adjustment in context［M］. Mahwah, NJ: Lawrence Erlbaum Associates, 2001.

［78］Cicchetti D, Rogosch F A. Equifinality and multifinality in developmental psychopathology［J］. Development and Psychopathology, 1996, 8: 597–600.

［79］Mcmahon S D, Grant K E, Compas B E, et al. Stress and psychopathology in children and adolescents: is there evidence of specificity?［J］. Journal of Child Psychology & Psychiatry & Allied Disciplines, 2003, 44: 107–133.

［80］Farrell A D, Danish S J, Howard C W. Risk factors for drug use in urban adolescents: identification and cross–validation［J］. American Journal of Community Psychology, 1992, 20: 263–286.

［81］Forehand R, Biggar H, Kotchick B A. Cumulative risk across family stressors: short–and long–term effects for adolescents［J］. Journal of Abnormal Child Psychology, 1998, 26: 119–128.

［82］Gerard J M, Buehler C. Multiple risk factors in the family environment and youth problem behaviors［J］. Journal of Marriage and Family, 1999, 61: 343–361.

［83］Mrug S, Loosier P S, Windle M. Violence exposure across multiple contexts: individual and joint effects on adjustment［J］. American Journal of Orthopsychiatry, 2008, 78: 70–84.

［84］叶宝娟，余树英，胡竹菁. 压力、感恩和基本心理需要满足对工读生毒品使用的影响机制［J］. 心理发展与教育，2013，29（4）：415–423.

［85］Shen C, Liu R, Wang D. Why are children attracted to the Internet? The role of need satisfaction perceived online and perceived in daily real life［J］. Computers in Human Behavior, 2013, 29: 185–192.

［86］Ko H, Cho C H, Roberts M S. Internet uses and gratifications: a structural equation model of interactive advertising［J］. Journal of Advertising, 2005, 34: 57–70.

［87］万晶晶，张锦涛，刘勤学，等. 大学生心理需求网络满足问卷的编制［J］. 心理与行为研究，2010，8（2）：118–125.

［88］Yau Y H C, Crowley M J, Mayes L C, et al. Are Internet use and video–game–playing addictive behaviors? Biological, clinical and public health implications for youths and adults［J］. Minerva Psichiatrica, 2012, 53: 153–170.

［89］Li Q, Nan W, Taxer J, et al. Problematic Internet users show impaired inhibitory control and risk taking with losses: evidence from stop signal and mixed gambles tasks［J］. Frontiers in Psychology, 2016, 7: article 370.

［90］李琦，齐玥，田莫千，等. 网络成瘾者奖赏系统和认知控制系统的神经机制［J］. 生物化学与生物物理进展，2015，42（1）：32–40.

［91］Li Q, Tian M, Taxer J, et al. Problematic Internet users' discounting behaviors reflect an inability to delay gratification, not risk taking［J］. Cyberpsychology, Behavior, and Social Networking, 2016, 19: 172–178.

［92］方晓义，刘璐，邓林园，等. 青少年网络成瘾的预防与干预研究［J］. 心理发展与教育，2015，31（1）：100–107.

［93］Winkler A, Dörsing B, Rief W, et al. Treatment of Internet addiction: a meta–analysis［J］. Clinical Psychology Review, 2013, 33: 317–329.

［94］Luthar S S, Crossman E J, Small P J. Resilience and adversity［M］//Lerner R M, Lamb M E. Handbook of child psychology and developmental science, Vol. 3: socioemotional processes. 7th ed. New York, NY: Wiley, 2015: 247–286.

第17章 负性生活事件与青少年网络成瘾

1. 引言

长期以来，理论家认为，网络成瘾是个体对已经存在的负性生活事件（如家庭冲突、学习成绩差、遭受同伴拒绝）等所做出的行为反应[1,2]。具体而言，负性生活事件往往导致个体出现各种心理压力，而网络使用正好是个体用来应对生活压力、缓解负性情绪时的认知和行为反应。大量研究证实，负性生活事件是青少年网络成瘾的重要风险因素[1,3,4]。例如，Lam等人[5]发现，负性生活事件与青少年网络成瘾显著正相关。类似地，Mai等人[6]发现，负性生活事件可以显著正向预测青少年网络成瘾。这些发现表明，负性生活事件在青少年网络成瘾的形成中具有重要作用。

尽管如此，以往研究主要关注负性生活事件与青少年网络成瘾之间的直接联系，较少探讨该关系背后的中介和调节机制。实际上，确定变量关系背后的中介和调节机制至关重要：有助于深入理解网络成瘾的成因，也有助于开发行之有效的预防和干预方案。本书的目的是提出一个有调节的中介效应模型，考察负性生活事件是否通过减少青少年的心理需要满足进而增加其网络成瘾的可能。另外，本书也将考察负性生活事件经心理需要满足对网络成瘾产生影响的直接和/或间接路径是否受到应对方式的调节。我们将在中国青少年样本中对该模型进行检验，因为中国青少年网民数量庞大[7]，且中国青少年网络成瘾发生率相对较高[8]。

1.1　心理需要满足的中介作用

根据自我决定理论[9]，所有个体都具有自主（即自己的行为和活动是自主的，而不是被他人强迫的）、关系（即感受到自己与他人之间拥有亲密和友好的关系）和能力（即感到自己能够胜任所做的事情）三种根本的、普遍性的心理需要。这些基本心理需要是个体健康发展的必备"营养元素"。如果个体在现实生活中长期不能满足这些心理需要，那么他们就会出现适应不良或者转向其他社会背景寻求满足[9]。从这一角度来看，基本心理需要不仅是受社会环境所影响的发展结果（outcomes），同时也是个体缺乏某种环境经验时推动其作出补救行为的内在动力（motives）[10,11]。换句话说，基本心理需要满足是解释社会环境因素影响人类发展结果的重要动机机制。在该理论的基础上，我们提出心理需要满足可能是负性生活事件与青少年网络成瘾之间的重要中介变量。目前，一些证据间接地支持了这一中介过程。

首先，暴露于负性生活事件可能会影响青少年的心理需要满足（需要作为结果变量）。具体而言，心理需要满足在很大程度上取决于个体所处的社会生态环境能否对这些心理需要作出反应。严重的负性生活事件会损伤青少年的心理需要满足。研究发现，随着负性生活事件数目的增加，个体心理需要满足的程度显著下降[12-14]。

其次，未被满足的心理需要可能是个体出现网络使用动机的重要原因（需要作为动机变量）。当青少年不能在现实生活中满足其心理需要时，他们可能转向网络来寻求补偿[15]。事实上，许多网络应用本身就能够在一定程度上满足青少年在现实生活中未被满足的心理需要[11,16,17]。实证研究表明，心理需要在现实生活中未被满足的个体更可能出现心理困扰，进而增加他们网络成瘾的可能性[18-20]。

到目前为止，尚没有研究直接考察心理需要满足在负性生活事件与青少年网络成瘾之间的中介作用。基于上述文献回顾，我们提出如下假设：

假设1：负性生活事件会负向影响青少年心理需要满足，进而增加青少年网络成瘾的可能性。换句话说，心理需要满足在负性生活事件与青少年网络成瘾之间具有中介作用。

1.2 应对方式的调节作用

尽管负性生活事件可能通过影响心理需要满足进而影响青少年网络成瘾，但并非所有青少年在经历负性生活事件之后都同等程度地降低心理需要满足，进而同等程度地出现网络成瘾[3]。这种研究结果的异质性可能说明某些重要个人特征如应对方式调节（即缓冲或增强）了负性生活事件对网络成瘾的不利影响。应对方式（coping style）是指个体在面对压力时通常采用的应对策略的集合[21]。其中，积极应对（又称趋近应对）是指采用问题解决、寻求支持、认知重构等直接消除压力源的应对策略[22]。相比之下，消极应对（又称回避应对）是指采用否认、自责、社交退缩、不投入等回避压力情境以消除不良情绪的应对策略[22]。最近的研究表明，应对方式在青少年网络成瘾中扮演重要角色[23-25]。例如，周丽华[25]发现，积极应对（如问题解决、寻求社会支持）与网络成瘾显著负相关，而消极应对（如幻想、退缩）则与网络成瘾显著正相关。

更重要的是，应对方式可能调节负性生活事件与网络成瘾之间的直接和/或间接联系。根据压力–应对理论（stress–coping theory）[21,26]，如果个体具有有效的应对资源，那么压力源就不会对其产生负面影响。换句话说，并不是压力本身影响个体的身心健康，而是个体怎样应对压力才最为重要。如果应对是无效的，那么压力就会显得很大，从而会损伤个体的健康、士气、社交功能；相反，如果应对是有效的，此时压力就处于可控的情况下[27]。与该理论相符，研究者发现，应对方式调节了负性生活事件与多种发展结果（包括物质使用、外化问题、内化问题等）的关系[22,28-32]。据我们所知，目前没有研究考察应对方式在负性生活事件与青少年网络成瘾之间的直接和/或间接联系上是否具有调节作用。基于压力–应对理论和有关实证证据，我们提出如下假设：

假设2：负性生活事件通过心理需要满足影响网络成瘾的间接路径可能会随着青少年应对方式的不同而有所不同。具体而言，积极应对可能会衰减负性生活事件经心理需要满足对网络成瘾的间接路径。相比之下，消极应对可能会增强负性生活事件经心理需要满足影响网络成瘾的间接路径。

1.3 研究概览

我们将检验负性生活事件怎样引发青少年网络成瘾的一个过程模型。具体而言，我们的目的有两个方面。一是检验心理需要满足是否在负性生活事件与青少年网络成瘾之间具有中介作用。二是检验上述直接和/或间接路径是否受到青少年应对方式的调节。两个研究问题综合起来构成了一个有调节的中介效应模型（如图17–1所示）。该整合模型能够同时回答中介机制（即负性生活事件"怎样"与网络成瘾发生联系？）和调节机制（这种联系"何时"或"对谁"最强？）两大关键问题，能够为有针对性地识别和预防青少年网络成瘾提供有价值的信息。

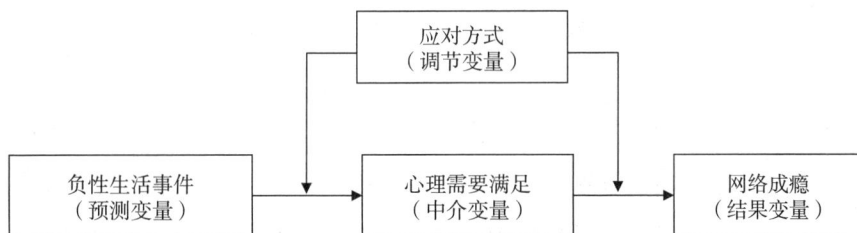

图17–1 概念框架

2. 研究方法

2.1 被试

研究数据来自一项正在进行的纵向研究（"累积风险对青少年网络成瘾的影响及心理机制研究"）。该项目旨在考察重要的个体（如气质、大五人格、应对方式）和环境因素（如教养方式、校园氛围、越轨同伴交往、负性生活事件）对青少年网络成瘾的影响。采用随机整群抽样，选取武汉和上海5所普通中学作为研究对象。在每所学校每个年级随机抽取两个班，共有998名中学生参加研究。被试平均年龄15.15岁（$SD = 1.57$，全距12—19）。其中，男生471

人（占47.2%），女生527人（占52.8%）；初一179人（占17.9%），初二173人（占17.3%），初三132人（占13.2%），高一257人（占25.8%），高二257人（占25.8%）。从家庭社会经济地位来看，被试父亲、母亲受教育水平在"小学及以下"水平者分别为53人（占5.3%）和115人（占11.5%），"初中"水平者分别为317人（占31.8%）和334人（占33.5%），"高中/职高/中专"水平者分别为409人（占41.0%）和354人（占35.5%），"大学专科/本科及以上"水平者分别为219人（占21.9%）和195人（占19.5%）；父亲、母亲从事准技术/非技术职业者分别为215人（占21.5%）和277人（占27.8%）。最后，87%的青少年来自完整家庭，13%的青少年来自非完整家庭。

2.2 测量

2.2.1 负性生活事件

采用Li等人[3]编制的自我报告问卷测量青少年所经历负性生活事件的发生情况。该问卷包含16个项目，所测压力源涉及家庭、学校、人际关系和个体自身等不同领域。要求被试判断每种事件在过去一年中是否发生，如果发生过，则评定每种事件对他们造成的压力程度如何。采用六点计分，0表示"没有发生"，5表示"发生过且影响极其严重"。根据Grant等人[33]的建议，我们通过计算所有经历过的压力源的总数目来构建一个累积压力指数。该累积压力指数有助于探讨心理韧性（resilience）现象——个体在遭受"严重逆境"时依然适应良好[34]。该问卷在中国青少年中表现出了良好的信效度[35]。本次测量中，该问卷的信度良好（$\alpha = 0.79$）。

2.2.2 心理需要满足

该变量的测量改编自国内外同类问卷[36,37]。包含关系需要、能力需要和自主需要三个维度，共9个项目（例如，"现实生活中，我有很多机会自主选择和决定自己的事情"）。其中，2个项目采用四级计分（从"完全不同意"到"完全同意"分别计1—4分），7个项目采用六级计分（从"完全不符合"到"完全符合"分别计1—6分）。先将各项目的得分标准化，再计算所有项目的均分，分数越高表示现实生活中基本心理需要的满足程度越高。本次测量中，问卷的

Cronbach's α 系数为0.75。

2.2.3　应对方式

采用"简易应对方式问卷"测量青少年的应对方式。该问卷经过改编后适用于中国文化背景[38]。包含20个项目，测量应对方式的两个维度。其中，积极应对包含12个项目，例如"试图找到几种不同的解决问题的办法"。消极应对包含8个项目，例如"幻想奇迹会发生"。要求被试评定他们使用每种应对策略的频率。采用四点计分，1表示"从不"，4表示"总是"。计算每个维度所有项目的平均分，分数越高表示越经常使用相应的应对方式。该问卷在中国青少年样本中被广泛使用并表现出良好的信度和效度[22,39]。本次测量中，两个分量表的Cronbach's α 系数分别为0.79和0.71。

2.2.4　网络成瘾

采用由Young[40]编制且被研究者广泛使用的"网络成瘾诊断问卷"测量青少年的网络成瘾。该问卷包含10个项目，例如"你是否因为上网而影响你的学习？"要求青少年评定每个项目在多大程度上符合他们自身的实际情况。采用六点计分，1表示"完全不符合"，6表示"完全符合"。计算10个项目的平均分，分数越高表示个体的网络成瘾倾向越明显。该问卷在中国青少年样本中表现出良好的信度和效度。本次测量中，该问卷的Cronbach's α 系数为0.90。

2.2.5　协变量

以往研究表明，网络成瘾与青少年的性别、年龄、家庭结构以及家庭社会经济地位有关。因此，我们将这些变量作为控制变量纳入统计分析之中。对青少年性别进行虚拟编码，0 = 女生，1 = 男生。另外，也对家庭结构进行虚拟编码，0 = 非完整家庭，1 = 完整家庭。社会经济地位是由父亲受教育水平、母亲受教育水平、父亲职业、母亲职业以及家庭收入进行因子分析得到的因子分，分数越高表示家庭社会经济地位越好。

2.3　程序

我们的数据在2015年3月和4月采集。施测环境为中学常规课堂。由受过培训的数据采集员（本科生和研究生）施测有关问卷。事先对主试进行严格培训，以确保数据采集过程的标准化。在数据采集前，征得学校管理者和青少年本人知情同意。告知学生他们的参与是完全自愿的，可以在任何时间退出研究。给每名被试提供小礼物以示感谢。

2.4 统计分析

第一，我们列出了所有变量的描述统计量和两两相关系数。第二，我们遵循MacKinnon[41]提出的四步骤检验程序来确定基本心理需要满足的中介效应。第三，我们进一步考察了该中介过程是否受到应对方式的调节。有调节的中介效应分析通常用于考察某一中介路径的强度是否在调节变量不同取值上会有所不同。对有调节的中介效应模型的检验采用Hayes[42]开发的PROCESS宏（模型59）进行。对所有连续变量进行标准化处理，并在此基础上构造有关交互项。鉴于网络成瘾不服从正态分布（偏度系数为0.79, $SE = 0.08, p < 0.001$），我们在检验效应的显著性时采用Bootstrap方法以获得参数估计的稳健标准误。该方法通过有放回的随机抽样获得1000个样本（每个样本的容量为998），并据此构造95%的偏差校正的百分位置信区间。置信区间不含0表示所检验的效应达到统计显著水平。在所有分析中，我们将青少年的性别、年龄、家庭结构、家庭社会经济地位等人口学变量作为控制变量进行分析。

3. 结果

3.1 初步分析

根据Young[40]提出的网络成瘾诊断标准，样本中6.1%（$n = 61$）的青少年具有网络成瘾倾向。这一发生率与我国的全国数据[43]以及最近的文献回顾[44,45]相符。注意：这里将网络成瘾变量进行二分类别转换，仅仅是用于描述性目的。所有后续分析都仍然保持了该变量的连续性质。表17-1列出了所有研究变量的描述统计量（平均数和标准差）以及两两相关系数。相关分析表明，负性生活事件与网络成瘾显著正相关（$r = 0.18, p < 0.001$），表明负性生活事件是青少年网络成瘾的风险因素。积极应对与网络成瘾显著负相关（$r = -0.19, p < 0.001$），而消极应对与网络成瘾显著正相关（$r = 0.30, p < 0.001$）。另外，心理需要满足与网络成瘾显著负相关（$r = -0.25, p < 0.001$），说明心理需要满足的水平越高，个体的网络成瘾水平越低。最后，负性生活事件水平越高，个体的心理需要满足程度越低（$r = -0.28, p < 0.001$）。

表17-1　各变量的描述统计量和两两相关

变量	M	SD	1	2	3	4	5	6	7	8	9
1. 性别	0.47	0.50	—								
2. 年龄	15.15	1.57	-0.03	—							
3. 家庭结构	0.87	0.34	0.04	-0.09**	—						
4. 社会经济地位	0.00	1.00	-0.07*	0.18***	-0.06	—					
5. 负性生活事件	4.90	2.56	-0.07*	0.01	-0.09**	-0.17***	—				
6. 心理需要满足	0.00	0.57	0.01	0.01	0.04	0.12***	-0.28***	—			
7. 积极应对	2.70	0.53	-0.10**	-0.02	0.05	0.15***	-0.12***	0.45***	—		
8. 消极应对	2.04	0.56	-0.02	0.07*	-0.00	0.01	0.20***	-0.10**	0.16***	—	
9. 网络成瘾	2.36	1.04	0.13***	0.19***	0.04	0.04	0.18***	-0.25***	-0.19***	0.30***	—

3.2　中介效应检验

在假设1中，我们预期心理需要满足在负性生活事件与网络成瘾之间具有中介作用。为了检验该假设，我们遵循MacKinnon[41]提出的检验程序来确定中介效应。该检验程序要求：①负性生活事件与网络成瘾之间具有显著的联系；②负性生活事件与心理需要满足之间具有显著的联系；③在控制负性生活事件后，心理需要满足与网络成瘾之间具有显著的联系；④负性生活事件通过心理需要满足影响网络成瘾的间接路径系数显著。偏差校正的百分位Bootstrap方法可以确定最后一个条件是否得到满足。

回归分析表明（见表17-2），在第一步中，负性生活事件显著正向预测青少年网络成瘾，$\beta = 0.20, p < 0.001$（模型1）。在第二步中，负性生活事件显著负向预测青少年心理需要满足，$\beta = -0.27, p < 0.001$（模型2）。在第三步中，

在控制了负性生活事件后，心理需要满足显著负向预测网络成瘾，$\beta = -0.23$，$p < 0.001$（模型3）。最后，偏差校正的百分位Bootstrap方法检验表明，负性生活事件通过心理需要满足影响青少年网络成瘾的间接路径显著，$ab = 0.06$，$SE = 0.01$，95%置信区间为 [0.04, 0.09]。中介效应占总效应的30.5%。总体而言，确定中介效应的上述四大标准都得到满足。因此，假设1得到支持。

表17-2　中介效应检验

预测变量	模型1 （网络成瘾）		模型2 （心理需要满足）		模型3 （网络成瘾）	
	β	t	β	t	β	t
性别	0.15	4.95***	−0.00	−0.10	0.15	5.05***
年龄	0.19	6.06***	−0.00	−0.14	0.19	6.19***
家庭结构	0.07	2.37*	0.02	0.73	0.08	2.60**
社会经济地位	0.05	1.59	0.07	2.30*	0.07	2.16*
负性生活事件	0.20	6.46***	−0.27	−8.67***	0.14	4.44***
心理需要满足					−0.23	−7.36***
R^2	0.094		0.086		0.141	
F	20.68***		18.63***		27.17***	

3.3　有调节的中介效应检验

如前所述，假设2预期应对方式可能调节负性生活事件通过心理需要满足影响网络成瘾的直接和/或间接路径（如图17-1所示）。为了检验这一有调节的中介效应假设，我们采用Hayes[42]开发的PROCESS宏（模型59）来进行检验。具体而言，我们对三个回归方程的参数进行估计。在模型1中，我们估计了应对方式对负性生活事件与网络成瘾之间关系的调节效应。在模型2中，我们估计了应对方式对负性生活事件与心理需要满足之间关系的调节效应。在模型3中，我们估计了应对方式对心理需要满足与网络成瘾之间关系的调节效应。三个模型的设定情况见表17-3。在每个模型中，我们都控制了有关协变量。

如果以下一种或两种模式得到支持，那么有调节的中介效应就得到确立：①负性生活事件与心理需要满足之间的关系被应对方式所调节（第一阶段调节效应），和/或②心理需要满足与青少年网络成瘾之间的关系受到应对方式的调节（第二阶段调节效应）。

如表17-3所示，在模型1中，负性生活事件对网络成瘾有显著的主效应，$\beta = 0.12, p < 0.001$，该效应没有受到积极应对或消极应对的调节，$ps > 0.05$。模型2表明，负性生活事件对心理需要满足具有显著的主效应，$\beta = -0.20$，$p < 0.001$，更重要的是，该效应受到积极应对的调节，$\beta = 0.07, p < 0.01$。为了更清楚地揭示该调节效应的实质，我们选择负性生活事件和积极应对各自取平均数正负一个标准差时的值绘制了简单效应图（如图17-2所示）。简单斜率检验表明，对于低积极应对的青少年而言，负性生活事件对心理需要满足具有显著的负向预测作用，$\beta_{简单} = -0.26, p < 0.001$。但是，对于高积极应对的青少年而言，尽管负性生活事件仍能显著负向预测心理需要满足，但此时的预测作用显著更弱，$\beta_{简单} = -0.13, p < 0.001$。模型3的结果表明，心理需要满足对网络成瘾具有显著的主效应，$\beta = -0.15, p < 0.001$，且该效应没有受到积极应对或消极应对的调节，$ps > 0.05$。

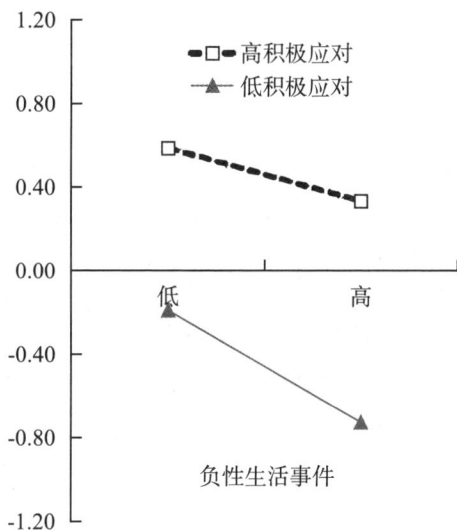

图17-2　积极应对在负性生活事件与心理需要满足之间关系中的调节作用

偏差校正的百分位Bootstrap方法分析表明，负性生活事件通过心理需要满足影响青少年网络成瘾的间接路径受到积极应对的调节，有调节的中介效应指数为–0.01, $SE = 0.01$, 95%置信区间 [–0.03, –0.01]。对于低积极应对的青少年，负性生活事件通过降低心理需要满足进而对网络成瘾产生促进作用，$\beta = 0.06$，$SE = 0.01$, 95%置信区间 [0.03, 0.08]。相比之下，该间接效应在高积极应对的青少年中要显著更弱，$\beta = 0.03$, $SE = 0.01$, 95%的置信区间 [0.01, 0.05]。因此，我们的假设2得到部分支持。

4. 讨论

近年来，研究者呼吁要进一步完善青少年网络成瘾的相关理论和干预方案。在此背景下，研究者越来越多意识到有调节的中介效应模型在网络成瘾研究中的重要性[3,46-48] 我们通过考察心理需要满足在负性生活事件与青少年网络成瘾之间关系的中介作用以及应对方式对该中介过程的调节作用，从而扩展了以往研究。我们的发现初步阐明了负性生活事件"怎样"以及"何时"影响青少年网络成瘾。

4.1 心理需要满足的中介作用

我们发现，负性生活事件降低了心理需要满足，进而与青少年网络成瘾发生联系。换句话说，青少年心理需要满足在负性生活事件与网络成瘾之间具有中介作用。因此，心理需要未被满足可能是青少年在经历负性生活事件后更容易出现网络成瘾的重要解释机制。我们是首次得出这一研究结果。我们的发现支持了自我决定理论[9]。该理论认为，当个体所处的社会情境不能满足其基本心理需要时，个体会受此推动，通过其他活动来补偿缺失的心理需要。我们的发现也与网络使用的补偿理论[15]相符。该理论提出，生活困境会推动青少年到网络空间中寻求心理舒适，重新满足他们在现实生活中未被满足的自主、能力和关系需要。

表17-3　有调节的中介效应检验

预测变量	模型1（网络成瘾）		模型2（心理需要满足）		模型3（网络成瘾）	
	β	t	β	t	β	t
性别	0.13	4.57***	0.05	1.64	0.14	4.81***
年龄	0.16	5.33***	0.02	0.82	0.16	5.50***
家庭结构	0.08	2.64**	0.00	0.13	0.08	2.67**
社会经济地位	0.07	2.38*	0.02	0.62	0.07	2.49*
负性生活事件	0.12	4.00***	−0.20	−6.88***	0.09	2.96**
积极应对	−0.22	−7.30***	0.46	16.29***	−0.15	−4.43***
消极应对	0.30	10.12***	−0.14	−4.96***	0.28	9.37***
负性生活事件 × 积极应对	0.03	1.10	0.07	2.60**	0.04	1.34
负性生活事件 × 消极应对	−0.05	−1.59	−0.02	−0.73	−0.04	−1.39
心理需要满足					−0.15	−4.43***
心理需要满足 × 积极应对					−0.00	−0.08
心理需要满足 × 消极应对					0.02	0.55
R^2	0.206		0.283		0.222	
F	28.48***		43.43***		23.37***	

　　除了上述总的中介链条，该中介模型的前后半段也值得一提。从负性生活事件与青少年心理需要满足的关系来看，我们的发现支持了社会背景在青少年心理需要满足中具有重要作用的理论观点。在我们的研究中，负性生活事件涵盖了与重要他人发生冲突、家庭经济困难和学校问题等多个方面。因此，这种负性生活事件可以看作是一种"累积风险因素"（cumulative risk factor）[49]。在这种条件下，青少年难以在现实生活中寻找到"舒适场所"（arena of comfort），其心理需要满足也因此严重受损[50]。另外，从心理需要满足与网络成瘾的关系来看，我们的发现支持了文献中"在现实生活中未被满足的心理需要是青少年沉迷网络的重要原因"的理论观点[18,20]。换句话说，网络成瘾是一种目标引导的行为，是个体在面对压力源导致其心理需要未被满足时所做出的一种行为反应。在这种情况下，网络被用来作为一种暂时逃脱和回避现实痛苦的手段，但过度使用网络可能导致某些更重要的发展任务（如解决问题、个人成长）因

此付出代价。

4.2 应对方式的调节作用

我们的发现表明，青少年的应对方式对负性生活事件与网络成瘾之间的间接联系具有调节作用。具体而言，我们发现积极应对衰减了负性生活事件与心理需要满足之间的联系。较多使用积极应对的青少年更可能将压力源看作是可控的、将这种挑战看作是一种成长的机会，因此他们更可能采用直接的行动来消除压力源。因此，他们在面对较多生活压力时，心理需要满足并未出现太多受损。我们的发现与压力–应对理论[21,26]相符。该理论认为，积极应对可以缓冲青少年在面对生活压力时出现问题行为的风险。我们的发现深化了我们对为什么个体在暴露于相似的压力环境却出现不同程度网络成瘾的认识。积极应对可以看作是个体在面对严重逆境或创伤时仍然适应良好的韧性因子[34]。

与现有文献相符[23-25]，我们发现，消极应对与网络成瘾显著正相关，更多使用消极应对的青少年更可能沉迷网络。实际上。研究者最近提出，网络成瘾以及其他形式的行为成瘾（如赌博成瘾）都可以看作是青少年在经历负性生活事件时的一种压力应对机制[51,52]。此外，我们没有发现消极应对调节负性生活事件与网络成瘾之间的直接或间接路径。不管怎样，目前尚不能下结论认为消极应对在负性生活事件与青少年网络成瘾之间并不重要，未来仍需更多研究对此进行检验。

最后，我们并未发现心理需要满足与青少年网络成瘾之间的联系受到积极应对或消极应对的调节（第二阶段调节效应）。可能的原因在于，基本心理需要满足在个人生活中扮演着非常重要的作用。根据自我决定理论[9]，自主、关系和能力需要是全人类根本的、普遍的心理需要。如果个体不能满足这些基本的心理需要，不管他们是否使用积极和消极应对策略都可能发展不好。

总体而言，我们最重要的贡献是在整合压力–应对理论[21,26]和自我决定理论[9]的基础上构建了一个有调节的中介效应模型。该整合模型是对传统自我决定理论的重要拓展。它回答了"什么对谁起作用"（what works for whom）的关键问题，揭示了心理需要满足是负性生活事件促进青少年网络成瘾的一种重要机制，同时也说明青少年自身的积极应对是解释负性生活事件与网络成瘾之间关系具有异质性的重要原因。

4.3 局限与实践意义

本研究存在几方面的不足。首先，由于我们采用的是横断设计，不能对观察到的变量关系作出因果推断。未来研究需要采用纵向设计来更好地探讨我们所构建的模型。其次，尽管青少年自我报告被广泛用于青少年网络成瘾的评估，但未来研究仍需同时从多个信息源（如青少年、父母、老师和同伴）收集数据，以便更好地确定我们的结果在不同信息源的数据中是否都成立。最后，负性生活事件的不同方面（如学业、人际关系和健康方面）可能对青少年网络成瘾有不同的影响[53]，因此未来应进一步检验领域特异性的压力源与青少年网络成瘾之间的联系。

尽管存在这些不足，我们的发现仍然具有重要的实践意义。第一，有关网络成瘾的干预方案应当考虑减少青少年长期和严重的压力暴露。第二，鉴于心理需要满足是负性生活事件与网络成瘾之间的重要联系机制，那些以自我决定理论为基础的干预方案就应当提升青少年自主、关系和能力需要的满足程度，从而减少青少年网络成瘾。这一点特别重要，因为以往的干预方案主要基于认知–行为疗法[54]，而这类干预方案并未太多关注青少年基本心理需要的满足情况。第三，我们的发现表明，积极应对是负性生活事件与心理需要满足之间关系的重要缓冲因素。因此，培养青少年的积极应对可能是现有干预方案的重要补充成分。实际上，以往的应对干预方案可以教会青少年怎样解决问题、更好地应对压力[55]。当然，积极应对的保护作用不应被过分夸大。一方面，即便青少年拥有高水平的积极应对，负性生活事件与心理需要满足的负向联系仍然显著（尽管这时候要比在低积极应对的个体中更加微弱）；另一方面，青少年本人的积极应对等个体特征本身就可能受到负性生活事件的不利影响。因此，过度强调青少年自身的特征有可能导致公众"责备受害者"，同时也使得干预资源未被分配到减少长期和严重的压力源方面[34]。

5. 结论

我们在考察负性生活事件怎样与青少年网络成瘾发生联系方面迈出了重要一步。我们的结果表明，心理需要满足是负性生活事件与青少年网络成瘾发生联系的重要中介机制。关注心理需要满足是以往有关负性生活事件与青少年网络成瘾之间关系的研究不曾涉及的内容。另外，该中介机制会受到积极应对的调节，负性生活事件通过心理需要满足影响网络成瘾的间接路径在高积极应对的个体中要更加微弱。我们的发现展示了有调节的中介效应模型在理解负性生活事件与网络成瘾之间关系方面的价值。

参考文献

[1] Jun S, Choi E. Academic stress and Internet addiction from general strain theory framework[J]. Computers in Human Behavior, 2015, 49: 282–287.

[2] Snodgrass J G, Lacy M G, Dengah H J, et al. A vacation from your mind: problematic online gaming is a stress response[J]. Computers in Human Behavior, 2014, 38: 248–260.

[3] Li D, Zhang W, Li X, et al. Stressful life events and problematic Internet use by adolescent females and males: a mediated moderation model[J]. Computers in Human Behavior, 2010, 26: 1199–1207.

[4] 谢永标, 周平, 徐莉萍, 等. 广州市中学生网络成瘾及其相关因素研究[J]. 南方医科大学学报, 2010, 30(8): 1801–1804.

[5] Lam L T, Peng Z W, Mai J C, et al. Factors associated with Internet addiction among adolescents[J]. CyberPsychology & Behavior, 2009, 12: 551–555.

[6] Mai Y, Hu J, Yan Z, et al. Structure and function of maladaptive cognitions in pathological Internet use among Chinese adolescents[J]. Computers in Human Behavior, 2012, 28: 2376–2386.

[7] 中国互联网络信息中心. 中国互联网络发展状况统计报告[R/OL]. (2019-1-22) [2019-10-26]. http://cnnic.cn/hlwfzyj/hlwxzbg/.

[8] Weinstein A, Feder L C, Rosenberg K P, et al. Internet addiction disorder: overview and controversies[M] //Rosenberg K P, Feder L C. Behavioral addictions: criteria,

evidence, and treatment. London: Academic Press, 2014: 99-117.

[9] Deci E L, Ryan R M. The "what" and "why" of goal pursuits: human needs and the self-determination of behavior［ J ］. Psychological Inquiry, 2000, 11: 227-268.

[10] Sheldon K M, Gunz A. Psychological needs as basic motives, not just experiential requirements［ J ］. Journal of Personality, 2009, 77: 1467-1492.

[11] Sheldon K M, Abad N, Hinsch C. A two-process view of Facebook use and relatedness need-satisfaction: disconnection drives use, and connection rewards it［ J ］. Journal of Personality and Social Psychology, 2011, 100: 766-775.

[12] Raufelder D, Kittler F, Braun S R, et al. The interplay of perceived stress, self-determination and school engagement in adolescence［ J ］. School Psychology International, 2014, 35: 405-420.

[13] 夏扉, 叶宝娟. 压力性生活事件对青少年烟酒使用的影响: 基本心理需要和应对方式的链式中介作用［J］. 心理科学, 2014, 37（6）: 1385-1391.

[14] 叶宝娟, 余树英, 胡竹菁. 压力、感恩和基本心理需要满足对工读生毒品使用的影响机制［J］. 心理发展与教育, 2013, 29（4）: 415-423.

[15] Kardefelt-Winther D. A conceptual and methodological critique of Internet addiction research: towards a model of compensatory Internet use［ J ］. Computers in Human Behavior, 2014, 31: 351-354.

[16] Nadkarni A, Hofmann S G. Why do people use Facebook?［ J ］. Personality and Individual Differences, 2012, 52: 243-249.

[17] Ryan R M, Rigby C S, Przybylski A. The motivational pull of video games: a self-determination theory approach［ J ］. Motivation and Emotion, 2006, 30: 347-363.

[18] Wong T Y, Yuen K S, Li W O. A basic need theory approach to problematic Internet use and the mediating effect of psychological distress［ J ］. Frontiers in Psychology, 2015, 5: article 1562.

[19] Yu C, Li X, Zhang W. Predicting adolescent problematic online game use from teacher autonomy support, basic psychological needs satisfaction, and school engagement: a 2-year longitudinal study［ J ］. Cyberpsychology, Behavior, and Social Networking, 2015, 18: 228-233.

[20] 喻承甫, 张卫, 曾毅茵, 等. 青少年感恩、基本心理需要与病理性网络使用的关系［J］. 心理发展与教育, 2012, 28（1）: 83-90.

[21] Lazarus R S, Folkman S. Stress, appraisal, and coping［ M ］. New York: Springer, 1984.

[22] Zheng Y, Fan F, Liu X, et al. Life events, coping, and posttraumatic stress symptoms among Chinese adolescents exposed to 2008 Wenchuan Earthquake, China［ J ］. PLOS ONE, 2012, 7: e29404.

［23］李宏利，雷雳. 中学生的互联网使用与其应对方式的关系［J］. 心理学报，2005，37（1）：87–91.

［24］Trnka R, Martínková Z, Tavel P. An integrative review of coping related to problematic computer use in adolescence［J］. International Journal of Public Health, 2015, 61: 317–327.

［25］周丽华. 青少年网络成瘾与应对方式及生活事件关系［J］. 中国公共卫生，2009，25（11）：1372–1373.

［26］Carver C S, Vargas S. Stress, coping, and health［M］//Friedman H S. Oxford handbook of health psychology. New York: Oxford University Press, 2011: 162–188.

［27］Lazarus R S. Emotions and interpersonal relationships: toward a person–centered conceptualization of emotions and coping［J］. Journal of Personality, 2006, 74: 9–46.

［28］Gonzales N A, Tein J Y, Sandler I N, et al. On the limits of coping interaction between stress and coping for inner–city adolescents［J］. Journal of Adolescent Research, 2001, 16: 372–395.

［29］Kraaij V, Garnefski N, De Wilde E J, et al. Negative life events and depressive symptoms in late adolescence: bonding and cognitive coping as vulnerability factors?［J］. Journal of Youth and Adolescence, 2003, 32: 185–193.

［30］Lewis K M, Byrd D A, Ollendick T H. Anxiety symptoms in African–American and Caucasian youth: relations to negative life events, social support, and coping［J］. Journal of Anxiety Disorders, 2012, 26: 32–39.

［31］Vera E, Vacek K, Coyle L, et al. An examination of culturally relevant stressors, coping, ethnic identity, and subjective well–being in urban, ethnic minority adolescents ［J］. Professional School Counseling, 2011, 15: 55–66.

［32］Wills T A. Stress and coping in early adolescence: relationships to substance use in urban school samples［J］. Health Psychology, 1986, 5: 503–529.

［33］Grant K E, Mcmahon S D, Carter J S, et al. The influence of stressors on the development of psychopathology［M］//Lewis M, Rudolph K D. Handbook of developmental psychopathology. 3rd ed. New York: Springer, 2014: 205–223.

［34］Luthar S S, Crossman E J, Small P J. Resilience and adversity［M］//Lerner R M, Lamb M E. Handbook of Child Psychology and Developmental Science, Vol. 3: socio-emotional processes. 7th ed. New York: Wiley, 2015: 247–286.

［35］Li D, Zhang W, Li X, et al. Gratitude and suicidal ideation and suicide attempts among Chinese adolescents: direct, mediated, and moderated effects［J］. Journal of Adolescence, 2012, 35: 55–66.

［36］Johnston M M, Finney S J. Measuring basic needs satisfaction: evaluating previous research and conducting new psychometric evaluations of the Basic Needs Satisfaction in General Scale［J］. Contemporary Educational Psychology, 2010, 35: 280-296.

［37］尼格拉·阿合买提江，夏冰，等. 父母控制对青少年抑郁的直接和间接效应［J］. 中国临床心理学杂志，2015，23（3）：494-497，533.

［38］解亚宁. 简易应对方式问卷［M］//汪向东，王希林，马弘. 心理卫生评定手册. 第2版. 北京：中国心理卫生杂志出版社，1999：122-124.

［39］孙莹，陶芳标. 中学生学校生活满意度与自尊、应对方式的相关性［J］. 中国心理卫生杂志，2005，19（11）：741-744.

［40］Young K S. Internet addiction: the emergence of a new clinical disorder［J］. CyberPsychology and Behavior, 1998, 1: 237-244.

［41］MacKinnon D P. Introduction to statistical mediation analysis［M］. New York: Taylor & Francis Group, 2008.

［42］Hayes A F. Introduction to mediation, moderation, and conditional process analysis: a regression-based approach. New York: Guilford Press, 2013.

［43］Li Y, Zhang X, Lu F, et al. Internet addiction among elementary and middle school students in china: a nationally representative sample study［J］. Cyberpsychology, Behavior, and Social Networking, 2014, 17: 111-116.

［44］Cheng C, Li A Y. Internet addiction prevalence and quality of (real) life: a meta-analysis of 31 nations across seven world regions［J］. Cyberpsychology, Behavior, and Social Networking, 2014, 17: 755-760.

［45］Kuss D J, Griffiths M D, Karila L, et al. Internet addiction: a systematic review of epidemiological research for the last decade［J］. Current Pharmaceutical Design, 2014, 20: 4026-4052.

［46］Li D, Li X, Wang Y, et al. School connectedness and problematic Internet use in adolescents: a moderated mediation model of deviant peer affiliation and self-control［J］. Journal of Abnormal Child Psychology, 2013, 41: 1231-1242

［47］Park S, Kang M, Kim E. Social relationship on problematic Internet use (PIU) among adolescents in South Korea: a moderated mediation model of self-esteem and self-control［J］. Computers in Human Behavior, 2014, 38: 349-357.

［48］Zhang H, Li D, Li X. Temperament and problematic Internet use in adolescents: a moderated mediation model of maladaptive cognition and parenting styles［J］. Journal of Child and Family Studies, 2015, 24: 1886-1897.

［49］Evans G W, Li D, Whipple S S. Cumulative risk and child development［J］. Psychological Bulletin, 2013, 139: 1342-1396.

［50］Simmons R G, Burgeson R, Carlton-Ford S, et al. The impact of cumulative change in early adolescence［J］. Child Development, 1987, 58: 1220-1234.

［51］Leiner M, Argus-Calvo B, Peinado J, et al. Is there a need to modify existing coping scales to include using electronic media for coping in young people? [J] . Frontiers in Pediatrics, 2014, 2: 127-127.

[52] Wood R T, Griffiths M D. A qualitative investigation of problem gambling as an escape-based coping strategy [J] . Psychology and Psychotherapy: Theory, Research and Practice, 2007, 80: 107-125.

[53] Tang J, Yu Y, Du Y, et al. Prevalence of Internet addiction and its association with stressful life events and psychological symptoms among adolescent Internet users [J] . Addictive Behaviors, 2014, 39: 744-747.

[54] Winkler A, Dörsing B, Rief W, et al. Treatment of Internet addiction: a meta-analysis [J] . Clinical Psychology Review, 2013, 33: 317-329.

[55] Frydenberg E. Coping competencies: what to teach and when [J] . Theory into Practice, 2004, 43: 14-22.

第18章　多重风险剖面与青少年网络成瘾

1.　引言

人类发展的生态学理论认为，人类发展是个体及其所处生态环境交互作用的结果[1]。因此，发展结果（如网络成瘾）是个体与环境因素彼此间复杂交互作用的结果。受该理论启发，过去20年中，大量研究开始探讨家庭、学校、同伴和个体因素对青少年网络成瘾的影响[2,3]。在家庭领域，大量研究表明，过程取向的家庭成员互动模式是影响青少年网络成瘾最为突出的因素[4]。这些因素包括低父母温暖[5]、低父母监控[6]、不良的亲子关系[7]、高父母冲突[8]。在学校背景中，越来越多研究表明，不良师生关系[9]、不良的同学关系[9]以及低学校联结[10]会增加青少年网络成瘾的风险。另外，随着儿童向青少年时期过渡，同伴的影响变得日益重要[11]。同伴关系问题是青少年网络成瘾特别突出的影响因素。这些因素包括同伴侵害[12]、越轨同伴交往[10]、同伴网络使用压力[13]等。最后，青少年自身的特征也会使他们出现网络成瘾的风险。这些特征包括低谨慎性、高神经质、高感觉寻求[14]、低自尊[15]。综合而言，这些发现表明，家庭、学校、同伴和个体风险因素在青少年网络成瘾中发挥重要作用。尽管如此，以往的文献仍存在两方面的不足。

首先，以往绝大多数研究主要考察少数风险因素的作用，而不是同时考察跨多个领域的风险因素对青少年网络成瘾的联合作用。这一局限非常重要，因为青少年在现实生活中往往面临多重风险因素的集合而不是彼此孤立的风险因素的作用。因此，研究单一或少数风险因素只能对青少年的生活实际提供有限的理解，不能够充分解释不良发展结果的变异[16]。例如，在一项最近的文献回顾中，Evans等人[17]指出，多种风险因素通常要比任何单一风险因素对儿童发展结果具有更大的影响。此外，风险因素往往彼此协同发生，一种风险因素的作用可能受到其他相伴发生的风险因素的混淆。从干预效能的角度来讲，同时针对多种风险因素进行干预往往要比只针对有限数目的风险因素进行干预更加有效[17]。由于以往绝大多数研究都是关注单一风险因素的作用，我们对同时针对家庭、学校、同伴和自身风险因素的干预在减少青少年网络成瘾方面的作用仍知之甚少[18]。因此，有必要采用整体视角来理解青少年网络成瘾的风险暴露，也就是说，考察多重风险因素怎样联合起来影响青少年网络成瘾。

其次，从方法学的角度来看，以往有关网络成瘾的研究主要依赖变量中心的方法，如多重回归分析和结构方程模型，来考察变量之间的关系。这些分析方法有其价值，因为它们允许研究者评价每种风险因素对结果变量的相对贡献。但是，这些方法通常假定样本所来自的总体在变量关系方面具有同质性[19]。然而，这一假定是否成立其实是需要实证研究加以检验的。如果该假定不成立，则从样本中得到的平均效应将不能推广到总体中的任何一个个体身上。另外，在涉及大量风险因素的情况下，变量中心的方法往往难以考察这些多重风险因素之间的高阶交互作用[17]。具体而言，当变量中心的分析方法将大量交互项纳入统计模型时，往往容易犯第一类错误；由于在不同风险因素组合之下的样本容量往往较小，因而在探测有意义的交互效应时往往表现出低的统计功效；变量中心交互效应分析的结果推广性可能存在局限，因为风险因素的某些组合在总体中可能并不重要或者在总体中根本就不存在这样的个体[20,21]。

相比之下，个人中心的方法具有某些独特的优势并能解决变量中心方法的某些局限。具体而言，个人中心的方法主要考察不同变量相互联系时在个体之间的相似性和差异性[19]。该类方法可以根据风险因素的自然结合将个体划分成不同的亚群体。因此，总体同质性的假定可以得到直接的检验。另外，个人中心的方法可以考察所有风险因素在每种风险因素的所有水平上的各种复杂的组合，而这在采用回归分析等变量中心分析方法的研究中是很难实现的[22]。最后，个人中心的分析方法对临床实践也至关重要，因为临床评估和治疗决定通常都是在个体水平上而不是在变量或因素水平上进行的[23]。

鉴于个人中心分析方法的诸多优势，研究者最近呼吁采用这类方法考察心理病理学问题的风险因素[24,25]。例如，整体交互作用模型[26]提出，个体是在多重个体和环境风险因素交互作用过程中不断发展的，因此儿童发展结果是由个体和环境因素的多个方面所构成的模式所影响。个人中心的方法是将个体活生生的经验而不是变量作为分析单元，因此它们能更好地反映青少年生活现实的丰富性和复杂性。

正是在这种呼吁采用新方法考察青少年网络成瘾风险因素异质性的大背景下[27,28]，本书运用了潜在剖面分析（latent profile analysis, LPA）这种个人中心的方法来考察多重风险因素的模式。LPA是一种基于观测指标来识别总体中具有异质性的亚群体。LPA比起传统的聚类分析等个人中心的方法具有诸多优势。具体而言，与聚类分析不同，LPA并不要求研究者事先指定剖面的数目，这更适合对具有探索性质的研究问题进行分析。LPA也会提供实证指标来确定最佳的剖面数目。另外，与聚类分析将个体绝对地分配到某种类别不同，LPA是基于概率来对个体进行可能的类别分配，从而将分类不确定性考虑进来。

尽管目前很少有研究运用个人中心的方法来识别与儿童青少年心理病理学问题有关的多重风险因素的剖面，Lanza等人[29]采用潜在类别分析（latent class analysis）基于儿童、家庭、学校和社区领域的风险因素，识别出四个不同的风险剖面（即双亲低风险、单亲/问题史、双亲多水平风险、单亲多水平风险）。这些风险剖面可以预测个体5年后出现行为和学业问题的风险。类似地，在以农村地区的非裔美国儿童和白人儿童的代表性样本进行的研究中，Copeland等人[30]采用潜在类别分析识别出童年期心理社会风险因素的六个不同的剖面（即两个低风险类别，三个中等风险类别和一个高风险类别）。这些风险剖面可以显著预测儿童的破坏性行为障碍和情绪障碍。这两项研究都凸显了个人中心的方法在理解多重风险因素暴露的多样性和复杂性以及识别哪些儿童更可能出现心理社会适应不良方面的价值。然而，到目前为止，尚没有研究运用个人中心的方法考察多种风险因素尤其是它们的模式怎样与青少年网络成瘾相联系。

总体而言，鉴于青少年发展生态背景的多样性以及多重风险因素交互作用的复杂性，本书将运用个人中心的方法来探讨总体的异质性。本书将尝试识别在多重风险因素暴露方面具有不同模式的青少年亚群体。本书也将利用多重风险暴露剖面来预测网络成瘾，从而检验青少年的网络成瘾是否会随着风险因素的不同组合模式而有所不同。本书将为特定风险因素怎样交互作用以及它们对青少年网络成瘾的作用随着不同青少年亚群体而有所不同提供有价值的认识。

由于目前有关多重风险暴露剖面的实证证据的缺乏，我们将不对环境和个体风险暴露的剖面数目作出假设。尽管如此，鉴于青少年网络成瘾在全球的发生率介于1.5%—8.2%[3]，我们预期至少能识别两大类青少年亚群体（高风险和低风险组别）。另外，我们预期不同多重风险暴露剖面与青少年网络成瘾存在联系。具体而言，我们预期高风险暴露的青少年在网络成瘾上将显著高于低风险的组别。总之，我们的工作将为多重风险暴露与青少年网络成瘾之间的联系提供新的认识。

2. 研究方法

2.1 被试

研究数据来自一项正在进行的纵向研究的第一批数据。采用随机整群抽样，选取武汉和上海5所普通中学作为研究对象。在每所学校每个年级随机抽取两个班，共有998名中学生参加研究。其中，男生471人（占47.2%），女生527人（占52.8%）；初一179人（占17.9%），初二173人（占17.3%），初三132人（占13.2%），高一257人（占25.8%），高二257人（占25.8%）。被试平均年龄15.15岁（$SD = 1.57$，全距为12—19）。从家庭社会经济地位来看，被试父亲、母亲受教育水平在"小学及以下"水平者分别为53人（占5.3%）和115人（占11.5%），"初中"水平者分别为317人（占31.8%）和334人（占33.5%），"高中/职高/中专"水平者分别为409人（占41.0%）和354人（占35.5%），"大学专科/本科及以上"水平者分别为219人（占21.9%）和195人（占19.5%）；父亲、母亲从事准技术/非技术职业者分别为215人（占21.5%）和277人（27.8%）。最后，青少年从周一到周五平均每天上网2.23小时，周末平均每天上网4.58小时，这与中国的全国数据高度接近[31]。

2.2　程序

在征得学校领导和青少年本人知情同意后，以班级为单位进行团体施测。每班配备两名主试。主试向被试详细讲解指导语和例题。在指导语中说明本次调查的意义，并强调对调查结果的保密，要求被试根据自己的实际情况独立作答。被试完成全部问卷约需45分钟。所有被试均获得一份小礼物（中性笔和橡皮擦）。

2.3　测量

2.3.1　风险因素

在文献回顾的基础上，我们纳入14种与青少年网络成瘾有关的风险因素。具体而言，我们选择了家庭、学校、同伴和个体四大领域的风险因素。如下所述，研究中所有风险因素的测量工具都已在中国青少年样本中得到了信度和效度检验。

家庭风险因素。家庭领域的风险因素包括低父母温暖、低父母监控、不良的亲子关系、高父母冲突四种。

父母温暖（parental warmth）是指青少年在多大程度上感受到他们的父母是充满关爱的、有反应性的和参与的。采用改编自以往同类研究的9个项目测量该风险因素[32]。样题："如果我遇到困难，我可以依靠我的父母帮助我解决"。要求青少年在五点量表上评定他们与父母关系的实际情况，1表示"完全不符合"，5表示"完全符合"。分数越高，表示父母的温暖程度越高。本次测量中，该工具的Cronbach's α系数为0.85。

父母监控（parental monitoring）是指父母在多大程度上知道他们孩子的行踪和活动。采用六个项目的"父母知情量表"测量该风险因素[33]。样题："你的父母在多大程度上真正知道你的好朋友是谁？"要求青少年在五点量表上对每个项目进行评定，1表示"完全不知道"，5表示"知道很多"。分数越高，表示父母的监控水平越高。本次测量中，该工具的Cronbach's α系数为0.88。

亲子关系（parent–adolescent relationship）体现的是青少年与父母之间关系的质量。采用8个项目的"亲子关系问卷"[16]对该风险因素进行测量。样题："你是否对你与父母之间的关系感到满意？"要求青少年在五点量表上对每个项目进行评价，1表示"从不"，5表示"总是"。分数越高，表示亲子关系越好。本次测量中，该工具的Cronbach's α系数为0.86。

父母冲突（interparental conflict）是指青少年感知到的父母之间发生冲突的频率、强度以及冲突的解决情况。采用六个项目的"儿童感知到的父母冲突量表（简本）"[34]对该风险因素进行测量。样题："我经常看到父母吵架"。要求青少年在六点量表上对每个项目进行回答，1表示"完全不符合"，6表示"完全符合"。分数越高，表示感知到的父母冲突越多。本次测量中，该工具的Cronbach's α系数为0.70。

学校风险因素。学校领域的风险因素包括不良的师生关系、不良的同学关系以及低学校联结三种。

师生关系（teacher–student relationship）是指学生与老师之间的关系质量。采用8个项目的"师生关系问卷"[16]对该风险因素进行测量。样题："你对你与老师的关系感到满意吗？"。要求青少年在五点量表上对每个项目进行回答，1表示"从不"，5表示"总是"。分数越高，表示师生关系越好。本次测量中，该工具的Cronbach's α系数为0.85。

同学关系（student–student relationship）反映的是青少年与同班同学的关系质量。采用8个项目的"同学关系问卷"[16]对该风险因素进行测量。样题："你对你与同学的关系感到满意吗？"。要求青少年在五点量表上对每个项目进行回答，1表示"从不"，5表示"总是"。分数越高，表示同学关系越好。本次测量中，该工具的Cronbach's α系数为0.81。

学校联结（school connectedness）反映的是学生在学校环境中体验到的归属感。采用6个项目的"学校联结量表"[35]对该风险因素进行评定。样题："我以自己是这所学校的一分子而感到自豪"。要求青少年在五点量表上对每个项目进行回答，1表示"从不"，5表示"总是"。分数越高，表示学校联结水平越高。本次测量中，该工具的Cronbach's α系数为0.90。

同伴风险因素。同伴领域的风险因素包括高同伴侵害、高越轨同伴交往和高同伴网络使用压力三种。

同伴侵害（peer victimization）体现的是青少年遭受同伴歧视或其他不公平对待的经历。采用7个项目的"同伴侵害问卷"[36]对该风险因素进行测量。样题："在过去12个月中，你是否受到其他人的嘲笑和捉弄？"要求青少年在五点量表上对每个项目进行回答，1表示"从不"，5表示"五次或以上"。分数越高，表示同伴侵害越多。本次测量中，该工具的Cronbach's α系数为0.72。

越轨同伴交往（deviant peer affiliation）反映的是青少年好朋友中有多少人经常做出各种偏差行为。采用8个项目的"越轨同伴交往量表"[10]对该风险因素进行测量。样题："在过去一年中，你的好朋友有多少人喝醉酒？"要求青少年在五点量表上对每个项目进行回答，1表示"没有"，5表示"全部"。分数越高，表示越轨同伴交往越多。本次测量中，该工具的Cronbach's α系数为0.82。

同伴网络使用压力（peer Internet use pressure）体现的是青少年在多大程度上因为他们好友的要求而过度上网。当过度使用网络在同伴群体中被看作是一种常规的或者受欢迎的内群体行为时，青少年为了更好地融入同伴群体就可能使得他们过度使用网络以便遵从同伴规范。在这个意义上，网络使用成为青少年融入同伴群体的一种途径。采用改编自以往研究的三个项目对该风险因素进行评定[12]。样题："你是否因为好朋友的邀请而延长上网时间？"要求青少年在五点量表上对每个项目进行评定，1表示"从不"，5表示"总是"。分数越高，表示同伴网络使用压力越大。本次测量中，该工具的Cronbach's α系数为0.86。

个体风险因素。个体领域的风险因素包括低谨慎性、高神经质、高感觉寻求和低自尊四种。

谨慎性（conscientiousness）反映的是青少年是否具备坚持性、计划性、认真负责、努力工作等特征。采用11个项目的"中文大五人格调查表"谨慎性分量表[37]对该风险因素进行评定。样题："我觉得自己是一个坚持不懈的人"。要求青少年在五点量表上对每个项目进行评定，1表示"完全不赞同"，5表示

"完全赞同"。分数越高，表示谨慎性水平越高。本次测量中，该工具的Cronbach's α系数为0.82。

神经质（neuroticism）反映的是个体的情绪不稳定性。采用9个项目的"中文大五人格调查表"神经质分量表[37]对该风险因素进行测量。样题："我觉得自己是一个容易紧张的人"。要求青少年在五点量表上对每个项目进行回答，1表示"完全不赞同"，5表示"完全赞同"。分数越高，表示个体的情绪不稳定性水平越高。本次测量中，该工具的Cronbach's α系数为0.76。

感觉寻求（sensation seeking）反映的是个体寻求新颖、多变和高刺激性体验以及愿意为之冒险的倾向。采用5个项目的"感觉寻求量表"[38]对该风险因素进行测量。样题："我喜欢为了追求刺激而做很多事情"。要求青少年在六点量表上对每个项目进行评定，1表示"完全不符合"，6表示"完全符合"。分数越高，表示个体的感觉寻求倾向越强烈。本次测量中，该工具的Cronbach's α系数为0.85。

自尊（self-esteem）反映的是个体的总体自我价值感或总体上对自己持积极评价的倾向。采用10个项目的"Rosenberg自尊量表"[39]对该风险因素进行测量。样题："我能像大多数人一样把事情做好"。要求青少年在四点量表上对每个项目进行评定，1表示"完全不符合"，4表示"完全符合"。分数越高，表示个体的自我价值感越高。本次测量中，该工具的Cronbach's α系数为0.86。

2.3.2 网络成瘾

采用该领域广泛使用的由Young[40]编制的"网络成瘾诊断问卷"评价青少年的网络成瘾。该问卷包含10个项目。样题："当你尝试减少网络使用时间或下网时，你会感到很难受吗？"要求青少年在六点量表上评定每个项目在多大程度上符合他们自身的实际情况，1表示"完全不符合"，6表示"完全符合"。计算所有10个项目的平均分，分数越高表示个体的网络成瘾倾向越明显。该工具在以往中国青少年样本中表现出良好的信度和效度[6,38]。本次测量中，该工具的Cronbach's α系数为0.90。

2.4 分析计划

缺失数据少于1%，因此采用均值替代法进行处理[41]。我们采用潜在剖面分析识别在14种环境和个体风险因素上具有相同模式的青少年亚群体。潜在剖面分析是一种基于观测到的连续型指标抽取相互排斥的类别型潜变量的个人中心的分析方法[25]。潜在剖面分析的目的是使组内同质性最大化，使组间异质性最大化。潜在剖面分析也提供了每个被试被分配到每个亚群体（剖面）之中的后验概率。我们可以基于这些后验概率将被试分配到相应的亚群体中并考察风险因素剖面与结果变量之间的联系。

采用Mplus 7.4[42]对数据进行分析。为了方便结果的解释，我们对所有风险因素进行了标准化处理。为了防止分析结果收敛于局部极值，我们采用了1000组初始阶段的随机初始值和100组最后阶段的优化对分析结果进行了确认。我们从两个类别开始不断增加风险剖面的数目并采用如下统计标准对不同模型进行比较[43]：赤池信息准则（Akaike information criterion, AIC）、贝叶斯信息准则（Bayesian information criterion, BIC）、样本容量校正后的贝叶斯信息准则（sample-size adjusted Bayesian information criterion, a-BIC）、LMR似然比检验（Lo-Mendell-Rubin likelihood ratio test, LRT）、Bootstrap似然比检验（bootstrap likelihood ratio test, BLRT）以及熵（entropy）。其中，AIC, BIC和a-BIC的数值越低，表示模型在准确性和简洁性方面达到了更好的平衡。LRT和BLRT检验比较的是包含k个剖面的模型和只包含$k-1$个剖面的模型谁更优。如果p值显著，则表明包含k个剖面的模型显著优于包含$k-1$个剖面的模型。虽然熵不能用于确定数据中最优的潜在剖面数目，但它提供了模型分类质量方面的信息。它的值介于0—1，数值越大表示分类准确性越高，数值大于0.80一般就认为有高的分类准确性[43]。除此之外，为了确保风险剖面具有实质性意义、具有稳定性且不被过度抽取，我们事先确定如果特定剖面样本容量小于30个（3%），就停止继续抽取。最后，我们也考虑了所得潜在剖面在理论上的可解释性[43]。需要特别注意的是，正如方法学家提到的以及其他潜在剖面应用研究中表现出来的那样，没有任何单一标准可以确定最佳的解。相反，应当综合考虑模型可解释性、理论以及统计标准来作出合理的判断[44]。

另外，我们采用Bolck-Croon-Hagenaars（BCH）方法[45]来考察风险暴露剖面与青少年网络成瘾之间的关系。该方法是目前被推荐为考察连续型远端结果变量的组间差异的最好方法[46,47]。该方法在类别分配时考虑了分类的不确定性，同时也相应地对参数估计进行了校正。在该方法中，风险剖面与结果变量的关系是通过对不同剖面在结果变量均值上的两两差异比较来实现的。在识别出剖面后，我们会使用该方法来检验不同风险剖面在网络成瘾上的均值是否有显著差异。

3. 结果

3.1 多重风险因素暴露的剖面

我们以家庭、学校、同伴和个体风险因素为基础，分别比较了2—7个剖面时的一系列模型的拟合情况（见表18-1）。结果表明，AIC、BIC和a-BIC三个拟合指数在2—7个剖面的模型中不断下降，但是它们在四个剖面之后的下降幅度相对较小，在一定程度上支持四个剖面的模型。另外，LRT也支持四个剖面的模型，因为该指数在四个剖面的模型以后就不再显著。另外，BLRT的p值从来没有变得不显著，所以该拟合指数在研究中并未提供有价值的信息。再者，熵在所有的情况下都比较高，尽管三个剖面的模型对应的值最高。此外，5—7个剖面的模型每个都含有一个人数特别少的亚群体，而且仔细观察可以发现是将更大的群体拆分成了形态非常相似的小群体。因此，综合考虑拟合指数和理论解释，我们决定选择四个剖面的解作为最终的模型。四个剖面的解所对应的潜变量指标均值如图18-1所示。

表18-1 潜在剖面分析的拟合统计量

剖面数	对数似然值	自由参数	AIC	BIC	a-BIC	Entropy	LRT	BLRT	最小比例
2	−18666.47	43	37418.94	37629.88	37493.31	0.86	< 0.001	< 0.001	0.45
3	−18343.57	58	36803.14	37087.67	36903.46	0.91	0.044	< 0.001	0.04
4	−18123.41	73	36392.84	36750.93	36519.08	0.86	0.002	< 0.001	0.04

续表

剖面数	对数似然值	自由参数	AIC	BIC	a-BIC	Entropy	LRT	BLRT	最小比例
5	−17972.23	88	36120.47	36552.18	36272.68	0.88	0.537	< 0.001	0.02
6	−17871.45	103	35948.90	36454.20	36127.06	0.87	0.233	< 0.001	0.02
7	−17793.58	118	35823.16	36402.04	36027.27	0.83	0.226	< 0.001	0.02

表18-2列出了每个剖面的参数估计以及剖面内各指标的均值。如图18-1所示，剖面1（占总样本的37%，$n = 373$）的特征是在家庭、学校、同伴和个体领域的风险因素得分均很低。因此，我们将其命名为"低风险组"。剖面2（占总样本的44%，$n = 439$）的特征是家庭、学校、同伴和个体风险因素都处于中等水平。因此，我们将其命名为"中等风险组"。剖面3（占总样本的15%，$n = 149$）的特征是家庭、学校、同伴和个体领域的风险因素均很高。因此，我们将其命名为"高风险组"。剖面4（占总样本的4%，$n = 37$）的特征是同伴风险因素水平极高、家庭风险因素中等、学校和同伴风险因素很高。因此，我们将这一群体命名为"混合风险组"（当然也可命名为"同伴风险组"）。

表18-2　每个剖面的风险指标的均值和标准差

风险因素	低风险 ($n = 373$)	中等风险 ($n = 439$)	高风险 ($n = 149$)	混合风险 ($n = 37$)	F
家庭					
父母温暖	4.34 (0.50)[a]	3.57 (0.55)[b]	2.56 (0.59)[c]	3.40 (0.92)[b]	386.06***
父母监控	4.08 (0.80)[a]	3.22 (0.91)[b]	2.31 (1.01)[c]	3.13 (1.16)[b]	153.53***
亲子关系	4.20 (0.44)[a]	3.29 (0.48)[b]	2.34 (0.50)[c]	3.22 (0.82)[b]	566.68***
父母冲突	1.98 (0.75)[a]	2.65 (0.84)[b]	3.32 (1.02)[c]	2.50 (0.87)[b]	101.20***
学校					
师生关系	3.98 (0.63)[a]	3.16 (0.59)[b]	2.80 (0.62)[c]	2.94 (0.81)[c]	182.78***
同学关系	4.22 (0.45)[a]	3.70 (0.52)[b]	3.44 (0.62)[c]	3.02 (0.77)[d]	135.12***
学校联结	5.04 (0.89)[a]	4.03 (0.94)[b]	3.13 (1.08)[c]	3.39 (1.15)[c]	171.95***
同伴					
同伴侵害	1.09 (0.22)[a]	1.20 (0.30)[b]	1.27 (0.33)[c]	2.99 (0.56)[d]	478.16***
越轨同伴交往	1.28 (0.38)[a]	1.59 (0.50)[b]	1.72 (0.55)[c]	1.94 (0.63)[d]	54.26***
同伴网络使用压力	1.68 (0.85)[a]	2.13 (1.06)[b]	2.25 (1.14)[bc]	2.53 (1.21)[c]	21.25***
个体					

续表

风险因素	低风险 ($n = 373$)	中等风险 ($n = 439$)	高风险 ($n = 149$)	混合风险 ($n = 37$)	F
谨慎性	3.76 (0.57)[a]	3.09 (0.54)[b]	2.80 (0.61)[c]	3.27 (0.68)[b]	138.63[***]
神经质	2.59 (0.76)[a]	2.98 (0.72)[b]	3.18 (0.75)[c]	3.45 (0.75)[c]	37.28[***]
感觉寻求	2.90 (1.34)[a]	3.15 (1.31)[b]	3.28 (1.53)[b]	3.54 (1.46)[b]	5.06[**]
自尊	3.28 (0.43)[a]	2.86 (0.46)[b]	2.50 (0.58)[c]	2.63 (0.59)[c]	117.01[***]

注：每行里带有不同字母上标的两个均值之间差异显著。

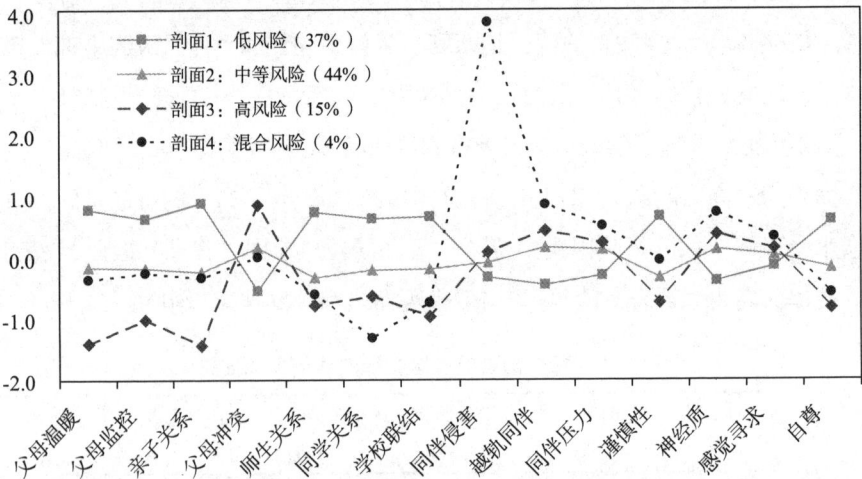

图18-1 每个剖面的风险分布形态

3.2 风险剖面与网络成瘾的关系

我们采用BCH方法考察多重风险剖面与青少年网络成瘾的关系[46,47]。结果表明，不同风险剖面在网络成瘾上具有显著的差异，$\chi^2 = 167.50, p < 0.001$（如图18-2所示）。事后检验表明，与低风险组（$M = 1.84, SE = 0.05$）相比，高风险组（$M = 2.74, SE = 0.10$）和中等风险组（$M = 2.61, SE = 0.05$）具有显著更高的网络成瘾水平，分别 $\chi^2 = 66.98, p < 0.001$；$\chi^2 = 106.90, p < 0.001$。另外，混合风险组（$M = 3.16, SE = 0.21$）的网络成瘾水平显著高于高风险组、中等风险组以及低风险组，分别 $\chi^2 = 3.47, p = 0.062$；$\chi^2 = 6.82, p = 0.009$；$\chi^2 = 39.73, p < 0.001$。最后，高风险和中等风险组在网络成瘾上没有显著差异，$\chi^2 = 1.15, p = 0.283$。

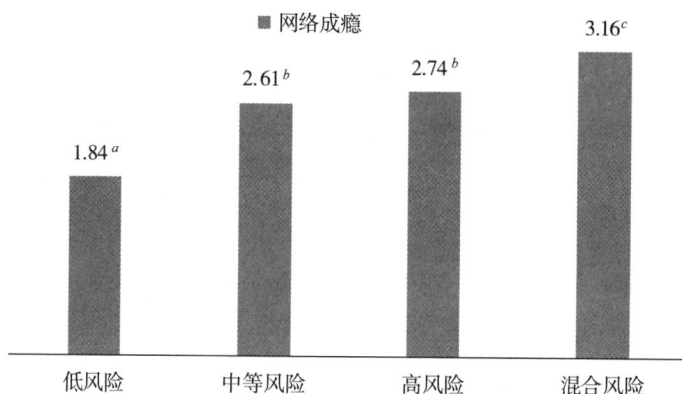

图18-2　不同剖面在网络成瘾上的得分

4.　讨论

我们采用具有整体性的个人中心视角考察多重风险因素暴露剖面及其与青少年网络成瘾的关系。相比之下，以往研究较少关注多重风险因素暴露，较少采用个人中心的方法来进行研究。实际上，这些忽略是值得引起重视的，因为研究者很早就认识到诸如多重风险暴露等发展现象具有复杂的多维性和异质性[25,48]。通过使用潜在剖面分析，我们识别出在多重风险因素暴露方面具有不同模式的亚群体。我们也发现不同风险剖面的亚群体在网络成瘾上存在显著的差异。

4.1　多重风险因素暴露剖面

总体而言，潜在剖面分析发现了多重风险因素暴露的四个剖面。这些剖面存在量和质两方面的差异。它们分别是低风险组、中等风险组、高风险组和混合风险组。这四个风险剖面中的青少年在家庭、学校、同伴和个体风险因素暴露方面存在显著的差异。这些剖面表明，并非所有青少年都同等程度地暴露于相同水平和形态的多重风险因素中。换句话说，青少年的多重风险因素暴露存在重要的异质性和多样性[48]。

具体而言，潜在剖面分析表明，相当一部分青少年（占总样本的37%），属于低风险的剖面，他们在四个领域的风险因素上得分都较低。因此，这些青少年处在一种相对健康的环境中，同时也没有会诱发网络成瘾的个体风险因素。另外，我们识别出一个中等风险的剖面，该群体的青少年在所有四个领域的风险因素水平上都处于中等水平。这一剖面是人数最多的剖面（占总样本的44%）。不管怎样，低风险和中等风险的青少年数目相差不大，这与以往的累积风险研究[49]和个人中心的研究[30]结果比较一致。另外，我们也发现，相对较少的青少年（占总样本的15%），属于高风险的剖面，他们在家庭、学校、同伴和个体自身的风险因素方面都比较高。鉴于同时暴露于高水平的多重风险因素的环境与适应不良存在很强的联系，我们发现只有少部分青少年处于高风险剖面还是一件令人欣慰的事情。最后，我们发现仅有4%的青少年属于混合风险剖面（或者同伴风险剖面），他们面临着中等水平的家庭风险、高水平的学校和个体风险以及极高的同伴风险。这一风险剖面特别值得一提，因为它与高风险剖面相比，具有较高水平的同伴风险和较低水平的家庭风险。该风险剖面的出现与以往的理论和实证研究相符，它们认为具有挑战性的同伴关系（如同伴侵害和越轨同伴交往）在青少年心理病理学问题的产生中具有非常重要的作用[11]。

当然，由于不同研究通常采用了不同的风险指标和不同的样本，因此所得结果往往难以直接比较。尽管如此，我们发现所识别出的风险剖面在很多方面与以往采用个人中心方法考察儿童多重风险暴露剖面的研究还是比较接近的[29,30,50]。这些研究均识别出低风险和高风险两大剖面。不同研究所得结果的这种一致性增强了我们对个人中心方法所得研究结果的推广性的信心。

值得一提的是，绝大多数青少年都处于四个领域的风险因素比较一致的风险剖面——所有四种风险因素都低（37%低风险）、所有四种风险因素都是中等水平（44%中等风险）、所有四种风险因素都高（15%高风险）。这一发现与以往个人中心的研究发现（多重心理社会风险因素往往具有协同发生性）是高度吻合的[30]。这一研究发现也与以往变量中心的研究的结果——在一个领域的风险因素暴露往往与其他领域的风险因素暴露存在显著的相关也吻合[17,49]。鉴于这四个领域的风险因素彼此相互联系，因此单个风险因素的作用可能实际上反映着其他相伴发生的风险因素的联合作用。当然，混合风险组的存在表明一个领域的风险因素并非总是与其他领域的风险因素协同发生。

4.2 多重风险暴露剖面与青少年网络成瘾的关系

为了更好地理解多重风险因素的哪种组合对青少年网络成瘾具有最为不利的影响，我们考察了多重风险因素暴露剖面与青少年网络成瘾的关系。与研究假设相符，高风险组和中等风险组的青少年总体上要比低风险组的青少年报告显著更高的网络成瘾。这一结果总体上与"非适应性发展结果会随着风险因素暴露数目的增加而显著增加，而在多个领域都具有低风险因素对个体发展则具有保护性"这一累积风险与儿童发展研究领域被广泛证实的观点相符[17]。

混合风险组特别值得一提，因为属于该剖面的青少年最可能卷入网络成瘾。实际上，处在该剖面的青少年甚至报告比高风险剖面还要多的网络成瘾。不管怎样，这一研究发现与以往有关高水平同伴风险会显著增加青少年网络成瘾的研究结果相吻合[12,13,32]。这一研究发现也与以往发现"暴露于同伴风险因素的青少年的问题行为最多"的个人中心研究相符[48]。

另外，将混合风险剖面与其他风险剖面相比较，提示我们风险因素可能会与其他风险因素交互作用影响青少年网络成瘾。例如，中等水平家庭风险对网络成瘾的影响就取决于与其相伴发生的其他风险因素。具体而言，如果是与高水平的学校和个体风险因素以及极高水平的同伴风险因素相伴发生，那么网络成瘾的风险就特别高。相反，如果是与中等水平的学校、同伴和个体风险因素协同发生，则网络成瘾的风险并不会那么高。这些研究发现支持了"任何一种风险因素的作用都应当放在其与个体环境系统的其他方面的关系中来加以理解"的观点[1]。

总体而言，这些研究发现表明，诸如潜在剖面分析的个人中心方法是研究青少年网络成瘾的有价值的工具。青少年的网络成瘾可以由他们的风险剖面所预测。

4.3 优势与局限

本研究具有几方面的优点。第一，我们采用个人中心的方法来识别多重风险因素暴露的潜在剖面并且将剖面成员身份与青少年网络成瘾联系起来。第二，我们比较全面地选取了来自不同领域的风险因素，并且使用了心理测量学属性相对较好的工具来对风险因素进行测评。第三，我们从一个相对较大且具有多样性的青少年样本中采集数据。

尽管如此，我们的研究也存在一些局限。首先，横断设计不能对因果关系和变量间的方向作出推断。还好的是，我们所选风险因素多由背景性质的风险因素所构成，所以风险剖面与网络成瘾之间的时间顺序的倒反可能不那么明显。不管怎样，未来研究应当采用纵向设计来更好地探讨我们所得亚群体分类是否会随着时间推移而保持稳定或者出现某些发展变化。其次，正如所有基于样本来推断总体的研究一样，我们的结果在本质上仍然可能具有样本特异性。我们得到的剖面能否在其他样本中得到重复仍然有待检验。未来研究应当在其他文化背景或者其他更多样的样本中来进行重复以确定类似的剖面能否出现。再次，尽管家庭、学校、同伴领域的风险因素具有相对较高的代表性，但个体领域的风险因素仍然具有完善的空间。未来研究可以纳入其他风险因素比如问题行为史来进行改进。最后，我们没有采用过程取向的研究思路考察多重风险暴露剖面影响青少年网络成瘾的中介机制。未来研究可以尝试探讨神经、生理和心理过程是否有助于解释多重风险暴露剖面与青少年网络成瘾的联系。

4.4 实践意义

我们的发现对于青少年网络成瘾的预防和干预具有重要的启示。首先，尽管现存的干预方案往往只关注少量的风险因素（如认知行为疗法中对网络使用的非适应性认知进行干预），我们的发现提示有关的干预方案应当更多关注多重风险因素的联合作用。实际上，近年来研究者已经意识到网络成瘾的干预是一项复杂的系统工程，需要同时针对多种环境和个体风险因素进行全面干预[18]。以往的研究表明，从多个系统入手来同时改变多种相互联系的风险因素可能要比只针对单一风险因素进行干预更富有成效。当然，我们也认识到这样的综合干预方案对服务提供者来说具有挑战性。第二，由于不同多重风险因素暴露剖面与网络成瘾有不同的联系，因此，有必要开发有针对性的预防和干预方案。具体而言，由于绝大多数青少年都暴露于高风险、中风险和低风险这样的"总体"风险群体，因此，大多数青少年将从同时减少所有四个领域风险因素的干预中受益。相比之下，混合风险组的青少年则更可能从减少学校和个体风险因素特别是同伴风险因素的干预中受益。总体而言，正如Wang和Peck[51]指出的那样："与其基于适用于总体中的每个人的平均效应来进行放之四海而皆准的干预，还不如基于具有亚群体特异性的信息开发针对特定亚群体的特定方法。"

5.　结论

总之，虽然少量风险因素与青少年网络成瘾的关系已经在很多研究中得到证实，但目前少有研究考察多重风险因素暴露特别是它们的模式与青少年网络成瘾的关系。我们提供了一种新的研究视角来理解多重个体和环境风险因素怎样联合在一起影响青少年网络成瘾。我们的发现凸显了多重风险暴露剖面的重要性以及这些剖面对青少年网络成瘾的重要性。我们展示了个人中心方法在刻画与青少年网络成瘾有关的多重环境和个体风险因素暴露方面的价值。

参考文献

［1］Bronfenbrenner U, Morris P A. The bioecological model of human development［M］// Lerner R M, Stattin H. Handbook of child psychology, Vol. 1: theoretical models of human development. 6th ed. Hoboken, NJ: Wiley, 2006: 793–828.

［2］何念，洪建中. 生态系统理论视角下青少年网络成瘾原因及对策浅论［J］. 教育观察，2013，2（7）：5–8.

［3］Weinstein A, Feder L, Rosenberg K P, et al. Internet addiction disorder: overview and controversies［M］//Rosenberg K P, Feder L C. Behavioral addictions: criteria, evidence and treatment. San Diego, CA: Academic Press, 2014: 99–117.

[4] Li W, Garland E L, Howard M O. Family factors in Internet addiction among Chinese youth: a review of English–and Chinese–language studies[J]. Computers in Human Behavior, 2014, 31: 393–411.

[5] Huang X, Zhang H, Li M, et al. Mental health, personality, and parental rearing styles of adolescents with Internet addiction disorder[J]. Cyberpsychology, Behavior, and Social Networking, 2010, 13: 401–406.

[6] Li X, Li D, Newman J. Parental behavioral and psychological control and problematic Internet use among Chinese adolescents: the mediating role of self–control[J]. Cyberpsychology, Behavior, and Social Networking, 2015, 16: 442–447.

[7] Schimmenti A, Passanisi A, Gervasi A M, et al. Insecure attachment attitudes in the onset of problematic Internet use among late adolescents[J]. Child Psychiatry & Human Development, 2014, 45: 588–595.

[8] Ko C H, Wang P W, Liu T L, et al. Bidirectional associations between family factors and Internet addiction among adolescents in a prospective investigation[J]. Psychiatry and Clinical Neurosciences, 2015, 69: 192–200.

[9] Wang H, Zhou X L, Lu C Y, et al. Problematic Internet use in high school students in Guangdong province, China[J]. PLOS ONE, 2011, 6: e19660.

[10] Li D, Li X, Wang Y, et al. School connectedness and problematic Internet use in adolescents: a moderated mediation model of deviant peer affiliation and self–control[J]. Journal of Abnormal Child Psychology, 2013, 41: 1231–1242.

[11] Choukas–Bradley S, Prinstein M J. Peer relationships and the development of psychopathology[M]//Lewis M, Rudolph K D. Handbook of developmental psychopathology. 3rd ed. New York: Springer, 2014: 185–204.

[12] 张熳，潘晓群. 江苏省中学生受欺侮行为与网络成瘾的相关性[J]. 中国学校卫生，2012, 33（6）：689–690, 693.

[13] 张锦涛，陈超，刘凤娥，等. 同伴网络过度使用行为和态度、网络使用同伴压力与大学生网络成瘾的关系[J]. 心理发展与教育，2012, 28（6）：634–640.

[14] 王洁，陈健芷，杨琳，等. 感觉寻求与网络成瘾关系的元分析[J]. 心理科学进展，2013, 21（10）：1720–1730.

[15] Aydm B, San S V. Internet addiction among adolescents: the role of self–esteem[J]. Procedia–Social and Behavioral Sciences, 2011, 15: 3500–3505.

[16] 鲍振宙，李董平，张卫，等. 累积生态风险与青少年的学业和社交能力：子女责任感的风险补偿与调节效应[J]. 心理发展与教育，2014, 30（5）：482–495.

[17] Evans G W, Li D, Whipple S S. Cumulative risk and child development[J]. Psycho-

logical Bulletin, 2013, 139: 1342–1396.

［18］方晓义，刘璐，邓林园，等. 青少年网络成瘾的预防与干预研究［J］. 心理发展与教育，2015，31（1）：100–107.

［19］Masyn K E. Latent class analysis and finite mixture modeling［M］//Little T D. The Oxford handbook of quantitative methods, Vol. 2: statistical analysis. New York: Oxford University Press, 2013: 551–611.

［20］Bauer D J, Shanahan M J. Modeling complex interactions: person–centered and variable–centered approaches［M］//Little T D, Bovaird J A, Card N A. Modeling contextual effects in longitudinal studies. New York: Taylor & Francis Group, 2007: 255–283.

［21］Lanza S T, Rhoades B L. Latent class analysis: an alternative perspective on subgroup analysis in prevention and treatment［J］. Prevention Science, 2013, 14: 157–168.

［22］Roos L E, Afifi T O, Martin C G, et al. Linking typologies of childhood adversity to adult incarceration: findings from a nationally representative sample［J］. American Journal of Orthopsychiatry, 2016, 86: 584–593.

［23］Smeets K C, Oostermeijer S, Lappenschaar M, et al. Are proactive and reactive aggression meaningful distinctions in adolescents? A variable–and person–based approach［J］. Journal of Abnormal Child Psychology, 2017, 45: 1–14.

［24］Bogat G A, Von Eye A, Bergman L R. Person–oriented approaches［M］//Cicchetti D. Developmental psychopathology, Vol. 1: theory and method. 3rd ed. Hoboken, NJ: Wiley, 2016: 797–845.

［25］Lanza S T, Cooper B R. Latent class analysis for developmental research［J］. Child Development Perspectives, 2016, 10: 59–64.

［26］Magnusson D, Stattin H. The person in context: a holistic–interactionistic approach［M］//Lerner R M, Damon W. Handbook of child Psychology, Vol. 1: theoretical models of human development. 6th ed. Mahwah, NJ: Wiley, 2006: 400–464.

［27］Moreau A, Laconi S, Delfour M, et al. Psychopathological profiles of adolescent and young adult problematic Facebook users［J］. Computers in Human Behavior, 2015, 44: 64–69.

［28］Wartberg L, Kriston L, Kammerl R, et al. Prevalence of pathological Internet use in a representative German sample of adolescents: results of a latent profile analysis［J］. Psychopathology, 2014, 48: 25–30.

［29］Lanza S T, Rhoades B L, Nix R L, et al. Modeling the interplay of multilevel risk factors for future academic and behavior problems: a person–centered approach［J］. Development and Psychopathology, 2010, 22: 313–335.

［30］Copeland W, Shanahan L, Costello E J, et al. Configurations of common childhood psychosocial risk factors［J］. Journal of Child Psychology and Psychiatry, 2009, 50: 451–459.

［31］王玉龙，王建平，付丹丹，等. 网络使用特点对中小学生网络成瘾的影响［J］. 中国临床心理学杂志，2009，17（4）：476–478，480.

［32］Li D, Li X, Wang Y, et al. Parenting and Chinese adolescent suicidal ideation and suicide attempts: the mediating role of hopelessness［J］. Journal of Child and Family Studies, 2016, 25: 1397–1407.

［33］Steinberg L, Lamborn S D, Dornbusch S M, et al. Impact of parenting practices on adolescent achievement: authoritative parenting, school involvement, and encouragement to succeed［J］. Child Development, 1992, 63: 1266–1281.

［34］池丽萍，辛自强. 儿童对婚姻冲突的感知量表修订［J］. 中国心理卫生杂志，2003，17（8）：554–556.

［35］鲍振宙，张卫，李董平，等. 校园氛围与青少年学业成就的关系：一个有调节的中介模型［J］. 心理发展与教育，2013，29（1）：61–70.

［36］李董平，何丹，陈武，等. 校园氛围与青少年问题行为的关系：同伴侵害的中介作用［J］. 心理科学，2015，38（4）：896–904.

［37］周晖，钮丽丽，邹泓. 中学生人格五因素问卷的编制［J］. 心理发展与教育，2000，16（1）：48–54.

［38］Li D, Zhang W, Li X, et al. Stressful life events and problematic Internet use by adolescent females and males: a mediated moderation model［J］. Computers in Human Behavior, 2010, 26: 1199–1207.

［39］Rosenberg, M. Society and the adolescent self–image［M］. Princeton, NJ: Princeton University Press, 1965.

［40］Young, K. S. Internet addiction: the emergence of a new clinical disorder［J］. CyberPsychology and Behavior, 1998, 1: 237–244.

［41］Little R J, Rubin D B. Statistical analysis with missing data［M］. 2nd ed. New Jersey: Wiley, 2002.

［42］Muthén L K, Muthén B O. Mplus user's guide［M］. 7th ed. Los Angeles, CA: Muthén & Muthén, 1998–2015.

［43］Nylund K L, Asparouhov T, Muthén B O. Deciding on the number of classes in latent class analysis and growth mixture modeling: a Monte Carlo simulation study［J］. Structural Equation Modeling, 2007, 14: 535–569.

［44］Marsh H W, Lüdtke O, Trautwein U, et al. Classical latent profile analysis of academic self–concept dimensions: synergy of person–and variable–centered approaches to theoretical models of self–concept［J］. Structural Equation Modeling, 2009, 16: 191–225.

[45] Bolck A, Croon M, Hagenaars J. Estimating latent structure models with categorical variables: one-step versus three-step estimators [J] . Political Analysis, 2004, 12: 3–27.

[46] Asparouhov T, Muthén B. Auxiliary variables in mixture modeling: using the BCH method in Mplus to estimate a distal outcome model and an arbitrary second model (Mplus Web Note No. 21) [M] . Los Angeles, CA: Muthén & Muthén, 2015.

[47] Bakk Z, Vermunt J K. Robustness of stepwise latent class modeling with continuous distal outcomes [J] . Structural Equation Modeling, 2016, 23: 20–31.

[48] Parra G R, Dubois D L, Sher K J. Investigation of profiles of risk factors for adolescent psychopathology: a person-centered approach [J] . Journal of Clinical Child and Adolescent Psychology, 2006, 35: 386–402.

[49] Gerard J M, Buehler C. Cumulative environmental risk and youth maladjustment: the role of youth attributes [J] . Child Development, 2004, 75: 1832–1849.

[50] Roy A L, Raver C C. Are all risks equal? Early experiences of poverty related risk and children's functioning [J] . Journal of Family Psychology, 2014, 28: 391–400.

[51] Wang M T, Peck S C. Adolescent educational success and mental health vary across school engagement profiles [J] . Developmental Psychology, 2013, 49: 1266–1276.

总结与对策

1. 研究总结

    青少年网络成瘾是当前我国面临的突出社会、教育和公共卫生问题。本书历时5年，在国内外研究基础上，开展了上篇和下篇两方面的工作。上篇为理论篇，从个体、家庭、学校、同伴四方面因素入手，全景式地回顾了各主要因素与青少年网络成瘾的联系，并指出了现有研究的局限和未来研究的方向。下篇为实证研究篇，从个体、家庭、学校、同伴领域的典型性和代表性因素以及不同领域风险因素的联合作用入手，对不同风险因素影响网络成瘾的具体机制开展了较为系统、深入的调查研究。上、下两篇所提供的信息为有效开展青少年网络成瘾的预防干预工作奠定了重要的证据基础。

1.1 较为全面和系统地综述了青少年网络成瘾的风险因素

    本书基于明确的文献检索标准，较为全面和系统地综述了青少年网络成瘾的个体风险因素。结果发现，在人格因素方面，大三人格模型中，高神经质和精神质是青少年网络成瘾的风险因素，而外向性和掩饰性与青少年网络成瘾的关系较为混乱。在大五人格模型中，高神经质、低责任心是青少年网络成瘾的风险因素，而外向性、宜人性、开放性与青少年网络成瘾的关系较为混乱。另外，低自尊、低自我效能感、自我不和谐、强化敏感性（高愉悦追求）、高感觉寻求、高冲动性、低自制力、低情绪智力、低社交能力、时间管理倾向差、不良的未来时间观、低心理韧性、高羞怯、低安全感、不良的应对方式、非适应性认知、外部归因倾向、自我同一性混乱、总体心理健康问题、情绪和行为问题、焦虑、抑郁、孤独、自伤和自杀、攻击、不幸福、学业成绩差、物质使用、睡眠问题、注意缺陷多动障碍、缺乏身体锻炼、基本心理需要未被满足以及部分生物学因素是青少年网络成瘾的风险因素。

本书也较为全面和系统地综述了青少年网络成瘾的家庭风险因素。结果发现，在家庭水平特征中，不良的家庭功能、家庭具备便利的上网条件是青少年网络成瘾的风险因素。在两两水平特征中，不良的父母关系、不良的亲子关系、不当的教养方式等是青少年网络成瘾的风险因素。在家庭成员特征中，家庭成员物质使用、家庭成员对青少年物质使用的不当态度、家庭成员具有不良人格特征等是青少年网络成瘾的风险因素。但是，家庭成员的网络使用、父母对孩子网络使用的态度等与青少年网络成瘾的关系较为混乱。

本书还较为全面和系统地回顾了青少年网络成瘾的学校风险因素。结果发现，在个人在校经历方面，不良的师生关系、不良的同学关系、较低的学校联结、较高的学业压力等是青少年网络成瘾的风险因素，而是否住校与青少年网络成瘾的关系并不明确。在班级环境特征方面，不良的班级氛围是青少年网络成瘾的风险因素，但整个班级网络使用情况、班级人格特质、班级性质（重点班与普通班）等与青少年网络成瘾的关系研究较少或存在较大分歧。在学校环境特征方面，普通中学网络成瘾水平只略高于重点中学，中专职校网络成瘾水平显著高于普通中学，校园氛围不良、学校管理松懈、校园生活单调是青少年网络成瘾的风险因素，但学校对学生上网的态度、学校是否开设网络安全课程等与青少年网络成瘾的关系研究较少或存在较大分歧。

本书最后还较为全面和系统地回顾了青少年网络成瘾的同伴风险因素。结果发现，在同伴交往水平，同伴交往困难是青少年网络成瘾的风险因素。在同伴关系水平，友谊质量差、不良同伴交往是青少年网络成瘾的风险因素，但朋友数量与青少年网络成瘾的关系研究少且存在分歧。在同伴群体水平，同伴侵害（包括传统侵害和网络侵害）是青少年网络成瘾的风险因素，但同伴接纳或拒绝与青少年网络成瘾的关系研究较少且存在分歧。

1.2 较为系统地探讨了青少年网络成瘾风险因素的作用机制

实证篇基于两大核心理念来开展研究。理念一：不同发展系统相互联系，一种风险因素会增加其他风险因素进而增加网络成瘾（中介机制），一种风险因素的作用可能因其他因素而有所不同（调节机制）。理念二：不同风险因素协同发生，应关注多重风险因素的联合作用。

1.2.1 探讨了主要个体因素影响青少年网络成瘾的心理机制

本书考察了四种气质特征对青少年网络成瘾的相对贡献，以及不良同伴交往在这些联系中的中介作用。结果表明，每种气质特征对青少年网络成瘾均具有独特且显著的影响。此外，气质能通过不良同伴交往间接预测青少年网络成瘾。这些发现表明，青少年网络成瘾是气质特征促发不良同伴交往这类环境过程的结果。这些发现丰富了气质特征与网络成瘾之间关系的文献。

本书也考察了大五人格特质对青少年网络成瘾的不同影响，以及应对方式在这些联系中的中介作用。结果表明，不同人格特质对青少年网络成瘾具有不同影响。消极应对中介了外向性、谨慎性、开放性、神经质与网络成瘾之间的关系，而积极应对不能中介大五人格特质与网络成瘾之间的关系。该研究的发现丰富了大五人格与青少年网络成瘾之间关系的文献，也支持了人格–应对–结果理论，即在个体面对压力时，不同人格特征会对个体的应对方式产生不同影响，进而影响其适应结果。

1.2.2 探讨了主要家庭因素影响青少年网络成瘾的心理机制

本书考察了亲子关系影响青少年网络成瘾的作用机制。具体而言，基于依恋理论和个体–环境交互作用观，选取作为个体韧性资源的情绪调节能力和作为环境风险因素的负性生活事件，构建一个有调节的中介模型，考察情绪调节能力在亲子关系与青少年网络成瘾之间的中介作用以及负性生活事件对该中介路径的调节作用。结果表明，良好的亲子关系通过促进情绪调节能力进而减少青少年网络成瘾，但对于负性生活事件较多的个体，情绪调节能力的积极作用会有所限制。

本书也考察了父母监控影响青少年网络成瘾的作用机制。具体而言，在生物生态学模型指导下构建了有调节的中介效应模型，考察父母监控怎样以及何时影响青少年网络成瘾。结果表明，不良同伴交往是联系父母监控与青少年网络成瘾的重要路径，且意志控制能在此过程中起到风险缓冲的作用。

本书还考察了父母冲突影响青少年网络成瘾的作用机制。具体而言，在情绪安全感理论和素质–压力模型指导下，采用过程取向的视角考察情绪不安全感是否在父母冲突与青少年网络成瘾之间具有中介作用，以及父母冲突与网络成瘾的直接和/或间接联系是否受到大五人格特质的调节。结果表明，情绪不安全感是父母冲突与网络成瘾发生联系的潜在机制，且该过程因为个体人格特征的不同而有所不同。

本书最后考察了整体家庭功能影响青少年网络成瘾的作用机制。具体而言，在生物生态学模型指导下构建了一个有调节的中介模型，考察家庭功能与青少年网络成瘾的关系是否受到不良同伴交往的中介以及该间接过程的第二段是否受到社会敏感性的调节。结果发现，不良同伴交往部分解释了家庭功能与青少年网络成瘾之间的关系，且拥有高而不是低社会敏感性的女生更可能受到不良同伴交往的影响而沉迷网络。这些发现强调了不同生态子系统之间的相互联系以及个体与环境因素的交互作用在青少年网络成瘾中的重要作用。

1.2.3　探讨了主要学校因素影响青少年网络成瘾的心理机制

本书考察了师生关系影响青少年网络成瘾的作用机制。具体而言，在依恋理论和社会控制理论指导下，考察了心理安全感和不良同伴交往在师生关系与青少年网络成瘾间的中介作用。结果表明，良好的师生关系能通过温暖和控制两大功能来增加心理安全感、减少不良同伴交往，最终降低网络成瘾的风险。这两种功能并不是各自独立的，而是一种功能（温暖）与另一种功能（控制）存在内在的联系。

本书也考察了学校分离影响青少年网络成瘾的作用机制。具体而言，在晴雨表理论、依恋理论以及风险与保护因素框架指导下，考察自尊能否中介学校分离与青少年网络成瘾的关系以及情绪智力能否调节学校分离与青少年网络成瘾的直接和/或间接关系。结果表明，自尊是学校分离与青少年网络成瘾之间的重要解释机制。另外，虽然情绪智力在学校分离水平较低时是一个重要的保护因素，但其积极作用在学校分离水平较高时就不再明显。

本书还考察了校园氛围感知影响青少年网络成瘾的作用机制。具体而言，在阶段–环境匹配理论、情绪安全感理论和社会控制理论指导下，基于中国青少年的大样本纵向数据考察了校园氛围感知与青少年网络成瘾的直接联系，也检验了心理不安全感和消极同伴交往在上述联系中的中介作用。结果表明，中学第一年积极的校园氛围感知能促进一年后青少年心理安全感的建立与维持，进而保护他们不与消极同伴交往，最终降低他们在中学毕业年份的网络成瘾风险。这些发现提示，校园氛围感知的安全空间和社会控制功能确实存在内在联系，在理解网络成瘾的发展过程时不应忽略其中任何一种机制。

1.2.4　探讨了主要同伴因素影响青少年网络成瘾的心理机制

本书考察了友谊质量影响青少年网络成瘾的作用机制。具体而言，在成瘾行为的人际理论、依恋理论、社会晴雨表假设、韧性理论指导下，考察友谊质量差是否通过自尊影响青少年网络成瘾，以及上述直接和/或间接联系会否受到家庭功能的调节。结果表明，自尊是联系友谊质量差与青少年网络成瘾的重要路径，且友谊质量差对自尊和网络成瘾的不利影响在家庭功能越好时反而越强，家庭功能的积极作用不能被过分夸大。

本书还考察了同伴侵害影响青少年网络成瘾的作用机制。具体而言，在情绪安全感理论和风险与韧性理论指导下，探讨心理安全感是否在同伴侵害与青少年网络成瘾之间具有中介作用，以及师生关系能否调节同伴侵害与网络成瘾之间的直接和/或间接联系。结果表明，心理安全感是同伴侵害与青少年网络成瘾的重要中介机制，且良好的师生关系是心理韧性的重要来源，能减轻同伴侵害这类逆境对网络成瘾的负面影响。

1.2.5　系统探讨了多重风险因素联合的作用机制

本书采用累积风险模型考察家庭、学校、同伴等领域共9种生态风险因素的累积对青少年网络成瘾的影响。结果表明，随着风险因素数目的增加，网络成瘾水平显著上升，且累积风险作用要比任何单一风险因素都更强。此外，累积风险既可通过显著降低基本心理需要满足，又可通过显著提升积极结果预期来促进网络成瘾。本书据此构建了"动机双机制模型"来阐述网络成瘾的成因，认为累积风险是通过需要和诱因两种动机力量一"推"一"拉"的合力来促成网络成瘾。

本书也考察了负性生活事件这一累积风险因素影响青少年网络成瘾的作用机制。具体而言，在自我决定理论和压力–应对理论指导下，考察心理需要满足是否在负性生活事件与青少年网络成瘾之间具有中介作用，以及上述直接和/或间接联系会否受到青少年应对方式的调节。结果发现，心理需要未被满足是青少年经历负性生活事件后更容易网络成瘾的重要原因，且积极应对是青少年面对生活压力时不容易出现网络成瘾的重要韧性资源。

本书最后考察了多重风险剖面对青少年网络成瘾的影响。由于青少年所处生态背景的多样性以及多重风险因素交互作用的复杂性，该研究运用个人中心方法识别多重风险暴露方面具有不同模式的青少年亚群体，同时也考察多重风险暴露剖面对青少年网络成瘾的预测作用。潜在剖面分析发现了多重风险因素暴露的四个剖面，分别是低风险组、中等风险组、高风险组和混合风险组，表明青少年的多重风险暴露存在明显的异质性和多样性。此外，高风险组和中等风险组的青少年总体上要比低风险组的青少年报告更多的网络成瘾。混合风险组的青少年最可能卷入网络成瘾，甚至比高风险剖面青少年还要多。

2. 对策建议

青少年网络成瘾并非随机发生，具有特定个体和环境特征的青少年更可能沉迷网络。但是，青少年网络成瘾的预防和干预并非易事，青少年网络成瘾至今仍困扰着广大家长、教师和青少年本人。自网络成瘾概念提出以来，研究者针对中学生群体开展了50项非个案性质的青少年网络成瘾预防干预研究，作出了有益的探索。这些研究为开展基于证据的青少年网络成瘾预防干预工作奠定了基础。下面将结合以往50项预防干预研究和本书研究成果提出青少年网络成瘾预防干预的对策建议。

2.1 努力开展三级预防干预工作

按照网络成瘾水平的不同，青少年网络成瘾预防干预计划可分为普遍性预防干预（universal preventive intervention）、选择性预防干预（selective preventive intervention）、指向性预防干预（indicated preventive intervention）三类。普遍性预防干预针对所有青少年和/或家长、教师，目的是从整体上减少与网络成瘾有关的风险因素并增强与网络成瘾有关的保护因素。选择性预防干预针对目前尚未表现出网络成瘾症状，但正暴露于公认的网络成瘾风险因素，将来有可能出现网络成瘾的青少年进行干预。指向性预防干预针对自我报告/临床筛查出有网络成瘾症状的高危青少年进行干预。

在现有的50项青少年网络成瘾预防干预研究中，从干预层级来看，绝大多数（占82%）都属于指向性预防干预，旨在减少已经沉迷网络的中学生的网络成瘾水平。指向性预防干预的优势在于，专门针对已经网络成瘾的个体进行，需要干预者管理的个案相对较少。另外，网络成瘾对这部分个体的学习、生活负面影响巨大，预防干预容易赢得家长和教师的认可和支持。但是，需要注意的是，由于此时个体已经网络成瘾，对他们已造成了我们不愿看到的较为严重的伤害；成瘾后实施干预往往需要耗费较高的成本，且干预不易取得长期疗效（具有较高的复发性）；成瘾后实施干预对干预者素质要求也较高[1]。截至目前，只有少量研究属于普遍性或选择性预防干预[1-9]。实际上，在家庭和学校情境中开展普遍性预防干预具有诸多优势，可以降低招募、筛查、配送、损耗方面的困难，可以覆盖具有不同网络成瘾水平（有风险的、亚临床的、临床的）的许多青少年，还可以降低心理治疗"污名化"问题，促进青少年的健康成长。美国心理协会的预防指南中也指出，基于证据的预防工作是治疗和危机干预的重要补充[10]。

本书理论篇和实证篇的研究均提示，通过普遍性预防干预全面提升青少年各方面心理素质、改善其成长环境，对于减少青少年网络成瘾可能至关重要。这种普遍性预防是发展性的心理预防，重在防患于未然。相比之下，指向性预防属于亡羊补牢型的干预。不同层级的预防干预各有其价值，不能只重视其中某一层级的预防干预。

2.2 按高标准开展预防干预工作

从笔者对近年来发表于《科学》杂志的心理学预防干预研究（尽管没有针对网络成瘾）的总结来看，好的预防干预研究至少应满足以下标准：①实行预防干预研究的预先备案制度，增强研究结果的可复制性。②干预理念先进，所蕴含的关键技术让人耳目一新、为之惊叹。③实验中被试分组随机化，且带有安慰剂控制组、进行了双盲实验。④干预方案描述具体、明确，能被其他研究者所重复。⑤努力确保干预实施过程的保真度。⑥结果测量涵盖关键指标，且指标测量范式多元化、信效度良好。⑦探讨了短期和长期的干预效果。⑧探讨了干预方案起作用的中介机制。⑨探讨了干预方案起作用的调节机制。⑩探讨干预效果是否可以推广至其他人群。⑪对被试流失进行控制。⑫数据分析合理：如控制无关变量、考虑嵌套关系、对替代性解释进行回应。虽然现有青少年网络成瘾预防干预研究多发表在国内外核心期刊上，且基本上报告了干预效果的显著性（参见Yeun和Han的元分析[11]），但是，如果按照前述标准来客观审视现有研究工作，其中不少只提供了非常薄弱的证据，有关结果还远远称不上"硬科学"的结论，青少年网络成瘾的预防干预之路仍然漫长（也可参见Throuvala等人[12]的评论）。下面将具体说明现有研究有待改进的关键问题。

在变量测查手段方面，目前绝大多数研究只依赖自陈问卷来测查网络成瘾，只有少量研究采用个别访谈[13,14]或同时使用自陈问卷和临床诊断[15]进行评判。自陈问卷容易获取大样本、施测相对简便、性价比高且在匿名作答时可以降低社会称许性。但是，青少年往往不愿承认自己网络成瘾，或可能存在报告偏差等问题。因此，综合使用多种任务范式就显得至关重要。遗憾的是，自陈报告这种单一范式主导的局面在最近10年来并无多大改观。

在研究设计方面，按照内部效度由高到低可以区分为真实验设计、准实验设计、非实验设计。截至目前，只有54%的研究采用实验组对照组（前后测）的真实验设计[1-6,7,9,15-33]进行研究。然而，在实施过程中，部分研究的被试分组并未做到随机，威胁到结果的内部效度。另外，6%的研究采用单因素组间多基线的准实验设计[34]、非随机分组的准实验设计[8,35]。此外，26%的研究直接采用了单组前后测的非实验设计[36-48]，这种设计难以证实被试的变化仅为治疗因素起作用还是由于自然成熟等因素混淆了结果。最后，14%的研究在将网络成瘾被试作为实验组的同时，也纳入非网络成瘾被试作为对照组，这类研究在本质上仍属于单组前后测的非实验设计[13,14,49-53]。总体而言，高达40%的干预研究在内部效度方面存在相当大的问题。

在对照组的设置方面，应努力避免安慰剂效应（被试以为自己接受了某种实验处理但实际只受自己心理暗示而发生了改变）。在现有的29项实验组对照组前后测干预研究中，52%的研究对照组未做任何处理或在文中未具体说明进行了何种处理（空白对照组）[1,3,4,5,7,8,16,18,20-22,24,30,32,35]，这样就难以排除安慰剂效应。在带有安慰剂控制组的这48%的研究中，安慰剂控制通常是进行心理健康教育[15,19]、一般性或支持性心理治疗[17,25,26,29]、常规的或与干预无关的课程[2,6,9]、其他运动干预[23,27]、行为矫正疗法[29]、观看与自控无关的科普片[31]、服用外观相似的模拟药物[33]。除了设置安慰剂控制组外，还应尽可能使研究过程做到双盲，即干预实施者对研究目的和被试分组情况不知情，被试对研究目的和自己属于干预组还是对照组也不知情。这样可以减少无意识心理暗示，从而避免研究双方因为主观期望所引发的额外变量对干预结果的影响。值得一提的是，有些研究不让被试感受到自己正在接受网络成瘾治疗[20]，有利于消除接受心理咨询和治疗的污名化问题。

长时程纵向干预研究不可避免会存在被试的损耗问题。现有文献在缺失数据的报告和处理方面，存在缺失比例和缺失模式未正式报告以及缺失数据未得到稳妥处理的问题。若被试损耗属于非随机缺失（相对于完全随机缺失和随机缺失而言），则可能威胁到结果的有效性。例如，干预组中对干预效果不满意的被试更可能退出研究，对干预效果满意的被试更可能全程参与研究。此时若简单基于全程参与研究的被试进行数据分析，则很容易得出干预效果显著的误导性结论。现有研究多是简单剔除这些损耗掉的被试，既降低了统计功效，又丢失了原本蕴含在数据中的有价值信息，还可能威胁研究结论的有效性。新近的缺失数据处理方法学文献不建议采用均值替代、列删、对删等传统方法，而是推荐多重插补（multiple imputation）、全息极大似然（full information maximum likelihood）等更为稳妥的方法进行处理。

在关键结果指标的选取方面，好的干预研究应当既包含网络成瘾等核心结果指标，又包含上网频率和时间（尽管上网时间的减少是否应当作为网络成瘾干预效果的指标仍有争议）[12]、不同网络应用的使用情况、网络使用态度和习惯、心理健康、学业成绩、社会交往、身体健康等辅助结果指标。若只包含辅助指标而不包含核心指标[41,43,50,51,53]，则无法说明干预效果是否直接体现在最感兴趣的网络成瘾指标上。相反，若只包含核心指标而不包含辅助指标，则无法全面评估干预效果是否可以扩展至其他方面或者干预方案是否在其他方面付出了代价（如学生因多次参加团体辅导占用了原本用于课间休息的时间）。另外，在有条件的情况下，应尽可能构建青少年网络成瘾预防干预公认的结果指标体系（包括主要变量、诊断标准、测评手段等），这样有利于在不同研究之间进行效果比较，同时方便学界的交流。

在干预效果的长期性、持久性方面，目前大多数研究是在干预结束时立即进行效果测量（考察短期或即时的干预效果），仅有少量研究考察干预效果的延续性[6,14,16,18,21,23,29,30,32,35,44-47]。该问题非常重要，因为青少年正处在特殊的发展阶段、面临特殊的环境压力，网络成瘾复发的可能性很高[54]。在进行了效果跟踪的研究中，随访期限长短不一，包括干预结束后1个月、2个月、3个月、6个月、9个月、12个月、2—3年等，大多数研究采用1个月、3个月、6个月作为随访期限。现有的随访研究均表明，干预效果在随访期间仍得以维持。但是，也有部分研究报告了一定程度的复发[14,28,35,]。未来研究应重视考察干预效果的延续性，以便回答干预效果随时间推移不断下降、保持不变抑或不断增强的重要问题。

在干预方案起作用的机制方面，现有研究较少探讨干预方案发挥作用的中介过程和调节过程，使得干预方案"怎样"起作用和"对谁"起作用的关键问题成为黑箱式问题。只有引入中介变量，才能检验干预方案是否通过所瞄准的心理过程来发挥作用。只有引入调节变量，才能探讨干预方案的效果是否放之四海而皆准（如对男生和女生是否都有效），才有利于精准心理卫生工作的开展。例如，在中介机制方面，Liu等人[35]发现，多家庭团体干预可以促进亲子关系和亲子沟通，进而提升青少年心理需要满足水平，最终减少网络成瘾。在调节机制方面，刘映海[27]发现，网络成瘾程度（轻度、中度、重度）与干预项目类型（团体项目、个体项目、无项目）存在交互作用，不同干预项目的效果取决于个体的网络成瘾水平。章荣华等人[44]发现，父亲过分干涉、父母拒绝否认、幻想否认的应对方式与网络成瘾干预效果负相关。

在干预效果的可推广性方面，目前尚缺乏研究将所研制的预防干预计划交由其他研究者在其他人群或其他背景中进行独立地重复检验。换句话说，目前尚无研究考察这50项预防干预研究中任何一项结果的可重复性。该问题至关重要，本身因为心理学和其他学科研究发现的可重复性是近年来学界讨论较多的问题[55]，同时也因为其他学科（如医学）在同类情况下高度重视通过多中心的独立研究来检验结果的可重复性。若进行多中心的重复研究，则需要密切监视干预实施过程的保真度，确保重复研究中各项操作均与最初设计的方案保持一致。

不管是进行哪种青少年网络成瘾预防干预，都应重视严格的效果评估。干预效果评估除了确认预防干预是否成功，还能提供预防干预的成本效益方面的信息。只有将效果评估作为日常例行工作，才能不断积累干预效果的证据，才能更好地开展基于证据的青少年网络成瘾预防和干预，最终形成青少年网络成瘾干预的标准化实践。可以认为，目前学界并不缺少青少年网络成瘾预防干预的点子（对策建议），缺的是经得起科学检验的金点子。有些"拍脑门"想出的对策建议可能像电刺激（电休克）治疗网瘾一样因安全性和有效性并不确切而对当事人造成伤害、浪费有限的预防干预资源。

2.3 从不同成分进行网络成瘾干预

努力提高青少年的心理健康素质。不管从理论篇还是实证篇的研究来看，积极的心理素质指标（包括认知、情感、行为等多方面）通常是青少年网络成瘾的抑制因素，而消极的心理症状指标（包括认知、情感、行为等多方面）往往是青少年网络成瘾的风险因素。这些个体自身因素不仅能直接影响青少年网络成瘾，也能中介远端环境因素对青少年网络成瘾的影响，还能增强或削弱环境因素对青少年网络成瘾的不利影响。因此，可以认为，青少年网络成瘾本质上是个体自身易损因素所导致的结果。在青少年网络成瘾预防干预工作中，应充分重视青少年良好心理素质的培养，包括正确认识自我、学会学习、人际交往、情绪调适、生活和社会适应等多方面的素质，特别是培养健康广泛的兴趣爱好，培养自律自控的优良品质，增强调控情绪、承受挫折、适应环境的能力，培养积极乐观和健康向上的心理品质。

重视改善青少年的成长环境。目前大多数网络成瘾的干预对象仅限于青少年自身，没有聚焦家庭、学校、同伴等近端生态子系统。实际上，正如本书理论篇和实证篇反复强调的那样，青少年网络成瘾深深根植于个体所处的生态环境。青少年网络成瘾本质上也是个体成长环境的问题，是成长环境未能满足青少年基本心理需要、未能提供必要的引导监督、未能树立良好的网络使用榜样（如家长自己成为手机控和低头族）所导致的结果。将青少年从其所处生活环境中剥离出来单纯干预他们自身是不切实际的、效果是难以持久的。幸运的是，有部分研究尝试通过社会工作或心理辅导咨询治疗来改善青少年的家庭环境或同伴环境。在家庭环境方面，研究者通过多家庭团体治疗、萨提亚家庭治疗来练习和提高亲子沟通技能、增进亲子关系、促进家庭成员间的心理支持，从而改变家庭原有的非适应性互动模式，最终减少青少年网络成瘾[19,35,36]。另外，在学校环境方面，目前发表出来的预防干预研究较少。学校除了培养学生的网络素养外，也应重视开展内容丰富、形式多样的课外活动充实学生的课余生活，用这类活动取代学生的课后网络消遣，还应特别重视营造良好的校园氛围、改善师生关系和同学关系、提升学生的学校归属感，从而发挥学校在青少年网络成瘾预防干预中的主阵地作用。在同伴环境方面，研究者通过同伴关系增强训练方案，给青少年提供机会训练其沟通技能、情绪控制能力以及社会适应能力，从而改善同伴关系质量最终减少网络成瘾[48]。我们希望这些方面的工作可以做得更多些、步子迈得更大些。需要注意的是，部分家庭、学校、同伴因素的作用并不如大家想当然以为的那样显而易见（如父母与网络使用有关的教养行为对青少年网络成瘾的作用就相当混乱），因此在干预时是否从这些因素入手需保持谨慎。

努力提升青少年的网络素养。应通过课程、讲座、宣传海报等形式多样的活动提升青少年的网络素养，正确认识网络使用的利弊，帮助减少网络成瘾。这类干预方案的理论基础是认知-行为理论，即通过改变对网络使用的不合理认知来有效减少网络成瘾。截至目前，有不少研究专门通过提升青少年网络素养[6,30]或将网络素养作为关键成分纳入干预方案之中以减少青少年网络成瘾[2,7]。实际上，在《教育部办公厅关于做好预防中小学生沉迷网络教育引导工作的紧急通知》中也强调："要通过多种形式开展专题教育，引导学生正确认识、科学对待、合理使用网络，了解预防沉迷网络知识和方式，提高对网络黄赌毒信息、不良网络游戏等危害性的认识，自觉抵制网络不良信息和不法行为。"

大力开展体育运动干预。网络使用和体育运动都能给人带来积极的心理体验，在很多方面具有相似性，可以转移和替换[21]。此外，体育锻炼具有时间挤占效应，能转移青少年对网络的注意力，有助于减少网络成瘾。体育锻炼还能增强身体素质、培养意志力、提升自我评价。因此，运动处方不失为青少年网络成瘾安全可行的干预途径。在运动干预中，应重视培养学生的运动兴趣、养成运动习惯、提高自主运动水平[34]。截至目前，有近10项研究探讨了体育运动干预对减少青少年网络成瘾的作用。结果表明，体育运动干预能有效减少青少年网络成瘾[20,21,23,24,27,32,34,37]。这些发现呼应了共青团中央、教育部、国家体育总局、全国学联不久前倡导的"走下网络、走出宿舍、走向操场"主题群众性课外体育锻炼活动，尽管该活动最初是在全国高校范围内实施开展。

可以尝试部分医学干预。截至目前，少量研究开展了生物反馈治疗[13]、针灸治疗[28,43]、药物治疗[33]（或将药物治疗作为干预成分之一[25]）等以医学为基础的治疗来减少网络成瘾。这些研究初步表明，医学治疗是可供选择的途径之一。但是，需要注意的是，这方面研究数量总体上较少，且部分研究只提供了心理健康或社会适应等辅助指标而非网络成瘾核心指标的疗效数据[28,43]，因此还需要更多研究加以探讨，才能更好地开展循证医学实践。

政府应加强互联网立法，不断规范网络运营。同时，网络运营服务商也应加强行业自律、营造安全的网络环境。2019年初，国家网信办组织指导全国主要网络短视频平台上线青少年防沉迷系统，在发挥网络短视频知识、教育方面优势的同时，避免娱乐化、碎片化、劣质化的不利影响。这些工作随着新的互联网应用的不断出现而需要及时跟进，同时也应加强有关监管工作的落实落地。

2.4 重视中学心理健康教育的作用

应重视中学心理健康教育课程和心理辅导咨询治疗在预防青少年网络成瘾中的作用。心理健康教育课程和心理辅导咨询治疗是目前青少年网络成瘾预防干预中使用最多的方法。许多研究将网络成瘾的预防干预融入学校心理健康教育课程，以期开发预防网络成瘾行之有效的"心理疫苗"[1-4,7,8]。通过开展形式多样的活动（如教师讲授、主题讨论与分享、角色扮演、专家讲座、宣传手册、宣传海报）进行预防干预，这些活动多以认知行为理论、知信行健康教育模式、社会认知理论等为基础，重视增进学生对网络利弊的认识、提高行为控制的能力，促进自尊自信自我效能，改进压力应对技能，促进人际关系，从而实现心理需求的替代满足，最终有效预防网络成瘾。此外，部分研究以认知–行为理论[49]、内观疗法[26]或认知疗法与行为疗法相结合[38]为基础的个别辅导咨询治疗来干预青少年网络成瘾。除此之外，团体辅导咨询也广泛应用于青少年网络成瘾的预防干预中。它能在面临相同困难和挑战的个体之间建立支持性网络，其他成员讲述的故事有利于个体正确看待遇到的困难，能够建立有助于讨论网络成瘾这类敏感话题的开放氛围，有利个体学习其他成员应对困难情境的不同技能[4]。现有的团体辅导多以认知–行为理论[15,17,18,45-47,52]、认知–情感–行为模式[22]，认知–情绪–行为–社交技能[42]、认知疗法和行为疗法[44]或其他理论[14,16,31]为基础。值得一提的是，有研究将心理健康教育课程、团体辅导、个别治疗结合起来干预网络成瘾，也取得了一定的效果[5]。另外，心理健康教育的理念也应融入学校的各项教学和活动中，从而建立"大心理健康"和全员育人的教育模式。

2.5 重视多种预防干预思路的综合运用

青少年网络成瘾的预防干预是一项复杂的系统工程，单独解决系统中某一方面的问题可能难以取得良好的效果。近年来，不少研究尝试多种预防干预思路的综合运用。例如，有研究通过家庭干预与学校干预相结合[50,51,53]、心理治疗与药物治疗相结合[29]的"双管齐下"的思路或者药物干预、心理干预、环境干预相结合的"多管齐下"的思路进行干预[25,40]。本书实证篇研究反复强调，环境和个体风险因素发挥作用时存在中介和调节关系。这些中介作用提示，我们既应从远端（源头）因素入手消除网络成瘾的风险，又应从近端（中介）因素入手阻断远端因素的不利影响。在实践工作中，远端和近端因素的干预难度可能有所不同，同时干预两类因素或能实现效果最优化。另外，调节作用提示我们，没有放之四海而皆准的预防干预方案，某些个体最可能或最不可能从特定预防干预中获益。在实践工作中，务必有针对性地开展精准的预防干预工作。最后，本书研究也强调，多重风险因素的联合作用最可能产生不利影响，因此，减少青少年自身和成长环境中每一种不利因素对青少年网络成瘾的预防干预都至关重要。

网络成瘾往往与其他心理行为问题协同发生。因此，在实践工作中，可以将网络成瘾的预防干预同其他心理行为问题的预防干预结合起来。这类整合性的干预思路不仅能减少青少年的网络成瘾，还能促进青少年在其他诸多方面的健康成长。

总之，青少年网络成瘾是个体自身和成长环境共同作用的结果，其影响因素是多方面的、其作用机制是复杂的。在人类生活越来越离不开互联网的今天，只有全社会协同起来，针对青少年网络成瘾的多种风险因素和保护因素构建协同的多层次、多系统、多模块预防干预体系，才能使青少年在享用互联网带来便利的同时却不沉迷网络。

参考文献

[1] 邓林园, 方晓义, 刘朝莹, 等. 心理健康教育模式在青少年网络成瘾预防干预中的有效性初探 [J]. 心理研究, 2013, 6 (1): 75-81.

[2] 邓晶, 易春丽, 钱铭怡, 等. 对中学生网络成瘾预防性干预的研究 [J]. 中国行为医学科学, 2006, 15 (9): 841-842.

[3] 黄悦勤, 张新乔, 刘肇瑞. 高中生网络成瘾的社区健康教育 [J]. 中国心理卫生

杂志，2011，25（5）：328-331.

［4］Li R, Shi G, Ji J, et al. A 2-year longitudinal psychological intervention study on the prevention of Internet addiction in junior high school students of Jinan city［J］. Biomedical Research, 2017, 28: 10033-10038.

［5］李英存，刘炳伦，李仁军，等. 某中学初一学生网络成瘾的心理干预［J］. 山东大学学报（医学版），2012，50（4）：125-129.

［6］Walther B, Hanewinkel R, Morgenstern M. Effects of a brief school-based media literacy intervention on digital media use in adolescents: cluster randomized controlled trial［J］. Cyberpsychology, Behavior, and Social Networking, 2014, 17: 616-623.

［7］王盟，刘炳伦，李仁军，等. 济南某校初中生网络成瘾心理干预效果评价［J］. 中国学校卫生，2013，34（9）：1077-1079.

［8］Yang S Y, Kim H S. Effects of a prevention program for Internet addiction among middle school students in South Korea［J］. Public Health Nursing, 2018, 35: 246-255.

［9］张红英，张程赪. 青少年网络成瘾心理行为干预研究［J］. 临床心身疾病杂志，2007，13（2）：151-152.

［10］American Psychological Association. Guidelines for prevention in psychology［J］. American Psychologist, 2014, 69: 285-296.

［11］Yeun Y R, Han S J. Effects of psychosocial interventions for school-aged children's Internet addiction, self-control and self-esteem: meta-analysis［J］. Healthcare Informatics Research, 2016, 22: 217-230.

［12］Throuvala M A, Griffiths M D, Rennoldson M, et al. School-based prevention for adolescent Internet addiction: prevention is the key. A systematic literature review［J］. Current Neuropharmacology, 2019, 17: 507-525.

［13］潘淑均，戴秀英. 脑电生物反馈治疗中学生网络成瘾的效果观察［J］. 宁夏医科大学学报，2010，32（1）：71-73.

［14］周馨竹，崔光成，赵阿勐. 青少年网络成瘾者心理干预效果研究［J］. 神经疾病与精神卫生，2008，8（1）：37-38.

［15］曹枫林，苏林雁，高雪屏，等. 中学生互联网过度使用团体心理治疗的对照研究［J］. 中国心理卫生杂志，2007，21（5）：346-349, 358.

［16］Çelik Ç B. Educational Intervention for reducing Internet addiction tendencies［J］. Addicta: The Turkish Journal on Addictions, 2016, 3: 375-386.

［17］陈素真，吴素英. 团体认知行为治疗对青少年网络成瘾患者的效果分析［J］. 中外医学研究，2018，16（15）：172-173.

［18］Du Y, Jiang W, Vance A. Longer term effect of randomized, controlled group cognitive behavioural therapy for Internet addiction in adolescent students in Shanghai［J］.

Australian and New Zealand Journal of Psychiatry, 2010, 44: 129-134.

[19] 杜玉凤, 李晓敏, 何雪娟, 等. 萨提亚家庭治疗模式对青少年网络成瘾的干预效果 [J]. 承德医学院学报, 2014, 31 (5): 459-460.

[20] 郭德华, 殷晓旺, 周群, 等. 青少年网络成瘾的心理与运动干预研究 [J]. 首都体育学院学报, 2007, 19 (6): 117-119.

[21] 胡耿丹, 张军. 人类本能视角下运动矫治青少年网络成瘾的作用及机制研究 [J]. 中国体育科技, 2016, 52 (1): 68-77.

[22] 金家新. 网络成瘾中学生情感因素注入的团体心理辅导研究 [J]. 基础教育, 2009, 6 (11): 38-41.

[23] 李立, 陈玉娟, 胡艳华, 等. 心理、运动及其复合干预对网络成瘾中学生干预疗效的追踪调查 [J]. 贵州体育科技, 2016 (3): 55-58.

[24] 李敏, 李立, 陈玉娟, 等. 中学生网络成瘾现状与运动处方干预效果评价 [J]. 中国学校卫生, 2014, 35 (12): 1847-1852.

[25] 廖小春. 综合干预治疗中学生网络成瘾142例疗效分析 [J]. 实用预防医学, 2010, 17 (6): 1122-1124.

[26] 刘传芝, 邱亚峰. 内观疗法在青少年网络成瘾中的应用与思考 [J]. 中国社区医师, 2013, 15 (24): 57-58.

[27] 刘映海. 体育干预对青少年网络成瘾的影响 [J]. 天津体育学院学报, 2013, 28 (6): 483-488.

[28] 庞隐. 中西医结合治疗少年网络成瘾综合征 [J]. 现代中西医结合杂志, 2009, 18 (4): 362-363.

[29] 邵智, 杨容, 罗康玲, 等. 氟西汀对伴抑郁的中学生网络成瘾症的临床矫治作用 [J]. 中国神经精神疾病杂志, 2005, 31 (6): 422-425.

[30] Uysal G, Balci S. Evaluation of a school-based program for Internet addiction of adolescents in Turkey [J]. Journal of Addictions Nursing, 2018, 29: 43-49.

[31] 徐伟, 刘智莹. 基于自我控制的团体辅导对中学生网瘾干预研究 [J]. 石家庄学院学报, 2012, 14 (6): 92-95.

[32] 张海灵. 体育运动处方对青少年网瘾干预的实证研究 [J]. 军事体育进修学院学报, 2011, 30 (4): 119-122.

[33] 周旭辉, 刘学军, 马静, 等. 舍曲林治疗青少年网络成瘾的随机、双盲、对照临床研究 [J]. 中国健康心理学杂志, 2010, 24 (7): 965-968.

[34] 丹豫晋, 刘映海. 24例青少年网络成瘾体育干预实验研究 [J]. 搏击·体育论坛, 2012, 4 (5): 18-21.

[35] Liu Q X, Fang X Y, Yan N, et al. Multi-family group therapy for adolescent Internet addiction: exploring the underlying mechanisms [J]. Addictive Behaviors, 2015, 42: 1-8.

［36］宫本宏，王晓敏，叶建群，等. 青少年网络成瘾家庭治疗效果评价［J］. 中国学校卫生，2010，31（3）：300-301.

［37］李立，陈玉娟，李敏，等. 篮球运动处方对网络成瘾中学生干预效果评价［J］. 中国学校卫生，2011，32（5）：551-552.

［38］邵智，杨容，罗康玲，等. 心理治疗中学生网络成瘾症的临床研究［J］. 中国儿童保健杂志，2004，12（6）：548，目三.

［39］杨放如，郝伟. 52例网络成瘾青少年心理社会综合干预的疗效观察［J］. 中国临床心理学杂志，2005，13（3）：343-345，352.

［40］杨容，邵智，郑涌. 中学生网络成瘾症的综合干预［J］. 中国心理卫生杂志，2005，19（7）：457-459.

［41］张媚，王金爱. 青少年网络成瘾者焦虑、抑郁情绪的影响因素及其心理干预［J］. 当代护士，2011（8）：1-4.

［42］张翠红，于志红，魏怀颖，等. 网络成瘾中学生团体心理辅导效果研究［J］. 中国民康医学，2012，24（5）：589-591.

［43］张贵锋，苏佩珠，刘洋洋，等. 针刺干预青少年网络成瘾的临床研究［J］. 中国民族民间医药，2010，19（15）：29-30.

［44］章荣华，陈卫平，董晓莲，等. 中学生网络成瘾小样本认知行为团体干预效果研究［J］. 中国学校卫生，2009，30（12）：1104-1106.

［45］Ke G N, Wong S F. Outcome of the psychological intervention program: Internet use for youth［J］. Journal of Rational-Emotive & Cognitive-Behavior Therapy, 2018, 36: 187-200.

［46］Ke G N, Wong S F. A healthy mind for problematic Internet use［J］. Cyberpsychology, Behavior, and Social Networking, 2018, 21: 637-645.

［47］Kim S H, Yim H W, Jo S J, et al. The effects of group cognitive behavioral therapy on the improvement of depression and anxiety in adolescents with problematic Internet use［J］. Journal of the Korean Academy of Child and Adolescent Psychiatry, 2018, 29(2): 73-79.

［48］Kim T H, Jun Y S, Shin Y T, et al. A preliminary study on the effectiveness of the peer relationship enhancement program in adolescents at risk for Internet and smartphone addiction［J］. Journal of the Korean Academy of Child and Adolescent Psychiatry, 2018, 29(2): 40-46.

［49］陈健. 中学生网络成瘾者的症状自评与心理治疗干预［J］. 中国误诊学杂志，2008，8（8）：1800-1801.

［50］陈志恩，宋清海. 农村户籍中学生网络成瘾的心理因素分析及行为干预［J］. 中国农村卫生事业管理，2017，37（4）：450-451.

［51］叶美娟. 金华市网络成瘾高中生父母教养方式及心理健康干预的研究［J］. 中

国农村卫生事业管理，2015，35（1）：83-84．

［52］于衍治．团体心理干预方式改善青少年网络成瘾行为的可行性［J］．中国临床康复，2005，9（20）：81-83．

［53］张晓，田国强．浙江省某中学学生网络依赖心理与行为干预研究［J］．医学与社会，2012，25（8）：80-81，84．

［54］辛秦，杜亚松．青少年网络成瘾干预研究进展［J］．上海精神医学，2009，21（3）：182-184．

［55］Open Science Collaboration. Estimating the reproducibility of psychological science［J］. Science, 2015, 349: 943-951.

后　记

在书稿即将付梓之际，心中充满了无限的喜悦与激动。

本书所有成果均是在国家社会科学基金"十二五"规划2014年度教育学青年课题"累积风险对青少年网络成瘾的影响及心理机制研究"（课题批准号CBA140145）资助下完成。在此致以诚挚的谢忱！在课题获批后，我便满腔热情、全力以赴地投身课题研究，常常"努力到无能为力、奋斗到感动自己"。课题研究成果获第十一届湖北省社会科学优秀成果奖二等奖，课题最终以"免于鉴定"顺利结项（证书号：36292）。回望来路，有太多的人和事值得感谢！

在攻读硕士和博士学位期间，我的导师张卫教授给予我无微不至的关怀和最为悉心的指导。求学路上，学生倘有点滴进步，无不凝聚着恩师殷切的期望、热情的鼓励、不倦的教诲、深情的关怀！本书的研究议题最早便是跟随导师学习期间确定下来，在导师指导下完成的博士论文《多重生态学风险因素与青少年社会适应：风险建模与作用机制研究》也为本书研究工作的开展提供了基本的概念框架。参加工作后，老师仍不断关注我的学术成长，不时传达一些他相信对我有帮助或我所感兴趣的信息，希望我能发展得更好。每每想起这些，我的心中都充满盈盈的感动。

在从事博士后研究工作期间，感谢合作导师周宗奎教授的悉心指导与殷切关怀。周老师学识渊博、平易近人，用宽广的学术视野将我带入青少年问题行为研究更加广阔的领域。我也特别感谢周老师带领的"发展之家"团队，在这里我深切感受到整个团队的奋发有为，感受到大家在完成重大课题时的通力协作，感受到各位老师和同学之间的温馨与和睦。

感谢华中师范大学心理学院各位领导和同事对我的关心与爱护。学院积极向上、朝气蓬勃的氛围滋养了工作和生活在这里的每一个人。学院赋予我相对宽松的环境，安排给我适中的工作量，不被杂事琐事分心劳神的科研环境有利于安心地从事科研。此外，青少年网络心理与行为教育部重点实验室也为我的研究工作提供了较好的平台支持。

本书部分章节是在我和合作者已发表论文基础上加工而成，其中包含了合作者的贡献，在此对我的合作者们以及发表了这些论文的期刊"Computers in Human Behavior""Addictive Behaviors""Children and Youth Services Review"、《心理学报》表示深深的感谢。在开展研究过程中，我的好朋友兼好搭档美国石溪大学医学院李娴博士、成都文理学院教育学院赵力燕女士、嘉应学院教育科学学院王艳辉女士、安徽师范大学教育科学学院孙文强博士、陕西师范大学心理学院李丹黎博士等都给予我莫大的鼓励和竭尽全力的支持！在本书撰写过程中，我的硕士研究生周月月、贾继超、汪薇、刘宇潇、肖家乐、彭文雅、黄梦真、翟博宇、张婧漪、吕亚欣、何敏敏、刘姣钰、李珺等做了大量工作，包括论文资料的翻译、参考文献的整理、书稿的校阅等。学院本科生张文华、刘丹霓、丁晴雯、李金凤、李扬、罗金晶等参与了具体的研究工作，辅修本科生郑艳榕、汪桐、王彦燕、平静、林蓝青、侯花婷、沈忱忱、张媛、周英楠等参与了文献编码和整理工作。有了大家的参与，奋斗的日子不再孤单！我们都是追梦人，在最能吃苦的年纪，遇见不服输的自己，愿所有辛苦，终不被辜负。

本书引用了相关领域的诸多研究成果，正是广大学者的努力探索才有了本书成果的产生，在此谨向所引用参考文献的著者表示真诚的谢意。本书的调查数据来自多所中学，感谢协助完成调查研究的武汉市博学初级中学宋梦奇老师等以及参加问卷调查的所有同学们。

最后，家人的支持与关心是我在学术道路上不断前行的重要保障。与我一同感受奋斗的艰辛、分享成功的喜悦，不论悲与喜，家人都站在我身旁，都是我心灵深处最温暖的港湾。

书稿的写作是一个充满艰辛的过程。虽然我努力使本书达到自己的理想标准，但因学识和能力所限，本书可能还存在诸多不完善之处，恳请广大专家学者批评指正，我将在后续研究中不断加以完善。

谨以此书献给关心和帮助过我的人们！

李董平

2019年11月